AF273127

EVANGELIO 2026
CON EL PAPA FRANCISCO
Ciclo A

TEXTO OFICIAL DE LA LITURGIA ESPAÑOLA

EVANGELIO DE LA EUCARISTÍA DIARIA Y LAS LECTURAS DE LOS DOMINGOS

CADA DÍA:

- Comentario del Papa Francisco
- Oración-reflexión
- Calendario litúrgico
- Santoral oficial de la Iglesia con cuadros o fotos

ANEXOS:

- Índice de Santos
- Oraciones y vida cristiana, con las oraciones del cristiano y preces por enfermos, moribundos y difuntos
- Biblioteca básica cristiana:
  libros, audiolibros, música, películas

EDIBESA

Juan de Urbieta, 51. 28007 Madrid
Tlf.: 91 345 19 92 • info@edibesa.com
www.edibesa.com

Sede social y ediciones:
Plaza Concilio de Trento, s/n
37001 Salamanca
Tlf.: 923 215 000 – 923 264 781
www.sanestebaneditorial.com
info@sanestebaneditorial.com

Administración y comercialización:
C/Juan de Urbieta, 51
28007 Madrid
Tlf.: 91 345 19 92
www.edibesa.com
pedidos@edibesa.com

Diseño y maquetación: Helvética edición y diseño
Impresión: Industrias Gráficas Jiménez Godoy S.A.

Imagen de cubierta:
Sassoferrato. *La Virgen con el Niño dormido*
Siglo XVII. Óleo sobre lienzo, 48 x 38 cm.
(P000342). Madrid, Museo Nacional del Prado
© Archivo Fotográfico Museo Nacional del Prado

De Francisco a León
Palabra de vida, palabra debida

Un año más el lector tiene entre sus manos el EVANGELIO de EDIBESA. La palabra de Dios no es una palabra cualquiera. Es una palabra que permanece porque va más allá del instante, y tiene afán de transmitir el sentido de la buena noticia de Jesús a los hombres en todo tiempo y lugar. El Dios amor comunicado en la persona de Jesús se hace presente en la comunidad mediante su Palabra que es aliento de vida.

Como comunidad de bautizados que peregrinamos en el mundo intentando portar las marcas de Jesús, no debemos perder de vista su importancia. Al interior de la comunidad, la palabra oída, celebrada y orada nos llama a ser comunidad de fe donde todos podamos pensar, hablar y escuchar sin miedo. La palabra es, en medio de un mundo herido y atravesado a menudo por el dolor, una llamada al sentido que viene de la vida, que viene de Dios. Es una llamada al diálogo que nace de la fusión de horizontes entre lo divino y lo humano que supone la Encarnación. El EVANGELIO 2026 quiere ser, un año más, herramienta que acompañe en la vida diaria al cristiano para hacer una lectura creyente de la realidad, incluso en situaciones mundanas. Estamos llamados en ese sentido a cultivar una gramática peculiar del mundo, la gramática del Amor, que no es posible sin un ejercicio continuo de escucha y de comprensión.

Ese fue el motor de la vida y vocación de Jorge Mario Bergoglio, el **Papa Francisco,** fallecido el día 21 de abril. Su ejercicio del ministerio petrino ha estado marcado por un continuo esfuerzo de acercar el Evangelio a todos, como una forma de afirmar nuestra fe y construir un tiempo lleno de esperanza. Damos gracias por su vida y su acompañamiento durante estos años en el Evangelio de Edibesa.

Queremos dar la bienvenida a Robert F. Prevost, **el Papa León XIV**. Deseamos que su empeño como pastor redunde en la Iglesia y en el mundo con los mejores frutos. En una de sus primeras catequesis, haciendo referencia a la parábola del sembrador, señaló que los diferentes tipos de terreno representan las diversas disposiciones del corazón humano: a veces somos como un camino endurecido, otras como un terreno pedregoso, o uno lleno de espinos; pero también hay momentos en los que somos un suelo fértil y disponible. El Evangelio de los DOMINICOS DE ESPAÑA quiere contribuir a la siembra y ser motivo de alegría para el creyente.

Este año la Editorial ha procedido al rediseño del Evangelio. Una nueva apariencia sin cambiar la esencia del libro, que no es otra que el texto de la palabra de Dios acompañado de un comentario que ayude a su comprensión y una oración que aliente la contemplación. Quiero testimoniar mi agradecimiento a todo el equipo de la Editorial por el esfuerzo, su trabajo y servicio. A Don Jaime Serrano, a Doña Natalia Sánchez y a Don Jorge Fernández. Las grandes empresas en la vida son resultado de un afán común. El Evangelio lo es, y hacemos votos para que lo siga siendo. Y termino dando las gracias también a los lectores por su acogida, su fidelidad y, sobre todo, el ser los mejores mensajeros de un librito que da todos los días vida y compañía a muchas personas. Esa es nuestra humilde aspiración. Seguimos contando con ustedes. Gracias.

Laus Deo

Fray Jorge Luis Álvarez, O. P.
Editor
24 de mayo de 2025
Traslación de N.P. Santo Domingo de Guzmán

SIGLAS DE LOS SANTOS Y BEATOS

(Si son varios, acaban en «s»)

ab	abad, abadesa	**em**	emperador, emperatriz	**ob**	obispo
ap	apóstol			**pb**	presbítero
AT	Antiguo Testamento	**er**	ermitaño, anacoreta	**pf**	padre de familia
cf	confesor	**es**	esposo, esposa	**pp**	papa
co	compañeros	**ev**	Evangelista	**prof**	profeta
ct	catequista	**la**	laico, laica	**re**	rey, reina
dc	doctor de la Iglesia	**mf**	madre de familia	**rl**	religioso, religiosa
di	diácono	**mj**	monje, monja	**vd**	viuda
		mr	mártir	**vg**	virgen
		NT	Nuevo Testamento		

LECTURA DE LA PALABRA EN CLIMA DE ORACIÓN

1. **Hago silencio,** *exterior e interior.*
   Estoy en la presencia del Señor.
   Contemplo a Dios que me quiere, me acoge, me escucha, me habla.

2. **Petición:** Humildemente te pido, a ti, Señor, que eres la luz verdadera y la fuente misma de toda luz, que, meditando fielmente tu Palabra, viva siempre en tu claridad. Por Jesucristo, tu Hijo, nuestro Señor.

3. **Palabra de Dios:** *Leo tranquila y detenidamente el texto evangélico para hoy, en comunión con toda la Iglesia. Me fijo bien en todos los detalles.*

4. **Ante la Palabra leída:**
   —*¿Qué dice este texto?* (Lectura honda: personas, circunstancias, actitudes...).
   —*¿Qué me dice a mí, personalmente?* (Meditación).
   —*Desde esto, ¿qué te digo yo ahora, Señor?* (Oración).
   —*¡Quiero identificarme contigo, Señor! ¿Qué hacer?*
   (Contemplación, iluminación de mi vida concreta).

5. **Oración:** *Hay una oración-reflexión propia de cada día, como inicio de respuesta al texto evangélico. Al final puede añadirse la siguiente:*
   Gracias, Señor, por tu presencia y tu cercanía en este rato de oración; y por la luz y la fuerza que me has dado. Ayúdame a vivir según tu voluntad y sirviendo siempre a mis hermanos. Por Jesucristo, tu Hijo, nuestro Señor.

*Los Santos Lugares se deben salvaguardar en su sacralidad,
tutelando así no solo el legado del pasado, sino también a las
personas que los visitan hoy y que los visitarán en el futuro.*

*Que Jerusalén sea verdaderamente la Ciudad de la paz.
Que resplandezca plenamente su identidad y su carácter sagrado,
su valor universal, religioso y cultural, como tesoro para toda
la humanidad. Qué bello que los peregrinos y los residentes
puedan acudir libremente a los Lugares Santos
y participar en las celebraciones.*

Franciscus

enero

María es la Madre de Dios ("Theotókos"), pues por obra del Espíritu Santo concibió en su seno virginal y dio al mundo a Jesucristo, el Hijo de Dios. La Encarnación encuentra su prolongación en el misterio de la Iglesia, cuerpo de Cristo.

(San Juan Pablo II, "Redemptoris Mater", 5)

Papa Francisco: Hermanos y hermanas, como todas las madres, María lleva en su vientre la vida y, así, nos habla de nuestro futuro. Pero al mismo tiempo nos recuerda que, si queremos realmente que el nuevo año sea bueno, si queremos reconstruir la esperanza, hay que abandonar los lenguajes, los gestos y las decisiones inspiradas en el egoísmo y aprender el lenguaje del amor, que es cuidado. Cuidar es un lenguaje nuevo, que va contra los lenguajes del egoísmo. (01-01-2023)

Números 6, 22-27: El Señor habló a Moisés: «Di a Aarón y a sus hijos, esta es la fórmula con que bendeciréis a los israelitas: "El Señor te bendiga y te proteja, ilumine su rostro sobre ti y te conceda su favor; el Señor te muestre su rostro y te conceda la paz". Así invocarán mi nombre sobre los hijos de Israel y yo los bendeciré».

Salmo 66, 2-3.5.6.8: *Que Dios tenga piedad y nos bendiga.*

Gálatas 4, 4-7: Hermanos: Cuando llegó la plenitud del tiempo envió Dios a su Hijo, nacido de mujer, nacido bajo la ley, para rescatar a los que estaban bajo la ley, para que recibiéramos la adopción filial. Como sois hijos, Dios envió a nuestros corazones el Espíritu de su Hijo, que clama: "Abba, Padre". Así que ya no eres esclavo, sino hijo; y si eres hijo, eres también heredero por voluntad de Dios.

LUCAS, 2, 16-21: En aquel tiempo, los pastores fueron corriendo hacia Belén y encontraron a María y a José, y al niño acostado en el pesebre. Al verlo, contaron lo que se les había dicho de aquel niño. Todos los que lo oían se admiraban de lo que les habían dicho los pastores. María, por su parte, conservaba todas estas cosas, meditándolas en su corazón. Y se volvieron los pastores dando gloria y alabanza a Dios por todo lo que habían oído y visto, conforme a lo que se les había dicho. Cuando se cumplieron los ocho días para circuncidar al niño, le pusieron por nombre Jesús, como lo había llamado el ángel antes de su concepción.

Señor Jesús, también yo hoy voy corriendo hacia Belén para encontrarte en brazos de tu Madre y admirarme, como los pastores, por el gran misterio de tu amor inefable.

Papa Francisco: De manera especial, el Bautista es un modelo para cuantos están llamados en la Iglesia a anunciar a Cristo a los demás: pueden hacerlo solo despegándose de sí mismos y de la mundanidad, no atrayendo a las personas hacia sí, sino orientándolas hacia Jesús. La alegría es esto: orientar hacia Jesús. Y la alegría debe ser la característica de nuestra fe. También en los momentos oscuros, esa alegría interior de saber que el Señor está conmigo, que el Señor está con nosotros, que el Señor ha resucitado. ¡El Señor! ¡El Señor! ¡El Señor! Este es el centro de nuestra vida, este es el centro de nuestra alegría. (13-12-2020)

Este es el testimonio de Juan, cuando los judíos enviaron desde Jerusalén sacerdotes y levitas a que le preguntaran: «¿Tú quién eres?». Él confesó y no negó; confesó: «Yo no soy el Mesías». Le preguntaron: «¿Entonces, qué? ¿Eres tú Elías?». Él dijo: «No lo soy». «¿Eres tú el Profeta?». Respondió: «No». Y le dijeron: «¿Quién eres, para que podamos dar una respuesta a los que nos han enviado? ¿Qué dices de ti mismo?». Él contestó: «Yo soy la voz que grita en el desierto: "Allanad el camino del Señor", como dijo el profeta Isaías». Entre los enviados había fariseos y le preguntaron: «Entonces, ¿por qué bautizas si tú no eres el Mesías, ni Elías, ni el Profeta?». Juan les respondió: «Yo bautizo con agua; en medio de vosotros hay uno que no conocéis, el que viene detrás de mí, y al que no soy digno de desatar la correa de la sandalia». Esto pasaba en Betania, en la otra orilla del Jordán, donde Juan estaba bautizando.

1 Juan 2, 22-28; Salmo 97, 1-4 • JUAN 1, 19-28

Señor, tú eres el que tenía que venir al mundo como salvador, te acojo en mi corazón, te amo, creo en ti.
Los confines de la tierra han contemplado la salvación de nuestro Dios (Salmo 97, 3cd)

Papa Francisco: Queridos hermanos y hermanas: ¿Por qué nos hemos detenido mucho en esta escena? ¡Porque es decisiva! No es una anécdota, es un hecho histórico decisivo. Es decisiva por nuestra fe; es decisiva también por la misión de la Iglesia. La Iglesia, en todos los tiempos, está llamada a hacer lo que hizo Juan el Bautista, indicar a Jesús a la gente diciendo: «Este es el Cordero de Dios, que quita el pecado del mundo». Él es el único Salvador, Él es el Señor, humilde, en medio de los pecadores. Pero es Él. Él, no es otro poderoso que viene. No, no. Él. (15-01-2017)

Al día siguiente, al ver Juan a Jesús que venía hacia él, exclamó: «Este es el Cordero de Dios, que quita el pecado del mundo. Este es aquel de quien yo dije: "Tras de mí viene un hombre que está por delante de mí, porque existía antes que yo". Yo no lo conocía; pero he salido a bautizar con agua, para que sea manifestado a Israel». Y Juan dio testimonio diciendo: «He contemplado al Espíritu que bajaba del cielo como una paloma y se posó sobre él. Yo no lo conocía, pero el que me envió a bautizar con agua me dijo: "Aquel sobre quien veas bajar el Espíritu y posarse sobre él, ese es el que bautiza con Espíritu Santo". Y yo lo he visto, y he dado testimonio de que este es el Hijo de Dios».

1 Juan 2, 29 - 3, 6; Salmo 97, 1-6 • JUAN 1, 29-34

Señor Jesús, tu "dulce Nombre", en mis labios invocado y pronunciado, trae paz a mi corazón, me llena de alegría, porque te siento cerca y eso me anima y me conforta.

Los confines de la tierra han contemplado la salvación de nuestro Dios (Salmo 97, 3cd)

Papa Francisco: Jesús desea una gran intimidad. Quiere que compartamos con Él alegrías y penas, deseos y temores, esperanzas y tristezas, personas y situaciones. Hagámoslo con confianza, abrámosle nuestro corazón, contémosle todo. Detengámonos en silencio ante el belén para saborear la ternura de Dios que se hizo cercano, que se hizo carne. Y sin miedo, invitémosle a nuestra casa, a nuestra familia, y también —cada uno las conoce bien— invitémosle a nuestras fragilidades. Invitémosle a que vea nuestras llagas. Vendrá y la vida cambiará. (03-01-2021)

Eclesiástico 24,1-2.8-12: La sabiduría hace su propia alabanza, encuentra su honor en Dios y se gloría en medio de su pueblo. En la asamblea del Altísimo abre su boca y se gloría ante el Poderoso. «El Creador del universo me dio una orden, el que me había creado estableció mi morada y me dijo: "Pon tu tienda en Jacob, y fija tu heredad en Israel". Desde el principio antes de los siglos, me creó y nunca jamás dejaré de existir. Ejercí mi ministerio en la tierra santa delante de él, así me establecí en Sion en la ciudad amada encontré descanso, y en Jerusalén reside mi poder. Arraigue en un pueblo glorioso, en la porción del Señor en su heredad».

Salmo 147,12-15.19-20: *El Verbo se hizo carne y habitó entre nosotros.*

Efesios 1, 3-6.15-18: Bendito sea Dios, Padre de nuestro Señor Jesucristo, que nos ha bendecido en Cristo con toda clase de bendiciones espirituales en los cielos. Él nos eligió en Cristo, antes de la fundación del mundo, para que fuésemos santos e intachables ante él por el amor. Él nos ha destinado por medio de Jesucristo, según el beneplácito de su voluntad, a ser sus hijos, para alabanza de la gloria de su gracia, que tan generosamente nos ha concedido en el Amado.

Por eso, habiendo oído hablar de vuestra fe en Cristo y de vuestro amor a todos los santos, no ceso de dar gracias por vosotros, recordándoos en mis oraciones, a fin de que el Dios de nuestro Señor Jesucristo, el Padre de la gloria, os dé espíritu de sabiduría y revelación para conocerlo, e ilumine los ojos de vuestro corazón, para que comprendáis cuál es la esperanza a la que os llama, cuál la riqueza de gloria que da en herencia a los santos.

JUAN 1, 1-18: En el principio existía el Verbo, y el Verbo estaba junto a Dios, y el Verbo era Dios. Este estaba en el principio junto a Dios. Por medio de él se hizo todo, y sin él no se hizo nada de cuanto se ha hecho. En él estaba la vida, y la vida era la luz de los hombres. Y la luz brilla en la tiniebla, y la tiniebla no lo recibió. Surgió un hombre enviado por Dios, que se llamaba Juan: este venía como testigo, para dar testimonio de la luz, para que todos creyeran por medio de él. No era la luz, sino el que daba testimonio de la luz. El Verbo era la luz verdadera, que alumbra a todo hombre, viniendo al mundo. En el mundo estaba; el mundo se hizo por medio de él, y el mundo no lo conoció. Vino a su casa, y los suyos no lo recibieron. Pero a cuantos lo recibieron, les dio poder de ser hijos de Dios, a los que creen en su nombre. Estos no han nacido de sangre, ni de deseo de carne, ni de deseo de varón, sino que han nacido de Dios. Y el Verbo se hizo carne y habitó entre nosotros, y hemos contemplado su gloria: gloria como el Unigénito del Padre, lleno de gracia y de verdad. Juan da testimonio de él y grita diciendo: «Este es de quien dije: El que viene detrás de mí se ha puesto delante de mí, porque existía antes que yo». Pues de su plenitud todos hemos recibido gracia tras gracia. Porque la ley se dio por medio de Moisés, la gracia y la verdad nos han llegado por medio de Jesucristo. A Dios nadie lo ha visto jamás: Dios unigénito, que está en el seno del Padre, es quien lo ha dado a conocer.

 Señor Jesús, Verbo de la Vida y Sabiduría de Dios, que has plantado tu tienda entre nosotros; dirige mis pasos, llena siempre mi vida de tu luz y de tu amor.

FERIA DEL TIEMPO DE NAVIDAD · Tomo I - Salterio 2ª semana

ENERO
5
LUNES

Santos Juan Nepomuceno Neumann ob, Deogracias ob, Emiliana vg.
Beato Carlos Houben pb

Papa Francisco: Cuanto más nos acercamos a Jesús, cuanto más nos adherimos a su Evangelio, recibimos su gracia en los Sacramentos, estamos en su compañía en la oración, lo imitamos en la humildad y en la caridad, más experimentamos la belleza de tenerlo como Amigo, y nos damos cuenta de que solo Él tiene «palabras de vida eterna». (25-08-2024)

En aquel tiempo, determinó Jesús salir para Galilea; encuentra a Felipe y le dice: «Sígueme». Felipe era de Betsaida, ciudad de Andrés y de Pedro. Felipe encuentra a Natanael y le dice: «Aquel de quien escribieron Moisés en la ley y los profetas, lo hemos encontrado: Jesús, hijo de José, de Nazaret». Natanael le replicó: «¿De Nazaret puede salir algo bueno?». Felipe le contestó: «Ven y verás». Vio Jesús que se acercaba Natanael y dijo de él: «Ahí tenéis a un israelita de verdad, en quien no hay engaño». Natanael le contesta: «¿De qué me conoces?». Jesús le responde: «Antes de que Felipe te llamara, cuando estabas debajo de la higuera, te vi». Natanael respondió: «Rabí, tú eres el Hijo de Dios, tú eres el Rey de Israel». Jesús le contestó: «¿Por haberte dicho que te vi debajo de la higuera, crees? Has de ver cosas mayores». Y le añadió: «En verdad, en verdad os digo: veréis el cielo abierto y a los ángeles de Dios subir y bajar sobre el Hijo del hombre».

1 Juan 3,11-21; Salmo 99,1-5 • JUAN 1,43-51

Señor Jesús, quiero seguirte; voy a ti para conocerte y experimentar tu amor que me cambia y llena mi vida.
Aclama al Señor, tierra entera (Salmo 99, 1)

Papa Francisco: Hermanos y hermanas, todos somos llamados —primer don: la llamada— por Jesús; todos podemos discernir —segundo don: el discernimiento— su presencia; todos podemos experimentar sus sorpresas —tercer don: la sorpresa—. Hoy sería bueno recordar estos dones: la llamada, el discernimiento y la sorpresa, dones que ya hemos recibido: recordar cuándo sentimos una llamada de Dios en nuestra vida; o cuándo, quizá después de mucho esfuerzo, fuimos capaces de discernir su voz; o también, en una sorpresa inolvidable que Él nos ha dado, asombrándonos. Que la Virgen nos ayude a recordar y custodiar los dones recibidos. (06-01-2023)

Isaías 60, 1-6: La gloria del Señor amanece sobre ti.
Salmo 71,1bc-2.7-8.10-13: *Se postrarán ante ti, Señor, todos los pueblos de la tierra.*
Efesios 3, 2-3a.5-6: También los gentiles son coherederos de la promesa.
MATEO 2, 1-12: Habiendo nacido Jesús en Belén de Judea en tiempos del rey Herodes, unos magos de Oriente se presentaron en Jerusalén preguntando: «¿Dónde está el Rey de los judíos que ha nacido? Porque hemos visto salir su estrella y venimos a adorarlo». Al enterarse el rey Herodes, se sobresaltó y todo Jerusalén con él; convocó a los sumos sacerdotes y a los escribas del país, y les preguntó dónde tenía que nacer el Mesías. Ellos le contestaron: «En Belén de Judea, porque así lo ha escrito el profeta: "Y tú, Belén, tierra de Judá, no eres ni mucho menos la última de las poblaciones de Judá; pues de ti saldrá un jefe que pastoreará a mi pueblo Israel"». Entonces Herodes llamó en secreto a los magos para que le precisaran el tiempo en que había aparecido la estrella, y los mandó a Belén diciéndoles: «Id y averiguad cuidadosamente qué hay del niño y, cuando lo encontréis, avisadme, para ir yo también a adorarlo». Ellos, después de oír al rey, se pusieron en camino, y de pronto la estrella que habían visto salir comenzó a guiarlos hasta que vino a pararse encima de donde estaba el niño. Al ver la estrella, se llenaron de inmensa alegría. Entraron en la casa, vieron al niño con María, su madre, y cayendo de rodillas lo adoraron; después, abriendo sus cofres, le ofrecieron regalos: oro, incienso y mirra. Y habiendo recibido en sueños un oráculo, para que no volvieran a Herodes, se retiraron a su tierra por otro camino.

Señor Jesús, manifestado hoy a todos los pueblos como luz y salvación, bendito seas, gloria a ti; que la estrella de la fe me siga guiando a ti.

Papa Francisco: Queridos hermanos y hermanas: Hagamos espacio dentro de nosotros a la Palabra de Dios. Leamos algún versículo de la Biblia cada día. Comencemos por el Evangelio; mantengámoslo abierto en casa, en la mesita de noche, llevémoslo en nuestro bolsillo o en el bolso, veámoslo en la pantalla del teléfono, dejemos que nos inspire diariamente. Descubriremos que Dios está cerca de nosotros, que ilumina nuestra oscuridad y que nos guía con amor a lo largo de nuestra vida. (26-01-2020)

 En aquel tiempo, al enterarse Jesús de que habían arrestado a Juan se retiró a Galilea. Dejando Nazaret, se estableció en Cafarnaún, junto al mar, en el territorio de Zabulón y Neftalí, para que se cumpliera lo dicho por medio del profeta Isaías: «Tierra de Zabulón y tierra de Neftalí, camino del mar, al otro lado del Jordán, Galilea de los gentiles. El pueblo que habitaba en tinieblas vio una luz grande; a los que habitaban en tierra y sombras de muerte, una luz les brilló». Desde entonces comenzó Jesús a predicar diciendo: «Convertíos, porque está cerca el reino de los cielos». Jesús recorría toda Galilea, enseñando en sus sinagogas, proclamando el evangelio del reino y curando toda enfermedad y toda dolencia en el pueblo. Su fama se extendió por toda Siria y le traían todos los enfermos aquejados de toda clase de enfermedades y dolores, endemoniados, lunáticos y paralíticos. Y él los curó. Y lo seguían multitudes venidas de Galilea, Decápolis, Jerusalén, Judea y Transjordania.

1 Juan 3, 22 – 4, 6; Salmo 2, 7-8.10-12a • MATEO 4, 12-17.23-25

Señor Jesús, enseñas, proclamas, curas, inauguras la plenitud del Reino de Dios; convierte mi corazón a ti para que te siga y pueda ser tu mensajero.

Te daré en herencia las naciones (Salmo 2, 8b)

Papa Francisco: Cuando nos alejamos de Jesús y de su amor, nos perdemos y la existencia se transforma en desilusión e insatisfacción. Con Jesús al lado, se puede proceder con seguridad, se pueden superar las pruebas, avanzar en el amor hacia Dios y hacia el prójimo. Jesús se hizo don para los demás, convirtiéndose así en modelo de amor y de servicio para cada uno de nosotros. (22-07-2018)

En aquel tiempo, Jesús vio una multitud y se compadeció de ella, porque andaban como ovejas que no tienen pastor, y se puso a enseñarles muchas cosas. Cuando se hizo tarde se acercaron sus discípulos a decirle: «Estamos en despoblado y ya es muy tarde. Despídelos, que vayan a los cortijos y aldeas de alrededor y se compren de comer». Él les replicó: «Dadles vosotros de comer». Ellos le preguntaron: «¿Vamos a ir a comprar doscientos denarios de pan para darles de comer?». Él les dijo: «¿Cuántos panes tenéis? Id a ver». Cuando lo averiguaron le dijeron: «Cinco, y dos peces». Él les mandó que la gente se recostara sobre la hierba verde en grupos. Ellos se acomodaron por grupos de cien y de cincuenta. Y tomando los cinco panes y los dos peces, alzando la mirada al cielo, pronunció la bendición, partió los panes y se los iba dando a los discípulos para que se los sirvieran. Y repartió entre todos los dos peces. Comieron todos y se saciaron, y recogieron las sobras: doce cestos de pan y de peces. Los que comieron eran cinco mil hombres.

1 Juan 4, 7-10; Salmo 71, 1-4ab.7-8 • MARCOS 6, 34-44

Señor Jesús, gracias por tu compasión, por tu ternura, por convertirte en nuestro alimento y nuestra vida.

Se postrarán ante ti, Señor, todos los pueblos de la tierra (Salmo 71, cf.11)

Papa Francisco: El miedo es una actitud que nos hace mal, nos debilita, nos empequeñece, e incluso nos paraliza. En tal medida que «una persona con temor no hace nada, no sabe qué hacer: es medrosa, miedosa, concentrada en sí misma para que no le suceda algo malo, algo feo». Por lo tanto, el miedo lleva a un egocentrismo egoísta y paraliza. (15-05-2015)

 Después de haberse saciado los cinco mil hombres, Jesús enseguida apremió a los discípulos a que subieran a la barca y se le adelantaran hacia la orilla de Betsaida, mientras él despedía a la gente. Y después de despedirse de ellos, se retiró al monte a orar. Llegada la noche, la barca estaba en mitad del lago, y Jesús, solo, en tierra. Viéndolos fatigados de remar, porque tenían viento contrario, a eso de la cuarta vigilia de la madrugada, fue hacia ellos andando sobre el mar, e hizo además de pasar de largo. Ellos, viéndolo andar sobre el mar, pensaron que era un fantasma y dieron un grito, porque todos lo vieron y se asustaron. Pero él habló enseguida con ellos y les dijo: «Ánimo, soy yo, no tengáis miedo». Entró en la barca con ellos y amainó el viento. Ellos estaban en el colmo del estupor, pues no habían comprendido lo de los panes, porque tenían la mente embotada.

1 Juan 4,11-18; Salmo 71,1-2.10-13 • MARCOS 6, 45-52

 Señor Jesús, sé que cuando remo con viento contrario en mi vida tú te haces presente y me dices «ánimo, soy yo, no tengas miedo». Contigo viene la calma. Gracias.

Se postrarán ante ti, Señor, todos los pueblos de la tierra (Salmo 71, cf.11)

ENERO

10
SÁBADO

FERIA DEL TIEMPO DE NAVIDAD

Tomo I - Salterio 2ª semana

Santos Gregorio de Nisa ob, Miltiades pp, Guillermo ob.
Beatos Ana de los Ángeles vg, Gonzalo pb

Papa Francisco: La Palabra de Dios es también el faro que guía el recorrido sinodal iniciado en toda la Iglesia. Mientras nos comprometemos a escucharnos unos a otros, con atención y discernimiento —porque no es hacer una encuesta de opiniones, no, sino discernir la Palabra, ahí—, escuchemos juntos la Palabra de Dios y el Espíritu Santo. Y que la Virgen nos conceda la constancia para nutrirnos cada día con el Evangelio. (23-01-2022)

En aquel tiempo, Jesús volvió a Galilea con la fuerza del Espíritu; y su fama se extendió por toda la comarca. Enseñaba en las sinagogas, y todos lo alababan. Fue a Nazaret, donde se había criado, entró en la sinagoga, como era su costumbre los sábados, y se puso en pie para hacer la lectura. Le entregaron el rollo del profeta Isaías y, desenrollándolo, encontró el pasaje donde estaba escrito: «El Espíritu del Señor está sobre mí, porque él me ha ungido. Me ha enviado a evangelizar a los pobres, a proclamar a los cautivos la libertad, y a los ciegos, la vista; a poner en libertad a los oprimidos; a proclamar el año de gracia del Señor». Y, enrollando el rollo, y devolviéndolo al que lo ayudaba, se sentó. Toda la sinagoga tenía los ojos clavados en él. Y él comenzó a decirles: «Hoy se ha cumplido esta Escritura que acabáis de oír». Y todos le expresaban su aprobación y se admiraban de las palabras de gracia que salían de su boca.

1 Juan 4, 19 - 5, 4; Salmo 71, 1-2.14-15bc.17 • LUCAS 4, 14-22a

Señor Jesús, Mesías esperado y verdadero, libertador que sana y cura. Mis ojos se clavan en ti, que das sentido a mi caminar y a mi vivir.

Se postrarán ante ti, Señor, todos los pueblos de la tierra (Salmo 71, cf. 11)

Papa Francisco: Haciendo que Juan le bautice, Jesús nos desvela la justicia de Dios, esa justicia que Él ha venido a traer al mundo. Muchas veces tenemos una idea limitada de la justicia, y pensamos que significa que el que se equivoca, paga, y así repara el mal que ha hecho. Pero la justicia de Dios, como enseña la Escritura, es mucho más grande: no tiene como fin la condena del culpable, sino su salvación y su regeneración, volverlo justo: de injusto a justo. Es una justicia que proviene del amor, de esas entrañas de compasión y misericordia que son el corazón mismo de Dios, Padre que se conmueve cuando estamos oprimidos por el mal y caemos bajo el peso de los pecados y de las fragilidades. (08-01-2023)

Isaías 42,1-4.6-7: Esto dice el Señor: «Mirad a mi siervo, a quien sostengo; mi elegido, en quien me complazco. He puesto mi espíritu sobre él, manifestará la justicia a las naciones. No gritará, no clamará, no voceará por las calles. La caña cascada no la quebrará, la mecha vacilante no la apagará. Manifestará la justicia con verdad. No vacilará ni se quebrará hasta implantar la justicia en el país. En su ley esperarán las islas. Yo, el Señor, te he llamado en mi justicia, te cogí de la mano, te formé e hice de ti alianza de un pueblo y luz de las naciones, para que abras los ojos de los ciegos, saques a los cautivos de la cárcel, de la prisión a los que habitan en las tinieblas».

Salmo 28,1b-2.3ac-4.3b.9c-10: *El Señor bendice a su pueblo con la paz.*

Hechos de los Apóstoles 10,34-38: En aquellos días, Pedro tomó la palabra y dijo: «Ahora comprendo con toda verdad que Dios no hace acepción de personas, sino que acepta al que lo teme y practica la justicia, sea de la nación que sea. Envió su palabra a los hijos de Israel, anunciando la Buena Nueva de la paz que traería Jesucristo, el Señor de todos. Vosotros conocéis lo que sucedió en toda Judea, comenzando por Galilea, después del bautismo que predicó Juan. Me refiero a Jesús de Nazaret, ungido por Dios con la fuerza del Espíritu Santo, que pasó haciendo el bien y curando a todos los oprimidos por el diablo, porque Dios estaba con él».

MATEO 3, 13-17: En aquel tiempo, vino Jesús desde Galilea al Jordán y se presentó a Juan para que lo bautizara. Pero Juan intentaba disuadirlo diciéndole: «Soy yo el que necesito que tú me bautices, ¿y tú acudes a mí?». Jesús le contestó: «Déjalo ahora. Conviene que así cumplamos toda justicia». Entonces Juan se lo permitió. Apenas se bautizó Jesús, salió del agua; se abrieron los cielos y vio que el Espíritu de Dios bajaba como una paloma y se posaba sobre él. Y vino una voz de los cielos que decía: «Este es mi Hijo amado, en quien me complazco».

 Señor Jesús, siervo de Dios, Hijo amado del Padre; siguiéndote a ti, sea yo también hijo obediente de Dios en quien Él se complazca.

TIEMPO ORDINARIO: TOMO III de la LITURGIA DE LAS HORAS

Papa Francisco: «La vida se me ha pasado volando». Así sentimos nosotros, los ancianos, la vida que se fue. Se va. Y la vida es un don del infinito amor de Dios, pero es también el tiempo de verificación de nuestro amor por Él. Por eso, cada momento, cada instante de nuestra existencia es un tiempo precioso para amar a Dios y para amar al prójimo, y así entrar en la vida eterna. (24-01-2021)

Después de que Juan fue entregado, Jesús se marchó a Galilea a proclamar el Evangelio de Dios. Decía: «Se ha cumplido el tiempo y está cerca el reino de Dios: convertíos y creed en el Evangelio». Pasando junto al mar de Galilea, vio a Simón y a Andrés, el hermano de Simón, echando las redes en el mar, pues eran pescadores. Jesús les dijo: «Venid en pos de mí y os haré pescadores de hombres». Inmediatamente dejaron las redes y lo siguieron. Un poco más adelante vio a Santiago, hijo de Zebedeo, y a su hermano Juan, que estaban en la barca repasando las redes. A continuación, los llamó, dejaron a su padre Zebedeo en la barca con los jornaleros y se marcharon en pos de él.

1 Samuel 1, 1-8; Salmo 115, 12-19 • MARCOS 1, 14-20

Señor Jesús, los primeros discípulos te siguieron «inmediatamente»; yo también quiero hacerlo, ayúdame.
Te ofreceré, Señor, un sacrificio de alabanza (Salmo 115, 17a)

ENERO

13

MARTES

Martes 1º Tiempo ordinario   Tomo III · Salterio 1ª semana

Santos HILARIO ob dc, Remigio ob, Gumersindo pb mr. Beata Verónica vg

 Papa Francisco: El Evangelio es palabra de vida: no oprime a las personas, al contrario, libera a quienes son esclavos de muchos espíritus malignos de este mundo: el espíritu de la vanidad, el apego al dinero, el orgullo, la sensualidad... El Evangelio cambia el corazón, cambia la vida, transforma las inclinaciones al mal en propósitos de bien. El Evangelio es capaz de cambiar a las personas. Por lo tanto, es tarea de los cristianos difundir por doquier la fuerza redentora, convirtiéndose en misioneros y heraldos de la Palabra de Dios. (01-02-2015)

En la ciudad de Cafarnaún, el sábado entró Jesús en la sinagoga a enseñar; estaban asombrados de su enseñanza, porque les enseñaba con autoridad y no como los escribas. Había precisamente en la sinagoga un hombre que tenía un espíritu inmundo, y se puso a gritar: «¿Qué tenemos que ver nosotros contigo, Jesús Nazareno? ¿Has venido a acabar con nosotros? Sé quién eres: el Santo de Dios». Jesús lo increpó: «¡Cállate y sal de él!». El espíritu inmundo lo retorció violentamente y, dando un grito muy fuerte, salió de él. Todos se preguntaron estupefactos: «¿Qué es esto? Una enseñanza nueva expuesta con autoridad. Incluso manda a los espíritus inmundos y lo obedecen». Su fama se extendió enseguida por todas partes, alcanzando la comarca entera de Galilea.

1 Samuel 1,9-20; Salmo 1 Samuel 2,1.4-8 • MARCOS 1, 21b-28

 Señor Jesús, me admiro de la fuerza de tu Palabra, de cómo sana y transforma; no dejes de pronunciarla en mi vida.
Mi corazón se regocija en el Señor, mi Salvador (Salmo: 1 Samuel 2,1a)

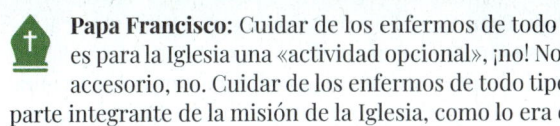

Papa Francisco: Cuidar de los enfermos de todo tipo no es para la Iglesia una «actividad opcional», ¡no! No es algo accesorio, no. Cuidar de los enfermos de todo tipo forma parte integrante de la misión de la Iglesia, como lo era de la de Jesús. Y esta misión es llevar la ternura de Dios a la humanidad sufriente. (07-02-2021)

En aquel tiempo, al salir Jesús de la sinagoga, fue con Santiago y Juan a casa de Simón y Andrés. La suegra de Simón estaba en cama con fiebre, e inmediatamente le hablaron de ella. Jesús se acercó, la tomó de la mano y la levantó. Se le pasó la fiebre y se puso a servirles. Al anochecer, cuando se puso el sol, le llevaron todos los enfermos y endemoniados. La población entera se agolpaba a la puerta. Curó a muchos enfermos de diversos males y expulsó muchos demonios; y como los demonios lo conocían, no les permitía hablar. Se levantó cuando todavía estaba muy oscuro, se marchó a un lugar solitario y allí se puso a orar. Simón y sus compañeros fueron en su busca y, al encontrarlo, le dijeron: «Todo el mundo te busca». Él les responde: «Vámonos a otra parte, a las aldeas cercanas, para predicar también allí; que para eso he salido». Así recorrió toda Galilea, predicando en sus sinagogas y expulsando los demonios.

1 Samuel 3,1-10.19-20; Salmo 39, 2.5.7-10 • MARCOS 1, 29-39

Señor Jesús, «todo el mundo te busca», a veces sin saberlo. Sigue saliendo al encuentro de cada ser humano; que podamos reconocer siempre tu amor cercano y tierno.
Aquí estoy, Señor, para hacer tu voluntad (Salmo 39, 8a.9a)

Papa Francisco: El evangelio dice que Jesús al ver al leproso «tuvo compasión de él». Y ternura. Tres palabras que indican el estilo de Dios: cercanía, compasión, ternura. En este episodio podemos ver que se encuentran dos «transgresiones»: la transgresión del leproso que se acerca a Jesús, y no podía hacerlo, y Jesús que, movido por la compasión, se acerca y lo toca con ternura para curarlo, y no podía hacerlo. Ambos son transgresores, son dos transgresiones. (14-02-2021)

En aquel tiempo, se acercó a Jesús un leproso, suplicándole de rodillas: «Si quieres, puedes limpiarme». Compadecido, extendió la mano y lo tocó diciendo: «Quiero: queda limpio». La lepra se le quitó inmediatamente y quedó limpio. Él lo despidió, encargándole severamente: «No se lo digas a nadie; pero, para que conste, ve a presentarte al sacerdote y ofrece por tu purificación lo que mandó Moisés, para que les sirva de testimonio». Pero, cuando se fue, empezó a pregonar bien alto y a divulgar el hecho, de modo que Jesús ya no podía entrar abiertamente en ningún pueblo; se quedaba fuera, en lugares solitarios; y aun así acudían a él de todas partes.

1 Samuel 4,1b-11; Sal 43,10-11.14-15.24-25 • MARCOS 1, 40-45

Señor Jesús, tú que siempre quieres el bien para mí, limpia mi corazón de todo mal que me impide ser feliz.
Redímenos, Señor, por tu misericordia (Salmo 43, 27b)

Viernes 1º Tiempo ordinario · · · Tomo III · Salterio 1ª semana

ENERO

16
VIERNES

Santos Fulgencio ob, Marcelo pp, Honorato, Berardo y co mrs.
Beata Juana Mª. Condesa vg

Papa Francisco: El Hijo de Dios va a la cruz sobre todo porque perdona los pecados, porque quiere la liberación total, definitiva del corazón del hombre. Porque no acepta que el ser humano consume toda su existencia con este «tatuaje» imborrable, con el pensamiento de no poder ser acogido por el corazón misericordioso de Dios. Y con estos sentimientos Jesús sale al encuentro de los pecadores, que somos todos. Así los pecadores son perdonados. No solo son tranquilizados a nivel psicológico, porque son liberados del sentimiento de culpa. Jesús hace mucho más: ofrece a las personas que se han equivocado la esperanza de una vida nueva. (09-08-2017)

Cuando a los pocos días entró Jesús en Cafarnaún, se supo que estaba en casa. Acudieron tantos que no quedaba sitio ni a la puerta y les proponía la palabra. Y vinieron trayéndole un paralítico llevado entre cuatro y, como no podían presentárselo por el gentío, levantaron la techumbre encima de donde él estaba, abrieron un boquete y descolgaron la camilla donde yacía el paralítico. Viendo Jesús la fe que tenían, le dice al paralítico: «Hijo, tus pecados te son perdonados». Unos escribas, que estaban allí sentados, pensaban para sus adentros: «¿Por qué habla este así? Blasfema. ¿Quién puede perdonar pecados sino solo uno, Dios?». Jesús se dio cuenta enseguida de lo que pensaban y les dijo: «¿Por qué pensáis eso? ¿Qué es más fácil: decir al paralítico: "Tus pecados te son perdonados", o decir: "Levántate, toma la camilla y echa a andar"? Pues, para que veáis que el Hijo del hombre tiene autoridad en la tierra para perdonar pecados -dice al paralítico-: "Te digo: Levántate, coge tu camilla y vete a tu casa"». Se levantó, cogió inmediatamente la camilla y salió a la vista de todos. Se quedaron atónitos y daban gloria a Dios diciendo: «Nunca hemos visto una cosa igual».

1 Samuel 8,4-7.10-22a; Salmo 88, 16-19 • MARCOS 2, 1-12

Señor Jesús, hoy te doy gracias por esa fuerza constante que me das para levantarme y tomar mi camilla. Sin ti desfallezco, junto a ti todo lo puedo.

Cantaré eternamente tus misericordias, Señor (Salmo 88, 2a)

Papa Francisco: Jesús dice: «No he venido a llamar a justos, sino a pecadores». Esto me consuela tanto, porque creo que Jesús ha venido por mí. Porque todos somos pecadores. Todos. Todos tenemos este grado. Somos graduados. Todo el mundo sabe cuál es su pecado, su debilidad más fuerte. En primer lugar, debemos reconocer esto: ninguno de nosotros, todos nosotros los que estamos aquí, podemos decir: «No soy un pecador». Los fariseos lo decían. Jesús los condena. Eran soberbios, altivos, se creían superiores a los demás. En cambio, todos somos pecadores. Es nuestro título y es también la posibilidad de atraer a Jesús a nosotros. Jesús viene a nosotros, viene a mí porque soy un pecador. (07-07-2017)

En aquel tiempo, Jesús salió de nuevo a la orilla del mar; toda la gente acudía a él y les enseñaba. Al pasar vio a Leví, el de Alfeo, sentado al mostrador de los impuestos y le dice: «Sígueme». Se levantó y lo siguió. Sucedió que, mientras estaba él sentado a la mesa en casa de Leví, muchos publicanos y pecadores se sentaban con Jesús y sus discípulos, pues eran ya muchos los que lo seguían. Los escribas de los fariseos, al ver que comía con pecadores y publicanos, decían a sus discípulos: «¿Por qué come con publicanos y pecadores?». Jesús lo oyó y les dijo: «No necesitan médico los sanos, sino los enfermos. No he venido a llamar a justos, sino a pecadores».

1 Samuel 9,1-4.17-19 – 10, 1a; Sal 20, 2-7 • MARCOS 2, 13-17

Señor Jesús, tu mirada llega hasta lo más hondo del corazón; tu mirada de amor todo lo puede cambiar en mí.
Señor, el rey se alegra por tu fuerza (Salmo: 20, 2a)

18-25 ENERO
OCTAVARIO DE ORACIÓN POR LA UNIDAD DE LOS CRISTIANOS

Papa Francisco: Con este espíritu de servicio, con su capacidad de hacer sitio a Jesús, Juan el Bautista nos enseña una cosa importante: *la libertad respecto a los apegos*. Sí, porque es fácil apegarse a roles y posiciones, a la necesidad de ser estimados, reconocidos y premiados. Y esto, aunque es natural, no es algo bueno, porque *el servicio implica la gratuidad*, el cuidar de los demás sin ventajas para uno mismo, sin segundos fines, sin esperar algo a cambio. Nos hará bien cultivar, como Juan, la virtud del hacernos a un lado en el momento oportuno, testimoniando que el punto de referencia de la vida es Jesús. Hacerse a un lado, aprender a despedirse: he cumplido esta misión, he realizado este encuentro, me hago a un lado y dejo sitio al Señor. Aprender a hacerse a un lado, no pretender algo a cambio para nosotros. (15-01-2023)

Isaías 49, 3.5-6: Me dijo el Señor: «Tú eres mi siervo, Israel, por medio de ti me glorificaré». Y ahora dice el Señor, el que me formó desde el vientre como siervo suyo, para que le devolviese a Jacob, para que le reuniera a Israel; he sido glorificado a los ojos de Dios. Y mi Dios era mi fuerza: «Es poco que seas mi siervo para restablecer las tribus de Jacob y traer de vuelta a los supervivientes de Israel. Te hago luz de las naciones, para que mi salvación alcance hasta el confín de la tierra».

Salmo 39, 2.4ab. 7-10: *Aquí estoy, Señor, para hacer tu voluntad.*

1 Corintios 1, 1-3: Pablo, llamado a ser apóstol de Jesucristo, por voluntad de Dios, y Sóstenes, nuestro hermano, a la Iglesia de Dios que está en Corinto, a los santificados por Jesucristo, llamados santos con todos los que en cualquier lugar invocan el nombre de nuestro Señor Jesucristo, señor de ellos y nuestro: a vosotros, gracia y paz de parte de Dios, nuestro Padre y del Señor Jesucristo.

JUAN 1, 29-34: En aquel tiempo, Al ver Juan a Jesús que venía hacia él, exclamó: «Este es el Cordero de Dios, que quita el pecado del mundo. Este es aquel de quien yo dije: Tras de mí viene un hombre que está por delante de mí, porque existía antes que yo. Yo no lo conocía, pero he salido a bautizar con agua, para que sea manifestado a Israel». Y Juan dio testimonio diciendo: «He contemplado al Espíritu que bajaba del cielo como una paloma y se posó sobre él. Yo no lo conocía, pero el que me envió a bautizar con agua me dijo: "Aquel sobre quien veas bajar el Espíritu y posarse sobre él, ese es el que bautiza con Espíritu Santo". Y yo lo he visto, y he dado testimonio de que este es el Hijo de Dios».

 Señor Jesús, Cordero de Dios que quita el pecado del mundo, bendito seas por tu amor y el don generoso de la salvación que nos traes.

Lunes 2º Tiempo ordinario   Tomo III · Salterio 2ª semana

Santos Arsenio ob, Germánico mr, Macario ab, Liberata y Faustina vgs mrs.
Beato Marcelo Spínola ob

ENERO

19

LUNES

18-25 ENERO
OCTAVARIO DE ORACIÓN POR LA UNIDAD DE LOS CRISTIANOS

Papa Francisco: Este es el mensaje que hoy nos da la Iglesia; y que Jesús dice con tanta fuerza: «¡Vino nuevo en odres nuevos!». Porque ante las novedades del Espíritu, ante las sorpresas de Dios, también las costumbres deben renovarse. Espero que el Señor nos dé la gracia de un corazón abierto, un corazón abierto a la voz del Espíritu, que sepa discernir lo que nunca debe cambiar, porque es fundamento, de aquello que tiene que cambiar para poder recibir la novedad del Espíritu Santo. (18-01-2016)

En aquel tiempo, como los discípulos de Juan y los fariseos estaban ayunando, vinieron unos y le preguntaron a Jesús: «Los discípulos de Juan y los discípulos de los fariseos ayunan. ¿Por qué los tuyos no?». Jesús les contesta: «¿Es que pueden ayunar los amigos del esposo, mientras el esposo está con ellos? Mientras el esposo está con ellos, no pueden ayunar. Llegarán días en que les arrebatarán al esposo, y entonces ayunarán en aquel día. Nadie le echa un remiendo de paño sin remojar a un manto pasado; porque la pieza tira del manto —lo nuevo de lo viejo— y deja un roto peor. Tampoco se echa vino nuevo en odres viejos; porque el vino revienta los odres, y se pierden el vino y los odres; a vino nuevo, odres nuevos».

1 Samuel 15,16-23; Salmo 49,8-9.16bc-17.21.23 • MARCOS 2, 18-22

Señor Jesús, que tu Espíritu Santo nos mueva a todos los cristianos a buscar la comunión y a trabajar por la unidad. *Al que sigue buen camino le haré ver la salvación de Dios* (Salmo 49, 23cd)

18-25 ENERO
OCTAVARIO DE ORACIÓN POR LA UNIDAD DE LOS CRISTIANOS

Papa Francisco: Cuando el Señor viene a visitarnos a nuestra vida todo debe ser dejado de lado, porque su presencia y su palabra están por encima de todo lo demás. El Señor siempre nos sorprende y cuando realmente lo escuchamos, las nubes se disipan, las dudas dan paso a la verdad, los miedos a la serenidad, y las diferentes situaciones de la vida encuentran su justo lugar. (21-07-2019)

Sucedió que un sábado Jesús atravesaba un sembrado, y sus discípulos, mientras caminaban, iban arrancando espigas. Los fariseos le preguntan: Mira, ¿por qué hacen en sábado lo que no está permitido?». Él les responde: «¿No habéis leído nunca lo que hizo David, cuando él y sus hombres se vieron faltos y con hambre, cómo entró en la casa de Dios, en tiempos del sumo sacerdote Abiatar, comió de los panes de la proposición, que solo está permitido comer a los sacerdotes, y les dio también a quienes estaban con él?». Y les decía: «El sábado se hizo para el hombre y no el hombre para el sábado; así que el Hijo del hombre es señor también del sábado».

1 Samuel 16,1-13; Salmo 88, 20-22.27-28 • MARCOS 2, 23-28

Señor Jesús, dame luz y sabiduría para vivir mi vida cristiana con autenticidad.
Encontraré a David, mi siervo **(Salmo 88, 21a)**

Miércoles 2º Tiempo ordinario   Tomo III · Salterio 2ª semana

ENERO
21
MIÉRCOLES

Santos INÉS vg mr, Juan Yi pf mr. Beata María Josefa de Santa Inés vg

18-25 ENERO
OCTAVARIO DE ORACIÓN POR LA UNIDAD DE LOS CRISTIANOS

Papa Francisco: La multitud busca a Jesús con ese olfato de la esperanza del pueblo de Dios que esperaba al Mesías, y espera encontrar en Él la salud, la verdad, la salvación, porque Él es el salvador y como salvador también hoy, en este momento, intercede por nosotros. (22-01-2015)

En aquel tiempo, Jesús entró otra vez en la sinagoga, y había allí un hombre que tenía una mano paralizada. Lo estaban observando, para ver si curaba en sábado y acusarlo. Entonces le dice al hombre que tenía la mano paralizada: «Levántate y ponte ahí en medio». Y a ellos les pregunta: «¿Qué está permitido en sábado?, ¿hacer lo bueno o lo malo?, ¿salvarle la vida a un hombre o dejarlo morir?». Ellos callaban. Echando en torno una mirada de ira y dolido por la dureza de su corazón, dice al hombre: «Extiende la mano». La extendió y su mano quedó restablecida. En cuanto salieron, los fariseos se confabularon con los herodianos para acabar con él.

1 Samuel 17,32-33.37.40-51; Salmo 143, 1-2.9-10 • **MARCOS 3, 1-6**

Señor Jesús, te duele la dureza de nuestro corazón; ablándame, hazme dócil a tu palabra.
Bendito el Señor, mi alcázar (Salmo 143, 1a)

ENERO

22

JUEVES

Jueves 2º Tiempo ordinario   Tomo III · Salterio 2ª semana

Santos VICENTE di mr, Vicente Pallotti pb.
Beatos Guillermo J. Chaminade pb, Laura Vicuña vg

18-25 ENERO
OCTAVARIO DE ORACIÓN POR LA UNIDAD DE LOS CRISTIANOS

Papa Francisco: Decir que el Espíritu Santo es «Señor» era como decir que comparte el «señorío» de Dios, que pertenece al mundo del Creador, no al de las criaturas. La afirmación más fuerte es que se le debe la misma gloria y adoración que al Padre y al Hijo. Es el argumento de la igualdad en el honor, muy querido por San Basilio el Grande, que fue el principal artífice de esa fórmula: el Espíritu Santo es Señor, es Dios. (16-10-2024)

En aquel tiempo, Jesús se retiró con sus discípulos a la orilla del mar, y lo siguió una gran muchedumbre de Galilea. Al enterarse de las cosas que hacía, acudía mucha gente de Judea, Jerusalén, Idumea, Transjordania y cercanías de Tiro y Sidón. Encargó a sus discípulos que le tuviesen preparada una barca, no lo fuera a estrujar el gentío. Como había curado a muchos, todos los que sufrían de algo se le echaban encima para tocarlo. Los espíritus inmundos, cuando lo veían, se postraban ante él y gritaban: «Tú eres el Hijo de Dios». Pero él les prohibía severamente que lo diesen a conocer.

1 Samuel 18,6-9 - 19,1-7; Salmo 55, 2-3.9-13 • MARCOS 3, 7-12

Señor Jesús, que seamos uno, ese es tu deseo. Muévenos a vivir más unidos todos los que creemos en ti.

En Dios confío y no temo (Salmo 55, 5b)

18-25 ENERO
OCTAVARIO DE ORACIÓN POR LA UNIDAD DE LOS CRISTIANOS

Papa Francisco: Nosotros, obispos, tenemos esta responsabilidad de ser testigos: testigos de que el Señor Jesús está vivo, que el Señor Jesús ha resucitado, que el Señor Jesús camina con nosotros, que el Señor Jesús nos salva, que el Señor Jesús dio su vida por nosotros, que el Señor Jesús es nuestra esperanza, que el Señor Jesús nos acoge siempre y nos perdona. He aquí «el testimonio». En consecuencia, prosiguió, nuestra vida debe ser esto: un testimonio, un verdadero testimonio de la resurrección de Cristo. (22-01-2016)

En aquel tiempo, Jesús subió al monte, llamó a los que quiso, y se fueron con él. E instituyó doce para que estuvieran con él y para enviarlos a predicar, y que tuvieran autoridad para expulsar a los demonios: Simón, a quien puso el nombre de Pedro, Santiago el de Zebedeo, y Juan, el hermano de Santiago, a quienes puso el nombre de Boanerges, es decir, los hijos del trueno, Andrés, Felipe, Bartolomé, Mateo, Tomás, Santiago el de Alfeo, Tadeo, Simón el de Caná y Judas Iscariote, que lo entregó.

1 Samuel 24,3-21; Salmo 56, 2-4.6.11 • MARCOS 3, 13-19

Señor Jesús, nos llamas a estar contigo y colaborar en tu misión. Renuevo hoy mi compromiso por ti.
Misericordia, Dios mío, misericordia (Salmo 56, 2a)

18-25 ENERO
OCTAVARIO DE ORACIÓN POR LA UNIDAD DE LOS CRISTIANOS

 Papa Francisco: Nosotros tenemos necesidad de recorrer el sendero de la unidad en virtud de nuestro amor a Cristo y a todas las personas que estamos llamados a servir. A lo largo de este camino, ¡nunca nos dejemos paralizar por las dificultades! Tengamos confianza en el Espíritu Santo que nos impulsa hacia la unidad en una armonía de diversidad multicolor. (11-11-2024)

 En aquel tiempo, Jesús llegó a casa con sus discípulos y de nuevo se juntó tanta gente que no los dejaban ni comer. Al enterarse su familia, vinieron a llevárselo, porque se decía que estaba fuera de sí.

2 Samuel 1,1-4.11-12.19.23-27;
Salmo 79, 2-3.5-7 • MARCOS 3, 20-21

Señor Jesús, quiero creer en ti con todo el corazón; ayúdame con tu gracia.
Que brille tu rostro, Señor, y nos salve (Salmo 79, 4b)

...y la gente no los dejaban ni comer

18-25 ENERO
OCTAVARIO DE ORACIÓN POR LA UNIDAD DE LOS CRISTIANOS

Papa Francisco: *Dejar para seguir.* Siempre es así con Jesús. Se puede comenzar de alguna manera a sentir su atracción, quizás gracias a otros. Luego el conocimiento puede ser más personal y encender una luz en el corazón. Se convierte en algo hermoso que compartir: «Mira, ese pasaje del Evangelio me ha emocionado, esa experiencia de servicio me ha conmovido». Algo que te toca el corazón. Lo mismo habrán hecho los primeros discípulos. Pero antes o después llega el momento en que hay que *dejarlo todo para seguirle.* Y aquí hay que decidir: ¿dejo atrás algunas certezas y me embarco en una nueva aventura, o me quedo como soy? Es un momento decisivo para todo cristiano, porque se juega el sentido de todo lo demás. Si no se encuentra la valentía de ponerse en marcha, se corre el riesgo de quedarse como espectador de la propia existencia y vivir la fe a medias. (22-01-2023)

Isaías 8, 23b ; 9, 3: En otro tiempo, humilló el Señor la tierra de Zabulón y la tierra de Neftalí, pero luego ha llenado de gloria el camino del mar, el otro lado del Jordán, Galilea de los gentiles. El pueblo que caminaba en tinieblas vio una luz grande; habitaba en tierra y sombras de muerte, una luz les brilló. Acreciste la alegría, aumentaste el gozo; se gozan en tu presencia, como gozan al segar, como se alegran al repartirse el botín. Porque la vara del opresor, el yugo de su carga, el bastón de su hombro, los quebrantaste como el día de Madián.

Salmo 26, 1.4.13-14: *El Señor es mi luz y mi salvación.*

1 Corintios 1, 10-13.17: Os ruego, hermanos, en nombre de nuestro Señor Jesucristo, que digáis todos lo mismo y que no haya división entre vosotros. Estad bien unidos con un mismo pensar y un mismo sentir. Pues, hermanos, me he enterado por los de Cloe de que hay discordias entre vosotros. Y os digo esto porque cada cual anda diciendo: «Yo soy de Pablo, yo soy de Apolo, yo soy de Cefas, yo soy de Cristo». ¿Está dividido Cristo? ¿Fue crucificado Pablo por vosotros? ¿Fuisteis bautizados en nombre de Pablo? Pues no me envió Cristo a bautizar, sino a anunciar el Evangelio, y no con sabiduría de palabras, para no hacer ineficaz la cruz de Cristo.

MATEO, 4, 12-23: Al enterarse Jesús de que habían arrestado a Juan se retiró a Galilea. Dejando Nazaret se estableció en Cafarnaún, junto al mar, en el territorio de Zabulón y Neftalí, para que se cumpliera lo dicho por medio del profeta Isaías: «Tierra de Zabulón y tierra de Neftalí, camino del mar, al otro lado del Jordán, Galilea de los gentiles. El pueblo que habitaba en tinieblas vio una luz grande; a los que habitaban en tierra y sombras de muerte, una luz les brilló». Desde entonces comenzó Jesús a predicar diciendo: «Convertíos, porque está cerca el reino de los cielos». Paseando junto al lago de Galilea vio a dos hermanos, a Simón, llamado Pedro, y a Andrés, que estaban echando la red en el mar, pues eran pescadores. Les dijo: «Venid en pos de mí y os haré pescadores de hombres». Inmediatamente dejaron las redes y lo siguieron. Y pasando adelante vio a otros dos hermanos, a Santiago, hijo de Zebedeo, y a Juan, su hermano, que estaban en la barca repasando las redes con Zebedeo, su padre, y los llamó. Inmediatamente dejaron la barca y a su padre y lo siguieron. Jesús recorría toda Galilea enseñando en las sinagogas, proclamando el evangelio del reino y curando toda enfermedad y toda dolencia en el pueblo.

Señor Jesús, eres nuestra luz y por ello nuestro gozo y alegría. Ayúdanos a seguirte con prontitud, entrega y total disposición.

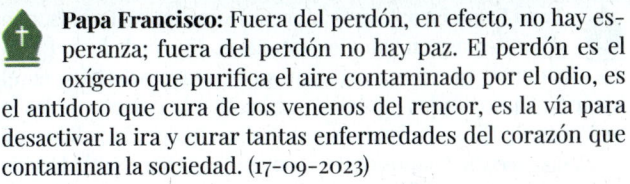

Papa Francisco: Fuera del perdón, en efecto, no hay esperanza; fuera del perdón no hay paz. El perdón es el oxígeno que purifica el aire contaminado por el odio, es el antídoto que cura de los venenos del rencor, es la vía para desactivar la ira y curar tantas enfermedades del corazón que contaminan la sociedad. (17-09-2023)

En aquel tiempo, los escribas que habían bajado de Jerusalén decían: «Tiene dentro a Belzebú y expulsa a los demonios con el poder del jefe de los demonios». Él los invitó a acercarse y les hablaba en parábolas: «¿Cómo va a echar Satanás a Satanás? Un reino dividido internamente no puede subsistir; una familia dividida no puede subsistir. Si Satanás se rebela contra sí mismo, para hacerse la guerra, no puede subsistir, está perdido. Nadie puede meterse en casa de un hombre forzudo para arramblar con su ajuar, si primero no lo ata; entonces podrá arramblar con la casa. En verdad os digo, todo se les podrá perdonar a los hombres: los pecados y cualquier blasfemia que digan; pero el que blasfeme contra el Espíritu Santo no tendrá perdón jamás, cargará con su pecado para siempre». Se refería a los que decían que tenía dentro un espíritu inmundo.

2 Timoteo 1, 1-8; Salmo 95, 1-2a.2b-3.7-8a.10• MARCOS 3, 22-30

Señor Jesús, creo en ti y en tu Espíritu Santo que me regalas como abogado y consuelo. Gracias por este don maravilloso.

Mi fidelidad y misericordia lo acompañarán (Salmo 88, 25a)

Papa Francisco: Jesús ha formado una nueva familia, que ya no se basa en vínculos naturales, sino en la fe en Él, en su amor que nos acoge y nos une entre nosotros, en el Espíritu Santo. Todos aquellos que acogen la palabra de Jesús son hijos de Dios y hermanos entre ellos. Acoger la palabra de Jesús nos hace hermanos entre nosotros y nos hace ser la familia de Jesús. Hablar mal de los demás, destruir la fama de los demás nos vuelve la familia del diablo. (10-06-2018)

En aquel tiempo, llegaron la madre de Jesús y sus hermanos y, desde fuera, lo mandaron llamar. La gente que tenía sentada alrededor le dice: «Mira, tu madre y tus hermanos y tus hermanas están fuera y te buscan». Él les pregunta: «¿Quiénes son mi madre y mis hermanos?». Y mirando a los que estaban sentados alrededor, dice: «Estos son mi madre y mis hermanos. El que haga la voluntad de Dios, ese es mi hermano y mi hermana y mi madre».

2 Samuel 6,12b-15.17-19; Salmo 23, 7-10 • MARCOS 3, 31-35

Señor Jesús, quiero estar dispuesto a hacer la voluntad de Dios, quiero ser así de los tuyos auténticos, de tu "familia".

¿Quién es ese Rey de la gloria? Es el Señor (Salmo 23, 8a)

Papa Francisco: No olvidemos nunca, cuando anunciamos la Palabra, que también donde parece que no sucede nada, en realidad el Espíritu Santo está trabajando y el reino de Dios ya está creciendo, a través y más allá de nuestros esfuerzos. Por eso, ¡adelante con alegría! Recordemos a las personas que han puesto la semilla de la Palabra de Dios en nuestra vida: quizá ha brotado años después de que hayamos encontrado sus ejemplos, ¡pero ha sucedido precisamente gracias a ellos! (16-07-2023)

En aquel tiempo, Jesús se puso a enseñar otra vez junto al mar. Acudió un gentío tan enorme que tuvo que subirse a una barca; y, ya en el mar, se sentó; y el gentío se quedó en tierra junto al mar. Les enseñaba muchas cosas con parábolas, y les decía instruyéndolos: «Escuchad: Salió el sembrador a sembrar; al sembrar, algo cayó al borde del camino, vinieron los pájaros y se lo comieron. Otra parte cayó en terreno pedregoso, donde apenas tenía tierra; como la tierra no era profunda, brotó enseguida; pero, en cuanto salió el sol, se abrasó y, por falta de raíz, se secó. Otra parte cayó entre los abrojos crecieron, la ahogaron, y no dio grano. El resto cayó en tierra buena: nació, creció y dio grano; y la cosecha fue del treinta o del sesenta o del ciento por uno». Y añadió: «El que tenga oídos para oír, que oiga». Cuando se quedó a solas, los que estaban alrededor y los Doce le preguntaban el sentido de las parábolas. Él les dijo: «A vosotros se os ha dado el misterio del reino de Dios; en cambio, a los de fuera todo se les presenta en parábolas, para que "por más que miren, no vean, por más que oigan, no entiendan, no sea que se conviertan y sean perdonados"». Y añadió: «¿No entendéis esta parábola? ¿Pues cómo vais a conocer todas las demás? El sembrador siembra la palabra. Hay unos que están al borde del camino donde se siembra la palabra; pero, en cuanto la escuchan, viene Satanás y se lleva la palabra sembrada en ellos. Hay otros que reciben la semilla como terreno pedregoso; son los que al escuchar la palabra enseguida la acogen con alegría, pero no tienen raíces, son inconstantes y, cuando viene una dificultad o persecución por la palabra, enseguida sucumben. Hay otros que reciben la semilla entre abrojos; estos son los que escuchan la palabra, pero los afanes de la vida, la seducción de las riquezas y el deseo de todo lo demás los invaden, ahogan la palabra, y se queda estéril. Los otros son los que reciben la semilla en buena tierra; escuchan la palabra, la aceptan y dan una cosecha del treinta o del sesenta o del ciento por uno».

2 Samuel 7,4-17; Salmo 88, 4-5.27-30 • MARCOS 4, 1-20

Señor Jesús, quiero que mi corazón sea tierra buena donde germine tu Palabra y dé fruto abundante.
Le mantendré eternamente mi favor (Salmo 88, 29a)

ENERO

29
JUEVES

Jueves 3º Tiempo ordinario

Tomo III · Salterio 3ª semana

Santos Valero ob, Afraates er. Beato Manuel Domingo y Sol pb

Papa Francisco: Tenemos por tanto una tarea y una responsabilidad por el don recibido: la luz de la fe, que está en nosotros por medio de Cristo y de la acción del Espíritu Santo, no debemos retenerla como si fuera nuestra propiedad. Sin embargo, estamos llamados a hacerla resplandecer en el mundo, a donarla a los otros mediante las buenas obras. ¡Y cuánto necesita el mundo de la luz del Evangelio que transforma, sana y garantiza la salvación a quien lo acoge! Esta luz debemos llevarla con nuestras buenas obras. (5-02-2017)

En aquel tiempo, Jesús dijo al gentío: «¿Se trae la lámpara para meterla debajo del celemín o debajo de la cama?, ¿no es para ponerla en el candelero? No hay nada escondido, sino para que sea descubierto; no hay nada oculto, sino para que salga a la luz. El que tenga oídos para oír, que oiga». Les dijo también: «Atención a lo que estáis oyendo: la medida que uséis la usarán con vosotros, y con creces. Porque al que tiene se le dará, y al que no tiene se le quitará hasta lo que tiene».

2 Samuel 7,18-19.24-29; Salmo 131, 1b-5.11-14 • MARCOS 4, 21-25

Señor Jesús, quiero ser luz viviendo en la medida generosa del amor. Ayúdame.

El Señor Dios le dará el trono de David, su padre (Salmo: Lucas 1, 32b)

Papa Francisco: A veces la historia, con sus sucesos y sus protagonistas, parece ir en sentido contrario al designio del Padre celestial, que quiere para todos sus hijos la justicia, la fraternidad, la paz. Pero nosotros estamos llamados a vivir estos periodos como temporadas de prueba, de esperanza y de espera vigilante de la cosecha. De hecho, ayer como hoy, el Reino de Dios crece en el mundo de forma misteriosa, de forma sorprendente, desvelando el poder escondido de la pequeña semilla, su vitalidad victoriosa. (17-06-2018)

En aquel tiempo, Jesús decía al gentío: «El reino de Dios se parece a un hombre que echa semilla en la tierra. Él duerme de noche y se levanta de mañana; la semilla germina y va creciendo, sin que él sepa cómo. La tierra va produciendo fruto sola: primero los tallos, luego la espiga, después el grano. Cuando el grano está a punto, se mete la hoz, porque ha llegado la siega». Dijo también: «¿Con qué podemos comparar el reino de Dios? ¿Qué parábola usaremos? Con un grano de mostaza: al sembrarlo en la tierra es la semilla más pequeña, pero después de sembrada crece, se hace más alta que las demás hortalizas y echa ramas tan grandes que los pájaros del cielo pueden anidar a su sombra». Con muchas parábolas parecidas les exponía la palabra, acomodándose a su entender. Todo se lo exponía con parábolas, pero a sus discípulos se lo explicaba todo en privado.

2 Samuel 11,1-4a.4c-10a.13-17;
Salmo 50, 3-7.10-11 • MARCOS 4, 26-34

Señor Jesús, tu Reino es vida y verdad, amor, justicia y paz; con tu gracia sea yo testigo y agente del mismo.
Misericordia, Señor, hemos pecado (Salmo 50, 3a)

Papa Francisco: La tempestad desenmascara nuestra vulnerabilidad y deja al descubierto esas falsas y superfluas seguridades con las que habíamos construido nuestras agendas, nuestros proyectos, rutinas y prioridades. Nos muestra cómo habíamos dejado dormido y abandonado lo que alimenta, sostiene y da fuerza a nuestra vida y a nuestra comunidad. La tempestad pone al descubierto todos los intentos de encajonar y olvidar lo que nutrió el alma de nuestros pueblos; todas esas tentativas de anestesiar con aparentes rutinas «salvadoras», incapaces de apelar a nuestras raíces y evocar la memoria de nuestros ancianos, privándonos así de la inmunidad necesaria para hacerle frente a la adversidad. Con la tempestad, se cayó el maquillaje de esos estereotipos con los que disfrazábamos nuestros egos siempre pretenciosos de querer aparentar; y dejó al descubierto, una vez más, esa (bendita) pertenencia común de la que no podemos ni queremos evadirnos; esa pertenencia de hermanos. (27-03-2020)

Aquel día, al atardecer, dice Jesús a sus discípulos: «Vamos a la otra orilla». Dejando a la gente, se lo llevaron en barca, como estaba; otras barcas lo acompañaban. Se levantó una fuerte tempestad y las olas rompían contra la barca hasta casi llenarla de agua. Él estaba en la popa, dormido sobre el cabezal. Lo despertaron, diciéndole: «Maestro, ¿no te importa que perezcamos?». Se puso en pie, increpó al viento y dijo al mar: «¡Silencio, enmudece!». El viento cesó y vino una gran calma. Él les dijo: «¿Por qué tenéis miedo? ¿Aún no tenéis fe?». Se llenaron de miedo y se decían unos a otros: «¿Pero ¿quién es este? ¡Hasta el viento y el mar lo obedecen!».

2 Samuel 12,1-7a. 10-17; Salmo 50, 12-17 • MARCOS 4, 35-41

Señor Jesús, como los discípulos en la tempestad, a veces tengo miedo; quiero creer, quiero tener más fe.
Oh, Dios, crea en mi un corazón puro (Salmo 50, 12a)

febrero

Cuarenta días después del nacimiento de Jesús, María y José llevaron al niño a Jerusalén para presentarlo al Señor. Había en el Templo un hombre justo y piadoso, llamado Simeón: «Tomó en brazos al niño», y, vuelto al Señor, dijo: «Han visto mis ojos tu salvación, la que has preparado a la vista de todos los pueblos, luz para iluminar a los gentiles y gloria de tu pueblo Israel. Este está puesto para caída y elevación de muchos en Israel, y para ser señal de contradicción»; y añade con referencia a María: «Y a ti misma una espada te atravesará el alma».

(San Juan Pablo II: "Redemptoris Mater, 16)

Papa Francisco: Cada uno de nosotros es un bien, independientemente de las cualidades que tiene. Cada mujer, cada hombre es rico no solo de talentos, sino de dignidad, es amado por Dios, vale, es valioso. Jesús nos recuerda que somos bienaventurados no por lo que tenemos, sino por lo que somos. Y cuando una persona se deja ir y se abandona, se desperdicia a sí misma. Luchemos, con la ayuda de Dios, contra la tentación de considerarnos inadecuados, equivocados, y de compadecernos a nosotros mismos. (29-01-2023)

Sofonías 2,3; 3, 12-13: Buscad al Señor los humildes de la tierra, los que practican su derecho, buscad la justicia, buscad la humildad, quizá podáis resguardaros el día de la ira del Señor. Dejaré en ti un resto, un pueblo humilde y pobre, que buscará refugio en el nombre del Señor. El resto de Israel no hará más el mal, no mentirá ni habrá engaño en su boca. Pastarán y descansarán, y no habrá quien los inquiete.

Salmo 145, 6c-10: *Bienaventurados los pobres en el espíritu, porque de ellos es el reino de los cielos.*

1 Corintios 1, 26-31: Fijaos en vuestra asamblea, hermanos: no hay en ella muchos sabios en lo humano, ni muchos poderosos, ni muchos aristócratas; sino que, lo necio del mundo lo ha escogido Dios para humillar a los sabios, y lo débil del mundo lo ha escogido Dios para humillar lo poderoso. Aún más, ha escogido la gente baja del mundo, lo despreciable, lo que no cuenta, para anular a lo que cuenta, de modo que nadie pueda gloriarse en presencia del Señor. A él se debe que vosotros estéis en

Cristo Jesús, el cual se ha hecho para nosotros sabiduría de parte de Dios, justicia, santificación y redención. Así —como está escrito—: «el que se gloríe, que se gloríe en el Señor».

MATEO 5, 1-12a: En aquel tiempo, al ver Jesús el gentío, subió al monte, se sentó y se acercaron sus discípulos; y, abriendo la boca, les enseñaba diciendo: «Bienaventurados los pobres en el espíritu, porque de ellos es el reino de los cielos. Bienaventurados los mansos, porque ellos heredarán la tierra. Bienaventurados los que lloran, porque ellos serán consolados. Bienaventurados los que tienen hambre y sed de la justicia, porque ellos quedarán saciados. Bienaventurados los misericordiosos, porque ellos alcanzarán misericordia. Bienaventurados los limpios de corazón, porque ellos verán a Dios. Bienaventurados los que trabajan por la paz, porque ellos serán llamados hijos de Dios. Bienaventurados los perseguidos por causa de la justicia, porque de ellos es el reino de los cielos. Bienaventurados vosotros cuando os insulten y os persigan y os calumnien de cualquier modo por mi causa. Alegraos y regocijaos, porque vuestra recompensa será grande en el cielo».

Señor Jesús, enséñame a seguirte según las bienaventuranzas: más pobre, más humilde, más misericordioso, más pacífico, más justo, más hambriento y sediento de ti. En definitiva, más feliz.

FEBRERO

2

LUNES

FIESTA DE LA PRESENTACIÓN DEL SEÑOR
Purificación de María. Virgen de la Candelaria, de Copacabana, de la Calle.
Santos Lorenzo ob, Burcardo ob

JORNADA MUNDIAL DE LA VIDA CONSAGRADA

Papa Francisco: La capacidad de maravillarse ante las cosas que nos rodean favorece la experiencia religiosa y hace fructífero el encuentro con el Señor. Por el contrario, la incapacidad de admirar nos hace indiferentes y amplía la distancia entre el viaje de la fe y la vida cotidiana. ¡Hermanos y hermanas, siempre en movimiento y dejándonos abiertos a la admiración! (02-02-2020)

Cuando se cumplieron los días de la purificación, según la ley de Moisés, los padres de Jesús lo llevaron a Jerusalén, para presentarlo al Señor, de acuerdo con lo escrito en la ley del Señor: «Todo varón primogénito será consagrado al Señor», y para entregar la oblación, como dice la ley del Señor: «un par de tórtolas o dos pichones». Había entonces en Jerusalén un hombre llamado Simeón, hombre justo y piadoso, que aguardaba el consuelo de Israel; y el Espíritu Santo estaba con él. Le había sido revelado por el Espíritu Santo que no vería la muerte antes de ver al Mesías del Señor. Impulsado por el Espíritu, fue al templo. Cuando entraban con el niño Jesús sus padres para cumplir con él lo acostumbrado según la ley, Simeón lo tomó en brazos y bendijo a Dios diciendo: «Ahora, Señor, según tu promesa, puedes dejar a tu siervo irse en paz. Porque mis ojos han visto a tu Salvador, a quien has presentado ante todos los pueblos: luz para alumbrar a las naciones y gloria de tu pueblo Israel». Su padre y su madre estaban admirados por lo que se decía del niño. Simeón los bendijo, diciendo a María, su madre: «Este está puesto para que muchos en Israel caigan y se levanten; y será como un signo de contradicción —y a ti misma una espada te traspasará el alma—, para que se pongan de manifiesto los pensamientos de muchos corazones». Había también una profetisa, Ana, hija de Fanuel, de la tribu de Aser, ya muy avanzada en años. De joven había vivido 7 años casada, y luego viuda hasta los 84; no se apartaba del templo, sirviendo a Dios con ayunos y oraciones noche y día. Presentándose en aquel momento, alababa también a Dios y hablaba del niño a todos los que aguardaban la liberación de Jerusalén. Y, cuando cumplieron todo lo que prescribía la ley del Señor, se volvieron a Galilea, a su ciudad de Nazaret. El niño, por su parte, iba creciendo y robusteciéndose, lleno de sabiduría; y la gracia de Dios estaba con él.

Malaquías 3, 1-4; Salmo 23, 7-10; (Hebreos 2, 14-18) • LUCAS 2, 22-40

Señor Jesús, hoy te doy gracias por la vida consagrada; que su testimonio me ayude a seguirte con más pasión y disponibilidad.
El Señor, Dios del universo, él es el Rey de la gloria (Salmo 23, 10bc)

Papa Francisco: En el camino del Señor están admitidos todos: ninguno debe sentirse un intruso o uno que no tiene derecho. Para tener acceso a su corazón, al corazón de Jesús hay un solo requisito: sentirse necesitado de curación y confiarse a Él. (01-07-2018)

Jesús atravesó de nuevo en barca a la otra orilla, se le reunió mucha gente a su alrededor y se quedó junto al mar. Se acercó un jefe de la sinagoga, que se llamaba Jairo, y, al verlo, se echó a sus pies, rogándole con insistencia: «Mi niña está en las últimas; ven, impón las manos sobre ella, para que se cure y viva». Se fue con él y lo seguía mucha gente que lo apretujaba. Había una mujer que padecía flujos de sangre desde hacía doce años. Había sufrido mucho a manos de los médicos y se había gastado en eso toda su fortuna; pero, en vez de mejorar, se había puesto peor. Oyó hablar de Jesús y, acercándose por detrás, entre la gente, le tocó el manto, pensando: «Con solo tocarle el manto curaré». Inmediatamente se secó la fuente de sus hemorragias, y notó que su cuerpo estaba curado. Jesús, notando que había salido fuerza de él, se volvió enseguida, en medio de la gente, y preguntaba: «¿Quién me ha tocado el manto?». Los discípulos le contestaban: «Ves cómo te apretuja la gente y preguntas: "¿Quién me ha tocado?"». Él seguía mirando alrededor, para ver a la que había hecho esto. La mujer se acercó asustada y temblorosa, al comprender lo que le había ocurrido, se le echó a los pies y le confesó toda la verdad. Él le dice: «Hija, tu fe te ha curado. Vete en paz y queda curada de tu enfermedad». Todavía estaba hablando, cuando llegaron de casa del jefe de la sinagoga para decirle: «Tu hija se ha muerto. ¿Para qué molestar más al maestro?». Jesús alcanzó a oír lo que hablaban y le dijo al jefe de la sinagoga: «No temas; basta que tengas fe». No permitió que lo acompañara nadie, más que Pedro, Santiago y Juan, el hermano de Santiago. Llegan a casa del jefe de la sinagoga y encuentra el alboroto de los que lloraban y se lamentaban a gritos y después de entrar les dijo: «¿Qué estrépito y qué lloros son estos? La niña no está muerta; está dormida». Se reían de él. Pero él los echó fuera a todos y, con el padre y la madre de la niña y sus acompañantes, entró donde estaba la niña, la cogió de la mano y le dijo: «Talitha qumi» (que significa: «Contigo hablo, niña, levántate»). La niña se levantó inmediatamente y echó a andar; tenía doce años. Y quedaron fuera de sí llenos de estupor. Les insistió en que nadie se enterase; y les dijo que dieran de comer a la niña.

2 Samuel 18,9-10.14b.24-25a.31; 19, 3; Salmo 85, 1b-6 • MARCOS 5, 21-43

Señor Jesús, vivifícame, levántame de mis letargos con la fuerza poderosa de tu Palabra.
Inclina tu oído, Señor, escúchame (Salmo 85, 1b)

FEBRERO

4
MIÉRCOLES

Miércoles 4º Tiempo ordinario   Tomo III · Salterio 4ª semana

Santos Catalina de Ricci vg, Juan de Britto pb mr, Gilberto pb, Rabano Mauro ob.
Beata Isabel Canori mf

 Papa Francisco: Muchos bautizados viven como si Cristo no existiera: se repiten los gestos y signos de fe, pero no corresponden a una verdadera adhesión a la persona de Jesús y a su Evangelio. Cada cristiano —todos nosotros, cada uno de nosotros— está llamado a profundizar en esta pertenencia fundamental, tratando de testimoniarla con una conducta coherente de vida, cuyo hilo conductor será la caridad. (08-07-2018)

En aquel tiempo, Jesús se dirigió a su ciudad y lo seguían sus discípulos. Cuando llegó el sábado, empezó a enseñar en la sinagoga; la multitud que lo oía se preguntaba asombrada: «¿De dónde saca todo eso? ¿Qué sabiduría es esa que le ha sido dada? ¿Y esos milagros que realizan sus manos? ¿No es este el carpintero, el hijo de María, hermano de Santiago y José y Judas y Simón? Y sus hermanas ¿no viven con nosotros aquí?». Y se escandalizaban a cuenta de él. Les decía: «No desprecian a un profeta más que en su tierra, entre sus parientes y en su casa». No pudo hacer allí ningún milagro, solo curó algunos enfermos imponiéndoles las manos. Y se admiraba de su falta de fe. Y recorría los pueblos de alrededor enseñando.

2 Samuel 24, 2.9-17; Salmo 31,1b-2.5-7 • MARCOS 6, 1-6

 Señor Jesús, infunde más vigor a mi fe para unirme más a ti y conocerte mejor.
Perdona, Señor, mi culpa y mi pecado (Salmo 31, 5d)

Papa Francisco: Ningún cristiano anuncia el Evangelio «por sí», sino solo enviado por la Iglesia que ha recibido el mandado de Cristo mismo. Es precisamente el bautismo lo que nos hace misioneros. Un bautizado que no siente la necesidad de anunciar el Evangelio, de anunciar a Jesús, no es un buen cristiano. (15-07-2018)

En aquel tiempo, Jesús llamó a los Doce y los fue enviando de dos en dos, dándoles autoridad sobre los espíritus inmundos. Les encargó que llevaran para el camino un bastón y nada más, pero ni pan, ni alforja, ni dinero suelto en la faja; que llevasen sandalias, pero no una túnica de repuesto. Y decía: «Quedaos en la casa donde entréis, hasta que os vayáis de aquel sitio. Y si un lugar no os recibe ni os escucha, al marcharos sacudíos el polvo de los pies, en testimonio contra ellos». Ellos salieron a predicar la conversión, echaban muchos demonios, ungían con aceite a muchos enfermos y los curaban.

1 Reyes 2, 1-4.10-12;
Salmo: 1 Crónicas 29, 10-12 • MARCOS 6, 7-13

Señor Jesús, te doy gracias porque me llamas a colaborar contigo en tu misión, quiero entregarme con ilusión y entusiasmo.

Tú eres Señor del universo **(Salmo 1Crónicas 29,12b)**

Papa Francisco: Juan es grande. Grande cuando dice que no es él aquel a quien esperan: precisamente aquella frase es su destino, su programa de vida: «Aquel, el que viene detrás de mí, debe crecer; yo, en cambio, disminuir». Precisamente así fue la vida de Juan: disminuir, disminuir, disminuir y acabar de esta manera tan prosaica, en el anonimato. Y así, Juan fue alguien grande que no buscó su propia gloria, sino la de Dios. (05-02-2016)

En aquel tiempo, como la fama de Jesús se había extendido, el rey Herodes oyó hablar de él. Unos decían: «Juan el Bautista ha resucitado de entre los muertos y por eso las fuerzas milagrosas actúan en él». Otros decían: «Es Elías». Otros: «Es un profeta como los antiguos». Herodes, al oírlo, decía: «Es Juan, a quien yo decapité, que ha resucitado». Es que Herodes había mandado prender a Juan y lo había metido en la cárcel, encadenado. El motivo era que Herodes se había casado con Herodías, mujer de su hermano Filipo, y Juan le decía que no le era lícito tener la mujer de su hermano. Herodías aborrecía a Juan y quería matarlo, pero no podía, porque Herodes respetaba a Juan, sabiendo que era un hombre justo y santo, y lo defendía. Al escucharlo quedaba muy perplejo, aunque lo oía con gusto. La ocasión llegó cuando Herodes, por su cumpleaños, dio un banquete a sus magnates, a sus oficiales y a la gente principal de Galilea. La hija de Herodías entró y danzó, gustando mucho a Herodes y a los convidados. El rey le dijo a la joven: «Pídeme lo que quieras, que te lo daré». Y le juró: «Te daré lo que me pidas, aunque sea la mitad de mi reino». Ella salió a preguntarle a su madre: «¿Qué le pido?». La madre le contestó: «La cabeza de Juan el Bautista». Entró ella enseguida, a toda prisa, se acercó al rey y le pidió: «Quiero que ahora mismo me des en una bandeja la cabeza de Juan el Bautista». El rey se puso muy triste; pero, por el juramento y los convidados, no quiso desairarla. Enseguida le mandó a uno de su guardia que trajese la cabeza de Juan. Fue, lo decapitó en la cárcel, trajo la cabeza en una bandeja y se la entregó a la joven; la joven se la entregó a su madre. Al enterarse sus discípulos, fueron a recoger el cadáver y lo pusieron en un sepulcro.

Eclesiástico 47, 2-11; Salmo 17, 31.47.50-51 • MARCOS 6, 14-29

Señor Jesús, seguirte me compromete con la verdad y la justicia; ayúdame a ser fiel.

Bendito sea mi Dios y Salvador (Salmo 17, 47b)

Sábado 4º Tiempo ordinario   Tomo III · Salterio 4ª semana

FEBRERO

7

SÁBADO

Santos Ricardo pf, Juliana vd. Beatos Pío IX pp, Anselmo Polanco ob y Felipe pb mrs

Papa Francisco: La compasión nace de la contemplación. Si aprendemos a descansar de verdad, nos hacemos capaces de compasión verdadera; si cultivamos una mirada contemplativa, llevaremos adelante nuestras actividades sin la actitud rapaz de quien quiere poseer y consumir todo; si nos mantenemos en contacto con el Señor y no anestesiamos la parte más profunda de nuestro ser, las cosas que hemos de hacer no tendrán el poder de dejarnos sin aliento y devorarnos. Necesitamos —escuchad esto—, necesitamos una «ecología del corazón» compuesta de descanso, contemplación y compasión. ¡Aprovechemos el tiempo para ello! Nos ayuda mucho. (18-07-2021)

En aquel tiempo, los apóstoles volvieron a reunirse con Jesús y le contaron todo lo que habían hecho y enseñado. Él les dijo: «Venid vosotros a solas a un lugar desierto a descansar un poco». Porque eran tantos los que iban y venían que no encontraban tiempo ni para comer. Se fueron en barca a solas a un lugar desierto. Muchos los vieron marcharse y los reconocieron; entonces de todas las aldeas fueron corriendo por tierra a aquel sitio y se les adelantaron. Al desembarcar, Jesús vio una multitud y se compadeció de ella, porque andaban como ovejas que no tienen pastor; y se puso a enseñarles muchas cosas.

1 Reyes 3, 4-13; Salmo 118, 9-14 • MARCOS 6, 30-34

Señor Jesús, siempre compasivo y misericordioso; gracias por tanto amor.
Enséñame, Señor, tus decretos (Salmo 118, 12b)

FEBRERO

8

DOMINGO

Domingo 5º Tiempo ordinario   Tomo III · Salterio 1ª semana

Santos JERÓNIMO EMILIANI pb, JOSEFINA BAKHITA vg, Honorato ob, Esteban er.
Beata Esperanza de Jesús Amor Misericordioso

COLECTA DE LA CAMPAÑA CONTRA EL HAMBRE EN EL MUNDO

Papa Francisco: Hermanos, hermanas, somos testigos de esta maravilla. Antiguamente, cuando las personas y los pueblos establecían una amistad entre ellos, a menudo la estipulaban intercambiándose un poco de sal. Nosotros, que somos sal de la tierra, estamos llamados a testimoniar la alianza con Dios en la alegría, con gratitud, mostrando que somos personas capaces de crear lazos de amistad, de vivir la fraternidad, de construir buenas relaciones humanas, para impedir que la corrupción del mal, el morbo de las divisiones, la suciedad de los negocios ilícitos y la plaga de la injusticia prevalezcan. (05-02-2023)

Isaías 58, 7-10: Esto dice el Señor: «Parte tu pan con el hambriento, hospeda a los pobres sin techo, cubre a quien veas desnudo, y no te desentiendas de los tuyos. Entonces surgirá tu luz como la aurora, enseguida se curarán tus heridas, ante ti marchará la justicia, detrás de ti la gloria del Señor. Entonces clamarás al Señor y te responderá; pedirás ayuda y te dirá: "Aquí estoy". Cuando alejes de ti la opresión, el dedo acusador y la calumnia, cuando ofrezcas al hambriento de lo tuyo y sacies al alma afligida, brillará tu luz en las tinieblas, tu oscuridad como el mediodía».

Salmo 111, 4-9: *El justo brilla en las tinieblas como una luz.*

1 Corintios 2, 1-5: Yo mismo, hermanos, cuando vine a vosotros a anunciaros el misterio de Dios, no lo hice con sublime elocuencia o sabiduría, pues nunca entre vosotros me precié de saber cosa alguna, sino a Jesucristo, y este crucificado. También yo me presenté a vosotros débil y temblando de miedo; mi palabra y mi predicación no fue con persuasiva sabiduría humana, sino en la manifestación y el poder del Espíritu, para que vuestra fe no se apoye en la sabiduría de los hombres, sino en el poder de Dios.

MATEO 5, 13-16: En aquel tiempo, dijo Jesús a sus discípulos: «Vosotros sois la sal de la tierra. Pero si la sal se vuelve sosa, ¿con qué la salarán? No sirve más que para tirarla fuera y que la pise la gente. Vosotros sois la luz del mundo. No se puede ocultar una ciudad puesta en lo alto de un monte. Tampoco se enciende una lámpara para meterla debajo del celemín, sino para ponerla en el candelero y que alumbre a todos los de casa. Brille así vuestra luz ante los hombres, para que vean vuestras buenas obras y den gloria a vuestro Padre que está en los cielos».

 Señor Jesús, cuando amo como tú me enseñas soy sal de la tierra y luz del mundo; acrecienta en mí el amor y la entrega a los demás.

Vosotros sois la luz del mundo

FEBRERO

9
LUNES

Lunes 5º Tiempo ordinario

Tomo III · Salterio 1ª semana

Santos Apolonia vg mr, Miguel Febres rl, Sabino ob, Rainaldo ob.
Beatos Leopoldo de Alpandeire rl, Ana Catalina Emmerick mj

Papa Francisco: Le llevaban los enfermos en camillas... Cuando nos acercamos con ternura a los que necesitan atención, llevamos la esperanza y la sonrisa de Dios en medio de las contradicciones del mundo. Cuando la entrega generosa hacia los demás se vuelve el estilo de nuestras acciones, damos espacio al Corazón de Cristo y el nuestro se inflama, ofreciendo así nuestra aportación a la llegada del Reino de Dios. (06-12-2013)

En aquel tiempo, terminada la travesía, Jesús y sus discípulos llegaron a Genesaret y atracaron. Apenas desembarcados, lo reconocieron y se pusieron a recorrer toda la comarca; cuando se enteraba la gente dónde estaba Jesús, le llevaban los enfermos en camillas. En los pueblos, ciudades o aldeas donde llegaba, colocaban a los enfermos en la plaza y le rogaban que les dejase tocar al menos la orla de su manto; y los que lo tocaban se curaban.

1 Reyes 8, 1-7.9-13; Salmo 131, 6-10 • MARCOS 6, 53-56

Señor Jesús, gracias por ser tú nuestro consuelo y fortaleza en el dolor y la enfermedad.
¡Levántate, Señor, ven a tu mansión! (Salmo 131, 8a)

Y los que le tocaban se curaban

Martes 5º Tiempo ordinario · Tomo III · Salterio 1ª semana

FEBRERO
10
MARTES

Santos ESCOLÁSTICA vg, José Sánchez del Río mr, Silvano ob, Guillermo er.
Beatos Luis Stepinac ob, Eusebia Palomino vg

Papa Francisco: También hoy el Señor nos invita a huir del peligro de dar más importancia a la forma que a la sustancia. Se nos llama a reconocer, una y otra vez, lo que es el verdadero centro de la experiencia de la fe, es decir, el amor de Dios y el amor al prójimo, purificándola de la hipocresía del legalismo y el ritualismo. (02-09-2018)

En aquel tiempo, se reunieron junto a Jesús los fariseos y algunos escribas venidos de Jerusalén; y vieron que algunos discípulos comían con manos impuras, es decir, sin lavarse las manos. (Pues los fariseos, como los demás judíos, no comen sin lavarse antes las manos, restregando bien, aferrándose a la tradición de sus mayores, y al volver de la plaza no comen sin lavarse antes, y se aferran a otras muchas tradiciones, de lavar vasos, jarras y ollas). Y los fariseos y los escribas le preguntaron: «¿Por qué no caminan tus discípulos según las tradiciones de los mayores y comen el pan con manos impuras?». Él les contestó: «Bien profetizó Isaías de vosotros, hipócritas, como está escrito: "Este pueblo me honra con los labios, pero su corazón está lejos de mí. El culto que me dan está vacío, porque la doctrina que enseñan son preceptos humanos". Dejáis a un lado el mandamiento de Dios para aferraros a la tradición de los hombres». Y añadió: «Anuláis el mandamiento de Dios por mantener vuestra tradición. Moisés dijo: "Honra a tu padre y a tu madre" y "el que maldiga a su padre o a su madre es reo de muerte"; en cambio, vosotros decís: Si uno le dice al padre o a la madre: "Los bienes con que podría ayudarte son 'corbán', es decir, ofrenda sagrada", ya no le permitís hacer nada por su padre o por su madre; invalidando la palabra de Dios con esa tradición que os transmitís; y hacéis muchas cosas semejantes».

1 Reyes 8, 22-23.27-30; Salmo 83, 3-5.10-11 • MARCOS 7, 1-13

Señor Jesús, quiero vivir en la verdad y autenticidad de tu Palabra que ilumina y guía mi vida.
¡Qué deseables son tus moradas, Señor del universo! (Salmo 83, 2)

Papa Francisco: No es casual que al comienzo de la vida pública de Jesús haya una ceremonia nupcial, porque en él, Dios se ha desposado con la humanidad: esta es la buena noticia, aunque los que lo han invitado todavía no saben que a su mesa está sentado el Hijo de Dios y que el verdadero novio es él. De hecho, todo el misterio del símbolo de Caná se basa en la presencia de este esposo divino, Jesús, que comienza a revelarse. Jesús se manifiesta como el esposo del pueblo de Dios, anunciado por los profetas, y nos revela la profundidad de la relación que nos une a él: es una nueva Alianza de amor. (20-01-2019)

En aquel tiempo, había una boda en Caná de Galilea, y la madre de Jesús estaba allí. Jesús y sus discípulos estaban también invitados a la boda. Faltó el vino, y la madre de Jesús le dice: «No tienen vino». Jesús le dice: «Mujer, ¿qué tengo yo que ver contigo? Todavía no ha llegado mi hora». Su madre dijo a los sirvientes: «Haced lo que él os diga». Había allí colocadas seis tinajas de piedra, para las purificaciones de los judíos, de unos cien litros cada una. Jesús les dice: «Llenad las tinajas de agua». Y las llenaron hasta arriba. Entonces les dice: «Sacad ahora y llevadlo al mayordomo». Ellos se lo llevaron. El mayordomo probó el agua convertida en vino sin saber de dónde venía (los sirvientes sí lo sabían, pues habían sacado el agua), y entonces llama al esposo y le dice: «Todo el mundo pone primero el vino bueno, y cuando ya están bebidos, el peor; tú, en cambio, has guardado el vino bueno hasta ahora». Este fue el primero de los signos que Jesús realizó en Caná de Galilea; así manifestó su gloria y sus discípulos creyeron en él.

Isaías 66, 10-14c; Salmo: Judit 13, 18-19 • JUAN 2, 1-11

Señor Jesús, gracias por el don de tu Madre Inmaculada que siempre nos ayuda a vivir según tu voluntad.
Tú eres el honor de nuestro pueblo (Judit 15, 9d)

Jueves 5º Tiempo ordinario — Tomo III · Salterio 1ª semana

FEBRERO
12
JUEVES

Santos Eulalia de Barcelona vg mr, Mártires de Abitinia. Beata Umbelina ab

 Papa Francisco: La mujer no respondió a Jesús con su inteligencia, sino con sus entrañas de madre, con su amor. Y dijo: «Pero también los perros, debajo de la mesa, comen las migajas que tiran los niños». Queriendo decir: «Dame estas migajas a mí». Impresionado por su fe el Señor hizo un milagro. Y, así, «al llegar a su casa, se encontró a la niña acostada en la cama, y el demonio se había marchado». Es, en esencia, la historia de una madre que se había expuesto al riesgo de hacer un mal papel, pero insistió por amor a su hija. (13-02-2014)

 En aquel tiempo, Jesús fue a la región de Tiro. Entró en una casa, procurando pasar desapercibido, pero no logró ocultarse. Una mujer que tenía una hija poseída por un espíritu impuro se enteró enseguida, fue a buscarlo y se lo echó a los pies. La mujer era pagana, una fenicia de Siria, y le rogaba que echase el demonio de su hija. Él le dijo: «Deja que se sacien primero los hijos. No está bien tomar el pan de los hijos y echárselo a los perritos». Pero ella replicó: «Señor, pero también los perros, debajo de la mesa, comen las migajas que tiran los niños». Él le contestó: «Anda, vete, que, por eso que has dicho, el demonio ha salido de tu hija». Al llegar a su casa, se encontró a la niña echada en la cama; el demonio se había marchado.

1 Reyes 11, 4-13; Salmo 105, 3-4.35-37.40 • MARCOS 7, 24-30

 Señor Jesús, siempre dispuesto a saciarnos de tu amor; gracias por este regalo.
Acuérdate de mí, Señor, por amor a tu pueblo (Salmo 105, 4ab)

FEBRERO

13

VIERNES

Viernes 5º Tiempo ordinario

Tomo III · Salterio 1ª semana

Santos Benigno pb mr, Cástor pb er, Esteban ab. Beato Jordán de Sajonia pb

Papa Francisco: Es precisamente el corazón, es decir el núcleo profundo de la persona, lo que Jesús ha venido a «abrir», a liberar, para hacernos capaces de vivir plenamente la relación con Dios y con los demás. Él se hizo hombre para que el hombre, que se ha vuelto interiormente sordo y mudo por el pecado, pueda escuchar la voz de Dios, la voz del Amor que habla a su corazón, y así aprenda a hablar a su vez el lenguaje del amor, traduciéndolo en gestos de generosidad y de donación de sí. (09-09-2018)

En aquel tiempo, dejando Jesús el territorio de Tiro, pasó por Sidón, camino del mar de Galilea, atravesando la Decápolis. Y le presentaron un sordo que, además, apenas podía hablar; y le piden que le imponga la mano. Él, apartándolo de la gente, a solas, le metió los dedos en los oídos y con la saliva le tocó la lengua. Y mirando al cielo, suspiró y le dijo: «Effetá» (esto es: «ábrete»). Y al momento se le abrieron los oídos, se le soltó la traba de la lengua y hablaba correctamente. Él les mandó que no lo dijeran a nadie; pero, cuanto más se lo mandaba, con más insistencia lo proclamaban ellos. Y en el colmo del asombro decían: «Todo lo ha hecho bien; hace oír a los sordos y hablar a los mudos».

1 Reyes 11, 29-32; 12,19; Salmo 80, 10-15 • MARCOS 7, 31-37

Señor Jesús, concédeme oídos atentos para escucharte y boca dispuesta a proclamar tu misericordia.

Yo soy el Señor, Dios tuyo: escucha mi voz (Salmo 80, 11a. 9a)

Papa Francisco: La Palabra de Dios es proclamada con oración, y esto se hace siempre. De hecho, sin oración, tú puedes dar una bonita conferencia, una bonita instrucción, buena, buena, pero no es la Palabra de Dios. Solamente de un corazón en oración puede salir la Palabra de Dios. Es necesario por tanto la oración para que el Señor acompañe este sembrar la Palabra, para que el Señor riegue la semilla para que germine. (14-02-2017)

En aquel tiempo, designó el Señor otros setenta y dos y los mandó delante de él, de dos en dos, a todos los pueblos y lugares adonde pensaba ir él. Y les decía: «La mies es abundante y los obreros pocos; rogad, pues, al dueño de la mies que envíe obreros a su mies. ¡Poneos en camino! Mirad que os envío como corderos en medio de lobos. No llevéis bolsa, ni alforja, ni sandalias; y no saludéis a nadie por el camino. Cuando entréis en una casa, decid primero: "Paz a esta casa". Y si allí hay gente de paz, descansará sobre ellos vuestra paz; si no, volverá a vosotros. Quedaos en la misma casa, comiendo y bebiendo de lo que tengan, porque el obrero merece su salario. No andéis cambiando de casa en casa. Si entráis en una ciudad y os reciben, comed lo que os pongan, curad a los enfermos que haya en ella, y decidles: "El reino de Dios ha llegado a vosotros"».

Hechos 13, 46-49; Salmo 116,1.2 • LUCAS 10, 1-9

Señor Jesús, sigue habiendo mucho campo donde sembrar tu palabra; estoy dispuesto a ponerme en camino, fortaléceme.

Id al mundo entero y proclamad el Evangelio (Marcos 16, 15)

Papa Francisco: Jesús nos hace comprender que las reglas religiosas son útiles, son buenas, pero son solo el inicio: para darles cumplimiento, es necesario ir más allá de la letra y vivir su sentido. Los mandamientos que Dios nos ha dado no deben encerrarse en la caja fuerte asfixiante de la observancia formal, pues de lo contrario nos quedamos en una religiosidad externa y desapegada, siervos de un «dios amo» en lugar de hijos de Dios Padre. (12-02-2023)

Eclesiástico 15, 15-20: Si quieres, guardarás los mandatos y permanecerás fiel a su voluntad. Él te ha puesto delante fuego y agua, extiende tu mano a lo que quieras. Ante los hombres está la vida y la muerte, y a cada uno se le dará lo que prefiera. Porque grande es la sabiduría del Señor, fuerte su poder y lo ve todo. Sus ojos miran a los que le temen, y conoce todas las obras del hombre. A nadie obligó a ser impío, y a nadie dio permiso para pecar.

Salmo 118, 1-2.4-5.17-18.33-34: *Dichoso el que camina en la ley del Señor.*

1 Corintios 2, 6-10: Hermanos: Hablamos, de sabiduría entre los perfectos; pero una sabiduría que no es de este mundo ni de los príncipes de este mundo, condenados a perecer, sino que enseñamos una sabiduría divina, misteriosa, escondida, predestinada por Dios antes de los siglos para nuestra gloria. Ninguno de los príncipes de este mundo la ha conocido, pues si la hubiesen conocido, nunca hubieran crucificado al Señor de la gloria. Sino que, como está escrito: «Ni el ojo vio, ni el oído oyó, ni el hombre puede pensar lo que Dios ha preparado para los que lo aman». Y Dios nos lo ha revelado por el Espíritu; pues el Espíritu lo sondea todo, incluso lo profundo de Dios.

MATEO 5, 17-37: En aquel tiempo, dijo Jesús a sus discípulos: «No creáis que he venido a abolir la Ley y los Profetas: no he venido a abolir, sino a dar plenitud. En verdad os digo que antes pasarán el cielo y la tierra que deje de cumplirse hasta la última letra o tilde de la ley. El que se salte uno solo de los preceptos menos importantes y se lo enseñe así a los hombres será el menos importante en el reino de los cielos. Pero quien los cumpla y enseñe será grande en el reino de los cielos. Porque os digo que si vuestra justicia no es mayor que la de los escribas y fariseos, no entraréis en el reino de los cielos. Habéis oído que se dijo a los antiguos: "No matarás", y el que mate será reo de juicio. Pero yo os digo: todo el que se deja llevar de la cólera contra su hermano será procesado. Y si uno llama a su hermano "imbécil", tendrá que comparecer ante el Sanedrín, y si lo llama "necio", merece la condena de la "gehenna" del fuego. Por tanto, si cuando vas a presentar tu ofrenda sobre el altar, te acuerdas allí mismo de que tu hermano tiene quejas contra ti, deja allí tu ofrenda ante el altar y vete primero a reconciliarte con tu hermano, y entonces vuelve a presentar tu ofrenda. Con el que te pone pleito procura arreglarte enseguida, mientras vais todavía de camino, no sea que te entregue al juez, y el juez al alguacil, y te metan en la cárcel. En verdad te digo que no saldrás de allí hasta que hayas pagado el último céntimo. Habéis oído que se dijo: "No cometerás adulterio". Pero yo os digo: todo el que mira a una mujer deseándola, ya ha cometido adulterio con ella en su corazón. Si tu ojo derecho te induce a pecar, sácalo y tíralo. Más te vale perder un miembro que ser echado entero en la "gehenna". Si tu mano derecha te induce a pecar, córtatela y tírala, porque más te vale perder un miembro que ir a parar entero a la "gehenna". Se dijo: "El que repudie a su mujer, que le dé acta de repudio". Pero yo os digo que si uno repudia a su mujer —no hablo de unión ilegítima— la induce a cometer adulterio, y el que se casa con la repudiada comete adulterio. También habéis oído que se dijo a los antiguos: "No jurarás en falso" y "Cumplirás tus juramentos al Señor". Pero yo os digo que no juréis en absoluto: ni por el cielo, que es el trono de Dios; ni por la tierra, que es estrado de sus pies; ni por Jerusalén, que es la ciudad del Gran Rey. Ni jures por tu cabeza, pues no puedes volver blanco o negro un solo cabello. Que vuestro hablar sea sí, sí, no, no. Lo que pasa de ahí viene del Maligno».

 Señor Jesús, concédeme esa sabiduría que me impulsa a seguirte con autenticidad y compromiso, no de puntillas, sino de corazón.

FEBRERO

16

LUNES

Lunes 6º Tiempo ordinario

Tomo III · Salterio 2ª semana

Santos Elías y co mrs, Juliana vg mr. Beato José Allamano pb

Papa Francisco: Esta generación es como los niños que escuchan música de alegría y no bailan, escuchan música de luto y no lloran. Nada está bien. En efecto, la persona que no tiene paciencia es una persona que no crece, que permanece en los caprichos de los niños, que no sabe tomar la vida como se presenta, y sólo sabe decir: «o esto o nada». (17-02-2014)

En aquel tiempo, se presentaron los fariseos y se pusieron a discutir con Jesús; para ponerlo a prueba, le pidieron un signo del cielo. Jesús dio un profundo suspiro y dijo: «¿Por qué esta generación reclama un signo? En verdad os digo que no se le dará un signo a esta generación». Los dejó, se embarcó de nuevo y se fue a la otra orilla.

Santiago 1, 1- 11; Salmo 118, 67-68.71-72.75-76
MARCOS 8, 11-13

Señor Jesús, no te pido signos; creo en ti, te quiero a ti, confío en ti.
Cuando me alcance tu compasión, Señor, viviré (Salmo 118, 77a)

¿Por qué esta generación reclama un signo?

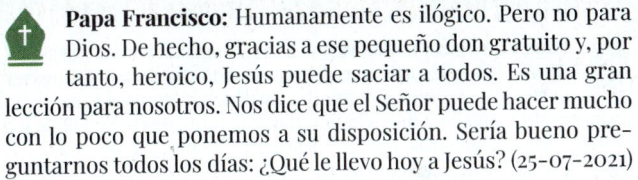

Papa Francisco: Humanamente es ilógico. Pero no para Dios. De hecho, gracias a ese pequeño don gratuito y, por tanto, heroico, Jesús puede saciar a todos. Es una gran lección para nosotros. Nos dice que el Señor puede hacer mucho con lo poco que ponemos a su disposición. Sería bueno preguntarnos todos los días: ¿Qué le llevo hoy a Jesús? (25-07-2021)

En aquel tiempo, a los discípulos se les olvidó tomar pan, y no tenían más que un pan en la barca. Jesús les ordenaba diciendo: «Estad atentos, evitad la levadura de los fariseos y de Herodes». Y discutían entre ellos sobre el hecho de que no tenían panes. Dándose cuenta, les dijo Jesús: «¿Por qué andáis discutiendo que no tenéis pan? ¿Aún no entendéis ni comprendéis? ¿Tenéis el corazón embotado? ¿Tenéis ojos y no veis, tenéis oídos y no oís? ¿No recordáis cuántos cestos de sobras recogisteis cuando repartí cinco panes entre cinco mil?». Ellos contestaron: «Doce». «¿Y cuántas canastas de sobras recogisteis cuando repartí siete entre cuatro mil?». Le respondieron: «Siete». Él les dijo: «¿Y no acabáis de comprender?».

Santiago 1,12-18; Salmo 93, 12-13a.14-15.18-19 • MARCOS 8, 14-21

Señor Jesús, que en mi corazón no haya otra levadura que la de la verdad y el amor.
Dichoso el hombre a quien tú educas, Señor (Salmo 93, 12a)

FEBRERO

18

MIÉRCOLES

Santos Sadot ob y co mrs, Eladio ob, Francisco Regis pb mr.
Beato Juan de Fiésole (Fray Angélico) pb

MIÉRCOLES DE CENIZA · AYUNO Y ABSTINENCIA*

TIEMPO DE CUARESMA: TOMO II de la LITURGIA DE LAS HORAS

Papa Francisco: La Cuaresma es *un tiempo de verdad* para quitarnos las máscaras que llevamos cada día aparentando ser perfectos a los ojos del mundo; para luchar, como nos ha dicho Jesús en el Evangelio, contra la falsedad y la hipocresía. No las de los demás, sino las nuestras; mirarlas a la cara y luchar. (22-02-2023)

En aquel tiempo, dijo Jesús a sus discípulos: «Cuidad de no practicar vuestra justicia delante de los hombres para ser vistos por ellos; de lo contrario, no tendréis recompensa de vuestro Padre celestial. Por tanto, cuando hagas limosna, no mandes tocar la trompeta ante ti, como hacen los hipócritas en las sinagogas y por las calles para ser honrados por la gente; en verdad os digo que ya han recibido su recompensa. Tú, en cambio, cuando hagas limosna, que no sepa tu mano izquierda lo que hace tu derecha; así tu limosna quedará en secreto, y tu Padre, que ve en lo secreto, te recompensará. Cuando oréis, no seáis como los hipócritas, a quienes les gusta orar de pie en las sinagogas y en las esquinas de las plazas, para que los vean los hombres. En verdad os digo que ya han recibido su recompensa. Tú, en cambio, cuando ores, entra en tu cuarto, cierra la puerta y ora a tu Padre, que está en lo secreto, y tu Padre, que ve en lo secreto, te lo recompensará. Cuando ayunéis, no pongas cara triste, como los hipócritas que desfiguran sus rostros para hacer ver a los hombres que ayunan. En verdad os digo que ya han recibido su paga. Tú, en cambio, cuando ayunes, perfúmate la cabeza y lávate la cara, para que tu ayuno lo note, no los hombres, sino tu Padre, que está en lo escondido; y tu Padre, que ve en lo escondido, te recompensará».

Joel 2,12-18; Salmo 50,3-6.12-14.17; 2 Corintios 5,20 – 6, 2 • MATEO 6, 1-6.16-18

 Señor Jesús, ayúdame a vivir esta Cuaresma con verdadero espíritu de conversión.
Misericordia, Señor, hemos pecado (Salmo 50, 3a)

---

* **El miércoles de ceniza y el viernes santo** son días de ayuno y abstinencia. **Los viernes de cuaresma** son días de abstinencia. Y todos los viernes del año, como toda la cuaresma, son días de penitencia, en los que se recomiendan las privaciones voluntarias, la limosna, las obras de caridad y la ayuda a las misiones (Ver Catecismo Igl. Cat., n. 1438).

Jueves después de Ceniza   Tomo II · Salterio 4ª semana

FEBRERO

19

JUEVES

Santos Lucia Yi vg mr, Conrado Confalonieri er. Beato Álvaro de Córdoba pb

 Papa Francisco: La realidad de Dios es Dios hecho Cristo por nosotros, para salvarnos, y cuando nos alejamos de esto, de esta realidad y nos alejamos de la cruz de Cristo, de la verdad de las llagas del Señor, nos alejamos también del amor, de la caridad de Dios, de la salvación y vamos por un camino ideológico de Dios, lejano: No es el Dios que vino a nosotros y se hizo cercano para salvarnos y murió por nosotros». (02-03-2017)

 En aquel tiempo, dijo Jesús a sus discípulos: «El Hijo del hombre tiene que padecer mucho, ser desechado por los ancianos, sumos sacerdotes y escribas, ser ejecutado y resucitar al tercer día». Entonces decía a todos: «Si alguno quiere venir en pos de mí, que se niegue a sí mismo, tome su cruz cada día y me siga. Pues el que quiera salvar su vida la perderá; pero el que pierda su vida por mi causa la salvará. ¿De qué le sirve a uno ganar el mundo entero si se pierde o se arruina a sí mismo?».

Deuteronomio 30, 15-20; Salmo 1, 1-4.6. • LUCAS 9, 22-25

Señor Jesús, contemplando tu Cruz aprenda yo a salir de mí mismo y a entregarme por amor.
Dichoso el hombre que ha puesto su confianza en el Señor
(Salmo 39, 5ab)

FEBRERO

20

VIERNES

Viernes después de Ceniza

Tomo II · Salterio 4ª semana

Santos niños Francisco y Jacinta Marto de Fátima cfs, León ob, Eleuterio ob.
Beata Julia Rodzninska vg mr

ABSTINENCIA

Papa Francisco: El ayuno será una gimnasia espiritual para renunciar con alegría a lo que es superfluo y nos sobrecarga, para ser interiormente más libres y volver a lo que realmente somos. (22-02-2023)

En aquel tiempo, los discípulos de Juan se acercan a Jesús, preguntándole: «¿Por qué nosotros y los fariseos ayunamos a menudo y, en cambio, tus discípulos no ayunan?». Jesús les dijo: «¿Es que pueden guardar luto los amigos del esposo, mientras el esposo está con ellos? Llegarán días en que les arrebatarán al esposo, y entonces ayunarán».

Isaías 58,1-9a; Salmo 50, 3-6.18-19 • MATEO 9, 14-15

Señor Jesús, que mi ayuno y mi abstinencia sirvan para unirme más a ti y vivir más fielmente el evangelio.
Un corazón quebrantado y humillado, oh Dios, tú no lo desprecias (Salmo 50, 19cd)

Cuando les sea arrebatado el esposo, ayunarán

Papa Francisco: Jesús no vino a condenar, sino a salvar el mundo. Pensemos en nosotros, que tantas veces condenamos a los demás; tantas veces nos gusta chismorrear, buscar chismes contra los demás. Pidamos al Señor que nos dé, a todos nosotros, esta mirada de misericordia, para mirar a los demás como Él nos mira a todos nosotros. (10-03-2024)

En aquel tiempo, vio Jesús a un publicano llamado Leví, sentado al mostrador de los impuestos, y le dijo: «Sígueme». Él, dejándolo todo, se levantó y lo siguió. Leví ofreció en su honor un gran banquete en su casa, y estaban a la mesa con ellos un gran número de publicanos y otros. Y murmuraban los fariseos y sus escribas diciendo a los discípulos de Jesús: «¿Cómo es que coméis y bebéis con publicanos y pecadores?». Jesús les respondió: «No necesitan médico los sanos, sino los enfermos. No he venido a llamar a los justos, sino a los pecadores a que se conviertan».

Isaías 58, 9b-14; Salmo 85,1-6 • LUCAS 5, 27-32

Señor Jesús, mírame con misericordia; fortalece mi débil corazón.
Enséñame, Señor, tu camino, para que siga tu verdad (Salmo 85, 11ab)

Papa Francisco: Jesús no dialoga nunca con el diablo, no negocia con él, sino que rechaza sus insinuaciones con las Palabras benéficas de las Escrituras. Esto supone una invitación para nosotros: ¡con el diablo no se discute! No se negocia, no se dialoga; no se le vence tratando con él, es más fuerte que nosotros. Al diablo se le vence oponiéndole con fe la Palabra divina. Jesús nos enseña a defender de este modo la unidad con Dios y entre nosotros de los ataques del que divide. La Palabra divina es la respuesta de Jesús a las tentaciones del diablo. (26-02-2023)

Génesis 2, 7-9; 3, 1-7: El Señor Dios modeló al hombre del polvo del suelo e insufló en su nariz aliento de vida; y el hombre se convirtió en ser vivo. Luego el Señor Dios plantó un jardín en Edén, hacia oriente, y colocó en él al hombre que había modelado. El Señor Dios hizo brotar del suelo toda clase de árboles hermosos para la vista y buenos para comer; además, el árbol de la vida, en mitad del jardín, y el árbol del conocimiento del bien y el mal. La serpiente era más astuta que las demás bestias del campo que el Señor Dios había hecho. Y dijo a la mujer: «¿Conque Dios os ha dicho que no comáis de ningún árbol del jardín?». La mujer contestó a la serpiente: «Podemos comer los frutos de los árboles del jardín; pero del fruto del árbol que está en mitad del jardín nos ha dicho Dios: "No comáis de él ni lo toquéis, de lo contrario moriréis"». La serpiente replicó a la mujer: «No, no moriréis; es que Dios sabe que el día en que comáis de él, se os abrirán los ojos y seréis como Dios en el conocimiento del bien y el mal». Entonces la mujer se dio cuenta de que el árbol era bueno de comer, atrayente a los ojos y deseable para lograr inteligencia; así que tomó de su fruto y comió. Luego se lo dio a su marido, que también comió. Se les abrieron los ojos a los dos y descubrieron que estaban desnudos; entrelazaron hojas de higuera y se las ciñeron.

Salmo 50, 3-6. 12-14. 17: *Misericordia, Señor, hemos pecado.*

Romanos 5, 12.17-19: Hermanos: Lo mismo que por un hombre entró el pecado en el mundo, y por el pecado la muerte, y así la muerte se propagó a todos los hombres, porque todos pecaron... Si por el delito de uno solo la muerte inauguró su reinado a través de uno solo, con cuánta más razón los que reciben a raudales el don gratuito de la justificación reinarán en la vida gracias a uno solo, Jesucristo. En resumen, lo mismo que por un solo delito resultó condena para todos, así también por un acto de justicia resultó justificación y vida para todos. Pues, así como por la desobediencia de un solo hombre, todos fueron constituidos pecadores, así también por la obediencia de uno solo, todos serán constituidos justos.

MATEO 4, 1-11: En aquel tiempo, Jesús fue llevado al desierto por el Espíritu para ser tentado por el diablo. Y después de ayunar cuarenta días con sus cuarenta noches, al fin sintió hambre. El tentador se le acercó y le dijo: «Si eres Hijo de Dios, di que estas piedras se conviertan en panes». Pero él le contestó: «Está escrito: "No solo de pan vive el hombre, sino de toda palabra que sale de la boca de Dios"». Entonces el diablo lo llevó a la ciudad santa, lo puso en el alero del templo y le dijo: «Si eres Hijo de Dios, tírate abajo, porque está escrito: "Ha dado órdenes a sus ángeles acerca de ti, y te sostendrán en sus manos, para que tu pie no tropiece con las piedras". Jesús le dijo: «También está escrito: "No tentarás al Señor, tu Dios"». De nuevo el diablo lo llevó a un monte altísimo y le mostró los reinos del mundo y su gloria, y le dijo: «Todo esto te daré, si te postras y me adoras». Entonces le dijo Jesús: «Vete, Satanás, porque está escrito: "Al Señor, tu Dios, adorarás y a él solo darás culto"». Entonces lo dejó el diablo, y he aquí que se acercaron los ángeles y lo servían.

 Señor Jesús, vencedor de la tentación, hazme fuerte por la escucha de tu Palabra que afianza la comunión contigo.

Papa Francisco: Hermanos y hermanas, guardémonos de la lógica de la indiferencia, de lo que viene inmediatamente a la mente: mirar a otra parte cuando vemos un problema. Recordemos la parábola del Buen Samaritano. Aquel pobre hombre, herido por los bandidos, tirado en el suelo, entre la vida y la muerte, estaba allí solo. Pasó un sacerdote, lo vio, y se fue, miró hacia otro lado. Pasó un levita, lo vio y miró hacia otro lado. ¿Soy yo, ante mis hermanos y hermanas necesitados, tan indiferente como este sacerdote, como este levita, y miro a otra parte? Seré juzgado por esto: por cómo me acerqué, por cómo miré a Jesús presente en la necesidad. (22-11-2020)

En aquel tiempo, dijo Jesús a sus discípulos: «Cuando venga en su gloria el Hijo del hombre, y todos los ángeles con él, se sentará en el trono de su gloria y serán reunidas ante él todas las naciones. Él separará a unos de otros, como un pastor separa las ovejas de las cabras. Y pondrá las ovejas a su derecha y las cabras a su izquierda. Entonces dirá el rey a los de su derecha: "Venid vosotros, benditos de mi Padre; heredad el reino preparado para vosotros desde la creación del mundo. Porque tuve hambre y me disteis de comer, tuve sed y me disteis de beber, fui forastero y me hospedasteis, estuve desnudo y me vestisteis, enfermo y me visitasteis, en la cárcel y vinisteis a verme". Entonces los justos le contestarán: "Señor, ¿cuándo te vimos con hambre y te alimentamos, o con sed y te dimos de beber?; ¿cuándo te vimos forastero y te hospedamos, o desnudo y te vestimos?; ¿cuándo te vimos enfermo o en la cárcel y fuimos a verte?". Y el rey les dirá: "En verdad os digo que cada vez que lo hicisteis con uno de estos, mis hermanos más pequeños, conmigo lo hicisteis". Entonces dirá a los de su izquierda: "Apartaos de mí, malditos, id al fuego eterno preparado para el diablo y sus ángeles. Porque tuve hambre y no me disteis de comer, tuve sed y no me disteis de beber, fui forastero y no me hospedasteis, estuve desnudo y no me vestisteis, enfermo y en la cárcel y no me visitasteis". Entonces también estos contestarán: "Señor, ¿cuándo te vimos con hambre o con sed, o forastero o desnudo, o enfermo o en la cárcel, y no te asistimos?". Él les replicará: "En verdad os digo: lo que no hicisteis con uno de estos, los más pequeños, tampoco lo hicisteis conmigo". Y estos irán al castigo eterno, y los justos a la vida eterna».

Levítico 19,1-2.11-18; Salmo 18, 8-10.15 • MATEO 25,31-46

Señor Jesús, mueve mi corazón al amor, a la misericordia, pues este es el camino hacia la Vida.

Tus palabras, Señor, son espíritu y vida (Juan 6, 63)

Martes 1º de Cuaresma — Tomo II · Salterio 1ª semana

FEBRERO
24
MARTES

Santos Etelberto cf, Modesto ob, Pedro Palatino mr. Beata Ascensión Nicol vg

Papa Francisco: «Padre» es la palabra que no puede faltar en la oración nunca, porque es piedra angular que nos da la identidad cristiana. Si se añade también la palabra «nuestro», todos nos podemos sentir parte de una familia. Y así, además conseguimos no derrochar palabras o buscar palabras mágicas, sino vivir hasta el fondo la oración que Jesús mismo nos enseñó —el Padre nuestro precisamente— sobre todo cuando nos invita a saber perdonar a los demás. (16-06-2016)

En aquel tiempo, dijo Jesús a sus discípulos: «Cuando recéis, no uséis muchas palabras, como los gentiles, que se imaginan que por hablar mucho les harán caso. No seáis como ellos, pues vuestro Padre sabe lo que os hace falta antes de que lo pidáis. Vosotros orad así: "Padre nuestro que estás en el cielo, santificado sea tu nombre, venga a nosotros tu reino, hágase tu voluntad en la tierra como en el cielo, danos hoy nuestro pan de cada día, perdona nuestras ofensas, como también nosotros perdonamos a los que nos ofenden, no nos dejes caer en la tentación, y líbranos del mal". Porque si perdonáis a los hombres sus ofensas, también os perdonará vuestro Padre celestial, pero si no perdonáis a los hombres, tampoco vuestro Padre perdonará vuestras ofensas».

Isaías 55, 10-11; Salmo 33, 4-7.16-19 • MATEO 6, 7-15

Señor Jesús, no solo quiero rezar el Padrenuestro sino vivirlo, pues es la oración de la santidad y de la identidad cristiana.

Dios libra a los justos de sus angustias (Salmo 33, 18b)

FEBRERO

25

MIÉRCOLES

Miércoles 1º de Cuaresma

Tomo II · Salterio 1ª semana

Santos Luis Versiglia y Calixto mrs, Aldetrudis vg ab, Toribio Romo pb mr, Cesáreo cf, Néstor ob mr, Sebastián A. rl. Beato Ciriaco Mª. Sancha ob

Papa Francisco: El verdadero signo de Jonás es aquél que nos da la confianza de estar salvados por la sangre de Cristo. Hay muchos cristianos que piensan que están salvados sólo por lo que hacen, por sus obras. Las obras son necesarias, pero son una consecuencia, una respuesta a ese amor misericordioso que nos salva. Las obras solas, sin este amor misericordioso, no son suficientes. (14-10-2023)

En aquel tiempo, la gente se apiñaba alrededor de Jesús, y él se puso a decirles: «Esta generación es una generación perversa. Pide un signo, pero no se le dará más signo que el signo de Jonás. Pues como Jonás fue un signo para los habitantes de Nínive, lo mismo será el Hijo del hombre para esta generación. La reina del Sur se levantará en el juicio contra los hombres de esta generación y hará que los condenen, porque ella vino desde los confines de la tierra para escuchar la sabiduría de Salomón, y aquí hay uno que es más que Salomón. Los hombres de Nínive se alzarán en el juicio contra esta generación y harán que la condenen; porque ellos se convirtieron con la proclamación de Jonás, y aquí hay uno que es más que Jonás».

Jonás 3, 1-10; Salmo 50, 3-4.12-13.18-19 • LUCAS 11, 29-32

Señor Jesús, no hay signo más grande para creer en ti que tu muerte y resurrección por nosotros, por nuestra salvación. Gracias por tanto amor.

Un corazón quebrantado y humillado, oh Dios, tú no lo desprecias (Salmo 50, 19cd)

Jueves 1º de Cuaresma · · · Tomo II · Salterio 1ª semana

FEBRERO
26
JUEVES

Santos Paula Montal vg, Alejandro ob, Porfirio ob, Víctor er.
Beata Piedad de la Cruz vg

Papa Francisco: Con estas palabras, Jesús nos hace entender que Dios siempre responde, que ninguna oración quedará sin ser escuchada, ¿por qué? Porque es un Padre, y no olvida a sus hijos que sufren. Por supuesto, esta afirmación nos pone en crisis, porque muchas de nuestras oraciones parecen no obtener ningún resultado. ¿Cuántas veces hemos pedido y no hemos obtenido, todos lo hemos experimentado, cuántas veces hemos llamado y encontrado una puerta cerrada? Jesús nos insta, en esos momentos, a insistir y no rendirnos. La oración siempre transforma la realidad, siempre. Si las cosas no cambian a nuestro alrededor, al menos nosotros cambiamos, cambiamos nuestro corazón. Jesús prometió el don del Espíritu Santo a cada hombre y a cada mujer que reza. (09-01-2019)

En aquel tiempo, dijo Jesús a sus discípulos: «Pedid y se os dará, buscad y encontraréis, llamad y se os abrirá; porque todo el que pide recibe, quien busca encuentra y al que llama se le abre. Si a alguno de vosotros le pide su hijo pan, ¿le va a dar una piedra?; y si le pide pescado, ¿le dará una serpiente? Pues si vosotros, aun siendo malos, sabéis dar cosas buenas a vuestros hijos, ¡cuánto más vuestro Padre que está en los cielos dará cosas buenas a los que le piden! Así, pues, todo lo que deseáis que los demás hagan con vosotros, hacedlo vosotros con ellos; pues esta es la Ley y los Profetas».

Ester 4, 17 k.l-z; Salmo 137,1-3.7-8 • MATEO 7, 7-12

Señor Jesús, gracias por enseñarnos la bondad de Dios Padre y a confiar en su amor providente.
Cuando te invoqué, me escuchaste, Señor (Salmo 137, 3a)

FEBRERO

27

VIERNES

Viernes 1º de Cuaresma

Tomo II · Salterio 1ª semana

Santos GREGORIO DE NAREK ab dc, Gabriel de la Dolorosa rl, Ana Line vd mr, Baldomero cf, Honorina vg mr

ABSTINENCIA

Papa Francisco: Jesús afirma que es pecado no sólo matar, sino también insultar y regañar al hermano. Y esto hace bien escucharlo, precisamente en esta época en la que nosotros estamos muy acostumbrados a los calificativos y tenemos un vocabulario muy creativo para insultar a los demás. También ofender, por lo tanto, es pecado, es matar. Porque es dar una bofetada al alma del hermano, a la dignidad propia del hermano. (09-06-2016)

En aquel tiempo, dijo Jesús a sus discípulos: «Si vuestra justicia no es mayor que la de los escribas y fariseos, no entraréis en el reino de los cielos. Habéis oído que se dijo a los antiguos: "No matarás", y el que mate será reo de juicio. Pero yo os digo: todo el que se deja llevar de la cólera contra su hermano será procesado. Y si uno llama a su hermano "imbécil", tendrá que comparecer ante el Sanedrín, y si lo llama "necio", merece la condena de la "gehena" del fuego. Por tanto, si cuando vas a presentar tu ofrenda sobre el altar, te acuerdas allí mismo de que tu hermano tiene quejas contra ti, deja allí tu ofrenda ante el altar y vete primero a reconciliarte con tu hermano, y entonces vuelve a presentar tu ofrenda. Con el que te pone pleito, procura arreglarte enseguida, mientras vais todavía de camino, no sea que te entregue al juez, y el juez al alguacil, y te metan en la cárcel. En verdad te digo que no saldrás de allí hasta que hayas pagado el último céntimo».

Ezequiel 18, 21-28; Salmo 129, 1-8 • MATEO 5, 20-26

Señor Jesús, cura mi egoísmo; hazme más dócil al amor y al perdón de las ofensas.

Si llevas cuenta de los delitos, Señor, ¿quién podrá resistir? (Salmo 129, 3)

Sábado 1º de Cuaresma Tomo II · Salterio 1ª semana

FEBRERO

28
SÁBADO

Santos Mártires de Alejandría, Román ab, Osvaldo ob, Marana y Cira vgs.
Beato Daniel Brottier pb

Papa Francisco: A quien quiere seguirlo, Jesús le pide amar a los que no lo merecen, sin esperar recompensa, para colmar los vacíos de amor que hay en los corazones, en las relaciones humanas, en las familias, en las comunidades y en el mundo. Queridos hermanos, Jesús no ha venido para enseñarnos los buenos modales, las formas de cortesía. Para esto no era necesario que bajara del cielo y muriera en la cruz. Cristo vino para salvarnos, para mostrarnos el camino, el único camino para salir de las arenas movedizas del pecado, y este camino de santidad es la misericordia, que Él ha tenido y tiene cada día con nosotros. Ser santos no es un lujo, es necesario para la salvación del mundo. Esto es lo que el Señor nos pide. (23-02-2014)

En aquel tiempo, dijo Jesús a sus discípulos: «Habéis oído que se dijo: "Amarás a tu prójimo y aborrecerás a tu enemigo". Pero yo os digo: amad a vuestros enemigos, y rezad por los que os persiguen, para que seáis hijos de vuestro Padre celestial, que hace salir su sol sobre malos y buenos, y manda la lluvia a justos e injustos. Porque, si amáis a los que os aman, ¿qué premio tendréis? ¿No hacen lo mismo también los publicanos? Y, si saludáis solo a vuestros hermanos, ¿qué hacéis de extraordinario? ¿No hacen lo mismo también los gentiles? Por tanto, sed perfectos, como vuestro Padre celestial es perfecto».

Deuteronomio 26, 16-19; Salmo 118, 1-2.4-5.7-8 • MATEO 5, 43-48

Señor Jesús, ayúdame; solo con tu gracia podré crecer en el amor y en el ejercicio de la caridad perfecta. Confío en ti.
Dichoso el que camina en la ley del Señor (Salmo 118, 1b)

LOS MÁS VENDIDOS

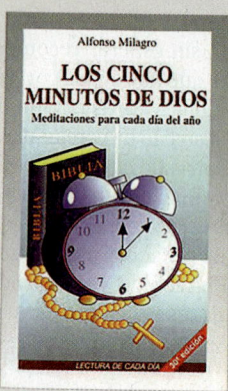

LOS CINCO MINUTOS DE DIOS

Una invitación a la reflexión diaria y a la paz del corazón, donde se escucha la voz de Dios.

Alfonso Milagro
Rústica. 404p. 8 €

PARA SALVARTE

Enciclopedia del católico del siglo XXI.
El mejor compendio de lo que todo cristiano debe saber, en un lenguaje llano que todos entienden.

Jorge Loring
Rústica. 1004p. 18 €

marzo

San José nos enseña que tener fe en Dios incluye además creer que Él puede actuar incluso a través de nuestros miedos, de nuestras fragilidades, de nuestra debilidad. Y nos enseña que, en medio de las tormentas de la vida, no debemos tener miedo de ceder a Dios el timón de nuestra barca.

(Papa Francisco, Carta apostólica *Patris Corde*)

Papa Francisco: Hermanos, hermanas, este Evangelio traza también para nosotros un camino: nos enseña lo importante que es *estar con Jesús*, incluso cuando no es fácil entender todo lo que dice y lo que hace por nosotros. De hecho, es estando con él como aprendemos a reconocer en su rostro la belleza luminosa del amor que se entrega, incluso cuando lleva las marcas de la cruz. Y es en su escuela donde aprendemos a captar la misma belleza en los rostros de las personas que cada día caminan junto a nosotros: los familiares, los amigos, los colegas, quienes en diversos modos cuidan de nosotros. ¡Cuántos rostros luminosos, cuántas sonrisas, cuántas arrugas, cuántas lágrimas y cicatrices hablan de amor en torno a nosotros! Aprendamos a reconocerlos y a llenarnos el corazón con ellos. (05-03-2023)

Génesis 12, 1-4a: En aquellos días, el Señor dijo a Abrán: «Sal de tu tierra, de tu patria, y de la casa de tu padre hacia la tierra que te mostraré. Haré de ti una gran nación, te bendeciré, haré famoso tu nombre y serás una bendición. Bendeciré a los que te bendigan, maldeciré a los que te maldigan, y en ti serán benditas todas las familias de la tierra». Abrán marchó, como le había dicho el Señor.

Salmo 32, 4-5. 18-20.22: *Que tu misericordia, Señor, venga sobre nosotros, como lo esperamos de ti.*

2 Timoteo 1, 8b-10: Querido hermano: Toma parte en los padecimientos por el Evangelio, según la fuerza de Dios. Él nos salvó y nos llamó con una vocación santa, no por nuestras obras, sino según su designio y según la gracia que nos dio en Cristo Jesús desde antes de los siglos, la cual se ha manifestado ahora por la aparición de nuestro Salvador, Cristo Jesús, que destruyó la muerte e hizo brillar la vida y la inmortalidad por medio del Evangelio.

MATEO 17, 1-9: En aquel tiempo, Jesús tomó consigo a Pedro, a Santiago y a su hermano Juan, y subió con ellos aparte a un monte alto. Se transfiguró delante de ellos, y su rostro resplandecía como el sol, y sus vestidos se volvieron blancos como la luz. De repente se les aparecieron Moisés y Elías conversando con él. Pedro, entonces, tomó la palabra y dijo a Jesús: «Señor, ¡qué bueno es que estemos aquí! Si quieres, haré tres tiendas: una para ti, otra para Moisés y otra para Elías». Todavía estaba hablando cuando una nube luminosa los cubrió con su sombra, y una voz desde la nube decía: «Este es mi Hijo, el amado, en quien me complazco. Escuchadlo». Al oírlo, los discípulos cayeron de bruces, llenos de espanto. Jesús se acercó y tocándolos les dijo: «Levantaos, no temáis». Al alzar los ojos no vieron a nadie más que a Jesús, solo. Cuando bajaban del monte, Jesús les mandó: «No contéis a nadie la visión hasta que el Hijo del hombre resucite de entre los muertos».

 Señor Jesús, que tu gracia me vaya transfigurando para transparentarte a ti en todo lo que piense y haga.

Papa Francisco: Jesús no pretende alterar el curso de la justicia humana, no obstante, recuerda a los discípulos que para tener relaciones fraternales es necesario suspender los juicios y las condenas. Precisamente el perdón es el pilar que sujeta la vida de la comunidad cristiana, porque en él se muestra la gratuidad del amor con el cual Dios nos ha amado en primer lugar. ¡El cristiano debe perdonar! Pero ¿por qué? Porque ha sido perdonado. Todos nosotros que estamos aquí, hoy, en la plaza, hemos sido perdonados. (21-09-2016)

En aquel tiempo, dijo Jesús a sus discípulos: «Sed misericordiosos como vuestro Padre es misericordioso; no juzguéis, y no seréis juzgados; no condenéis, y no seréis condenados; perdonad, y seréis perdonados; dad, y se os dará: os verterán una medida generosa, colmada, remecida, rebosante. Pues con la medida con que midiereis se os medirá a vosotros».

Daniel 9, 4b-10; Salmo 78, 8-9.11.13 • LUCAS 6, 36-38

Señor Jesús, líbrame de condenar a los demás y de ser inmisericorde; que crezca en esa medida generosa, colmada y remecida.

Señor, no nos trates como merecen nuestros pecados (Salmo 102, 10a)

Perdonad y seréis perdonados

Papa Francisco: Nosotros, discípulos de Jesús, no debemos buscar título de honor, de autoridad o de supremacía. Yo os digo que a mí personalmente me duele ver a personas que psicológicamente viven corriendo detrás de la vanidad de las condecoraciones. Nosotros, discípulos de Jesús, no debemos hacer esto, ya que entre nosotros debe haber una actitud sencilla y fraterna. (05-11-2017)

En aquel tiempo, Jesús habló a la gente y a sus discípulos, diciendo: «En la cátedra de Moisés se han sentado los escribas y los fariseos: haced y cumplid todo lo que os digan; pero no hagáis lo que ellos hacen, porque ellos dicen, pero no hacen. Lían fardos pesados y se los cargan a la gente en los hombros, pero ellos no están dispuestos a mover un dedo para empujar. Todo lo que hacen es para que los vea la gente: alargan las filacterias y agrandan las orlas del manto; les gustan los primeros puestos en los banquetes y los asientos de honor en las sinagogas; que les hagan reverencias en las plazas y que la gente los llame "rabbí". Vosotros, en cambio, no os dejéis llamar "rabbí", porque uno solo es vuestro maestro, y todos vosotros sois hermanos. Y no llaméis padre vuestro a nadie en la tierra, porque uno solo es vuestro Padre, el del cielo. No os dejéis llamar maestros, porque uno solo es vuestro maestro, el Mesías. El primero entre vosotros será vuestro servidor. El que se enaltece será humillado, y el que se humilla será enaltecido».

Isaías 1, 10.16-20; Salmo 49, 8-9.16bc-17. 21.23 • MATEO 23, 1-12

Señor Jesús, quiero seguirte y vivir con autenticidad tus enseñanzas; sana mi corazón de toda hipocresía.

Al que sigue buen camino le haré ver la salvación de Dios (Salmo 49, 23cd)

Papa Francisco: El camino del servicio es el antídoto más eficaz contra la enfermedad de la búsqueda de los primeros puestos; es la medicina para los arribistas, esta búsqueda de los primeros puestos, que infecta muchos contextos humanos y no perdona tampoco a los cristianos, al pueblo de Dios, ni tampoco a la jerarquía eclesiástica. Por lo tanto, como discípulos de Cristo, acojamos este Evangelio como un llamado a la conversión, a dar testimonio con valentía y generosidad de una Iglesia que se inclina a los pies de los últimos, para servirles con amor y sencillez. (21-11-2018)

En aquel tiempo, Subiendo Jesús a Jerusalén, tomando aparte a los Doce, les dijo por el camino: «Mirad, estamos subiendo a Jerusalén, y el Hijo del hombre va a ser entregado a los sumos sacerdotes y a los escribas, y lo condenarán a muerte y lo entregarán a los gentiles, para que se burlen de él, lo azoten y lo crucifiquen; y al tercer día resucitará». Entonces se le acercó la madre de los hijos de Zebedeo con sus hijos y se postró para hacerle una petición. Él le preguntó: «¿Qué deseas?». Ella contestó: «Ordena que estos dos hijos míos se sienten en tu reino, uno a tu derecha y el otro a tu izquierda». Pero Jesús replicó: «No sabéis lo que pedís. ¿Podéis beber el cáliz que yo he de beber?». Contestaron: «Podemos». Él les dijo: «Mi cáliz lo beberéis; pero sentarse a mi derecha o a mi izquierda no me toca a mí concederlo, es para aquellos para quienes lo tiene reservado mi Padre». Los otros diez, al oír aquello, se indignaron contra los dos hermanos. Y llamándolos, Jesús les dijo: «Sabéis que los jefes de los pueblos los tiranizan y que los grandes los oprimen. No será así entre vosotros: el que quiera ser grande entre vosotros, que sea vuestro servidor, y el que quiera ser primero entre vosotros, que sea vuestro esclavo. Igual que el Hijo del hombre no ha venido a ser servido sino a servir y a dar su vida en rescate por muchos».

Jeremías 18,18-20; Salmo 30,5-6.14-16 • MATEO 20, 17-28

 Señor Jesús, servidor de todos hasta dar la vida; no busque yo otra cosa que vivir en la clave del servicio y de la entrega.

Sálvame, Señor, por tu misericordia (Salmo 30, 17b)

Papa Francisco: Queridos hermanos y hermanas, la Cuaresma es el tiempo propicio para renovarse en el encuentro con Cristo vivo en su Palabra, en los sacramentos y en el prójimo. El Señor —que en los cuarenta días que pasó en el desierto venció los engaños del Tentador— nos muestra el camino a seguir. (18-11-2016)

En aquel tiempo, dijo Jesús a los fariseos: «Había un hombre rico que se vestía de púrpura y de lino y banqueteaba cada día. Y un mendigo llamado Lázaro estaba echado en su portal, cubierto de llagas, y con ganas de saciarse de lo que caía de la mesa del rico. Y hasta los perros venían y le lamían las llagas. Sucedió que se murió el mendigo, y fue llevado por los ángeles al seno de Abrahán. Murió también el rico y fue enterrado. Y, estando en el infierno, en medio de los tormentos, levantó los ojos, vio de lejos a Abrahán, y a Lázaro en su seno, y gritando, dijo: "Padre Abrahán, ten piedad de mí y manda a Lázaro que moje en agua la punta del dedo y me refresque la lengua, porque me torturan estas llamas". Pero Abrahán le dijo: "Hijo, recuerda que recibiste tus bienes en vida, y Lázaro, a su vez, males: por eso ahora él es aquí consolado, mientras que tú eres atormentado. Y, además, entre nosotros y vosotros se abre un abismo inmenso, para que los que quieran cruzar desde aquí hacia vosotros no puedan hacerlo, ni tampoco pasar de ahí hasta nosotros". Él dijo: "Te ruego, entonces, padre, que lo mandes a casa de mi padre, pues tengo cinco hermanos: que les dé testimonio de estas cosas, no sea que también ellos vengan a este lugar de tormento". Abrahán le dice: "Tienen a Moisés y a los profetas: que los escuchen". Pero él le dijo: "No, padre Abrahán. Pero si un muerto va a ellos, se arrepentirán". Abrahán le dijo: "Si no escuchan a Moisés y a los profetas, no se convencerán ni aunque resucite un muerto"».

Jeremías 17, 5-10; Salmo 1, 1-4.6 • LUCAS 16, 19-31

Señor Jesús, perdona mi falta de consideración y de amor al prójimo, especialmente al pobre y desvalido.
Dichoso el hombre que ha puesto su confianza en el Señor (Salmo 39, 5ab)

MARZO

6
VIERNES

Viernes 2º de Cuaresma

Tomo II · Salterio 2ª semana

Santos Olegario ob, Julián de Toledo ob, Coleta Boylet vg, Inés de Praga vg

ABSTINENCIA

Papa Francisco: Con esta dura parábola, Jesús pone a sus interlocutores frente a su responsabilidad, y lo hace con extrema claridad. Pero no pensemos que esta advertencia valga solamente para los que rechazaron a Jesús en aquella época. Vale para todos los tiempos, incluido el nuestro. También hoy Dios espera los frutos de su viña de aquellos que ha enviado a trabajar en ella. A todos nosotros. (04-10-2020)

En aquel tiempo, dijo Jesús a los sumos sacerdotes y a los ancianos del pueblo: «Escuchad otra parábola: Había un propietario que plantó una viña, la rodeó con una cerca, cavó en ella un lagar, construyó una torre, la arrendó a unos labradores y se marchó lejos. Llegado el tiempo de los frutos, envió sus criados a los labradores, para percibir los frutos que le correspondían. Pero los labradores, agarrando a los criados, apalearon a uno, mataron a otro, y a otro lo apedrearon. Envió de nuevo otros criados, más que la primera vez, e hicieron con ellos lo mismo. Por último, les mandó a su hijo, diciéndose: "Tendrán respeto a mi hijo". Pero los labradores, al ver al hijo, se dijeron: "Este es el heredero: venid, lo matamos y nos quedamos con su herencia". Y agarrándolo, lo sacaron fuera de la viña y lo mataron. Cuando vuelva el dueño de la viña, ¿qué hará con aquellos labradores?». Le contestan: «Hará morir de mala muerte a esos malvados y arrendará la viña a otros labradores que le entreguen los frutos a su tiempo». Y Jesús les dice: «¿No habéis leído nunca en la Escritura: "La piedra que desecharon los arquitectos es ahora la piedra angular. Es el Señor quien lo ha hecho, ha sido un milagro patente"? Por eso os digo que se os quitará a vosotros el reino de Dios y se dará a un pueblo que produzca sus frutos». Los sumos sacerdotes y los fariseos, al oír sus parábolas, comprendieron que hablaba de ellos. Y, aunque intentaban echarle mano, temieron a la gente que lo tenía por profeta.

Génesis 37, 3-4.12-13a.17b-28; Salmo 104, 16-21 • MATEO 21, 33-43.45-46

Señor Jesús, desechado y rechazado eres, sin embargo, piedra angular; ten misericordia de nosotros, salvador nuestro.

Recordad las maravillas que hizo el Señor (Salmo 104, 5a)

Papa Francisco: La alegría del Padre Dios es la del amor. Nos ama. Incluso si decimos: «Pero yo soy un pecador, hice esto, esto y esto...». Dios nos responde: «Yo te amo igualmente y voy a buscarte y te llevo a casa». (27-11-2013)

 En aquel tiempo, se acercaron a Jesús todos los publicanos y los pecadores a escucharlo. Y los fariseos y los escribas murmuraban diciendo: «Ese acoge a los pecadores y come con ellos». Jesús les dijo esta parábola: «Un hombre tenía dos hijos; el menor de ellos dijo a su padre: "Padre, dame la parte que me toca de la fortuna". El padre les repartió los bienes. No muchos días después, el hijo menor, juntando todo lo suyo, se marchó a un país lejano, y allí derrochó su fortuna viviendo perdidamente. Cuando lo había gastado todo, vino por aquella tierra un hambre terrible, y empezó él a pasar necesidad. Fue entonces y se contrató con uno de los ciudadanos de aquel país que lo mandó a sus campos a apacentar cerdos. Deseaba saciarse de las algarrobas que comían los cerdos; pero nadie le daba nada. Recapacitando entonces, se dijo: "Cuántos jornaleros de mi padre tienen abundancia de pan, mientras yo aquí me muero de hambre. Me levantaré, me pondré en camino adonde está mi padre, y le diré: Padre, he pecado contra el cielo y contra ti; ya no merezco llamarme hijo tuyo: trátame como a uno de tus jornaleros". Se levantó y vino adonde estaba su padre; cuando todavía estaba lejos, su padre lo vio y se le conmovieron las entrañas; y, echando a correr, se le echó al cuello y lo cubrió de besos. Su hijo le dijo: "Padre, he pecado contra el cielo y contra ti; ya no merezco llamarme hijo tuyo". Pero el padre dijo a sus criados: "Sacad enseguida la mejor túnica y vestídsela; ponedle un anillo en la mano y sandalias en los pies; traed el ternero cebado y sacrificadlo; comamos y celebremos un banquete, porque este hijo mío estaba muerto y ha revivido; estaba perdido, y lo hemos encontrado". Y empezaron a celebrar el banquete. Su hijo mayor estaba en el campo. Cuando al volver se acercaba a la casa, oyó la música y la danza, y, llamando a uno de los criados, le preguntó qué era aquello. Este le contestó: "Ha vuelto tu hermano; y tu padre ha sacrificado el ternero cebado, porque lo ha recobrado con salud". Él se indignó y no quería entrar, pero su padre salió e intentaba persuadirlo. Entonces él respondió a su padre: "Mira: en tantos años como te sirvo, sin desobedecer nunca una orden tuya, a mí nunca me has dado un cabrito para tener un banquete con mis amigos; en cambio, cuando ha venido ese hijo tuyo que se ha comido tus bienes con malas mujeres, le matas el ternero cebado". El padre le dijo: "Hijo, tú estás siempre conmigo, y todo lo mío es tuyo: pero era preciso celebrar un banquete y alegrarse, porque este hermano tuyo estaba muerto y ha revivido; estaba perdido, y lo hemos encontrado". »

Miqueas 7, 14-15.18-20; Salmo 102, 1bc-4.9-12 • LUCAS 15, 1-3.11-32

 Señor Jesús, gracias por revelarnos el rostro tierno y compasivo del buen Padre Dios; ayúdame a vivir como verdadero hijo suyo.

El Señor es compasivo y misericordioso (Salmo 102, 8a)

MARZO

8
DOMINGO

Domingo 3º de Cuaresma   Tomo II · Salterio 3ª semana

Santos JUAN DE DIOS rl, Faustino Míguez pb, Veremundo ab, Félix pb.
Beato José Olallo Valdés rl

Papa Francisco: El Evangelio de hoy nos ofrece a cada uno de nosotros el agua viva que puede hacer que nos convirtamos en fuente de refrigerio para los demás. Y entonces, como la samaritana, que dejó su ánfora en el pozo y fue a llamar a la gente del pueblo, tampoco nosotros pensaremos solo en saciar nuestra sed, nuestra sed material, intelectual o cultural, sino que, con la alegría de haber encontrado al Señor, podremos saciar la sed de los demás: dar sentido a la vida de los demás, no como amos sino como servidores de esta Palabra de Dios que ha despertado nuestra sed, que continuamente nos la despierta; podremos entender su sed y compartir el amor que Él nos dio a nosotros. (12-03-2023)

Éxodo 17, 3-7: En aquellos días, el pueblo, sediento, murmuró contra Moisés, diciendo: «¿Por qué nos has sacado de Egipto para matarnos de sed a nosotros, a nuestros hijos y a nuestros ganados?». Clamó Moisés al Señor y dijo: «¿Qué puedo hacer con este pueblo? Por poco me apedrean». Respondió el Señor a Moisés: «Pasa al frente del pueblo y toma contigo algunos de los ancianos de Israel; empuña el bastón con el que golpeaste el Nilo y marcha. Yo estaré allí ante ti, junto a la roca de Horeb. Golpea la roca y saldrá agua para que beba el pueblo». Moisés lo hizo así a la vista de los ancianos de Israel. Y llamó a aquel lugar Massá y Meribá, a causa de la querella de los hijos de Israel y porque habían tentado al Señor diciendo: «¿Está el Señor entre nosotros o no?».

Salmo 94, 1-2.6-7c.7d-9: *Ojalá escuchéis hoy la voz del Señor: «No endurezcáis vuestro corazón».*

Romanos 5, 1-2.5-8: Hermanos: Habiendo sido justificados en virtud de la fe, estamos en paz con Dios, por medio de nuestro Señor Jesucristo, por el cual hemos obtenido además por la fe el acceso a esta gracia, en la cual nos encontramos; y nos gloriamos en la esperanza de la gloria de Dios. Y la esperanza no defrauda, porque el amor de Dios ha sido derramado en nuestros corazones por el Espíritu Santo que se nos ha dado. En efecto, cuando nosotros estábamos aún sin fuerza, en el tiempo señalado, Cristo murió por los impíos; ciertamente, apenas habrá quien muera por un justo; por una persona buena tal vez se atrevería alguien a morir; pues bien: Dios nos demostró su amor en que, siendo nosotros todavía pecadores, Cristo murió por nosotros.

JUAN 4, 5-15.19b-26.39a.40-42: En aquel tiempo, llegó Jesús a una ciudad de Samaría llamada Sicar, cerca del campo que dio Jacob a su hijo José. Allí estaba el pozo de Jacob. Jesús, cansado del camino, estaba allí sentado junto al pozo. Era hacia la hora sexta (mediodía). Llega una mujer de Samaría a sacar agua, y Jesús le dice: «Dame de beber». Sus discípulos se habían ido al pueblo a comprar comida. La samaritana le dice: «¿Cómo tú, siendo judío, me pides de beber a mí, que soy samaritana?» (porque los judíos no se tratan con los samaritanos). Jesús le contestó: «Si conocieras el don de Dios, y quién es el que te dice "dame de beber", le pedirías tú, y él te daría agua viva». La mujer le dice: «Si no tienes cubo, y el pozo es hondo, ¿de dónde sacas el agua viva?; ¿eres tú más que nuestro padre Jacob, que nos dio este pozo y de él bebieron él y sus hijos y sus ganados?». Jesús le contestó: «El que bebe de esta agua vuelve a tener sed; pero el que beba del agua que yo le daré nunca más tendrá sed: el agua que yo le daré se convertirá dentro de él en un surtidor de agua que salta hasta la vida eterna». La mujer le dice: «Señor, dame esa agua: así no tendré más sed, ni tendré que venir aquí a sacarla. Veo que tú eres un profeta. Nuestros padres dieron culto en este monte, y vosotros decís que el sitio donde se debe dar culto está en Jerusalén». Jesús le dice: «Créeme, mujer: se acerca la hora en que ni en este monte ni en Jerusalén adoraréis al Padre. Vosotros adoráis a uno que no conocéis; nosotros adoramos a uno que conocemos, porque la salvación viene de los judíos. Pero se acerca la hora, ya está aquí, en que los verdaderos adoradores adorarán al Padre en espíritu y verdad, porque el Padre desea que le adoren así. Dios es espíritu, y los que lo adoran deben hacerlo en espíritu y verdad». La mujer le dice: «Sé que va a venir el Mesías, el Cristo; cuando venga él nos lo dirá todo». Jesús le dice: «Soy yo, el que habla contigo». En aquel pueblo muchos creyeron en él. Así, cuando llegaron a verlo los samaritanos, le rogaban que se quedara con ellos. Y se quedó allí dos días. Todavía creyeron muchos más por su predicación, y decían a la mujer: «Ya no creemos por lo que tú dices; nosotros mismos lo hemos oído y sabemos que él es de verdad el Salvador del mundo».

 Señor Jesús, eres el agua viva que sacia la sed del mundo, tu colmas nuestros anhelos; gracias por tu don.

Papa Francisco: La humildad cristiana no es una virtud que nos hace decir yo no sirvo para nada y así nos hace esconder la soberbia; en cambio, la humildad cristiana es decir la verdad: soy pecador, soy pecadora. Se trata, en esencia, sencillamente de decir la verdad; y esta es nuestra verdad. (24-03-2014)

Habiendo llegado Jesús a Nazaret, le dijo al pueblo en la sinagoga: «En verdad os digo que ningún profeta es aceptado en su pueblo. Puedo aseguraros que en Israel había muchas viudas en los días de Elías, cuando estuvo cerrado el cielo tres años y seis meses, y hubo una gran hambre en todo el país; sin embargo, a ninguna de ellas fue enviado Elías, sino a una viuda de Sarepta, en el territorio de Sidón. Y muchos leprosos había en Israel en tiempos del profeta Eliseo, sin embargo, ninguno de ellos fue curado, sino Naamán, el sirio». Al oír esto, todos en la sinagoga se pusieron furiosos y, levantándose, lo empujaron fuera del pueblo hasta un precipicio del monte sobre el que estaba edificado su pueblo, con intención de despeñarlo. Pero Jesús se abrió paso entre ellos y seguía su camino.

2 Reyes 5,1-15a; Salmo 41, 2-3; 42,3-4 • LUCAS 4, 24-30

Señor Jesús, quiero vivir tu evangelio, quiero seguirte con más disposición, con mayor decisión.

Mi alma tiene sed del Dios vivo; ¿cuándo veré el rostro de Dios? (Salmo 41, 3)

Martes 3º de Cuaresma   Tomo II · Salterio 3ª semana

MARZO
10
MARTES

Santos Cayo y Alejandro mrs, Macario ob, Víctor mr, Juan Ogilvie pb mr, Mª. Eugenia Milleret vg. Beatos Mateo Elías del Socorro Nieves pb mr, Juan José Lataste pb

Papa Francisco: Fuera del perdón, en efecto, no hay esperanza; fuera del perdón no hay paz. El perdón es el oxígeno que purifica el aire contaminado por el odio, es el antídoto que cura de los venenos del rencor, es la vía para desactivar la ira y curar tantas enfermedades del corazón que contaminan la sociedad. (17-09-2023)

En aquel tiempo, acercándose Pedro a Jesús le preguntó: «Señor, si mi hermano me ofende, ¿cuántas veces tengo que perdonarlo? ¿Hasta siete veces?». Jesús le contesta: «No te digo hasta siete veces, sino hasta setenta veces siete. Por esto, se parece el reino de los cielos a un rey que quiso ajustar las cuentas con sus criados. Al empezar a ajustarlas, le presentaron uno que debía diez mil talentos. Como no tenía con qué pagar, el señor mandó que lo vendieran a él con su mujer y sus hijos y todas sus posesiones, y que pagara así. El criado, arrojándose a sus pies, le suplicaba diciendo: "Ten paciencia conmigo, y te lo pagaré todo". Se compadeció el señor de aquel criado y lo dejó marchar, perdonándole la deuda. Pero, al salir, el criado aquel encontró a uno de sus compañeros que le debía cien denarios y, agarrándolo, lo estrangulaba, diciendo: "Págame lo que me debes". El compañero, arrojándose a sus pies, le rogaba, diciendo: "Ten paciencia conmigo, y te lo pagaré". Pero él se negó y fue y lo metió en la cárcel hasta que pagara lo que debía. Sus compañeros, al ver lo ocurrido, quedaron consternados y fueron a contarle a su señor todo lo sucedido. Entonces el señor lo llamó y le dijo: "¡Siervo malvado! Toda aquella deuda te la perdoné porque me lo rogaste. ¿No debías tú también tener compasión de tu compañero, como yo tuve compasión de ti?". Y el señor, indignado, lo entregó a los verdugos hasta que pagara toda la deuda. Lo mismo hará con vosotros mi Padre celestial, si cada cual no perdona de corazón a su hermano».

Daniel 3, 25.34-43; Salmo 24, 4-9 • MATEO 18, 21-35

Señor Jesús, enséñame y ayúdame a perdonar porque así soy de verdad discípulo.
Recuerda, Señor, tu ternura **(Salmo 24, 6a)**

Papa Francisco: Los mandamientos hay que cumplirlos, pero no nos hacen justicia; está la gratuidad de Jesucristo, el encuentro con Jesucristo que nos justifica gratuitamente. El mérito de la fe es recibir a Jesús. El único mérito: abrir el corazón. ¿Y qué hacemos con los mandamientos? Consérvalos, pero como ayuda para el encuentro con Jesucristo. (18-08-2021)

En aquel tiempo dijo Jesús a sus discípulos: «No creáis que he venido a abolir la Ley y los profetas: no he venido a abolir, sino a dar plenitud. En verdad os digo que antes pasarán el cielo y la tierra que deje de cumplirse hasta la última letra o tilde de la Ley. El que se salte uno solo de los preceptos menos importantes, y se lo enseñe así a los hombres será el menos importante en el reino de los cielos. Pero quien los cumpla y enseñe será grande en el reino de los cielos».

Deuteronomio 4,1.5-9; Salmo 147,12-13.15-16.19-20

MATEO 5, 17-19

 Señor Jesús, todo se cumple, todo se resume, todo tiene sentido desde el mandamiento del amor. *Glorifica al Señor, Jerusalén* **(Salmo 147, 12a)**

Quien cumpla su palabra será grande

Papa Francisco: O estás con Jesús, o estás en contra de Jesús; o eres fiel o eres infiel; o tienes un corazón obediente o has perdido la fidelidad. Cada uno de nosotros piense hoy, durante la Misa y luego durante el día: Piense un poco. «¿Cómo está mi fidelidad? Para rechazar al Señor, ¿busco algún pretexto, algo y desacredito al Señor? ...». No pierdas la esperanza. Y estas dos palabras —«la fidelidad ha desaparecido» y «quien no está conmigo está contra mí»— porque aún dejan espacio para la esperanza, también para nosotros. (28-03-2019)

En aquel tiempo, estaba Jesús echando un demonio que era mudo. Sucedió que, apenas salió el demonio, empezó a hablar el mudo. La multitud se quedó admirada, pero algunos de ellos dijeron: «Por arte de Belzebú, el príncipe de los demonios, echa los demonios». Otros, para ponerlo a prueba, le pedían un signo en el cielo. Él, conociendo sus pensamientos, les dijo: «Todo reino dividido contra sí mismo va a la ruina y cae casa sobre casa. Si, pues, también Satanás se ha dividido contra sí mismo, ¿cómo se mantendrá su reino? Pues vosotros decís que yo echo los demonios con el poder de Belzebú. Pero, si yo echo los demonios con el poder de Belzebú, vuestros hijos, ¿por arte de quién los echan? Por eso, ellos mismos serán vuestros jueces. Pero, si yo echo los demonios con el dedo de Dios, entonces es que el reino de Dios ha llegado a vosotros. Cuando un hombre fuerte y bien armado guarda su palacio, sus bienes están seguros, pero, cuando otro más fuerte lo asalta y lo vence, le quita las armas de que se fiaba y reparte el botín. El que no está conmigo está contra mí; el que no recoge conmigo desparrama».

Jeremías 7, 23-28; Salmo 94, 1-2.6-9 • LUCAS 11, 14-23

Señor Jesús, en tu lucha contra el mal se manifiesta que vienes de parte de Dios; hazme agente del bien y de la bondad.

Ojalá escuchéis hoy la voz del Señor: «No endurezcáis vuestro corazón» (Salmo 94, 7d-8a)

MARZO

13

VIERNES

Viernes 3º de Cuaresma

Tomo II · Salterio 3ª semana

Santos Rodrigo y Salomón mrs, Macedonio y Patricia es e hija, Modesta mrs, Sabino mr

ABSTINENCIA

Papa Francisco: Dios, que es amor, nos ha creado por amor y para que podamos amar a los otros permaneciendo unidos a Él. Sería ilusorio pretender amar al prójimo sin amar a Dios y sería también ilusorio pretender amar a Dios sin amar al prójimo. Las dos dimensiones, por Dios y por el prójimo, en su unidad caracterizan al discípulo de Cristo. (04-11-2018)

En aquel tiempo, un escriba se acercó a Jesús y le preguntó: «¿Qué mandamiento es el primero de todos?». Respondió Jesús: «El primero es: "Escucha, Israel, el Señor, nuestro Dios, es el único Señor: amarás al Señor, tu Dios, con todo tu corazón, con toda tu alma, con toda tu mente, con todo tu ser". El segundo es este: "Amarás a tu prójimo como a ti mismo". No hay mandamiento mayor que estos». El escriba replicó: «Muy bien, Maestro, sin duda tienes razón cuando dices que el Señor es uno solo y no hay otro fuera de él; y que amarlo con todo el corazón, con todo el entendimiento y con todo el ser, y amar al prójimo como a uno mismo vale más que todos los holocaustos y sacrificios». Jesús, viendo que había respondido sensatamente, le dijo: «No estás lejos del reino de Dios». Y nadie se atrevió a hacerle más preguntas.

Oseas 14,2-10; Salmo 80, 6c-11ab.14.17 • MARCOS 12, 28b-34

Señor Jesús, conviérteme en testigo verdadero de tu Reino amando de corazón a Dios y al prójimo.

Yo soy el Señor, Dios tuyo; escucha mi voz (Salmo 80, 11.9a)

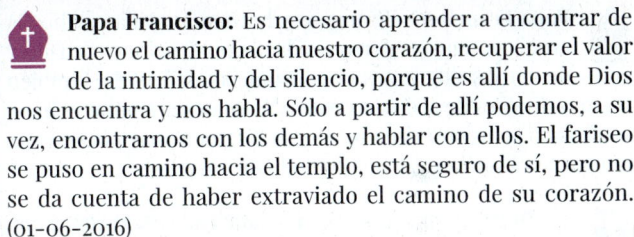

Papa Francisco: Es necesario aprender a encontrar de nuevo el camino hacia nuestro corazón, recuperar el valor de la intimidad y del silencio, porque es allí donde Dios nos encuentra y nos habla. Sólo a partir de allí podemos, a su vez, encontrarnos con los demás y hablar con ellos. El fariseo se puso en camino hacia el templo, está seguro de sí, pero no se da cuenta de haber extraviado el camino de su corazón. (01-06-2016)

En aquel tiempo, dijo Jesús esta parábola a algunos que confiaban en sí mismos por considerarse justos y despreciaban a los demás: «Dos hombres subieron al templo a orar. Uno era fariseo; el otro, publicano. El fariseo, erguido, oraba así en su interior: "¡Oh Dios!, te doy gracias, porque no soy como los demás hombres: ladrones, injustos, adúlteros; ni tampoco como ese publicano. Ayuno dos veces por semana y pago el diezmo de todo lo que tengo". El publicano, en cambio, quedándose atrás, no se atrevía ni a levantar los ojos al cielo, sino que se golpeaba el pecho, diciendo: "¡Oh Dios!, ten compasión de este pecador". Os digo que este bajó a su casa justificado, y aquel no. Porque todo el que se enaltece será humillado, y el que se humilla será enaltecido».

Oseas 6, 1-6; Salmo 50, 3-4.18-21 • LUCAS 18, 9-14

Señor Jesús, elimina en mí toda soberbia y prepotencia; quiero vivir en la humildad y la sencillez de corazón.
Quiero misericordia, y no sacrificio (Oseas 6, 6a)

Papa Francisco: Hermanos y hermanas, pidamos hoy la gracia de sorprendernos cada día por los dones de Dios y de ver las diferentes circunstancias de la vida, también las más difíciles de aceptar, como ocasiones para obrar el bien, como hizo Jesús con el ciego. Que la Virgen nos ayude en esto, junto a san José, hombre justo y fiel. (19-03-2023)

1 Samuel 16, 1b.6-7.10-13a: En aquellos días, el Señor dijo a Samuel: «Llena tu cuerno de aceite y ponte en camino. Te envío a casa de Jesé, el de Belén, porque he visto entre sus hijos un rey para mí». Cuando llegó, vio a Eliab y se dijo: «Seguro que está su ungido ante el Señor». Pero el Señor dijo a Samuel: «No te fijes en su apariencia ni en lo elevado de su estatura, porque lo he descartado. No se trata de lo que vea el hombre. Pues el hombre mira a los ojos, mas el Señor mira el corazón». Jesé presentó a sus siete hijos ante Samuel. Pero Samuel dijo a Jesé: «El Señor no ha elegido a estos». Entonces Samuel preguntó a Jesé: «¿No hay más muchachos?». Y le respondió: «Todavía queda el menor, que está pastoreando el rebaño». Samuel le dijo: «Manda a buscarlo, porque no nos sentaremos a la mesa mientras no venga». Jesé mandó a por él y lo hizo venir. Era rubio, de hermosos ojos y buena presencia. El Señor dijo a Samuel: «Levántate y úngelo de parte del Señor, pues es este». Samuel cogió el cuerno de aceite y lo ungió en medio de sus hermanos. Y el espíritu del Señor vino sobre David desde aquel día en adelante.

Salmo 22, 1b-6: *El Señor es mi pastor, nada me falta.*

Efesios 5, 8-14: Hermanos: Antes erais tinieblas, pero ahora, sois luz por el Señor. Vivid como hijos de la luz, pues toda bondad, justicia y verdad son frutos de la luz. Buscad lo que agrada al Señor, sin tomar parte en las obras estériles de las tinieblas, sino más bien denunciándolas. Pues da vergüenza decir las cosas que ellos hacen a ocultas. Pero, al denunciarlas, la luz las pone al descubierto, y todo lo descubierto es luz. Por eso dice: «Despierta tú que duermes, levántate de entre los muertos y Cristo te iluminará».

JUAN 9, 1.6-9.13-17.34-38: En aquel tiempo, al pasar, vio Jesús a un hombre ciego de nacimiento. Entonces, escupió en la tierra, hizo barro con la saliva, se lo untó en los ojos al ciego, y le dijo: «Ve a lavarte a la piscina de Siloé» (que significa Enviado)». Él fue, se lavó, y volvió con vista. Y los vecinos y los que antes solían verlo pedir limosna preguntaban: «¿No es ese el que se sentaba a pedir?». Unos decían: «El mismo». Otros decían: «No es él, pero se le parece». Él respondía: «Soy yo». Llevaron ante los fariseos al que había sido ciego. Era sábado el día que Jesús hizo barro y le abrió los ojos. También los fariseos le preguntaban cómo había adquirido la vista. Él les contestó: «Me puso barro en los ojos, me lavé y veo». Algunos de los fariseos comentaban: «Este hombre no viene de Dios, porque no guarda el sábado». Otros replicaban: «¿Cómo puede un pecador hacer semejantes signos?». Y estaban divididos. Y volvieron a preguntarle al ciego: «Y tú, ¿qué dices del que te ha abierto los ojos?». Él contestó: «Que es un profeta». Le replicaron: «Has nacido completamente empecatado, ¿y nos vas a dar lecciones a nosotros?». Y lo expulsaron. Oyó Jesús que lo habían expulsado, lo encontró y le dijo: «¿Crees tú en el Hijo del hombre?». Él contestó: «¿Y quién es, Señor, para que crea en él?». Jesús le dijo: «Lo estás viendo: el que te está hablando, ese es». Él dijo: «Creo, Señor». Y se postró ante él.

 Señor Jesús, creo en ti, tu eres la luz del mundo; cura mi ceguera, abre mis ojos para que te vea, para que te siga, para que te ame de verdad.

Papa Francisco: «Anda, tu hijo vive». Así, pues, ese padre creyó en la palabra que Jesús le había dicho y se puso en camino: creyó, creyó que Jesús tenía el poder de curar a su niño. Y tuvo razón. La fe es dejar espacio a este amor de Dios; es dejar espacio al poder, al poder de Dios, al poder de alguien que me ama, que está enamorado de mí y desea la alegría conmigo. Esto es la fe. Esto es creer: es dejar espacio al Señor para que venga y me cambie. (16-03-2015)

En aquel tiempo, salió Jesús de Samaría para Galilea. Jesús mismo había atestiguado: «Un profeta no es estimado en su propia patria». Cuando llegó a Galilea, los galileos lo recibieron bien, porque habían visto todo lo que había hecho en Jerusalén durante la fiesta, pues también ellos habían ido a la fiesta. Fue Jesús otra vez a Caná de Galilea, donde había convertido el agua en vino. Había un funcionario real que tenía un hijo enfermo en Cafarnaún. Oyendo que Jesús había llegado de Judea a Galilea, fue a verle, y le pedía que bajase a curar a su hijo que estaba muriéndose. Jesús le dijo: «Si no veis signos y prodigios, no creéis». El funcionario insiste: «Señor, baja antes de que se muera mi niño». Jesús le contesta: «Anda, tu hijo vive». El hombre creyó en la palabra de Jesús y se puso en camino. Iba ya bajando, cuando sus criados vinieron a su encuentro diciéndole que su hijo vivía. Él les preguntó a qué hora había empezado la mejoría. Y le contestaron: «Ayer a la hora séptima lo dejó la fiebre». El padre cayó en la cuenta de que esa era la hora cuando Jesús le había dicho: «Tu hijo vive». Y creyó él con toda su familia. Este segundo signo lo hizo Jesús al llegar de Judea a Galilea.

Isaías 65,17-21; Salmo 29,2.4-6.11-13 • JUAN 4, 43-54

Señor Jesús, no dejas de sorprenderme por tu amor y compasión; gracias por todo el bien que me haces.

Te ensalzaré, Señor, porque me has librado (Salmo 29, 2a)

Martes 4º de Cuaresma · Tomo II · Salterio 4ª semana

MARZO

17
MARTES

Santos PATRICIO ob, Gertrudis de Brabante ab, Juan Sarkander pb mr.
Beato Juan Nepomuceno Zegrí pb

Papa Francisco: La Cuaresma es tiempo propicio para pedir al Señor, para cada uno de nosotros y para toda la Iglesia, la conversión a la misericordia de Jesús. (20-03-2015)

Se celebraba una fiesta de los judíos, y Jesús subió a Jerusalén. Hay en Jerusalén, junto a la puerta de las ovejas, una piscina que llaman en hebreo Betesda. Esta tiene cinco soportales, y allí estaban echados muchos enfermos, ciegos, cojos, paralíticos. Estaba también allí un hombre que llevaba treinta y ocho años enfermo. Jesús, al verlo echado, y sabiendo que ya llevaba mucho tiempo, le dice: «¿Quieres quedar sano?». El enfermo le contestó: «Señor, no tengo a nadie que me meta en la piscina cuando se remueve el agua; para cuando llego yo, otro se me ha adelantado». Jesús le dice: «Levántate, toma tu camilla y echa a andar». Y al momento el hombre quedó sano, tomó su camilla y echó a andar. Aquel día era sábado, y los judíos dijeron al hombre que había quedado sano: «Hoy es sábado, y no se puede llevar la camilla». Él les contestó: «El que me ha curado es quien me ha dicho: Toma tu camilla y echa a andar». Ellos le preguntaron: «¿Quién es el que te ha dicho que tomes la camilla y eches a andar?». Pero el que había quedado sano no sabía quién era, porque Jesús, a causa del gentío que había en aquel sitio, se había alejado. Más tarde lo encuentra Jesús en el templo y le dice: «Mira, has quedado sano; no peques más, no sea que te ocurra algo peor». Se marchó aquel hombre y dijo a los judíos que era Jesús quien lo había sanado. Por esto los judíos perseguían a Jesús, porque hacía tales cosas en sábado.

Ezequiel 47, 1-9.12; Salmo 45, 2-3.5-6.8-9 • JUAN 5, 1-16

Señor, cura mi parálisis, mi inmovilidad, mi comodidad, mi pereza; quiero seguirte.

El Señor del universo está con nosotros, nuestro alcázar es el Dios de Jacob (Salmo 45, 8)

Papa Francisco: ¿Pido que el Señor me done el querer hacer su voluntad? ¿O busco componendas, porque tengo miedo de la voluntad de Dios? Además, hay que rezar para conocer la voluntad de Dios para mí y para mi vida, acerca de la decisión que debo tomar ahora, sobre la forma de gestionar las situaciones. (27-01-2015)

En aquel tiempo, Jesús dijo a los judíos: «Mi Padre sigue actuando, y yo también actúo». Por eso los judíos tenían más ganas de matarlo: porque no solo quebrantaba el sábado, sino también llamaba a Dios Padre suyo, haciéndose igual a Dios. Jesús tomó la palabra y les dijo: «En verdad, en verdad os digo: El Hijo no puede hacer nada por su cuenta sino lo que viere hacer al Padre. Lo que hace este, eso mismo hace también el Hijo, pues el Padre ama al Hijo y le muestra todo lo que él hace, y le mostrará obras mayores que esta, para vuestro asombro. Lo mismo que el Padre resucita a los muertos y les da vida, así también el Hijo da vida a los que quiere. Porque el Padre no juzga a nadie, sino que ha confiado al Hijo todo el juicio, para que todos honren al Hijo como honran al Padre. El que no honra al Hijo no honra al Padre que lo envió. En verdad, en verdad os digo: quien escucha mi palabra y cree al que me envió posee la vida eterna y no incurre en juicio, sino que ha pasado ya de la muerte a la vida. En verdad, en verdad os digo: llega la hora, y ya está aquí, en que los muertos oirán la voz del Hijo de Dios, y los que hayan oído vivirán. Porque, igual que el Padre tiene vida en sí mismo, así ha dado también al Hijo tener vida en sí mismo. Y le ha dado potestad de juzgar, porque es el Hijo del hombre. No os sorprenda esto, porque viene la hora en que los que están en el sepulcro oirán su voz: los que hayan hecho el bien saldrán a una resurrección de vida; los que hayan hecho el mal, a una resurrección de juicio. Yo no puedo hacer nada por mí mismo; según le oigo, juzgo, y mi juicio es justo, porque no busco mi voluntad, sino la voluntad del que me envió».

Isaías 49, 8-15; Salmo 144, 8-9.13-14.17-18 • JUAN 5, 17-30

Señor, tu palabra vivifica; quiero acogerla en mi corazón.

El Señor es clemente y misericordioso (Salmo 144, 8a)

Papa Francisco: José entiende, en la fe, que el niño nacido en el seno de María no es su hijo, sino el Hijo de Dios, y él, José, será su guardián, asumiendo plenamente su paternidad terrenal. El ejemplo de este hombre gentil y sabio nos exhorta a levantar la vista, a mirar más allá. Se trata de recuperar la sorprendente lógica de Dios que, lejos de pequeños o grandes cálculos, está hecha de apertura hacia nuevos horizontes, hacia Cristo y Su Palabra. Que la Virgen María y su casto esposo José nos ayuden a escuchar a Jesús que viene, y que pide ser acogido en nuestros planes y elecciones. (22-12-2019)

Jacob engendró a José, el esposo de María, de la cual nació Jesús, llamado Cristo. La generación de Jesucristo fue de esta manera: María, su madre, estaba desposada con José y, antes de vivir juntos, resultó que ella esperaba un hijo por obra del Espíritu Santo. José, su esposo, que era justo y no quería difamarla, decidió repudiarla en privado. Pero, apenas había tomado esta resolución, se le apareció en sueños un ángel del Señor que le dijo: «José, hijo de David, no temas acoger a María, tu mujer, porque la criatura que hay en ella viene del Espíritu Santo. Dará a luz un hijo, y tú le pondrás por nombre Jesús, porque él salvará a su pueblo de sus pecados». Cuando José se despertó, hizo lo que le había mandado el ángel del Señor.

2 Samuel 7, 4-5a.12-14a.16; Salmo 88, 2-5.27.29;
Romanos 4, 13.16-18.22 • MATEO 1, 16.18-21. 24a

Señor Jesús, que yo viva también en fidelidad a Dios como el justo y bienaventurado San José.
Su linaje será perpetuo (Salmo 88, 37a)

MARZO

20

VIERNES

Viernes 4º de Cuaresma

Tomo II · Salterio 4ª semana

Santos Martín de Braga ob, Juan Nepomuceno pb mr

ABSTINENCIA

Papa Francisco: El cristiano es un mártir, es decir, un testigo, uno que debe dar testimonio del Cristo que nos ha salvado. Se trata de dar testimonio de Dios Padre, que nos ha creado, en el camino de la vida. En este camino el cristiano muchas veces tiene que sufrir: esto trae mucho sufrimiento. Sin embargo, así es nuestra vida: Jesús siempre a nuestro lado, con el consuelo del Espíritu Santo. Y ¡esa es nuestra fuerza! (22-04-2016)

En aquel tiempo, recorría Jesús Galilea, pues no quería andar por Judea porque los judíos trataban de matarlo. Se acercaba la fiesta judía de las tiendas. Una vez que sus hermanos se hubieron marchado a la fiesta, entonces subió él también, no abiertamente, sino a escondidas. Entonces algunos que eran de Jerusalén dijeron: «¿No es este al que intentan matar? Pues mirad cómo habla abiertamente, y no le dicen nada. ¿Será que los jefes se han convencido de que este es el Mesías? Pero este sabemos de dónde viene, mientras que el Mesías, cuando llegue, nadie sabrá de dónde viene». Entonces Jesús, mientras enseñaba en el templo, gritó: «A mí me conocéis, y conocéis de dónde vengo. Sin embargo, yo no vengo por mi cuenta, sino que el Verdadero es el que me envía; a ese vosotros no lo conocéis; yo lo conozco, porque procedo de él, y él me ha enviado». Entonces intentaban agarrarlo; pero nadie le pudo echar mano, porque todavía no había llegado su hora.

Sabiduría 2, 1a.12-22; Salmo 33, 17-21.23 • JUAN 7, 1-2.10.25-30

Señor Jesús, quiero colaborar en la misión de tu Iglesia para que tu amor sea conocido en el mundo.

El Señor está cerca de los atribulados (Salmo 33, 19a)

Papa Francisco: En esta cuaresma, Dios nos pide que comprobemos si en nuestra vida, en nuestras familias, en los lugares donde trabajamos, en las comunidades parroquiales o religiosas, somos capaces de caminar con los demás, de escuchar, de vencer la tentación de encerrarnos en nuestra autorreferencialidad, ocupándonos solamente de nuestras necesidades. Preguntémonos ante el Señor si somos capaces de trabajar juntos como obispos, presbíteros, consagrados y laicos, al servicio del Reino de Dios; si tenemos una actitud de acogida, con gestos concretos, hacia las personas que se acercan a nosotros y a cuantos están lejos; si hacemos que la gente se sienta parte de la comunidad o si la marginamos. (25-02-2025)

En aquel tiempo, algunos de entre la gente, que habían oído los discursos de Jesús, decían: «Este es de verdad el profeta». Otros decían: «Este es el Mesías». Pero otros decían: «¿Es que de Galilea va a venir el Mesías? ¿No dice la Escritura que el Mesías vendrá del linaje de David, y de Belén, el pueblo de David?». Y así surgió entre la gente una discordia por su causa. Algunos querían prenderlo, pero nadie le puso la mano encima. Los guardias del templo acudieron a los sumos sacerdotes y fariseos, y estos les dijeron: «¿Por qué no lo habéis traído?». Los guardias respondieron: «Jamás ha hablado nadie como ese hombre». Los fariseos les replicaron: «¿También vosotros os habéis dejado embaucar? ¿Hay algún jefe o fariseo que haya creído en él? Esa gente que no entiende de la Ley son unos malditos». Nicodemo, el que había ido en otro tiempo a visitarlo y que era fariseo, les dijo: «¿Acaso nuestra ley permite juzgar a nadie sin escucharlo primero y averiguar lo que ha hecho?». Ellos le replicaron: «¿También tú eres galileo? Estudia y verás que de Galilea no salen profetas». Y se volvieron cada uno a su casa.

Jeremías 11, 18-20; Salmo 7, 2-3.9-12 • JUAN 7, 40-53

Señor Jesús, hoy rezo por los que no creen en ti o tienen dudas; ilumina su corazón.
Señor, Dios mío, a ti me acojo (Salmo 7, 2a)

Papa Francisco: Querido hermano, querida hermana, quítate las vendas que te atan, no cedas, por favor, al pesimismo que deprime, no cedas al temor que aísla, no cedas al desánimo por el recuerdo de malas experiencias, no cedas al miedo que paraliza. Jesús nos dice: «¡Yo te quiero libre y te quiero vivo, no te abandono, estoy contigo! Todo está oscuro, pero yo estoy contigo. No te dejes aprisionar del dolor, no dejes que muera la esperanza. Hermano, hermana ¡vuelve a vivir!». —«¿Cómo lo hago?»— «Tómame de la mano», y Él nos toma de la mano. Deja que te saque, Él es capaz de hacerlo. En esos malos momentos por los que todos pasamos. (26-03-2023)

Ezequiel 37, 12-14: Esto dice el Señor Dios: «Yo mismo abriré vuestros sepulcros, y os sacaré de ellos, pueblo mío, y os llevaré a la tierra de Israel. Y cuando abra vuestros sepulcros, y os saque de ellos, pueblo mío, comprenderéis que soy el Señor. Pondré mi espíritu en vosotros y viviréis; os restableceré en vuestra tierra, y comprenderéis que yo, el Señor, lo digo y lo hago —oráculo del Señor—».

Salmo 129, 1b-8: *Del Señor viene la misericordia, la redención copiosa.*

Romanos 8, 8-11: Hermanos: Los que están en la carne no pueden agradar a Dios. Pero vosotros no estáis en la carne, sino en el Espíritu, si es que el Espíritu de Dios habita en vosotros; en cambio, si alguien no posee el Espíritu de Cristo no es de Cristo. Pero si Cristo está en vosotros, el cuerpo está muerto por el pecado, pero el espíritu vive por la justicia. Y si el Espíritu del que resucitó a Jesús de entre los muertos habita en vosotros, el que resucitó de entre los muertos a Cristo Jesús también dará vida a vuestros cuerpos mortales, por el mismo Espíritu que habita en vosotros.

JUAN 11, 3-7.17.20-27.33b-45: En aquel tiempo, las hermanas de Lázaro le mandaron recado a Jesús diciendo: «Señor, el que tú amas está enfermo». Jesús, al oírlo, dijo: «Esta enfermedad no es para la muerte, sino que servirá para la gloria de Dios, para que el Hijo de Dios sea glorificado por ella». Jesús amaba a Marta, a su hermana y a Lázaro. Cuando se enteró de que estaba enfermo se quedó todavía dos días donde estaba. Solo entonces dijo a sus discípulos: «Vamos otra vez a Judea». Cuando Jesús llegó, Lázaro llevaba ya cuatro días enterrado. Cuando Marta se enteró de que llegaba Jesús, salió a su encuentro, mientras María se quedó en casa. Y dijo Marta a Jesús: «Señor, si hubieras estado aquí no habría muerto mi hermano. Pero aún ahora sé que todo lo que pidas a Dios, Dios te lo concederá». Jesús le dijo: «Tu hermano resucitará». Marta respondió: «Sé que resucitará en la resurrección en el último día». Jesús le dijo: «Yo soy la resurrección y la vida: el que cree en mí, aunque haya muerto, vivirá; y el que está vivo y cree en mí, no morirá para siempre. ¿Crees esto?». Ella le contestó: «Sí, Señor: yo creo que tú eres el Cristo, el Hijo de Dios, el que tenía que venir al mundo». Jesús se conmovió en su espíritu, se estremeció y preguntó: «¿Dónde lo habéis enterrado?». Le contestaron: «Señor, ven a verlo». Jesús se echó a llorar. Los judíos comentaban: «¡Cómo lo quería!». Pero algunos dijeron: «Y uno que le ha abierto los ojos a un ciego, ¿no podía haber impedido que este muriera?». Jesús, conmovido de nuevo en su interior, llegó a la tumba. Era una cavidad cubierta con una losa. Dijo Jesús: «Quitad la losa». Marta, la hermana del muerto, le dijo: «Señor, ya huele mal porque lleva cuatro días». Jesús le replicó: «¿No te he dicho que si crees verás la gloria de Dios?». Entonces quitaron la losa. Jesús, levantando los ojos a lo alto, dijo: «Padre, te doy gracias porque me has escuchado; yo sé que tú me escuchas siempre; pero lo digo por la gente que me rodea, para que crean que tú me has enviado». Y dicho esto, gritó con voz potente: «Lázaro, sal afuera». El muerto salió, los pies y las manos atados con vendas, y la cara envuelta en un sudario. Jesús les dijo: «Desatadlo y dejadlo andar». Y muchos judíos que habían venido a casa de María, al ver lo que había hecho Jesús creyeron en él.

 Señor Jesús, resurrección y vida; bendito seas por tu poder sobre la muerte, bendito seas vencedor inmortal, bendito seas por hacernos partícipes de tu victoria.

Papa Francisco: ¡Qué hermosa misión la de dar luz al mundo! Es una misión que tenemos nosotros. ¡Es hermosa! Es también muy bello conservar la luz que recibimos de Jesús, custodiarla, conservarla. El cristiano debería ser una persona luminosa, que lleva luz, que siempre da luz. Una luz que no es suya, sino que es el regalo de Dios, es el regalo de Jesús. Y nosotros llevamos esta luz. Si el cristiano apaga esta luz, su vida no tiene sentido: es un cristiano sólo de nombre, que no lleva la luz, una vida sin sentido. (09-02-2014)

En aquel tiempo, Jesús habló a los fariseos, diciendo: «Yo soy la luz del mundo; el que me sigue no camina en tinieblas, sino que tendrá la luz de la vida». Le dijeron los fariseos: «Tú das testimonio de ti mismo, tu testimonio no es válido». Jesús les contestó: «Aunque yo doy testimonio de mí mismo, mi testimonio es verdadero, porque sé de dónde he venido y adónde voy; en cambio, vosotros no sabéis de dónde vengo ni adónde voy. Vosotros juzgáis según la carne; yo no juzgo a nadie; y, si juzgo yo, mi juicio es legítimo, porque no estoy yo solo, sino que estoy con el que me ha enviado, el Padre; y en vuestra ley está escrito que el testimonio de dos es verdadero. Yo doy testimonio de mí mismo, y además da testimonio de mí el que me envió, el Padre». Ellos le preguntaban: «¿Dónde está tu Padre?». Jesús contestó: «Ni me conocéis a mí ni a mi Padre; si me conocierais a mí, conoceríais también a mi Padre». Jesús tuvo esta conversación junto al arca de las ofrendas, cuando enseñaba en el templo. Y nadie le echó mano, porque todavía no había llegado su hora.

Daniel 13, 41c-62; Salmo 22, 1b.3-6 • JUAN 8, 12-20

Señor Jesús, por ti conocemos al Padre; ayúdanos a vivir como verdaderos hijos suyos.

Aunque camine por cañadas oscuras, nada temo, porque tú vas conmigo (Salmo 22, 4ab)

Martes 5º de Cuaresma

Tomo II · Salterio 1ª semana

MARZO
24
MARTES

Santos Óscar Arnulfo Romero ob mr, Catalina de Suecia vg.
Beato Diego José de Cádiz pb.

Papa Francisco: La curación llega sólo mirando la cruz, mirando a Dios que asume nuestros pecados: «mi pecado está allí». Sin embargo, cuántos cristianos mueren en el desierto de su tristeza, de su murmuración, de su no querer el estilo de Dios. Esta es la reflexión para cada cristiano: mientras Dios nos salva y nos muestra cómo nos salva, yo no soy capaz de tolerar un poco un camino que no me gusta mucho. Es ese egoísmo que Jesús reprochaba a su generación. (24-03-2015)

En aquel tiempo, dijo Jesús a los fariseos: «Yo me voy y me buscaréis, y moriréis por vuestro pecado. Donde yo voy no podéis venir vosotros». Y los judíos comentaban: «¿Será que va a suicidarse, y por eso dice: "Donde yo voy no podéis venir vosotros"?». Y él les dijo: «Vosotros sois de aquí abajo, yo soy de allá arriba: vosotros sois de este mundo, yo no soy de este mundo. Con razón os he dicho que moriréis por vuestros pecados: pues, si no creéis que "Yo soy", moriréis por vuestros pecados». Ellos le decían: «¿Quién eres tú?». Jesús les contestó: «Lo que os estoy diciendo desde el principio. Podría decir y condenar muchas cosas en vosotros; pero el que me ha enviado es veraz, y yo comunico al mundo lo que he aprendido de él». Ellos no comprendieron que les hablaba del Padre. Y entonces dijo Jesús: «Cuando levantéis al Hijo del hombre, sabréis que "Yo soy", y que no hago nada por mi cuenta, sino que hablo como el Padre me ha enseñado. El que me envió está conmigo, no me ha dejado solo; porque yo hago siempre lo que le agrada». Cuando les exponía esto, muchos creyeron en él.

Números 21, 4-9; Salmo 101, 2-3.16-21 • JUAN 8, 21-30

Señor Jesús, alzado en la cruz manifiestas el amor de Dios que quiere salvar al mundo; gracias por tu entrega.

Señor, escucha mi oración, que mi grito llegue hasta ti
(Salmo 101, 2)

MARZO

25

MIÉRCOLES

SOLEMNIDAD DE LA ANUNCIACIÓN DEL SEÑOR
Santos Dimas (Buen Ladrón) NT, Matrona mr, Margarita Clitherow mf mr,
Lucía Filippini rl

JORNADA POR LA VIDA

Papa Francisco: Lo primero que hace el ángel es evocar la memoria, abriendo así el presente de María a toda la historia de la salvación. Evoca la promesa hecha a David como fruto de la alianza con Jacob. María es la hija de la Alianza. También hoy, nosotros, estamos invitados a recordar, a mirar a nuestro pasado para no olvidar de dónde venimos. Para no olvidar a nuestros antepasados, a nuestros abuelos y todo lo que han pasado para llegar a donde estamos hoy. (25-03-2017)

En aquel tiempo, el ángel Gabriel fue enviado por Dios a una ciudad de Galilea llamada Nazaret, a una virgen desposada con un hombre llamado José, de la casa de David; el nombre de la virgen era María. El ángel, entrando en su presencia, dijo: «Alégrate, llena de gracia, el Señor está contigo». Ella se turbó grandemente ante estas palabras y se preguntaba qué saludo era aquel. El ángel le dijo: «No temas, María, porque has encontrado gracia ante Dios. Concebirás en tu vientre y darás a luz un hijo, y le pondrás por nombre Jesús. Será grande, se llamará Hijo del Altísimo, el Señor Dios le dará el trono de David, su padre, reinará sobre la casa de Jacob para siempre, y su reino no tendrá fin». Y María dijo al ángel: «¿Cómo será eso, pues no conozco varón?». El ángel le contestó: «El Espíritu Santo vendrá sobre ti, y la fuerza del Altísimo te cubrirá con su sombra; por eso el Santo que va a nacer será llamado Hijo de Dios. También tu pariente Isabel ha concebido un hijo en su vejez, y ya está de seis meses la que llamaban estéril, "porque para Dios nada hay imposible"». María contestó: «He aquí la esclava del Señor; hágase en mí según tu palabra». Y el ángel se retiró.

Isaías 7,10-14; 8,10b; Salmo 39, 7-11; Hebreos 10, 4-10 • LUCAS 1, 26-38

Señor Jesús, Dios hecho hombre, bendito seas por tu encarnación. Que María, tu madre, nos enseñe a acoger con fe este misterio de amor.

Aquí estoy, Señor, para hacer tu voluntad (Salmo 39, 8a.9a)

Papa Francisco: Pero el vínculo con Abraham, no agota la identidad cristiana: «nosotros somos hijos de Abraham, pero antes de Abraham hay otro Padre. Y antes de nosotros hay otro Hijo. Y en nuestra historia, entre nuestro padre Abraham y nosotros, hay otra historia, la grande, la historia del Padre de los cielos y de Jesús». Este es el motivo, por el cual Jesús en el pasaje evangélico «respondió a los fariseos y a los doctores de la ley: "Abraham se regocijó pensando en ver mi Día; lo vio y se alegró"». Precisamente este es «el gran mensaje». (06-04-2017)

 En aquel tiempo, dijo Jesús a los judíos: «En verdad, en verdad os digo: quien guarda mi palabra no verá la muerte para siempre». Los judíos le dijeron: «Ahora vemos claro que estás endemoniado; Abrahán murió, los profetas también, ¿y tú dices: "Quien guarde mi palabra no gustará la muerte para siempre"? ¿Eres tú más que nuestro padre Abrahán, que murió? También los profetas murieron, ¿por quién te tienes?». Jesús contestó: «Si yo me glorificara a mí mismo, mi gloria no valdría nada. El que me glorifica es mi Padre, de quien vosotros decís: "Es nuestro Dios", aunque no lo conocéis. Yo sí lo conozco, y si dijera: "No lo conozco" sería, como vosotros, un embustero; pero yo lo conozco y guardo su palabra. Abrahán, vuestro padre, saltaba de gozo pensando ver mi día; lo vio, y se llenó de gracia». Los judíos le dijeron: «No tienes todavía cincuenta años, ¿y has visto a Abrahán?». Jesús les dijo: «En verdad, en verdad os digo: antes de que Abrahán existiera, yo soy». Entonces cogieron piedras para tirárselas, pero Jesús se escondió y salió del templo.

Génesis 17, 3-9; Salmo 104, 4-9 • JUAN 8, 51-59

 Señor Jesús, guardar tu palabra es comenzar a vivir en plenitud; dame ansias de escucharla siempre y de acogerla en el corazón.

El Señor se acuerda de su alianza eternamente (Salmo 104, 8a)

MARZO

27

VIERNES

Viernes 5º de Cuaresma

Tomo II · Salterio 1ª semana

San Ruperto ob. Beato Francisco Faà de Bruno pb

ABSTINENCIA

Papa Francisco: La vida de Jesús fue una lucha: Él vino para vencer el mal, para vencer al príncipe de este mundo, para vencer al demonio. Jesús luchó con el demonio que lo tentó muchas veces y sintió en su vida las tentaciones y también las persecuciones. Así también nosotros cristianos que queremos seguir a Jesús, y que por medio del Bautismo estamos precisamente en la senda de Jesús, debemos conocer bien esta verdad: también nosotros somos tentados, también nosotros somos objeto del ataque del demonio. Esto sucede porque el espíritu del mal no quiere nuestra santidad, no quiere el testimonio cristiano, no quiere que seamos discípulos de Jesús. (11-04-2014)

En aquel tiempo, los judíos agarraron piedras para apedrear a Jesús. Él les replicó: «Os he hecho ver muchas obras buenas por encargo de mi Padre: ¿por cuál de ellas me apedreáis?». Los judíos le contestaron: «No te apedreamos por una obra buena, sino por una blasfemia: porque tú, siendo un hombre, te haces Dios». Jesús les replicó: «¿No está escrito en vuestra ley: "Yo os digo: sois dioses"? Si la Escritura llama dioses a aquellos a quienes vino la palabra de Dios, y no puede fallar la Escritura, a quien el Padre consagró y envió al mundo, ¿decís vosotros: "¡Blasfemas!" Porque he dicho: "Soy Hijo de Dios"? Si no hago las obras de mi Padre, no me creáis, pero si las hago, aunque no me creáis a mí, creed a las obras, para que comprendáis y sepáis que el Padre está en mí, y yo en el Padre». Intentaron de nuevo detenerlo, pero se les escabulló de las manos. Se marchó de nuevo al otro lado del Jordán, al lugar donde antes había bautizado Juan, y se quedó allí. Muchos acudieron a él y decían: «Juan no hizo ningún signo; pero todo lo que Juan dijo de este era verdad». Y muchos creyeron en él allí.

Jeremías 20, 10-13; Salmo 17, 2-7 • JUAN 10, 31-42

Señor Jesús, perdona mi falta de fe, dame un corazón nuevo.
En el peligro invoqué al Señor, y él me escuchó (Salmo 17, 7)

Papa Francisco: El insensato no escucha. Él cree que escucha, pero no escucha. Está a lo suyo, siempre. Y por esto la palabra de Dios no puede entrar en el corazón y no hay lugar para el amor. (17-10-2017)

En aquel tiempo, muchos judíos que habían venido a casa de María, al ver lo que había hecho Jesús [la resurrección de Lázaro], creyeron en él. Pero algunos acudieron a los fariseos y les contaron lo que había hecho Jesús. Los sumos sacerdotes y los fariseos convocaron el Sanedrín y dijeron: «¿Qué hacemos? Este hombre hace muchos signos. Si lo dejamos seguir, todos creerán en él, y vendrán los romanos y nos destruirán el lugar santo y la nación». Uno de ellos, Caifás, que era sumo sacerdote aquel año, les dijo: «Vosotros no entendéis ni palabra; no comprendéis que os conviene que uno muera por el pueblo, y que no perezca la nación entera». Esto no lo dijo por propio impulso, sino que, por ser sumo sacerdote aquel año, habló proféticamente, anunciando que Jesús iba a morir por la nación; y no solo por la nación, sino también para reunir a los hijos de Dios dispersos. Y aquel día decidieron darle muerte. Por eso Jesús ya no andaba públicamente entre los judíos, sino que se retiró a la región vecina al desierto, a una ciudad llamada Efraín, y pasaba allí el tiempo con los discípulos. Se acercaba la Pascua de los judíos, y muchos de aquella región subían a Jerusalén, antes de la Pascua, para purificarse. Buscaban a Jesús y, estando en el templo, se preguntaban: «¿Qué os parece? ¿Vendrá a la fiesta?». Los sumos sacerdotes y fariseos habían mandado que el que se enterase de dónde estaba les avisara para prenderlo.

Ezequiel 37, 21-28; Salmo: Jeremías 31, 10-13 • JUAN 11, 45-57

Señor Jesús, gracias por tu entrega, gracias por tu amor que nos salva.

El Señor nos guardará como un pastor a su rebaño (Jeremías 31, 10d)

Papa Francisco: Hermanos y hermanas, con esta celebración hemos entrado en la Semana Santa. Los invito a vivirla como nos enseña la tradición del Santo Pueblo Fiel de Dios, es decir, acompañando al Señor Jesús con fe y amor. Aprendamos de nuestra Madre, la Virgen María: ella siguió a su Hijo con la cercanía de su corazón, fue una sola alma con Él y, aun sin comprender todo, junto a Él se entregó plenamente a la voluntad de Dios Padre. Que la Virgen nos ayude a permanecer cerca de Jesús presente en las personas que sufren, descartadas, abandonadas. Que la Virgen nos lleve de la mano a Jesús presente en estas personas. A todos, un buen camino hacia la Pascua. (02-04-2023)

PROCESIÓN

MATEO 21, 1-11: Cuando se acercaban a Jerusalén y llegaron a Betfagé, en el monte de los Olivos, Jesús envió a dos discípulos diciéndoles: «Id a la aldea de enfrente, encontraréis enseguida una borrica atada con su pollino, los desatáis y me los traéis. Si alguien os dice algo, contestadle que el Señor los necesita y los devolverá pronto». Esto ocurrió para que se cumpliese lo dicho por medio del profeta: «Decid a la hija de Sion: "Mira a tu rey, que viene a ti, humilde, montado en una borrica, en un pollino, hijo de acémila"». Fueron los discípulos e hicieron lo que les había mandado Jesús: trajeron la borrica y el pollino, echaron encima sus mantos, y Jesús se montó. La multitud alfombró el camino con sus mantos; algunos cortaban ramas de árboles y alfombraban la calzada. Y la gente que iba delante y detrás gritaba: «¡"Hosanna" al Hijo de David! ¡Bendito el que viene en nombre del Señor! ¡"Hosanna" en las alturas!». Al entrar en Jerusalén, toda la ciudad se sobresaltó preguntando: «¿Quién es este?». La multitud contestaba: «Es el profeta Jesús, de Nazaret de Galilea».

MISA

Isaías 50, 4-7: El Señor Dios me ha dado una lengua de discípulo, para saber decir al abatido una palabra de aliento. Cada mañana me espabila el oído, para que escuche como los discípulos. El Señor Dios me abrió el oído; y yo no me resistí ni me eché atrás. Ofrecí la espalda a los que me golpeaban, las mejillas a los que mesaban mi barba. No escondí el rostro ante ultrajes y salivazos. El Señor Dios me ayuda, por eso no sentía los ultrajes; por eso endurecí el rostro como pedernal, sabiendo que no quedaría defraudado.

Salmo 21, 8-9.17-18a. 19-20.23-24: *Dios mío, Dios mío, ¿por qué me has abandonado?*

Filipenses 2, 6-11: Cristo Jesús, siendo de condición divina, no retuvo ávidamente el ser igual a Dios; al contrario, se despojó de sí mismo tomando la condición de esclavo, hecho semejante a los hombres. Y así, reconocido como hombre por su presencia, se humilló a sí mismo, hecho obediente hasta la muerte, y una muerte de cruz. Por eso Dios lo exaltó sobre todo, y le concedió el «Nombre-sobre-todo-nombre»; de modo que al nombre de Jesús toda rodilla se doble —en el cielo, en la tierra, en el abismo—, y toda lengua proclame: Jesucristo es Señor, para gloria de Dios Padre.

MATEO 27, 11-54: PASIÓN DE NUESTRO SEÑOR JESUCRISTO. En aquel tiempo, Jesús fue llevado ante el gobernador Poncio Pilato, y este le preguntó: «¿Eres tú el rey de los judíos?». Jesús respondió: «Tú lo dices». Y, mientras lo acusaban los sumos sacerdotes y los ancianos, no contestaba nada. Entonces Pilato le preguntó: «¿No oyes cuántos cargos presentan contra ti?». Como no contestaba a ninguna pregunta, el gobernador estaba muy extrañado. Por la fiesta, el gobernador solía liberar un preso, el que la gente quisiera. Tenía entonces un preso famoso, llamado Barrabás. Cuando la gente acudió, dijo Pilato: «¿A quién queréis que os suelte, a Barrabás o a Jesús, a quien llaman el Mesías?». Pues sabía que se lo habían entregado por envidia. Y, mientras estaba sentado en el tribunal, su mujer le mandó a decir: «No te metas con ese justo, porque esta noche he sufrido mucho soñando con él». Pero los sumos sacerdotes y los ancianos convencieron a la gente para que pidieran la libertad de Barrabás y la muerte de Jesús. El gobernador preguntó: «¿A cuál de los dos queréis que os suelte?». Ellos dijeron: «A Barrabás». Pilato les preguntó: «¿Y qué hago con Jesús, llamado el Mesías?». Contestaron todos: «Sea crucificado». Pilato insistió: «Pues, ¿qué mal ha hecho?». Pero ellos gritaban más fuerte: «¡Sea crucificado!». Al ver Pilato que todo era inútil y que, al contrario, se estaba formando un tumulto, tomó agua y se lavó las manos ante la gente, diciendo: «Soy inocente de esta sangre. ¡Allá vosotros!». Todo el pueblo contestó: «¡Caiga su sangre sobre nosotros y sobre nuestros hijos!». Entonces les soltó a Barrabás; y a Jesús, después de azotarlo, lo entregó para que lo crucificaran. Entonces los soldados del gobernador se llevaron a Jesús al pretorio y reunieron alrededor de él a toda la cohorte: lo desnudaron y le pusieron un manto de color púrpura y, trenzando una corona de espinas, se la ciñeron a la cabeza y le pusieron una caña en la mano derecha. Y, doblando ante él la rodilla, se burlaban de él, diciendo: «¡Salve, rey de los judíos!». Luego le escupían, le quitaban la caña y le golpeaban con ella la cabeza. Y, terminada la burla, le quitaron el manto, le pusieron su ropa y lo llevaron a crucificar. Al salir, encontraron a un hombre de Cirene, llamado Simón, y lo forzaron a llevar su cruz. Cuando llegaron al lugar llamado Gólgota (que quiere decir lugar de «la calavera»), le dieron a beber vino mezclado con hiel; él lo probó, pero no quiso beberlo. Después de crucificarlo, se repartieron su ropa, echándola a suertes, y luego se sentaron a custodiarlo. Encima de la cabeza colocaron un letrero con la acusación: «Este es Jesús, el rey de los judíos». Crucificaron con él a dos bandidos, uno a la derecha y otro a la izquierda. Los que pasaban lo injuriaban y, meneando la cabeza, decían: «Tú que destruyes el templo y lo reconstruyes en tres días, sálvate a ti mismo; si eres Hijo de Dios, baja de la cruz». Igualmente, los sumos sacerdotes con los escribas y los ancianos se burlaban también diciendo: «A otros ha salvado, y él no se puede salvar. ¡Es el rey de Israel!, que baje ahora de la cruz, y le creeremos. Confió en Dios, que lo libre si es que lo ama, pues dijo: "Soy Hijo de Dios"». De la misma manera los bandidos que estaban crucificados con él lo insultaban. Desde la hora sexta hasta la hora nona (de 12 a 3 de la tarde) vinieron tinieblas sobre toda la tierra. A la hora nona, Jesús gritó con voz potente: «Elí, Elí, lemá sabaqtaní». (Es decir: «Dios mío, Dios mío, ¿por qué me has abandonado?»). Al oírlo, algunos de los que estaban allí dijeron: «Está llamando a Elías». Enseguida uno de ellos fue corriendo, tomó una esponja empapada en vinagre y, sujetándola a una caña, le dio de beber. Los demás decían: «Déjalo, a ver si viene Elías a salvarlo». Jesús, gritando de nuevo con voz potente, exhaló el espíritu. Entonces, el velo del templo se rasgó en dos de arriba abajo; la tierra tembló, las rocas se resquebrajaron, las tumbas se abrieron, y muchos cuerpos de santos que habían muerto resucitaron y, saliendo de las tumbas después que él resucitó, entraron en la ciudad santa y se aparecieron a muchos. El centurión y sus hombres, que custodiaban a Jesús, al ver el terremoto y lo que pasaba, dijeron aterrorizados: «Verdaderamente este era Hijo de Dios».

 Señor Jesús, hijo de Dios, que caminas hacia la muerte por nosotros, bendito seas por tu amor, bendito y glorificado por siempre.

Papa Francisco: El Evangelio sí utiliza la palabra «unción» para significar que el perfume de la mujer unge: tiene la capacidad de ser una unción, al contrario de las palabras del fariseo que no llegan al corazón, no llegan a la realidad. En medio de estas dos figuras tan antitéticas está Jesús, con su paciencia, su amor, su deseo de salvar a todos, que le lleva a explicar al fariseo qué significa eso que hace esta mujer y a reprocharle, si bien con humildad y ternura, por no haber tenido cortesía con Él. (18-09-2014)

Seis días antes de la Pascua, fue Jesús a Betania, donde vivía Lázaro, a quien había resucitado de entre los muertos. Allí le ofrecieron una cena; Marta servía, y Lázaro era uno de los que estaban con él a la mesa. María tomó una libra de perfume de nardo, auténtico y costoso, le ungió a Jesús los pies y se los enjugó con su cabellera. Y la casa se llenó de la fragancia del perfume. Judas Iscariote, uno de sus discípulos, el que lo iba a entregar, dice: «¿Por qué no se ha vendido este perfume por trescientos denarios para dárselos a los pobres?». Esto lo dijo, no porque le importasen los pobres, sino porque era un ladrón; y como tenía la bolsa, se llevaba de lo que iban echando. Jesús dijo: «Déjala, lo tenía guardado para el día de mi sepultura; porque a los pobres los tenéis siempre con vosotros, pero a mí no siempre me tenéis». Una muchedumbre de judíos se enteró de que estaba allí y fueron no solo por Jesús, sino también para ver a Lázaro, al que había resucitado de entre los muertos. Los sumos sacerdotes decidieron matar también a Lázaro, porque muchos judíos, por su causa, se les iban y creían en Jesús.

Isaías 42, 1-7; Salmo 26, 1-3.13-14 • JUAN 12, 1-11

Señor Jesús, envuélveme en el perfume de tu amor; que yo esté dispuesto al servicio y a la entrega, como tú.
El Señor es mi luz y mi salvación (Salmo 26, 1b)

Papa Francisco: El diablo entró en Judas, fue el diablo quien lo llevó a este punto. ¿Y cómo terminó la historia? El diablo es un mal pagador. No es un pagador confiable. Te promete todo, te hace ver todo y al final te deja solo a ahorcarte en tu desesperación. (08-04-2020)

En aquel tiempo, estando Jesús a la mesa con sus discípulos, se turbó en su espíritu y dio testimonio diciendo: «En verdad, en verdad os digo: uno de vosotros me va a entregar». Los discípulos se miraron unos a otros perplejos, por no saber de quién lo decía. Uno de ellos, el que Jesús amaba, estaba reclinado a la mesa en el seno de Jesús. Simón Pedro hizo señas para que averiguase por quién lo decía. Entonces él, apoyándose en el pecho de Jesús, le preguntó: «Señor, ¿quién es?». Le contestó Jesús: «Aquel a quien yo le dé este trozo de pan untado». Y, untando el pan, se lo dio a Judas, hijo de Simón el Iscariote. Detrás del pan, entró en él Satanás. Entonces Jesús le dijo: «Lo que vas a hacer, hazlo pronto». Ninguno de los comensales entendió a qué se refería. Como Judas guardaba la bolsa, algunos suponían que Jesús le encargaba comprar lo necesario para la fiesta o dar algo a los pobres. Judas, después de tomar el pan, salió inmediatamente. Era de noche. Cuando salió, dijo Jesús: «Ahora es glorificado el Hijo del hombre, y Dios es glorificado en él. Si Dios es glorificado en él, también Dios lo glorificará en sí mismo: pronto lo glorificará. Hijitos, me queda poco de estar con vosotros. Me buscaréis, pero lo que dije a los judíos os lo digo ahora a vosotros: "Donde yo voy, no podéis venir vosotros"». Simón Pedro le dijo: «Señor, ¿adónde vas?». Jesús le respondió: «Adonde yo voy no me puedes seguir ahora, me seguirás más tarde». Pedro replicó: «Señor, ¿por qué no puedo seguirte ahora? Daré mi vida por ti». Jesús le contestó: «¿Conque darás tu vida por mí? En verdad, en verdad te digo: no cantará el gallo antes de que me hayas negado tres veces».

Isaías 49, 1-6; Salmo 70, 1-6.15.17 • JUAN 13, 21-33.36-38

Señor Jesús, no estoy yo lejos de traicionarte cuando me olvido de vivir como verdadero discípulo; perdóname y ten misericordia de mí.

Mi boca contará tu salvación, Señor (Salmo 70, 15ab)

abril

La Redención, llevada a cabo por medio de la Cruz, ha vuelto a dar al hombre la dignidad y el sentido de su existencia. La Redención se ha cumplido en el misterio pascual, que, a través de la Cruz y la Muerte del Señor, conduce a la Resurrección.

(San Juan Pablo II, *Redemptor hominis*, 10)

ABRIL

1

MIÉRCOLES

MIÉRCOLES SANTO

Santos María Egipcíaca er, Nuño Alvares rl, Celso ob, Hugo ob, Venancio ob mr.
Beatos Juan Bretton pf mr, José Girotti pb mr

✝ **Papa Francisco:** Aún hoy hay Judas, gente que traiciona, incluso a sus seres queridos, vendiéndolos, por sus propios intereses. También hoy hay gente que quiere servir a Dios y al dinero, explotadores ocultos, aparentemente impecables, pero que comercian con la gente: venden al prójimo. Judas era apegado al dinero: quien ama demasiado el dinero, traiciona. (08-04-2020)

✝ En aquel tiempo, uno de los Doce, llamado Judas Iscariote, fue a los sumos sacerdotes y les propuso: «¿Qué estáis dispuestos a darme, si os lo entrego?». Ellos se ajustaron con él en treinta monedas de plata. Y desde entonces andaba buscando ocasión propicia para entregarlo. El primer día de los Ácimos se acercaron los discípulos a Jesús y le preguntaron: «¿Dónde quieres que te preparemos la cena de Pascua?». Él contestó: «Id a la ciudad, a casa de quien vosotros sabéis, y decidle: "El Maestro dice: Mi hora está cerca; voy a celebrar la Pascua en tu casa con mis discípulos"». Los discípulos cumplieron las instrucciones de Jesús y prepararon la Pascua. Al atardecer se puso a la mesa con los Doce. Mientras comían dijo: «En verdad os digo que uno de vosotros me va a entregar». Ellos, muy entristecidos, se pusieron a preguntarle uno tras otro: «¿Soy yo acaso, Señor?». Él respondió: «El que ha metido conmigo la mano en la fuente, ese me va a entregar. El Hijo del hombre se va como está escrito de él; pero, ¡ay de aquel por quien el Hijo del hombre es entregado!; ¡más le valdría a ese hombre no haber nacido!». Entonces preguntó Judas, el que lo iba a entregar: «¿Soy yo acaso, Maestro?». Él respondió: «Tú lo has dicho».

Isaías 50, 4-9a; Salmo 68, 8-10.21-22.31.33-34 • MATEO 26, 14-25

🙏 **Señor Jesús,** se consuma la traición de Judas. Cuánto dolor asumes. Te metes en la entraña de nuestras oscuridades para renovarlo todo con tu luz poderosa.

Señor, que me escuche tu gran bondad el día de tu favor
(Salmo 68, 14cb)

MISA VESPERTINA

Papa Francisco: Fijémonos, pues, en ellos, en los Apóstoles. Jesús los eligió y a su llamada dejaron sus barcas, sus redes, sus casas y todo lo demás. La unción de la Palabra cambió sus vidas. Con entusiasmo siguieron al Maestro y comenzaron a predicar, convencidos de que más tarde realizarían cosas aún mayores; hasta que llegó la Pascua. Allí todo pareció detenerse; llegaron a renegar y a abandonar al Maestro. No debemos tener miedo. Seamos valientes para leer nuestra propia vida y nuestras caídas. (06-04-2023)

Éxodo 12, 1-8.11-14: En aquellos días, dijo el Señor a Moisés y a Aarón en tierra de Egipto: «Este mes será para vosotros el principal de los meses; será para vosotros el primer mes del año. Decid a toda la asamblea de los hijos de Israel: "El diez de este mes cada uno procurará un animal para su familia, uno por casa. Si la familia es demasiado pequeña para comérselo, que se junte con el vecino más próximo a su casa, hasta completar el número de personas; y cada uno comerá su parte hasta terminarlo. Será un animal sin defecto, macho, de un año; lo escogeréis entre los corderos o los cabritos. Lo guardaréis hasta el catorce del mes; y toda la asamblea de los hijos de Israel lo matará al atardecer". Tomaréis la sangre y rociaréis las dos jambas y el dintel de la casa donde lo comáis. Esa noche comeréis la carne, asada a fuego, y comeréis panes sin fermentar y hierbas amargas. Y lo comeréis así: la cintura ceñida, las sandalias en los pies, un bastón en la mano; y os lo comeréis a toda prisa, porque es la Pascua, el Paso del Señor. Yo pasaré esta noche por la tierra de Egipto y heriré a todos los primogénitos de la tierra de Egipto, desde los hombres hasta los ganados, y me tomaré justicia de todos los dioses de Egipto. Yo, el Señor. La sangre será vuestra señal en las casas donde habitáis. Cuando yo vea la sangre, pasaré de largo ante vosotros, y no habrá entre vosotros plaga exterminadora, cuando yo hiera a la tierra de Egipto. Este será un día memorable para vosotros; en él celebraréis fiesta en honor del Señor. De generación en generación, como ley perpetua lo festejaréis».

Salmo 115, 12-13.15-18: *El cáliz de la bendición es comunión de la sangre de Cristo.*

1 Corintios 11, 23-26: Hermanos: yo he recibido una tradición, que procede del Señor y que a mi vez os he transmitido: que el Señor Jesús, en la noche en que iba a ser entregado, tomó pan y, pronunciando la Acción de Gracias, lo partió y dijo: «Esto es mi cuerpo, que se entrega por vosotros. Haced esto en memoria mía». Lo mismo hizo con el cáliz, después de cenar, diciendo: «Este cáliz es la nueva alianza en mi sangre: haced esto cada vez que lo bebáis, en memoria mía». Por eso, cada vez que coméis este pan y bebéis del cáliz, proclamáis la muerte del Señor, hasta que vuelva.

JUAN 13, 1-15: Antes de la fiesta de la Pascua, sabiendo Jesús que había llegado su hora de pasar de este mundo al Padre, habiendo amado a los suyos que estaban en el mundo, los amó hasta el extremo. Estaban cenando, ya el diablo había suscitado en el corazón de Judas, hijo de Simón Iscariote, la intención de entregarlo; y Jesús, sabiendo que el Padre había puesto todo en sus manos, que venía de Dios y a Dios volvía, se levanta de la cena, se quita el manto y, tomando una toalla, se la ciñe; luego echa agua en la jofaina y se pone a lavarles los pies a los discípulos, secándolos con la toalla que se había ceñido. Llegó a Simón Pedro, y este le dice: «Señor, ¿lavarme los pies tú a mí?». Jesús le replicó: «Lo que yo hago tú no lo entiendes ahora, pero lo comprenderás más tarde». Pedro le dice: «No me lavarás los pies jamás». Jesús le contestó: «Si no te lavo, no tienes parte conmigo». Simón Pedro le dice: «Señor, no solo los pies, sino también las manos y la cabeza». Jesús le dice: «Uno que se ha bañado no necesita lavarse más que los pies, porque todo él está limpio. También vosotros estáis limpios, aunque no todos». Porque sabía quién lo iba a entregar, por eso dijo: «No todos estáis limpios». Cuando acabó de lavarles los pies, tomó el manto, se lo puso otra vez y les dijo: «¿Comprendéis lo que he hecho con vosotros? Vosotros me llamáis "el Maestro" y "el Señor", y decís bien, porque lo soy. Pues si yo, el Maestro y el Señor, os he lavado los pies, también vosotros debéis lavaros los pies unos a otros; os he dado ejemplo para que lo que yo he hecho con vosotros, vosotros también lo hagáis».

 Señor, tu inmenso amor llevado al extremo se palpa en el sacramento de tu Cuerpo y Sangre que hoy instituyes. Ese amor me impulse a tomar la toalla del servicio y de la entrega como haces tú.

SANTO TRIDUO PASCUAL
VIERNES SANTO DE LA PASIÓN DEL SEÑOR
COLECTA POR LOS SANTOS LUGARES
AYUNO Y ABSTINENCIA

ABRIL
3
VIERNES

Papa Francisco: Él, por amor, entrando en el abismo del dolor y del sufrimiento nos redime y no salva dando sentido a nuestras aflicciones y tribulaciones. Pondremos ante Jesús crucificado a todos los crucificados de hoy, hermanos y hermanas víctimas inocentes del sufrimiento y la maldad del mundo. Sólo él puede consolarlos y darles amor. (03-04-2021)

Isaías 52,13 - 53,12: Mirad, mi siervo tendrá éxito, subirá y crecerá mucho. Como muchos se espantaron de él, porque desfigurado no parecía hombre, ni tenía aspecto humano, así asombrará a muchos pueblos, ante él los reyes cerrarán la boca, al ver algo inenarrable y comprender algo inaudito. ¿Quién creyó nuestro anuncio?; ¿a quién se reveló el brazo del Señor? Creció en su presencia, como brote, como raíz en tierra árida, sin figura, sin belleza. Lo vimos sin aspecto atrayente, despreciado y evitado por los hombres, como un hombre de dolores, acostumbrado a sufrimientos, ante el cual se ocultaban los rostros; despreciado y desestimado. Él soportó nuestros sufrimientos y aguantó nuestros dolores; nosotros lo estimamos leproso, herido de Dios y humillado; pero él fue traspasado por nuestras rebeliones, triturado por nuestros crímenes. Nuestro castigo saludable cayó sobre él, sus cicatrices nos curaron. Todos errábamos como ovejas, cada uno siguiendo su camino; y el Señor cargó sobre él todos nuestros crímenes. Maltratado, voluntariamente se humillaba y no abría la boca; como cordero llevado al matadero, como oveja ante el esquilador, enmudecía y no abría la boca. Sin defensa, sin justicia, se lo llevaron. ¿Quién se preocupará de su estirpe? Lo arrancaron de la tierra de los vivos, por los pecados de mi pueblo lo hirieron. Le dieron sepultura con los malvados y una tumba con los malhechores, aunque no había cometido crímenes, ni hubo engaño en su boca. El Señor quiso triturarlo con el sufrimiento y entregar su vida como expiación: verá su descendencia, prolongará sus años, lo que el Señor quiere prosperará por su mano. Por los trabajos de su alma verá la luz, el justo se saciará de conocimiento. Mi siervo justificará a muchos, porque cargó con los crímenes de ellos. Le daré una multitud como parte y tendrá como despojo una muchedumbre. Porque expuso su vida a la muerte y fue contado entre los pecadores, él tomó el pecado de muchos e intercedió por los pecadores.

Salmo 30, 2.6.12-13. 15-17.25: *Padre, a tus manos encomiendo mi espíritu.*

Hebreos 4, 14-16; 5, 7-9: Hermanos: Ya que tenemos un sumo sacerdote grande que ha atravesado el cielo, Jesús, Hijo de Dios, mantengamos firme la confesión de fe. No tenemos un sumo sacerdote incapaz de compadecerse de nuestras debilidades, sino que ha sido probado en todo, como nosotros, menos en el pecado. Por eso, comparezcamos confiados ante el trono de la gracia, para alcanzar misericordia y encontrar gracia para un auxilio oportuno. Cristo, en efecto, en los días de su vida mortal, a gritos y con lágrimas, presentó oraciones y súplicas al que podía salvarlo de la muerte, siendo escuchado por su piedad filial. Y, aun siendo Hijo, aprendió, sufriendo, a obedecer. Y, llevado a la consumación, se convirtió, para todos los que lo obedecen, en autor de salvación eterna.

JUAN 18, 1 - 19, 42: PASIÓN DE NUESTRO SEÑOR JESUCRISTO SEGÚN SAN JUAN

En aquel tiempo, salió Jesús con sus discípulos al otro lado del torrente Cedrón, donde había un huerto, y entraron allí él y sus discípulos. Judas, el que lo iba a entregar, conocía también el sitio, porque Jesús se reunía a menudo allí con sus discípulos. Judas entonces, tomando una cohorte y unos guardias de los sumos sacerdotes y de los fariseos, entró allá con faroles, antorchas y armas. Jesús, sabiendo todo lo que venía sobre él, se adelantó y les dijo: «¿A quién buscáis?». Le contestaron: «A Jesús, el Nazareno». Les dijo Jesús: «Yo soy». Estaba también con ellos Judas, el que lo iba a entregar. Al decirles: «Yo soy», retrocedieron y cayeron a tierra. Les preguntó otra vez: «¿A quién buscáis?». Ellos dijeron: «A Jesús, el Nazareno». Jesús contestó: «Os he dicho que soy yo. Si me buscáis a mí, dejad marchar a estos». Y así se cumplió lo que había dicho: «No he perdido a ninguno de los que me diste». Entonces Simón Pedro, que llevaba una espada, la sacó e hirió al criado del sumo sacerdote, cortándole la oreja derecha. Este criado se llamaba Malco. Dijo entonces Jesús a Pedro: «Mete la espada en la vaina. El cáliz que me ha dado mi Padre, ¿no lo voy a beber?».

Llevaron a Jesús ante Anás y Caifás. Negaciones de Pedro

La cohorte, el tribuno y los guardias de los judíos prendieron a Jesús, lo ataron y lo llevaron primero a Anás, porque era suegro de Caifás, sumo sacerdote aquel año; Caifás era el que había dado a los judíos este consejo: «Conviene que muera un solo hombre por el pueblo». Simón Pedro y otro discípulo seguían a Jesús. Este discípulo era conocido del sumo sacerdote y entró con Jesús en el palacio del sumo sacerdote, mientras Pedro se quedó fuera a la puerta. Salió el otro discípulo, el conocido del sumo sacerdote, habló a la portera e hizo entrar a Pedro. La criada portera dijo entonces a Pedro: «¿No eres tú también de los discípulos de ese hombre?».

Él dijo: «No lo soy». Los criados y los guardias habían encendido un brasero, porque hacía frío, y se calentaban. También Pedro estaba con ellos de pie, calentándose. El sumo sacerdote interrogó a Jesús acerca de sus discípulos y de la doctrina. Jesús le contestó: «Yo he hablado abiertamente al mundo; yo he enseñado continuamente en la sinagoga y en el templo, donde se reúnen todos los judíos, y no he dicho nada a escondidas. ¿Por qué me preguntas a mí? Pregunta a los que me han oído de qué les he hablado. Ellos saben lo que yo he dicho». Apenas dijo esto, uno de los guardias que estaba allí le dio una bofetada a Jesús, diciendo: «¿Así contestas al sumo sacerdote?». Jesús respondió: «Si he faltado al hablar, muestra en qué he faltado; pero si he hablado como se debe, ¿por qué me pegas?». Entonces Anás lo envió atado a Caifás, sumo sacerdote. Simón Pedro estaba de pie, calentándose, y le dijeron: «¿No eres tú también de sus discípulos?». Él lo negó, diciendo: «No lo soy». Uno de los criados del sumo sacerdote, pariente de aquel a quien Pedro le cortó la oreja, le dijo: «¿No te he visto yo en el huerto con él?». Pedro volvió a negar, y enseguida cantó un gallo.

Mi reino no es de este mundo

Llevaron a Jesús de casa de Caifás al pretorio. Era el amanecer, y ellos no entraron en el pretorio para no incurrir en impureza y poder así comer la Pascua. Salió Pilato afuera, adonde estaban ellos, y dijo: «¿Qué acusación presentáis contra este hombre?». Le contestaron: «Si este no fuera un malhechor, no te lo entregaríamos». Pilato les dijo: «Llevadlo vosotros y juzgadlo según vuestra ley». Los judíos le dijeron: «No estamos autorizados para dar muerte a nadie». Y así se cumplió lo que había dicho Jesús, indicando de qué muerte iba a morir. Entró otra vez Pilato en el pretorio, llamó a Jesús y le dijo: «¿Eres tú el rey de los judíos?». Jesús le contestó: «¿Dices eso por tu cuenta o te lo han dicho otros de mí?». Pilato replicó: «¿Acaso soy yo judío? Tu gente y los sumos sacerdotes te han entregado a mí; ¿qué has hecho?». Jesús le contestó: «Mi reino no es de este mundo. Si mi reino fuera de este mundo, mi guardia habría luchado para que no cayera en manos de los judíos. Pero mi reino no es de aquí». Pilato le dijo: «Entonces, ¿tú eres rey?». Jesús le contestó: «Tú lo dices: soy rey. Yo para esto he nacido y para esto he venido al mundo: para dar testimonio de la verdad. Todo el que es de la verdad escucha mi voz». Pilato le dijo: «Y, ¿qué es la verdad?». Dicho esto, salió otra vez a donde estaban los judíos y les dijo: «Yo no encuentro en él ninguna culpa. Es costumbre entre vosotros que por Pascua ponga a uno en libertad. ¿Queréis que os suelte al rey de los judíos?». Volvieron a gritar: «A ese no, a Barrabás». El tal Barrabás era un bandido.

¡Salve, rey de los judíos! ¡Crucifícalo!

Entonces Pilato tomó a Jesús y lo mandó azotar. Y los soldados trenzaron una corona de espinas, se la pusieron en la cabeza y le echaron por encima un manto color púrpura; y, acercándose a él, le decían: «¡Salve, rey de los judíos!». Y le daban bofetadas. Pilato salió otra vez afuera y les dijo: «Mirad, os lo saco afuera, para que sepáis que no encuentro en él ninguna culpa. Y salió Jesús afuera, llevando la corona de espinas y el manto color púrpura. Pilato les dijo: «He aquí al hombre». Cuando lo vieron los sumos sacerdotes y sus guardias, gritaron: «¡Crucifícalo, crucifícalo!». Pilato les dijo: «Llevadlo vosotros y crucificadlo, porque yo no encuentro culpa en él». Los judíos le contestaron: «Nosotros tenemos una ley, y según esa ley tiene que morir, porque se ha hecho Hijo de Dios». Cuando Pilato oyó estas palabras, se asustó aún más. Entró otra vez en el pretorio y dijo a Jesús: «¿De dónde eres tú?». Pero Jesús no le dio respuesta. Y Pilato le dijo: «¿A mí no me hablas? ¿No sabes que tengo autoridad para soltarte y autoridad para crucificarte?». Jesús le contestó: «No tendrías ninguna autoridad sobre mí, si no te la hubieran dado de lo alto. Por eso el que me ha entregado a ti tiene un pecado mayor». Desde este momento Pilato trataba de soltarlo, pero los judíos gritaban: «Si sueltas a ese, no eres amigo del César. Todo el que se hace rey está contra el César». Pilato entonces, al oír estas palabras, sacó afuera a Jesús y lo sentó en el tribunal, en el sitio que llaman «el Enlosado» (en hebreo Gábbata). Era el día de la Preparación de la Pascua, hacia el mediodía. Y dijo Pilato a los judíos: «He aquí a vuestro rey». Ellos gritaron: «¡Fuera, fuera; crucifícalo!». Pilato les dijo: «¿A vuestro rey voy a crucificar?». Contestaron los sumos sacerdotes: «No tenemos más rey que al César». Entonces se lo entregó para que lo crucificaran.

Crucifixión. Ahí tienes a tu madre. "Entregó el espíritu"

Tomaron a Jesús, y, cargando él mismo con la cruz, salió al sitio llamado «de la Calavera» (que en hebreo se dice "Gólgota"), donde lo crucificaron; y con él a otros dos, uno a cada lado, y en medio, Jesús. Y Pilato escribió un letrero y lo puso encima de la cruz; en él estaba escrito: «Jesús, el Nazareno, el rey de los judíos». Leyeron el letrero muchos judíos, porque estaba cerca el lugar donde crucificaron a Jesús, y estaba escrito en hebreo, latín y griego. Entonces los sumos sacerdotes de los judíos dijeron a Pilato: «No escribas: "El rey de los judíos", sino: "Este ha dicho: soy el rey de los judíos"». Pilato les contestó: «Lo escrito, escrito está». Los soldados cuando crucificaron a Jesús, tomaron su ropa, haciendo cuatro partes, una para cada soldado, y apartaron la túnica. Era una túnica sin costura, tejida toda de una pieza de arriba abajo. Y se dijeron: «No la rasguemos, sino echémosla a suerte, a ver a quién le toca». Así se cumplió la Escritura: «Se repartieron mis ropas y echaron a suerte mi túnica». Esto hicieron los soldados. Junto a la cruz de Jesús estaba su madre, la hermana de su madre, María, la de Cleofás, y María, la Magdalena. Jesús, al ver a su madre y junto a ella al discípulo al que amaba, dijo a su madre: «Mujer, ahí tienes a tu hijo». Luego, dijo al discípulo: «Ahí tienes a tu madre». Y desde aquella hora, el discípulo la recibió como algo propio. Después de esto, sabiendo Jesús que ya todo estaba cumplido, para que se cumpliera la Escritura dijo: «Tengo sed». Había allí un jarro lleno de vinagre. Y, sujetando una esponja empapada en vinagre a una caña de hisopo, se la acercaron a la boca. Jesús, cuando tomó el vinagre, dijo: «Está cumplido». E, inclinando la cabeza, entregó el espíritu.

Y al punto salió sangre y agua. Sepultura

Los judíos entonces, como era el día de la Preparación, para que no se quedaran los cuerpos en la cruz el sábado, porque aquel sábado era un día grande, pidieron a Pilato que les quebraran las piernas y que los quitaran. Fueron los soldados, le quebraron las piernas al primero y luego al otro que habían crucificado con él; pero al llegar a Jesús, viendo que ya había muerto, no le quebraron las piernas, sino que uno de los soldados, con la lanza, le traspasó el costado, y al punto salió sangre y agua. El que lo vio da testimonio, y su testimonio es verdadero, y él sabe que dice verdad, para que también vosotros creáis. Esto ocurrió para que se cumpliera la Escritura: «No le quebrarán un hueso»; y en otro lugar la Escritura dice: «Mirarán al que traspasaron». Después de esto, José de Arimatea, que era discípulo de Jesús, aunque oculto por miedo a los judíos, pidió a Pilato que le dejara llevarse el cuerpo de Jesús. Y Pilato lo autorizó. Él fue entonces y se llevó el cuerpo. Llegó también Nicodemo, el que había ido a verlo de noche, y trajo unas cien libras de una mixtura de mirra y áloe. Tomaron el cuerpo de Jesús y lo envolvieron en los lienzos con los aromas, según se acostumbra a enterrar entre los judíos. Había un huerto en el sitio donde lo crucificaron, y en el huerto un sepulcro nuevo donde nadie había sido enterrado todavía. Y como para los judíos era el día de la Preparación, y el sepulcro estaba cerca, pusieron allí a Jesús.

 Señor Jesús, muerto en la Cruz por amor. Hoy no cabe otra cosa que el silencio lleno de emoción y agradecimiento.

Papa Francisco: En esta noche conquistamos un derecho fundamental, que no nos será arrebatado: el derecho a la esperanza; es una esperanza nueva, viva, que viene de Dios. No es un mero optimismo, no es una palmadita en la espalda o unas palabras de ánimo de circunstancia, con una sonrisa pasajera. No. Es un don del Cielo, que no podíamos alcanzar por nosotros mismos: Todo irá bien, decimos constantemente estas semanas, aferrándonos a la belleza de nuestra humanidad y haciendo salir del corazón palabras de ánimo. Pero, con el pasar de los días y el crecer de los temores, hasta la esperanza más intrépida puede evaporarse. La esperanza de Jesús es distinta, infunde en el corazón la certeza de que Dios conduce todo hacia el bien, porque incluso hace salir de la tumba la vida. El sepulcro es el lugar donde quien entra no sale. Pero Jesús salió por nosotros, resucitó por nosotros, para llevar vida donde había muerte, para comenzar una nueva historia que había sido clausurada, tapándola con una piedra. Él, que quitó la roca de la entrada de la tumba, puede remover las piedras que sellan el corazón. Por eso, no cedamos a la resignación, no depositemos la esperanza bajo una piedra. Podemos y debemos esperar, porque Dios es fiel, no nos ha dejado solos, nos ha visitado y ha venido en cada situación: en el dolor, en la angustia y en la muerte. Su luz iluminó la oscuridad del sepulcro, y hoy quiere llegar a los rincones más oscuros de la vida. Hermana, hermano, aunque en el corazón hayas sepultado la esperanza, no te rindas: Dios es más grande. La oscuridad y la muerte no tienen la última palabra. Ánimo, con Dios nada está perdido. (11-04-2020)

Señor Jesús, en este día de silencio queremos profundizar en el misterio de tu muerte y resurrección, en tu amor que desciende hasta lo más profundo de nuestro ser para redimirlo todo. Que tu Madre, a quien hemos acogido en nuestra casa, como hizo Juan, nos guíe siempre hacia ti, nuestra vida y esperanza.

Papa Francisco: Hoy, hermano, hermana, la fuerza de la Pascua nos invita a quitar las lápidas de la desilusión y la desconfianza. El Señor, experto en remover las piedras sepulcrales del pecado y del miedo, quiere iluminar tu memoria santa, tu recuerdo más hermoso, hacer actual ese primer encuentro con Él. Recuerda y camina; regresa a Él, recupera la gracia de la resurrección de Dios en ti. Vuelve a Galilea, vuelve a tu Galilea. Hermanos, hermanas, sigamos a Jesús en Galilea; encontrémoslo y adorémoslo allí donde Él nos espera. Revivamos la belleza del momento en que, después de haberlo descubierto vivo, lo proclamamos Señor de nuestra vida. (08-04-2023)

VIGILIA PASCUAL EN LA NOCHE SANTA

Génesis 1,1; 2, 2: Vio Dios todo lo que había hecho: y era muy bueno.

Génesis 22, 1-18: El sacrificio de Abrahán, nuestro padre en la fe.

Éxodo 14, 15; 15, 1a: Los hijos de Israel entraron en medio del mar, por lo seco.

Isaías 54, 5-14: Con amor eterno te quiere el Señor, tu libertador.

Isaías 55, 1-11: Venid a mí y viviréis. Sellaré con vosotros una alianza perpetua.

Baruc 3, 9-15.32; 4, 4: Camina al resplandor del Señor.

Ezequiel 36, 16-17a. 18-28: Derramaré sobre vosotros un agua pura, y os daré un corazón nuevo.

Salmo 41, 3.5cdef; 42, 3-4: *Como busca la cierva corrientes de agua, así mi alma te busca a ti, Dios mío.*

Romanos 6, 3-11: Hermanos: Cuantos fuimos bautizados en Cristo Jesús fuimos bautizados en su muerte. Por el bautismo fuimos sepultados con él en la muerte, para que, lo mismo que Cristo resucitó de entre los muertos por la gloria del Padre, así también nosotros andemos en una vida nueva. Pues si hemos sido incorporados a él en una muerte como la suya, lo seremos también en una resurrección como la suya; sabiendo que nuestro hombre viejo fue crucificado con Cristo, para que fuera destruido el cuerpo de pecado, y, de este modo, nosotros dejáramos de servir al pecado; porque quien muere ha quedado libre del pecado. Si hemos muerto con

Cristo, creemos que también viviremos con él; pues sabemos que Cristo, una vez resucitado de entre los muertos, ya no muere más; la muerte ya no tiene dominio sobre él. Porque quien ha muerto, ha muerto al pecado de una vez para siempre; y quien vive, vive para Dios. Lo mismo vosotros, consideraos muertos al pecado y vivos para Dios en Cristo Jesús.

Salmo 117, 1-2.16-17.22-23: *ALELUYA, ALELUYA, ALELUYA.*

MATEO 28, 1-10: Pasado el sábado, al alborear el primer día de la semana, fueron María la Magdalena y la otra María a ver el sepulcro. Y de pronto tembló fuertemente la tierra, pues un ángel del Señor, bajando del cielo y acercándose, corrió la piedra y se sentó encima. Su aspecto era de relámpago y su vestido blanco como la nieve; los centinelas temblaron de miedo y quedaron como muertos. El ángel habló a las mujeres: «Vosotras no temáis, ya sé que buscáis a Jesús el crucificado. No está aquí: ¡HA RESUCITADO!, como había dicho. Venid a ver el sitio donde yacía e id aprisa a decir a sus discípulos: "Ha resucitado de entre los muertos y va por delante de vosotros a Galilea. Allí lo veréis". Mirad, os lo he anunciado». Ellas se marcharon a toda prisa del sepulcro; llenas de miedo y de alegría corrieron a anunciarlo a los discípulos. De pronto, Jesús les salió al encuentro y les dijo: «ALEGRAOS». Ellas se acercaron, le abrazaron los pies y se postraron ante él. Jesús les dijo: «No temáis: id a comunicar a mis hermanos que vayan a Galilea; allí me verán».

MISA DEL DÍA DE PASCUA

Hechos 10, 34a.37-43: En aquellos días, Pedro tomó la palabra y dijo: «Vosotros conocéis lo que sucedió en toda Judea, comenzando por Galilea, después del bautismo que predicó Juan. Me refiero a Jesús de Nazaret, ungido por Dios con la fuerza del Espíritu Santo, que pasó haciendo el bien y curando a todos los oprimidos por el diablo; porque Dios estaba con él. Nosotros somos testigos de todo lo que hizo en la tierra de los judíos y en Jerusalén. A este lo mataron, colgándolo de un madero. Pero Dios lo resucitó al tercer día y le concedió la gracia de manifestarse, no a todo el pueblo, sino a los testigos designados por Dios: a nosotros, que hemos comido y bebido con él después de su resurrección de entre los muertos. Nos encargó predicar al pueblo, dando solemne testimonio de que Dios lo ha constituido juez de vivos y muertos. De él dan testimonio todos los profetas: que todos los que creen en él reciben, por su nombre, el perdón de los pecados».

Salmo 117, 1-2.16-17.22-23: *Este es el día que hizo el Señor: sea nuestra alegría y nuestro gozo.*

Colosenses 3, 1-4: Hermanos: Si habéis resucitado con Cristo, buscad los bienes de allá arriba, donde Cristo está sentado a la derecha de Dios; aspirad a los bienes de arriba, no a los de la tierra. Porque habéis muerto; y vuestra vida está con Cristo escondida en Dios. Cuando aparezca Cristo, vida vuestra, entonces también vosotros apareceréis gloriosos, juntamente con él.

SECUENCIA:
- Ofrezcan los cristianos / ofrendas de alabanza / a gloria de la Víctima / propicia de la Pascua.
- Cordero sin pecado / que a las ovejas salva, / a Dios y a los culpables / unió con nueva alianza.
- Lucharon vida y muerte/ en singular batalla, / y, muerto el que es la Vida, /triunfante se levanta.
- «¿Qué has visto de camino, / María, en la mañana?» / «A mi Señor glorioso, / la tumba abandonada,
- los ángeles testigos, / sudarios y mortaja. /
- Resucitó de veras / mi amor y mi esperanza / Venid a Galilea, / allí el Señor aguarda; / allí veréis los suyos / la gloria de la Pascua».
- Primicia de los muertos / sabemos por tu gracia / que estás resucitado; / la muerte en ti no manda.
- Rey vencedor, apiádate / de la miseria humana / y da a tus fieles parte / en tu victoria santa.

JUAN 20, 1-9: El primer día de la semana, María la Magdalena fue al sepulcro al amanecer, cuando aún estaba oscuro, y vio la losa quitada del sepulcro. Echó a correr y fue donde estaba Simón Pedro y el otro discípulo, a quien Jesús amaba, y les dijo: «Se han llevado del sepulcro al Señor y no sabemos dónde lo han puesto». Salieron Pedro y el otro discípulo camino del sepulcro. Los dos corrían juntos, pero el otro discípulo corría más que Pedro; se adelantó y llegó primero al sepulcro; e, inclinándose, vio los lienzos tendidos; pero no entró. Llegó también Simón Pedro detrás de él y entró en el sepulcro: vio los lienzos tendidos y el sudario con que le habían cubierto la cabeza, no con los lienzos, sino enrollado en un sitio aparte. Entonces entró también el otro discípulo, el que había llegado primero al sepulcro; vio y creyó. Pues hasta entonces no habían entendido la Escritura: que él había de resucitar de entre los muertos.

 Señor Jesús resucitado, gloria a ti por los siglos; tu amor ha vencido a la muerte, al pecado, al mal; a ti la alabanza por siempre.

TIEMPO DE PASCUA

 Papa Francisco: El sepulcro había sido sellado y se preguntan quién nos podría quitar esa piedra, tan pesada. Pero su voluntad de realizar aquel gesto de amor prevalece por encima de todo. No se desaniman, salen de sus miedos y de sus angustias. Este es el camino para encontrar al Resucitado: salir de nuestros temores, salir de nuestras angustias. (10-04-2023)

SECUENCIA (como el Domingo de Pascua, libre)

En aquel tiempo, las mujeres se marcharon a toda prisa del sepulcro; llenas de miedo y de alegría, corrieron a anunciarlo a los discípulos. De pronto, Jesús les salió al encuentro y les dijo: «Alegraos». Ellas se acercaron, le abrazaron los pies y se postraron ante él. Jesús les dijo: «No temáis: id a comunicar a mis hermanos que vayan a Galilea; allí me verán». Mientras las mujeres iban de camino, algunos de la guardia fueron a la ciudad y comunicaron a los sumos sacerdotes todo lo ocurrido. Ellos, reunidos con los ancianos, llegaron a un acuerdo y dieron a los soldados una fuerte suma, encargándoles: «Decid que sus discípulos fueron de noche y robaron el cuerpo mientras vosotros dormíais. Y si esto llega a oídos del gobernador, nosotros nos lo ganaremos y os sacaremos de apuros». Ellos tomaron el dinero y obraron conforme a las instrucciones. Y esta historia se ha ido difundiendo entre los judíos hasta hoy.

Hechos 2, 14.22-33; Salmo 15, 1b-2a.5.7-11 • MATEO 28, 8-15

Señor Jesús resucitado, quiero vivir transmitiendo a mi alrededor la alegría pascual.

Protégeme, Dios mío, que me refugio en ti (Salmo 15, 1b)

MARTES OCTAVA DE PASCUA

Santos JUAN B. DE LA SALLE pb, Teodoro ob, Germán José pb,
Pedro Nguyên Van Luu pb mr

Papa Francisco: La existencia cristiana no está tejida con felicidad suave, sino de olas que cubren todo. Intentad pensar también vosotros, en este instante, con el bagaje de desilusiones y derrotas que cada uno de nosotros lleva en su corazón, que hay un Dios cercano a nosotros que nos llama por nuestro nombre y nos dice: «¡Levántate, deja de llorar, porque he venido a liberarte!». Esto es bonito. (17-05-2017)

SECUENCIA (como el Domingo de Pascua, libre)

En aquel tiempo, estaba María [Magdalena] fuera, junto al sepulcro, llorando. Mientras lloraba, se asomó al sepulcro y vio dos ángeles vestidos de blanco, sentados, uno a la cabecera y otro a los pies, donde había estado el cuerpo de Jesús. Ellos le preguntan: «Mujer, ¿por qué lloras?». Ella les contesta: «Porque se han llevado a mi Señor y no sé dónde lo han puesto». Dicho esto, se vuelve y ve a Jesús, de pie, pero no sabía que era Jesús. Jesús le dice: «Mujer, ¿por qué lloras?, ¿a quién buscas?». Ella, tomándolo por el hortelano, le contesta: «Señor, si tú te lo has llevado, dime dónde lo has puesto y yo lo recogeré». Jesús le dice: «¡María!». Ella se vuelve y le dice: «¡Rabbuní!», que significa «¡Maestro!». Jesús le dice: «No me retengas, que todavía no he subido al Padre. Pero, anda, ve a mis hermanos y diles: "Subo al Padre mío y Padre vuestro, al Dios mío y Dios vuestro"». María la Magdalena fue y anunció a los discípulos: «He visto al Señor y ha dicho esto».

Hechos 2, 36-41; Salmo 32, 4-5.18-20.22 • JUAN 20, 11-18

Señor resucitado, tú me llamas por mi nombre, me conoces, quieres hacerte presente en mi vida. Gracias, Jesús.
La misericordia del Señor llena la tierra (Salmo 32, 5b)

MIÉRCOLES OCTAVA DE PASCUA

Santos Dionisio de Corinto ob, Julia Billiart vg, Ágabo NT

Papa Francisco: Ante el amor de Cristo, incluso lo que nos parece fatigoso e inútil puede aparecer bajo otra luz: una cruz difícil de abrazar, la elección de perdonar una ofensa, una victoria no alcanzada, el cansancio del trabajo, la sinceridad que cuesta, las pruebas de la vida familiar... nos aparecerán bajo una luz nueva, la luz del Crucificado Resucitado, que sabe transformar cada caída en un paso adelante. (23-04-2023)

SECUENCIA (como el Domingo de Pascua, libre)

Aquel mismo día, el primero de la semana, dos de los discípulos de Jesús iban caminando a una aldea llamada Emaús, distante de Jerusalén unos sesenta estadios; iban conversando entre ellos de todo lo que había sucedido. Mientras conversaban y discutían, Jesús en persona se acercó y se puso a caminar con ellos. Pero sus ojos no eran capaces de reconocerlo. Él les dijo: «¿Qué conversación es esa que traéis mientras vais de camino?». Ellos se detuvieron con aire entristecido. Y uno de ellos, que se llamaba Cleofás, le respondió: «¿Eres tú el único forastero en Jerusalén, que no sabes lo que ha pasado allí estos días?». Él les dijo: "¿Qué?". Ellos contestaron: "Lo de Jesús el Nazareno, que fue un profeta poderoso en obras y palabras, ante Dios y ante todo el pueblo; cómo lo entregaron los sumos sacerdotes y nuestros jefes para que lo condenaran a muerte, y lo crucificaron. Nosotros esperábamos que él iba a liberar a Israel, pero, con todo esto, ya estamos en el tercer día desde que esto sucedió. Es verdad que algunas mujeres de nuestro grupo nos han sobresaltado: pues habiendo ido muy de mañana al sepulcro, y no habiendo encontrado su cuerpo, vinieron diciendo que incluso habían visto una aparición de ángeles, que dicen que está vivo. Algunos de los nuestros fueron también al sepulcro y lo encontraron como habían dicho las mujeres; pero a él no lo vieron». Entonces él les dijo: «¡Qué necios y torpes sois para creer lo que anunciaron los profetas! ¿No era necesario que el Mesías padeciera esto y entrara así en su gloria?». Y, comenzando por Moisés y siguiendo por los profetas, les explicó lo que se refería a él en todas las Escrituras. Llegaron cerca de la aldea adonde iban, y él simuló que iba a seguir caminando; pero ellos le apremiaron, diciendo: «Quédate con nosotros, porque atardece y el día va de caída». Y entró para quedarse con ellos. Sentado a la mesa con ellos, tomó el pan, pronunció la bendición, lo partió y se lo iba dando. A ellos se les abrieron los ojos y lo reconocieron. Pero él desapareció de su vista. Y se dijeron el uno al otro: «¿No ardía nuestro corazón mientras nos hablaba por el camino y nos explicaba las Escrituras?». Y, levantándose en aquel momento, se volvieron a Jerusalén, donde encontraron reunidos a los Once con sus compañeros, que estaban diciendo: «Era verdad, ha resucitado el Señor y se ha aparecido a Simón». Y ellos contaron lo que les había pasado por el camino y cómo lo habían reconocido al partir el pan.

Hechos 3,1-10; Salmo 104, 1-4.6-9 • LUCAS 24,13-35

Señor resucitado, que cada vez que me acerque a la mesa de tu Eucaristía arda mi corazón al sentir tu presencia viva.

Que se alegren los que buscan al Señor (Salmo 104,3)

Santos Casilda vg, Hugo ob, Liborio ob, Máximo ob

Papa Francisco: La paz que Jesús nos da en Pascua no es la paz que sigue las estrategias del mundo, que cree obtenerla por la fuerza, con las conquistas y con varias formas de imposición. Esta paz, en realidad, es solo un intervalo entre las guerras: lo sabemos bien. La paz del Señor sigue el camino de la mansedumbre y de la cruz: es hacerse cargo de los otros. Cristo, de hecho, ha tomado sobre sí nuestro mal, nuestro pecado y nuestra muerte. Ha tomado consigo todo esto. Así nos ha liberado. Él ha pagado por nosotros. Su paz no es fruto de algún acuerdo, sino que nace del don de sí. (13-04-2022)

SECUENCIA (como el Domingo de Pascua, libre)

En aquel tiempo, los discípulos de Jesús contaron lo que les había pasado por el camino y cómo habían reconocido a Jesús al partir el pan. Estaban hablando de estas cosas, cuando él se presentó en medio de ellos y les dice: «Paz a vosotros». Pero ellos, aterrorizados y llenos de miedo, creían ver un espíritu. Él les dijo: «¿Por qué os alarmáis?, ¿por qué surgen dudas en vuestro corazón? Mirad mis manos y mis pies: soy yo en persona. Palpadme y daos cuenta de que un espíritu no tiene carne y huesos, como veis que yo tengo». Dicho esto, les mostró las manos y los pies. Pero como no acababan de creer por la alegría, y seguían atónitos, les dijo: «¿Tenéis ahí algo de comer?». Ellos le ofrecieron un trozo de pez asado. Él lo tomó y comió delante de ellos. Y les dijo: «Esto es lo que os dije mientras estaba con vosotros: que era necesario que se cumpliera todo lo escrito en la Ley de Moisés y en los Profetas y Salmos acerca de mí». Entonces les abrió el entendimiento para comprender las Escrituras. Y les dijo: «Así estaba escrito: el Mesías padecerá, resucitará de entre los muertos al tercer día y en su nombre se proclamará la conversión para el perdón de los pecados a todos los pueblos, comenzando por Jerusalén. Vosotros sois testigos de esto».

Hechos 3, 11-26; Salmo 8, 2a.5-9 • LUCAS 24, 35-48

Señor resucitado, aleja de mí todo temor y toda duda; creo en ti.
Señor, Dios nuestro, ¡qué admirable es tu nombre en toda la tierra! (Salmo 8, 2ab)

Papa Francisco: Anunciar y dar testimonio es posible únicamente si estamos junto a Jesús, justamente como Pedro, Juan y los otros discípulos estaban en torno a Jesús resucitado, como dice el pasaje del Evangelio de hoy; hay una cercanía cotidiana con él, y ellos saben muy bien quién es, lo conocen. (14-04-2013)

SECUENCIA (como el Domingo de Pascua, libre)

En aquel tiempo, Jesús se apareció otra vez a los discípulos junto al lago de Tiberíades. Y se apareció de esta manera. Estaban juntos Simón Pedro, Tomás, apodado el Mellizo; Natanael, el de Caná de Galilea; los Zebedeos y otros dos discípulos suyos. Simón Pedro les dice: «Me voy a pescar». Ellos contestan: «Vamos también nosotros contigo». Salieron y se embarcaron; y aquella noche no pescaron nada. Estaba ya amaneciendo, cuando Jesús se presentó en la orilla; pero los discípulos no sabían que era Jesús. Jesús les dice: «Muchachos, ¿tenéis pescado?». Ellos contestaron: «No». Él les dice: «Echad la red a la derecha de la barca y encontraréis». La echaron, y no podían sacarla, por la multitud de peces. Y aquel discípulo a quien Jesús amaba le dice a Pedro: «Es el Señor». Al oír que era el Señor, Simón Pedro, que estaba desnudo, se ató la túnica y se echó al agua. Los demás discípulos se acercaron en la barca, porque no distaban de tierra más que unos doscientos codos, remolcando la red con los peces. Al saltar a tierra, ven unas brasas con un pescado puesto encima y pan. Jesús les dice: «Traed de los peces que acabáis de pescar». Simón Pedro subió a la barca y arrastró hasta la orilla la red repleta de peces grandes: ciento cincuenta y tres. Y aunque eran tantos, no se rompió la red. Jesús les dice: «Vamos, almorzad». Ninguno de los discípulos se atrevía a preguntarle quién era, porque sabían bien que era el Señor. Jesús se acerca, toma el pan y se lo da, y lo mismo el pescado. Esta fue la tercera vez que Jesús se apareció a los discípulos después de resucitar de entre los muertos.

Hechos 4, 1-12; Salmo 117, 1-2.4.22-27a • JUAN 21, 1-14

Señor resucitado, también desde el amanecer estás conmigo iluminando mi vida, haciéndola dar fruto. Bendito seas.

La piedra que desecharon los arquitectos es ahora la piedra angular (Salmo 117, 22)

Santos ESTANISLAO ob mr, Isaac mj. Beata Elena Guerra vg

Papa Francisco: Cristo ha resucitado, verdaderamente ha resucitado, como se proclama en las Iglesias de Oriente. Ese *verdaderamente* nos dice que la esperanza no es una ilusión, ¡es verdad! Y que, a partir de la Pascua, el camino de la humanidad, marcado por la esperanza, avanza veloz. (09-04-2023)

SECUENCIA *(como el Domingo de Pascua, libre)*

Jesús, resucitado al amanecer del primer día de la semana, se apareció primero a María Magdalena, de la que había echado siete demonios. Ella fue a anunciárselo a sus compañeros, que estaban de duelo y llorando. Ellos, al oírle decir que estaba vivo y que lo había visto, no la creyeron. Después se apareció en figura de otro a dos de ellos que iban caminando al campo. También ellos fueron a anunciarlo a los demás, pero no los creyeron. Por último, se apareció Jesús a los Once, cuando estaban a la mesa, y les echó en cara su incredulidad y dureza de corazón, porque no habían creído a los que lo habían visto resucitado. Y les dijo: «Id al mundo entero y proclamad el Evangelio a toda la creación».

Hechos 4, 13-21; Salmo 117, 1.14-21 • MARCOS 16, 9-15

Señor resucitado, quiero ser mensajero de tu Pascua; envíame.
Te doy gracias, Señor, porque me escuchaste (Salmo 117, 21a)

Papa Francisco: La invitación hecha a Tomás es válida también para nosotros. Nosotros, ¿dónde buscamos al Resucitado? ¿En algún evento especial, en alguna manifestación religiosa espectacular o sorprendente, únicamente en nuestras emociones o sensaciones? ¿O en la comunidad, en la Iglesia, aceptando el desafío de quedarnos, aunque no sea perfecta? No obstante todos sus límites y sus caídas, que son nuestros límites y nuestras caídas, nuestra Madre Iglesia es el Cuerpo de Cristo; y es ahí, en el Cuerpo de Cristo, que se encuentran impresas, aún y para siempre, las señales más grandes de su amor. Pero, preguntémonos si, en nombre de este amor, en nombre de las llagas de Jesús, estamos dispuestos a abrir los brazos a quien está herido por la vida, sin excluir a nadie de la misericordia de Dios, sino acogiendo a todos; a cada uno como un hermano, como una hermana. Dios acoge a todos, Dios acoge a todos. (16-04-2023)

Hechos 2, 42-47: Los hermanos perseveraban en la enseñanza de los apóstoles, en la comunión, en la fracción del pan y en las oraciones. Todo el mundo estaba impresionado, y los apóstoles hacían muchos prodigios y signos. Los creyentes vivían todos unidos y tenían todo en común; vendían posesiones y bienes y los repartían entre todos, según la necesidad de cada uno. Con perseverancia acudían a diario al templo con un mismo espíritu, partían el pan en las casas y tomaban el alimento con alegría y sencillez de corazón; alababan a Dios y eran bien vistos de todo el pueblo; y día tras día el Señor iba agregando los que se iban salvando.

Salmo 117, 2-4.13-15.22-24: *Dad gracias al Señor porque es bueno, porque es eterna su misericordia.*

1 Pedro 1, 3-9: Bendito sea Dios, Padre de nuestro Señor Jesucristo, que, por su gran misericordia, mediante la resurrección de Jesucristo de entre los muertos, nos ha regenerado para una esperanza viva; para una herencia incorruptible, intachable e inmarcesible, reservada en el cielo a vosotros, que, mediante la fe, estáis protegidos con la fuerza de Dios; para una salvación dispuesta a revelarse en el momento final. Por ello os alegráis, aunque ahora sea preciso padecer un poco en pruebas diversas: así la autenticidad de vuestra fe, más preciosa que el oro, que, aunque es perecedero, se aquilata a fuego, merecerá premio, gloria y honor en la revelación de Jesucristo; sin haberlo visto lo amáis y, sin contemplarlo todavía, creéis en él y así os alegráis con un gozo inefable y radiante, alcanzando así la meta de vuestra fe: la salvación de vuestras almas.

JUAN 20, 19-31: Al anochecer de aquel día, el primero de la semana, estaban los discípulos en una casa, con las puertas cerradas por miedo a los judíos. Y en esto entró Jesús, se puso en medio y les dijo: «Paz a vosotros». Y, diciendo esto, les enseñó las manos y el costado. Y los discípulos se llenaron de alegría al ver al Señor. Jesús repitió: «Paz a vosotros. Como el Padre me ha enviado, así también os envío yo». Y, dicho esto, sopló sobre ellos y les dijo: «Recibid el Espíritu Santo; a quienes les perdonéis los pecados, les quedan perdonados; a quienes se los retengáis, les quedan retenidos». Tomás, uno de los Doce, llamado el Mellizo, no estaba con ellos cuando vino Jesús. Y los otros discípulos le decían: «Hemos visto al Señor». Pero él les contestó: «Si no veo en sus manos la señal de los clavos, si no meto el dedo en el agujero de los clavos y no meto la mano en su costado, no lo creo». A los ocho días, estaban otra vez dentro los discípulos y Tomás con ellos. Llegó Jesús, estando cerradas las puertas, se puso en medio y dijo: «Paz a vosotros». Luego dijo a Tomás: «Trae tu dedo, aquí tienes mis manos; trae tu mano y métela en mi costado; y no seas incrédulo, sino creyente». Contestó Tomás: «¡Señor mío y Dios mío!». Jesús le dijo: «¿Porque me has visto has creído? Bienaventurados los que crean sin haber visto». Muchos otros signos, que no están escritos en este libro, hizo Jesús a la vista de los discípulos. Estos han sido escritos para que creáis que Jesús es el Mesías, el Hijo de Dios, y para que, creyendo, tengáis vida en su nombre.

 Señor resucitado, lleno de misericordia infinita, aunque a veces dudo, creo en ti, me fío de ti, te amo, Dios mío.

Papa Francisco: Pidamos al Señor esta experiencia del Espíritu que va y viene y nos lleva hacia adelante, del Espíritu que nos da la unción de la fe, la unción de la concreción de la fe. Resuenan de nuevo las palabras dichas a Nicodemo: «No te maravilles si te he dicho: "debéis nacer de lo alto". El viento sopla donde quiere y escuchas su voz, pero no sabes de dónde vienen ni a dónde va. Así es cualquiera que ha nacido del Espíritu». Quien ha nacido del Espíritu escucha su voz, sigue el viento, sigue la voz del Espíritu sin conocer dónde terminará. Porque ha tomado la opción de la concreción de la fe y el renacimiento en el Espíritu. (24-04-2017)

Había un hombre del grupo de los fariseos llamado Nicodemo, jefe judío. Este fue a ver a Jesús de noche y le dijo: «Rabí, sabemos que has venido de parte de Dios, como maestro; porque nadie puede hacer los signos que tú haces si Dios no está con él». Jesús le contestó: «En verdad, en verdad te digo: el que no nazca de nuevo no puede ver el reino de Dios». Nicodemo le pregunta: «¿Cómo puede nacer un hombre, siendo viejo? ¿Acaso puede por segunda vez entrar en el vientre de su madre y nacer?». Jesús le contestó: «En verdad, en verdad te digo: el que no nazca de agua y de Espíritu no puede entrar en el reino de Dios. Lo que nace de la carne es carne, lo que nace del Espíritu es espíritu. No te extrañes de que te haya dicho: "Tenéis que nacer de nuevo"; el viento sopla donde quiere y oyes su ruido, pero no sabes de dónde viene ni adónde va. Así es todo el que ha nacido del Espíritu».

Hechos 4, 23-31; Salmo 2, 1-9 • JUAN 3, 1-8

Señor Jesús, me llamas a nacer de nuevo, a ser una nueva criatura; quiero vivir plenamente el don de tu Pascua. *Dichosos los que se refugian en ti, Señor* (Salmo 2, 12e)

Martes 2º de Pascua   Tomo II · Salterio 2ª semana

ABRIL

14

MARTES

Santos Lamberto ob, Bernardo ab, Ludivina vg. Beato Pedro González (San Telmo) pb

Papa Francisco: Agarra el Evangelio y lee lo que dice Jesús y lo que dice en tu corazón. Porque Él tiene palabras de vida eterna para nosotros; Él revela que Dios es Padre, es amor. Él nos enseña el camino del amor, escúchalo a Jesús. Porque, por ahí nosotros con buena voluntad emprendemos caminos que parecen ser del amor, pero en definitiva son egoísmos disfrazados de amor. Ten cuidado con los egoísmos disfrazados de amor. Escúchalo, porque Él te va a decir cuál es el camino del amor. Escúchalo. (06-08-2024)

En aquel tiempo, dijo Jesús a Nicodemo: «Tenéis que nacer de nuevo; el viento sopla donde quiere y oyes su ruido, pero no sabes de dónde viene ni adónde va. Así es todo el que ha nacido del Espíritu». Nicodemo le preguntó: «¿Cómo puede suceder eso?». Le contestó Jesús: «¿Tú eres maestro en Israel, y no lo entiendes? En verdad en verdad te digo: hablamos de lo que sabemos y damos testimonio de lo que hemos visto, pero no recibís nuestro testimonio. Si os hablo de las cosas terrenas y no me creéis, ¿cómo creeréis si os hablo de las cosas celestiales? Nadie ha subido al cielo, sino el que bajó del cielo, el Hijo del hombre. Lo mismo que Moisés elevó la serpiente en el desierto, así tiene que ser elevado el Hijo del hombre, para que todo el que cree en él tenga vida eterna».

Hechos 4, 32-37; Salmo 92, 1-2.5 • JUAN 3,7b-15

Señor Jesús, al ser elevado en la Cruz hemos visto la hondura de tu amor por nosotros; creo en ti y espero en ti.
El Señor reina, vestido de majestad **(Salmo 92, 1a)**

Papa Francisco: Dejemos que el amor de Dios, que envió a Jesús para salvarnos, entre en nosotros y «la luz que trae Jesús», la luz del Espíritu entre en nosotros y nos ayude a ver las cosas con la luz de Dios, con la verdadera luz y no con la oscuridad que nos da el señor de las tinieblas. (22-04-2020)

Tanto amó Dios al mundo, que entregó a su Unigénito, para que todo el que cree en él no perezca, sino que tengan vida eterna. Porque Dios no envió a su Hijo al mundo para juzgar al mundo, sino para que el mundo se salve por él. El que cree en él no será juzgado; el que no cree ya está juzgado, porque no ha creído en el nombre del Unigénito de Dios. Este es el juicio: que la luz vino al mundo, y los hombres prefirieron la tiniebla a la luz, porque sus obras eran malas. Pues todo el que obra el mal detesta la luz, y no se acerca a la luz, para no verse acusado por sus obras. En cambio, el que obra la verdad se acerca a la luz, para que se vea que sus obras están hechas según Dios.

Hechos 5, 17-26; Salmo 33, 2-9 • JUAN 3, 16-21:

Señor Jesús, enviado del Padre para la salvación del mundo, lléname de tu luz; transfórmame, vivifícame.

El afligido invocó al Señor, y él lo escuchó. (Salmo 33, 7ab)

Papa Francisco: La obediencia muchas veces nos conduce por una senda que no es la que yo pienso que debe ser: existe otra, la obediencia de Jesús que dice al Padre en el huerto de los Olivos «que se cumpla tu voluntad». Obrando así, Jesús obedece y nos salva a todos. Por lo tanto, debemos estar dispuestos a obedecer, tener la valentía de cambiar de camino cuando el Señor nos lo pide. Y por ello quien obedece tiene la vida eterna; y quien no obedece, la ira de Dios permanece en él. (16-04-2015)

El que viene de lo alto está por encima de todos. El que es de la tierra es de la tierra y habla de la tierra. El que viene del cielo está por encima de todos. De lo que ha visto y ha oído da testimonio, y nadie acepta su testimonio. El que acepta su testimonio certifica que Dios es veraz. El que Dios envió habla las palabras de Dios, porque no da el Espíritu con medida. El Padre ama al Hijo y todo lo ha puesto en su mano. El que cree en el Hijo posee la vida eterna; el que no crea al Hijo no verá la vida, sino que la ira de Dios pesa sobre él.

Hechos 5, 27-33; Salmo 33, 2.9.17-20 • JUAN 3, 31-36

Señor Jesús, Dios veraz, derrama abundantemente sobre nosotros tu Espíritu Santo que nos conduzca y nos guíe. *El afligido invocó al Señor, y él lo escuchó* (Salmo 33, 7ab)

Papa Francisco: El verdadero milagro, dice Jesús, no es la multiplicación que produce orgullo y poder, sino la división, el compartir, que aumenta el amor y permite que Dios haga prodigios. Probemos a compartir más, probemos a seguir este camino que nos enseña Jesús. (25-07-2021)

En aquel tiempo, Jesús se marchó a la otra parte del mar de Galilea, o de Tiberíades. Lo seguía mucha gente, porque habían visto los signos que hacía con los enfermos. Subió Jesús entonces a la montaña y se sentó allí con sus discípulos. Estaba cerca la Pascua, la fiesta de los judíos. Jesús entonces levantó los ojos, y al ver que acudía mucha gente, dice a Felipe: «¿Con qué compraremos panes para que coman estos?». Lo decía para probarlo, pues bien sabía él lo que iba a hacer. Felipe le contestó: «Doscientos denarios de pan no bastan para que a cada uno le toque un pedazo». Uno de sus discípulos, Andrés, el hermano de Simón Pedro, le dice: «Aquí hay un muchacho que tiene cinco panes de cebada y dos peces; pero, ¿qué es eso para tantos?». Jesús dijo: «Decid a la gente que se siente en el suelo». Había mucha hierba en aquel sitio. Se sentaron; solo los hombres eran unos cinco mil. Jesús tomó los panes, dijo la acción de gracias y los repartió a los que estaban sentados, y lo mismo todo lo que quisieron del pescado. Cuando se saciaron, dice a sus discípulos: «Recoged los pedazos que han sobrado; que nada se pierda». Los recogieron y llenaron doce canastos con los pedazos de los cinco panes de cebada que sobraron a los que habían comido. La gente entonces, al ver el signo que había hecho, decía: «Este es verdaderamente el Profeta que va a venir al mundo». Jesús, sabiendo que iban a llevárselo para proclamarlo rey, se retiró otra vez a la montaña él solo.

Hechos 5, 34-42; Salmo 26, 1.4.13-14 • JUAN 6, 1-15

Señor Jesús, tú eres nuestro alimento, tú eres nuestra vida; gracias por tanto amor.

Una cosa pido al Señor: habitar en su casa (Salmo 26, 4ac)

Sábado 2º de Pascua　　　Tomo II · Salterio 2ª semana

ABRIL

18

SÁBADO

Santos Eusebio ob, Anastasia vd, Perfecto pb mr. María de la Encarnación mf rl.
Beato Andrés Hibernón rl

Papa Francisco: Esta narración del Evangelio contiene un rico simbolismo y nos hace reflexionar sobre nuestra fe, sea como individuos, sea como comunidad, también la fe de todos los que estamos hoy, aquí en la plaza. La comunidad eclesial, esta comunidad eclesial, ¿tiene fe? ¿Cómo es la fe de cada uno de nosotros y la fe de nuestra comunidad? La barca es la vida de cada uno de nosotros, pero es también la vida de la Iglesia; el viento contrario representa las dificultades y las pruebas. (13-08-2017)

Al oscurecer, los discípulos de Jesús bajaron al mar, embarcaron y empezaron la travesía hacia Cafarnaún. Era ya noche cerrada, y todavía Jesús no los había alcanzado; soplaba un viento fuerte, y el lago se iba encrespando. Habían remado unos veinticinco o treinta estadios, cuando vieron a Jesús que se acercaba a la barca, caminando sobre el mar, y se asustaron. Pero él les dijo: "Soy yo, no temáis". Querían recogerlo a bordo, pero la barca tocó tierra en seguida, en el sitio adónde iban.

Hechos 6, 1-7; Salmo 32, 1-2.4-5.18-19 • JUAN 6, 16-21

Señor Jesús, cuando me asalten miedos y dificultades recuérdame que no me abandonas, que estás siempre conmigo.

Que tu misericordia, Señor, venga sobre nosotros, como lo esperamos de ti. (Salmo 32, 22)

Papa Francisco: El Evangelio de hoy nos invita a contarle todo a Jesús con sinceridad, sin temer molestarlo —Él nos escucha—, sin tener miedo de decir algo equivocado, sin avergonzarnos de lo que nos cuesta comprender. El Señor está contento cuando nos abrimos a Él; solo de este modo puede tomarnos de la mano, acompañarnos y hacer que vuelva a arder nuestro corazón. También nosotros, como los discípulos de Emaús, estamos llamados a dialogar con Jesús, para que, al atardecer, Él se quede con nosotros. (23-04-2023)

Hechos 2, 14.22-33: El día de Pentecostés, Pedro, poniéndose en pie junto a los Once, levantó su voz y con toda solemnidad declaró: «Judíos y vecinos todos de Jerusalén, enteraos bien y escuchad atentamente mis palabras. A Jesús el Nazareno, varón acreditado por Dios ante vosotros con los milagros, prodigios y signos que Dios realizó por medio de él, como vosotros mismos sabéis, a este, entregado conforme al plan que Dios tenía establecido y previsto, lo matasteis, clavándolo a una cruz por manos de hombres inicuos. Pero Dios lo resucitó, librándolo de los dolores de la muerte, por cuanto no era posible que esta lo retuviera bajo su dominio, pues David dice, refiriéndose a él: "Veía siempre al Señor delante de mí, pues está a mi derecha para que no vacile. Por eso se me alegró el corazón, exultó mi lengua, y hasta mi carne descansará esperanzada. Porque no me abandonarás en el lugar de los muertos, ni dejarás que tu Santo experimente la corrupción. Me has enseñado senderos de vida, me saciarás de gozo con tu rostro". Hermanos, permitidme hablaros con franqueza: el patriarca David murió y lo enterraron, y su sepulcro está entre nosotros hasta el día de hoy. Pero como era profeta y sabía que Dios "le había jurado con juramento sentar en su trono a un descendiente suyo", previéndolo, habló de la resurrección del Mesías cuando dijo que "no lo abandonará en el lugar de los muertos" y que "su carne no experimentará corrupción". A este Jesús lo resucitó Dios, de lo cual todos nosotros somos testigos. Exaltado, pues, por la diestra de Dios y habiendo recibido del Padre la promesa del Espíritu Santo, lo ha derramado. Esto es lo que estáis viendo y oyendo».

Salmo 15, 1-11: *Señor, me enseñarás el sendero de la vida.*

1 Pedro 1, 17-21: Queridos Hermanos: Puesto que podéis llamar Padre al que juzga imparcialmente según las obras de cada uno, comportaos con temor durante el tiempo de vuestra peregrinación, pues ya sabéis que fuisteis liberados de vuestra conducta inútil, heredada de vuestros padres, pero no con algo corruptible, con oro o plata, sino con una sangre preciosa, como la de un cordero sin defecto y sin mancha, Cristo, previsto ya antes de la creación del mundo y manifestado en los últimos tiempos por vosotros, que, por medio de él, creéis en Dios, que lo resucitó de entre los muertos y le dio gloria, de manera que vuestra fe y vuestra esperanza estén puestas en Dios.

LUCAS 24, 13-35: Aquel mismo día (el primero de la semana) dos de los discípulos de Jesús iban caminando a una aldea llamada Emaús, distante de Jerusalén unos sesenta estadios (unos once kilómetros) Mientras conversaban y discutían, Jesús en persona se acercó y se puso a caminar con ellos. Pero sus ojos no eran capaces de reconocerlo. Él les dijo: «¿Qué conversación es esa que traéis mientras vais de camino?». Ellos se detuvieron con aire entristecido. Y uno de ellos, que se llamaba Cleofás, le respondió: «¿Eres el único forastero en Jerusalén que no sabes lo que ha pasado allí estos días?». Él le dijo: «¿Qué?». Ellos contestaron: «Lo de Jesús el Nazareno, que fue un profeta poderoso en obras y palabras, ante Dios y ante todo el pueblo; cómo lo entregaron los sumos sacerdotes y nuestros jefes para que lo condenaran a muerte, y lo crucificaron. Nosotros esperábamos que él iba a liberar a Israel, pero, con todo esto, ya estamos en el tercer día desde que esto sucedió. Es verdad que algunas mujeres de nuestro grupo nos han sobresaltado, pues habiendo ido muy de mañana al sepulcro y no habiendo encontrado su cuerpo, vinieron diciendo que incluso habían visto una aparición de ángeles, que dicen que está vivo. Algunos de los nuestros fueron también al sepulcro y lo encontraron como habían dicho las mujeres; pero a él no lo vieron». Entonces él les dijo: «¡Qué necios y torpes sois para creer lo que dijeron los profetas! ¿No era necesario que el Mesías padeciera esto y entrara así en su gloria?». Y, comenzando por Moisés y siguiendo por todos los profetas, les explicó lo que se refería a él en todas las Escrituras. Llegaron cerca de la aldea adonde iban, y él simuló que iba a seguir caminando; pero ellos lo apremiaron, diciendo: «Quédate con nosotros, porque atardece y el día va de caída». Y entró para quedarse con ellos. Sentado a la mesa con ellos, tomó el pan, pronunció la bendición, lo partió y se lo iba dando. A ellos se les abrieron los ojos y lo reconocieron. Pero él desapareció de su vista. Y se dijeron el uno al otro: «¿No ardía nuestro corazón mientras nos hablaba por el camino y nos explicaba las Escrituras?». Y, levantándose en aquel momento, se volvieron a Jerusalén, donde encontraron reunidos a los Once con sus compañeros, que estaban diciendo: «Era verdad, ha resucitado el Señor y se ha aparecido a Simón». Y ellos contaron lo que les había pasado por el camino y cómo lo habían reconocido al partir el pan.

 Señor Jesús, sé que estás vivo, creo en tu resurrección. Cuando escucho tu Palabra y participo en la Eucaristía siento el fuego de tu amor, tan vivo, tan real, tan presente. Te doy las gracias.

Papa Francisco: Hay distintas maneras de seguir a Jesús. La gente descrita por el Evangelio de Juan, que acababa de asistir al milagro de la multiplicación de los panes, seguía, de hecho, a Jesús no solo porque tenía hambre de la Palabra de Dios y escuchaba que Jesús llegaba al corazón, calentaba su corazón, sino también porque Jesús hacía milagros: también, lo seguían para ser sanados, para tener alguna visión nueva de la vida. (16-04-2018)

Después de que Jesús hubo saciado a cinco mil hombres, sus discípulos lo vieron caminando sobre el mar. Al día siguiente, la gente que se había quedado al otro lado del mar notó que allí no había habido más que una barca y que Jesús no había embarcado con sus discípulos, sino que sus discípulos se habían marchado solos. Entretanto, unas barcas de Tiberíades llegaron cerca del sitio donde habían comido el pan después que el Señor había dado gracias. Cuando la gente vio que ni Jesús ni sus discípulos estaban allí, se embarcaron y fueron a Cafarnaún en busca de Jesús. Al encontrarlo en la otra orilla del lago, le preguntaron: «Maestro, ¿cuándo has venido aquí?». Jesús les contestó: «En verdad, en verdad os digo: me buscáis, no porque habéis visto signos, sino porque comisteis pan hasta saciaros. Trabajad no por el alimento que perece, sino por el alimento que perdura para la vida eterna, el que os dará el Hijo del hombre; pues a este lo ha sellado el Padre, Dios». Ellos le preguntaron: «Y, ¿qué tenemos que hacer para realizar las obras de Dios?». Respondió Jesús: «La obra de Dios es esta: que creáis en el que él ha enviado».

Hechos 6, 8-15; Salmo 118, 23-24.26-27.29-30 • JUAN 6, 22-29

Señor Jesús, creo en ti; te necesito, eres mi vida y mi todo.
Dichoso el que camina en la ley del Señor (Salmo 118, 1b)

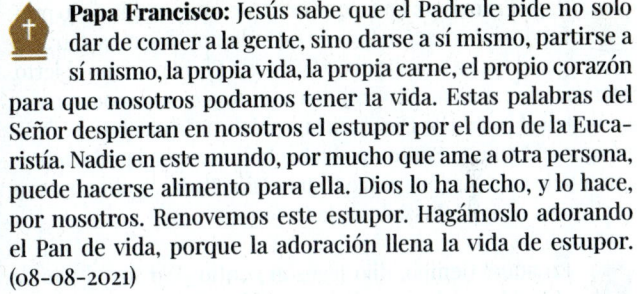

Papa Francisco: Jesús sabe que el Padre le pide no solo dar de comer a la gente, sino darse a sí mismo, partirse a sí mismo, la propia vida, la propia carne, el propio corazón para que nosotros podamos tener la vida. Estas palabras del Señor despiertan en nosotros el estupor por el don de la Eucaristía. Nadie en este mundo, por mucho que ame a otra persona, puede hacerse alimento para ella. Dios lo ha hecho, y lo hace, por nosotros. Renovemos este estupor. Hagámoslo adorando el Pan de vida, porque la adoración llena la vida de estupor. (08-08-2021)

En aquel tiempo, el gentío dijo a Jesús: «¿Y qué signo haces tú, para que veamos y creamos en ti? ¿Cuál es tu obra? Nuestros padres comieron el maná en el desierto, como está escrito: "Pan del cielo les dio a comer"». Jesús les replicó: «En verdad, en verdad os digo: no fue Moisés quien os dio pan del cielo, sino que es mi Padre el que os da el verdadero pan del cielo. Porque el pan de Dios es el que baja del cielo y da vida al mundo». Entonces le dijeron: «Señor, danos siempre de este pan». Jesús les contestó: «Yo soy el pan de vida. El que viene a mí no tendrá hambre, y el que cree en mí no tendrá sed jamás».

Hechos 7, 51 - 8,1a ; Salmo 30, 3-4.6-8a.17.21ab • JUAN 6, 30-35

Señor Jesús, pan bajado del Cielo, que siempre tenga hambre de ti.
A tus manos, Señor, encomiendo mi espíritu (Salmo 30, 6a)

Papa Francisco: La fe, que es como una semilla en lo profundo del corazón, florece cuando nos dejamos «atraer» por el Padre hacia Jesús, y «vamos a Él» con ánimo abierto, con corazón abierto, sin prejuicios; entonces reconocemos en su rostro el rostro de Dios y en sus palabras la palabra de Dios, porque el Espíritu Santo nos ha hecho entrar en la relación de amor y de vida que hay entre Jesús y Dios Padre. Y ahí nosotros recibimos el don, el regalo de la fe. (09-08-2015)

 En aquel tiempo, dijo Jesús al gentío: «Yo soy el pan de vida. El que viene a mí no tendrá hambre, y el que cree en mí no tendrá sed jamás; pero, como os he dicho, me habéis visto y no creéis. Todo lo que me da el Padre vendrá a mí, y al que venga a mí no lo echaré afuera, porque he bajado del cielo no para hacer mi voluntad, sino la voluntad del que me ha enviado. Esta es la voluntad del que me ha enviado: que no pierda nada de lo que me dio, sino que lo resucite en el último día. Esta es la voluntad de mi Padre: que todo el que ve al Hijo y cree en él tenga vida eterna, y yo lo resucitaré en el último día».

Hechos 8, 1b-8; Salmo 65, 1b.3a.4-7a • JUAN 6, 35-40

Señor Jesús, gracias por querer hacerme partícipe de tu resurrección. Bendito seas.
Aclamad al Señor, tierra entera (Salmo 65, 1b)

Jueves 3º de Pascua   Tomo II · Salterio 3ª semana

ABRIL

23

JUEVES

Santos JORGE mr, ADALBERTO ob mr, Gerardo ob. Beato Gil de Asís rl

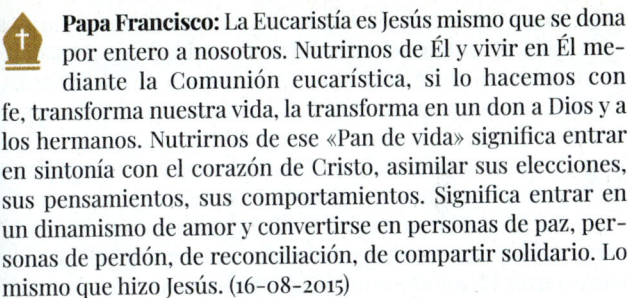

Papa Francisco: La Eucaristía es Jesús mismo que se dona por entero a nosotros. Nutrirnos de Él y vivir en Él mediante la Comunión eucarística, si lo hacemos con fe, transforma nuestra vida, la transforma en un don a Dios y a los hermanos. Nutrirnos de ese «Pan de vida» significa entrar en sintonía con el corazón de Cristo, asimilar sus elecciones, sus pensamientos, sus comportamientos. Significa entrar en un dinamismo de amor y convertirse en personas de paz, personas de perdón, de reconciliación, de compartir solidario. Lo mismo que hizo Jesús. (16-08-2015)

En aquel tiempo, dijo Jesús al gentío «Nadie puede venir a mí, si no lo atrae el Padre que me ha enviado. Y yo lo resucitaré en el último día. Está escrito en los profetas: "Serán todos discípulos de Dios". Todo el que escucha al Padre y aprende, viene a mí. No es que nadie haya visto al Padre, a no ser el que procede de Dios: ese ha visto al Padre. En verdad, en verdad os digo: el que cree tiene vida eterna. Yo soy el pan de la vida. Vuestros padres comieron en el desierto el maná y murieron: este es el pan que baja del cielo, para que el hombre coma de él y no muera. Yo soy el pan vivo que ha bajado del cielo; el que coma de este pan vivirá para siempre. Y el pan que yo daré es mi carne por la vida del mundo».

Hechos 8, 26-40; Salmo 65, 8-9.16-17.20 • JUAN 6, 44-51

Señor Jesús, atráenos siempre hacia ti, con tu amor y tu ternura.
Aclamad al Señor, tierra entera (Salmo 65, 1b)

ABRIL

24

VIERNES

Viernes 3º de Pascua

Tomo II · Salterio 3ª semana

Santos FIDEL DE SIGMARINGA pb Mr, Mª. Cleofé y Mª. Salomé NT,
Gregorio de Elvira ob, Benito Menni pb, Mª. Eufrasia Pelletier vg

Papa Francisco: La Eucaristía, fuente de amor para la vida de la Iglesia, es escuela de caridad y solidaridad. Quien se nutre del Pan de Cristo no puede quedar indiferente ante los que no tienen el pan cotidiano. (07-06-2015)

En aquel tiempo, disputaban los judíos entre sí: «¿Cómo puede este darnos a comer su carne?». Entonces Jesús les dijo: «En verdad, en verdad os digo: si no coméis la carne del Hijo del hombre y no bebéis su sangre no tenéis vida en vosotros. El que come mi carne y bebe mi sangre tiene vida eterna, y yo lo resucitaré en el último día. Mi carne es verdadera comida, y mi sangre es verdadera bebida. El que come mi carne y bebe mi sangre habita en mí y yo en él. Como el Padre que vive me ha enviado y yo vivo por el Padre, así, del mismo modo, el que me come vivirá por mí. Este es el pan que ha bajado del cielo; no como el de vuestros padres, que lo comieron y murieron. El que come este pan vivirá para siempre». Esto lo dijo Jesús en la sinagoga, cuando enseñaba en Cafarnaún.

Hechos 9, 1-20; Salmo 116, 1-2 • JUAN 6, 52-59

Señor Jesús, gracias por el misterio de tu Cuerpo y Sangre con el que nos alimentas y nos haces partícipes de la vida eterna.

Id al mundo entero y proclamad el Evangelio **(Marcos 16, 15)**

Papa Francisco: La fe o es misionera o no es fe. La fe no es una cosa sólo para mí, para que yo crezca con la fe: esto es una «herejía gnóstica». La fe siempre te lleva a salir de ti mismo. Salir. La transmisión de la fe; la fe debe ser transmitida, debe ser ofrecida, especialmente con el testimonio: «Id, que la gente vea cómo vivís». (25-04-2020)

En aquel tiempo, se apareció Jesús a los Once y les dijo: «Id al mundo entero y proclamad el Evangelio a toda la creación. El que crea y sea bautizado se salvará; el que no crea será condenado. A los que crean, les acompañarán estos signos: echarán demonios en mi nombre, hablarán lenguas nuevas, agarrarán serpientes en sus manos y, si beben un veneno mortal, no les hará daño. Impondrán las manos a los enfermos, y quedarán sanos». Después de hablarles, el Señor Jesús fue llevado al cielo y se sentó a la derecha de Dios. Ellos se fueron a predicar por todas partes, y el Señor cooperaba confirmando la palabra con las señales que los acompañaban.

1 Pedro 5,5b-14; Salmo 88, 2-3.6-7.16-17 • MARCOS 16, 15-20

Señor Jesús, renuevo hoy mi compromiso misionero. Quiero anunciar tu evangelio con la palabra y con la vida. *Cantaré eternamente tus misericordias, Señor* (Salmo 88, 2a)

Proclamad el evangelio a toda la creación

ABRIL

26 DOMINGO

Domingo 4º de Pascua   **Tomo II · Salterio 4ª semana**

Santos ISIDORO ob dc, Cleto pp. Beatos Domingo y Gregorio pbs
JORNADA MUNDIAL DE ORACIÓN POR LAS VOCACIONES
JORNADA Y COLECTA DE VOCACIONES NATIVAS

Papa Francisco: Queridos hermanos y hermanas, Jesús buen Pastor nos llama por nuestro nombre y nos cuida con ternura infinita. Él es la puerta y quien entra por Él tiene la vida eterna. Él es nuestro futuro, un futuro de «Vida en abundancia». Por eso, no nos desanimemos nunca, no nos dejemos robar nunca la alegría y la paz que Él nos ha dado; no nos encerremos en los problemas o en la apatía. Dejémonos acompañar por nuestro Pastor; con Él, nuestra vida, nuestras familias, nuestras comunidades cristianas resplandecerán con vida nueva. (30-04-2023)

Hechos 2, 14a.36-41: El día de Pentecostés Pedro, poniéndose en pie junto con los Once, levantó la voz y declaró: «Con toda seguridad conozca toda la casa de Israel que al mismo Jesús, a quien vosotros crucificasteis, Dios lo ha constituido Señor y Mesías». Al oír esto se les traspasó el corazón, y preguntaron a Pedro y a los demás apóstoles: «¿Qué tenemos que hacer, hermanos?». Pedro les contestó: «Convertíos y sea bautizado cada uno de vosotros en el nombre de Jesús, el Mesías, para perdón de vuestros pecados, y recibiréis el don del Espíritu Santo. Porque la promesa vale para vosotros y para vuestros hijos, y para los que están lejos, para cuantos llamare a sí el Señor Dios nuestro». Con estas y otras muchas razones dio testimonio y los exhortaba diciendo: «Salvaos de esta generación perversa». Los que aceptaron sus palabras se bautizaron, y aquel día fueron agregadas unas tres mil personas.

Salmo 22, 1-6: *El Señor es mi pastor, nada me falta.*

1 Pedro 2, 20b-25: Queridos hermanos: Que aguantéis cuando sufrís por hacer el bien, eso es una gracia de parte de Dios. Pues para esto habéis sido llamados, porque también Cristo padeció por vosotros, dejándoos un ejemplo para que sigáis sus huellas. Él no cometió pecado ni encontraron engaño en su boca. Él no devolvía el insulto cuando lo insultaban; sufriendo no profería amenazas; sino que se entregaba al que juzga rectamente. Él llevó nuestros pecados en su cuerpo hasta el leño, para que, muertos a los pecados, vivamos para la justicia. Con sus heridas fuisteis curados. Pues andabais errantes como ovejas, pero ahora os habéis convertido al pastor y guardián de vuestras almas.

JUAN 10, 1-10: En aquel tiempo, dijo Jesús: «En verdad, en verdad os digo: el que no entra por la puerta en el aprisco de las ovejas, sino que salta por otra parte, ese es ladrón y bandido; pero el que entra por la puerta es pastor de las ovejas. A este le abre el guarda y las ovejas atienden a su voz, y él va llamando por el nombre a sus ovejas y las saca fuera. Cuando ha sacado todas las suyas, camina delante de ellas, y las ovejas lo siguen, porque conocen su voz: a un extraño no lo seguirán, sino que huirán de él, porque no conocen la voz de los extraños». Jesús les puso esta comparación, pero ellos no entendieron de qué les hablaba. Por eso añadió Jesús: «En verdad, en verdad os digo: yo soy la puerta de las ovejas. Todos los que han venido antes de mí son ladrones y bandidos; pero las ovejas no los escucharon. Yo soy la puerta: quien entre por mí se salvará y podrá entrar y salir, y encontrará pastos. El ladrón no entra sino para robar y matar y hacer estragos; yo he venido para que tengan vida y la tengan abundante».

Señor Jesús, buen Pastor que das la vida por las ovejas, hoy te pido que sigas enriqueciendo a la Iglesia con vocaciones comprometidas en tu seguimiento y en el anuncio valiente del Evangelio.

ABRIL

27

LUNES

Lunes 4º de Pascua

Tomo II · Salterio 4ª semana

Santos Rafael Arnáiz mj, Zita vg, Simeón ob mr. Ntra. Sra. de Montserrat

Papa Francisco: Jesús es la puerta; él nos guía por el camino y nosotros conocemos su voz en las bienaventuranzas, en las obras de misericordia y cuando nos enseña a decir «Padre». Que el Señor nos haga comprender esta imagen de Jesús, este icono: el pastor, que es puerta, indica el camino y nos enseña a escuchar su voz. (18-04-2016)

En aquel tiempo, dijo Jesús: «En verdad, en verdad os digo: El que no entra por la puerta en el aprisco de las ovejas, sino que salta por otra parte, ese es ladrón y bandido; pero el que entra por la puerta es pastor de las ovejas. A este le abre el guarda y las ovejas atienden a su voz, y él va llamando por el nombre a sus ovejas y las saca fuera. Cuando ha sacado todas las suyas, camina delante de ellas, y las ovejas lo siguen, porque conocen su voz: A un extraño no lo seguirán, sino que huirán de él, porque no conocen la voz de los extraños». Jesús les puso esta comparación, pero ellos no entendieron de qué les hablaba. Por eso añadió Jesús: «En verdad en verdad os digo: yo soy la puerta de las ovejas. Todos los que han venido antes de mí son ladrones y bandidos; pero las ovejas no lo escucharon. Yo soy la puerta: Quien entre por mí se salvará y podrá entrar y salir, y encontrará pastos. El ladrón no entrará sino para robar y matar y hacer estragos; yo he venido para que tengan vida y la tengan abundante».

Hechos 11, 1-18; Salmo 41, 2-3; 42, 3-4
JUAN 10, 1-10 (opc. Juan 10, 11-18)

Señor Jesús, tú lo eres todo para mí: puerta de vida, buen pastor y pasto abundante. Confirmo mi deseo de seguirte.
Mi alma tiene sed de ti, Dios vivo (Salmo 41, 3a)

Martes 4º de Pascua   Tomo II · Salterio 4ª semana

ABRIL

28

MARTES

Santos PEDRO CHANEL pb mr, LUIS Mª. G. DE MONTFORT pb, Vital mr, Prudencio ob, Juana Beretta Molla mf. Beato José Cebula pb mr

Papa Francisco: Con la oración del Padrenuestro Jesús entrega a cada uno el certificado de paternidad: nadie es huérfano, pero existe el riesgo de llegar a serlo cerrando el corazón y no dejándonos atraer por el amor de Dios. (29-04-2016)

Se celebraba en Jerusalén la fiesta de la Dedicación del templo. Era invierno, y Jesús se paseaba en el templo por el pórtico de Salomón. Los judíos, rodeándolo, le preguntaban: «¿Hasta cuándo nos vas a tener en suspenso? Si tú eres el Mesías, dínoslo francamente». Jesús les respondió: «Os lo he dicho, y no creéis; las obras que yo hago en nombre de mi Padre, esas dan testimonio de mí. Pero vosotros no creéis, porque no sois de mis ovejas. Mis ovejas escuchan mi voz, y yo las conozco, y ellas me siguen, y yo les doy la vida eterna; no perecerán para siempre, y nadie las arrebatará de mi mano. Lo que mi Padre me ha dado es más que todas las cosas, y nadie puede arrebatar nada de la mano de mi Padre. Yo y el Padre somos uno».

Hechos 11,19-26; Salmo 86 1-7 • JUAN 10,22-30

Señor Jesús, dispón con tu gracia mis oídos para escuchar con gusto y atención tu Palabra que me impulsa a seguirte.
Alabad al Señor todas las naciones (Salmo 116, 1a)

Yo y el Padre somos uno

Papa Francisco: Queridos hermanos y hermanas, también para nosotros hay momentos de cansancio y desilusión. Recordemos entonces estas palabras del Señor, que nos dan tanto consuelo y nos ayudan a entender si estamos poniendo nuestras fuerzas al servicio del bien. Efectivamente, a veces nuestro cansancio está causado por haber depositado nuestra confianza en cosas que no son lo esencial, porque nos hemos alejado de lo que vale realmente en la vida. Que el Señor nos enseñe a no tener miedo de seguirle, para que la esperanza que ponemos en Él no sea defraudada. (14-09-2016)

En aquel tiempo, tomó la palabra Jesús y dijo: «Te doy gracias, Padre, Señor del cielo y de la tierra, porque has escondido estas cosas a los sabios y entendidos y se las has revelado a los pequeños. Sí, Padre, así te ha parecido bien. Todo me ha sido entregado por mi Padre, y nadie conoce al Hijo más que el Padre, y nadie conoce al Padre sino el Hijo y aquel a quien el Hijo se lo quiera revelar. Venid a mí todos los que estáis cansados y agobiados y yo os aliviaré. Tomad mi yugo sobre vosotros y aprended de mí, que soy manso y humilde de corazón, y encontraréis descanso para vuestras almas. Porque mi yugo es llevadero y mi carga ligera».

1 Juan 1,5; 2,2; Salmo 102,1b-4.8-9.13-14.17-18 • MATEO 11, 25-30

Señor Jesús, alivio de nuestros cansancios; todo lo puedo en ti, en tu amor que me conforta.
Bendice, alma mía, al Señor (Salmo 102,1b)

Jueves 4º de Pascua

Santos PÍO V pp, José Benito Cottolengo pb, Amador y co mrs,
Mª. de la Encarnación Guyart vd rl

Tomo II · Salterio 4ª semana

ABRIL

30

JUEVES

 Papa Francisco: El diablo entró en Judas, fue el diablo quien lo llevó a este punto. ¿Y cómo terminó la historia? El diablo es un mal pagador. No es un pagador confiable. Te promete todo, te hace ver todo y al final te deja solo en tu desesperación a ahorcarte. (08-04-2020)

 Cuando Jesús terminó de lavar los pies a sus discípulos les dijo: «En verdad, en verdad os digo: el criado no es más que su amo, ni el enviado es más que el que lo envía. Puesto que sabéis esto, dichosos vosotros si lo ponéis en práctica. No lo digo por todos vosotros; yo sé bien a quienes he elegido, pero tiene que cumplirse la escritura: "El que compartía mi pan me ha traicionado". Os lo digo ahora, antes de que suceda, para que cuando suceda creáis que soy yo. En verdad, en verdad os digo: el que recibe a quien yo envíe me recibe a mí; el que me recibe a mí recibe al que me ha enviado».

Hechos 13, 13-25; Salmo 88, 2-3.21-22.25.27 • JUAN 13, 16-20

 Señor Jesús, gracias porque me has llamado a seguirte; ayúdame a serte fiel.

Cantaré eternamente tus misericordias, Señor (Salmo 88, 2a)

PARA LOS MÁS PEQUEÑOS

LA BIBLIA MI AMIGA

Los 50 episodios más bonitos de la Biblia para que
camines de la mano de Dios y descubras a Jesucristo.
Un regalo ideal para la Primera Comunión.

Lion Hudson PLC.
Cartoné. 320 p. 18 €

EVANGELIO
RECUERDO DE MI PRIMERA COMUNIÓN

Edición renovada del clásico de Edibesa.
El regalo perfecto de los catequistas y el párroco a los
niños y niñas que reciben por primera vez el
sacramento de la Eucaristía.

José Antonio Martínez Puche
Rústica. 224 p. 3 €

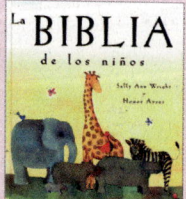

LA BIBLIA DE LOS NIÑOS

Bellas historias de la Biblia para iniciar a
los que comienzan a leer, en la Historia
Sagrada.
Completamente ilustrada.

Sally Ann Wright
Cartoné. 320 p. 17 €

mayo

Venid y vamos todos con flores a porfía
con flores a María que Madre nuestra es.
De nuevo aquí nos tienes
purísima doncella
más que la luna bella
postrados a tus pies.
A ofrecerte venimos
flores del bajo suelo
con cuánto amor y anhelo
Señora Tú lo ves.

MAYO

1

VIERNES

Viernes 4º de Pascua   Tomo II · Salterio 4ª semana

Santos JOSÉ OBRERO, Jeremías prof, Ricardo Pampuri rl, Segundo ob, Segismundo re. Beata Mafalda vg

SAN JOSÉ OBRERO

Papa Francisco: No es fácil dejarse consolar por el Señor. Muchas veces, en los malos tiempos, nos enojamos con el Señor y no dejamos que venga y nos hable así, con esta dulzura, con esta cercanía, con esta mansedumbre, con esta verdad y con esta esperanza. Pidamos la gracia de aprender a dejarnos consolar por el Señor. El consuelo del Señor es verdadero, no engaña. No es anestesia, no. Está cerca, es veraz y nos abre las puertas de la esperanza. (08-05-2020)

En aquel tiempo, dijo Jesús a sus discípulos: «No se turbe vuestro corazón, creed en Dios y creed también en mí. En la casa de mi Padre hay muchas moradas; si no, os lo habría dicho, porque me voy a prepararos un lugar. Cuando vaya y os prepare un lugar, volveré y os llevaré conmigo, para que donde estoy yo, estéis también vosotros. Y adonde yo voy, ya sabéis el camino». Tomás le dice: «Señor, no sabemos adónde vas, ¿cómo podemos saber el camino?». Jesús le responde: «Yo soy el camino y la verdad y la vida. Nadie va al Padre sino por mí».

**Hechos 13, 26-33; Salmo 2, 6-12a • JUAN 14, 1-6
(Opc. San José Obrero: Génesis 1, 26 - 2,3;
Salmo 89, 2-4.12-14.16; MATEO 13, 54-58)**

Señor, que el trabajo sirva para nuestro digno desarrollo, mejore el mundo y revierta en el cuidado de todo lo creado. Te lo pedimos por la intercesión de San José Obrero.

Tú eres mi hijo: yo te he engendrado hoy (Salmo 2, 7bc)

Santos ATANASIO ob dc, Félix de Sevilla di mr, Hesperio y Zoes es e hijos mrs

Papa Francisco: La acción del Espíritu Santo en el corazón humano de Cristo provoca sin cesar esa atracción hacia su Padre. Y cuando nos une a los sentimientos de Cristo por la gracia, nos hace participar de la relación del Hijo con el Padre, es «el espíritu de hijos adoptivos, que nos hace llamar a Dios ¡*Abba*!, es decir, ¡Padre!». (Carta encíclica *Dilexit Nos*)

En aquel tiempo, dijo Jesús a sus discípulos: «Si me conocierais a mí, conoceríais también a mi Padre. Ahora ya lo conocéis y lo habéis visto». Felipe le dice: «Señor, muéstranos al Padre y nos basta». Jesús le replica: «Hace tanto que estoy con vosotros, ¿y no me conoces, Felipe? Quien me ha visto a mí ha visto al Padre. ¿Cómo dices tú: "Muéstranos al Padre"? ¿No crees que yo estoy en el Padre, y el Padre en mí? Lo que yo os digo no lo hablo por cuenta propia. El Padre, que permanece en mí, él mismo hace las obras. Creedme: yo estoy en el Padre, y el Padre en mí. Si no, creed a las obras. En verdad en verdad os digo: el que cree en mí, también él hará las obras que yo hago, y aún mayores, porque yo me voy al Padre. Y lo que pidáis en mi nombre, yo lo haré, para que el Padre sea glorificado en el Hijo. Si me pedís algo en mi nombre, yo lo haré».

Hechos 13, 44-52; Salmo 97, 1-4 • JUAN 14, 7-14

Señor Jesús, Hijo de Dios que nos das a conocer al Padre, ayúdame a ser fiel hijo suyo.

Los confines de la tierra han contemplado la salvación de nuestro Dios (Salmo 97, 3cd)

Papa Francisco: Hermanos y hermanas, vivamos el presente, hagámonos cargo del presente, pero no nos dejemos arrasar por él; miremos hacia arriba, miremos hacia el Cielo, recordemos la meta, pensemos que estamos llamados a la eternidad, al encuentro con Dios. Y, desde el cielo al corazón, renovemos hoy la elección de Jesús, la elección de amarlo y de caminar detrás de Él. (07-05-2023)

Hechos 6, 1-7: En aquellos días, al crecer el número de los discípulos, los de lengua griega se quejaron contra los de lengua hebrea, porque en el servicio diario no se atendían a sus viudas. Los Doce, convocando a la asamblea de los discípulos, dijeron: «No nos parece bien descuidar la palabra de Dios para ocuparnos del servicio de las mesas. Por tanto, hermanos, escoged a siete de vosotros, hombres de buena fama, llenos de espíritu y de sabiduría, y los encargaremos de esta tarea; nosotros nos dedicaremos a la oración y al servicio de la palabra». La propuesta les pareció bien a todos y eligieron a Esteban, hombre lleno de fe y de Espíritu Santo; a Felipe, Prócoro, Nicanor, Timón, Parmenas y Nicolás, prosélito de Antioquía. Se los presentaron a los apóstoles y ellos les impusieron las manos orando. La palabra de Dios iba creciendo y en Jerusalén se multiplicaba el número de discípulos; incluso muchos sacerdotes aceptaban la fe.

Salmo 32, 1-2.4-5.18-19: *Que tu misericordia, Señor, venga sobre nosotros, como lo esperamos de ti.*

1 Pedro 2, 4-9: Queridos hermanos: Acercándoos al Señor, piedra viva rechazada por los hombres, pero elegida y preciosa para Dios, también vosotros, como piedras vivas, entráis en la construcción de una casa espiritual para un sacerdocio santo, a fin de ofrecer sacrificios espirituales agradables a Dios por medio de Jesucristo. Por eso se dice en la Escritura: «Mira, pongo en Sion una piedra angular, elegida y preciosa; el que cree en ella no queda defraudado». Para vosotros, pues, los creyentes, ella es el honor, pero para los incrédulos «la piedra que desecharon los arquitectos es ahora la piedra angular», y también «piedra de choque y roca de estrellarse»; y ellos chocan al despreciar la palabra. A eso precisamente estaban expuestos. Vosotros, en cambio, sois un linaje elegido, un sacerdocio real, una nación santa, un pueblo adquirido por Dios para que anunciéis las proezas del que os llamó de las tinieblas a su luz maravillosa.

JUAN 14, 1-12: En aquel tiempo, dijo Jesús a sus discípulos: «No se turbe vuestro corazón, creed en Dios y creed también en mí. En la casa de mi Padre hay muchas moradas; si no, os lo habría dicho, porque me voy a prepararos un lugar. Cuando vaya y os prepare un lugar, volveré y os llevaré conmigo, para que donde estoy yo, estéis también vosotros. Y adonde yo voy, ya sabéis el camino». Tomás le dice: «Señor, no sabemos adónde vas, ¿cómo podemos saber el camino?». Jesús le responde: «Yo soy el camino y la verdad y la vida. Nadie va al Padre, sino por mí. Si me conocierais a mí, conoceríais también a mi Padre. Ahora ya lo conocéis y lo habéis visto». Felipe le dice: «Señor, muéstranos al Padre y nos basta». Jesús le replica: «Hace tanto que estoy con vosotros, ¿y no me conoces, Felipe? Quien me ha visto a mí ha visto al Padre. ¿Cómo dices tú: "Muéstranos al Padre"? ¿No crees que yo estoy en el Padre, y el Padre en mí? Lo que yo os digo no lo hablo por cuenta propia. El Padre, que permanece en mí, él mismo hace las obras. Creedme: yo estoy en el Padre y el Padre en mí. Si no, creed a las obras. En verdad, en verdad os digo: el que cree en mí, también él hará las obras que yo hago, y aún mayores, porque yo me voy al Padre».

 Señor Jesús, tú eres la piedra angular: roca de choque contra la que se estrella el mal y roca firme sobre la que se asienta tu Iglesia, que es mi casa, mi comunidad, en cuya vida y misión participo.

MAYO

4

LUNES

Lunes 5º de Pascua

Tomo II · Salterio 1ª semana

Santos José Mª. Rubio pb, Florián mr, Silvano y co mrs, Antonina mr.
Beato Ceferino Jiménez mr

 Papa Francisco: El Espíritu que enseña: nos enseñará todo, es decir, hará crecer la fe, nos introducirá en el misterio; el Espíritu que nos recuerda: nos recuerda la fe, nos recuerda nuestra vida; es el Espíritu que en esta enseñanza y en este recuerdo nos enseña a discernir las decisiones que debemos tomar. Y los Evangelios le dan un nombre, al Espíritu Santo —sí, Paráclito, porque te sostiene, pero otro nombre más hermoso—: es el *Don de Dios*. El Espíritu es el Don de Dios. El Espíritu es realmente el Don. No os dejaré solos, os enviaré un Paráclito que os sostendrá y os ayudará a seguir adelante, a recordar, discernir y crecer. El don de Dios es el Espíritu Santo. (11-05-2020)

 En aquel tiempo, dijo Jesús a sus discípulos: «El que acepta mis mandamientos y los guarda, ese me ama; y el que me ama, será amado por mi Padre, y yo también lo amaré y me manifestaré a él». Le dijo Judas, no el Iscariote: «Señor, ¿qué ha sucedido para que te reveles a nosotros y no al mundo?». Respondió Jesús y le dijo: «El que me ama guardará mi palabra, y mi Padre lo amará, y vendremos a él y haremos morada en él. El que no me ama, no guardará mis palabras. Y la palabra que estáis oyendo no es mía, sino del Padre que me envió. Os he hablado de esto ahora que estoy a vuestro lado, pero el Paráclito, el Espíritu Santo, que enviará el Padre en mi nombre, será quien os lo enseñe todo y os vaya recordando todo lo que os he dicho».

Hechos 14, 5-18; Salmo 113b, 1-4.15-16 • JUAN 14, 21-26

Señor Jesús, hazme dócil a tu palabra, dócil a tu amor.
No a nosotros, Señor, sino a tu nombre da la gloria (Salmo 113b, 1ab)

Papa Francisco: La paz que da Jesús es un regalo: es un don del Espíritu Santo. Y esta paz va en medio de las tribulaciones y va hacia adelante: no es una especie de estoicismo, como el que hace el faquir. Es exactamente otra cosa, es un don que nos hace seguir adelante. (16-05-2017)

En aquel tiempo, dijo Jesús a sus discípulos: «La paz os dejo, mi paz os doy; no os la doy yo como la da el mundo. Que no se turbe vuestro corazón ni se acobarde. Me habéis oído decir: "Me voy y vuelvo a vuestro lado". Si me amarais, os alegraríais de que vaya al Padre, porque el Padre es mayor que yo. Os lo he dicho ahora, antes de que suceda, para que cuando suceda creáis. Ya no hablaré mucho con vosotros, pues se acerca el Príncipe de este mundo; no es que él tenga poder sobre mí, pero es necesario que el mundo comprenda que yo amo al Padre, y que, como el Padre me ha ordenado, así actúo».

Hechos 14, 19-28; Salmo 144, 10-13ab.21 • JUAN 14, 27-31a

Señor Jesús, ¡cuánto necesitamos tu paz!; ¡hazme instrumento de tu paz!

Tus amigos, Señor, proclaman la gloria de tu reinado
(Salmo 144, 12)

Que no se turbe vuestro corazón

Papa Francisco: El Señor quiere decirnos que antes de la observancia de sus mandamientos, antes de las bienaventuranzas, antes de las obras de misericordia, es necesario estar unidos a Él, permanecer en Él. No podemos ser buenos cristianos si no permanecemos en Jesús. (02-05-2021)

En aquel tiempo, dijo Jesús a sus discípulos: «Yo soy la verdadera vid, y mi Padre es el labrador. A todo sarmiento que no da fruto en mí lo arranca, y a todo el que da fruto lo poda, para que dé más fruto. Vosotros ya estáis limpios por la palabra que os he hablado; permaneced en mí, y yo en vosotros. Como el sarmiento no puede dar fruto por sí, si no permanece en la vid, así tampoco vosotros, si no permanecéis en mí. Yo soy la vid, vosotros los sarmientos; el que permanece en mí y yo en él, ese da fruto abundante; porque sin mí no podéis hacer nada. Al que no permanece en mí lo tiran fuera, como el sarmiento, y se seca; luego los recogen y los echan al fuego, y arden. Si permanecéis en mí, y mis palabras permanecen en vosotros, pedid lo que deseáis, y se realizará. Con esto recibe gloria mi Padre, con que deis fruto abundante; así seréis discípulos míos».

Hechos 15, 1-6; Salmo 121, 1bc-5 • JUAN 15, 1-8

Señor Jesús, vid verdadera, lejos de ser un sarmiento seco quiero estar más unido a ti y dar fruto.
Vamos alegres a la casa del Señor (Salmo 121, 1bc)

Jueves 5º de Pascua   Tomo II · Salterio 1ª semana

MAYO

7

JUEVES

Santos Flavia Domitila mr, Agustín Roscelli pb, Flavio mr. Beata Gisela vd rl

Papa Francisco: Tres palabras clave: paz, amor y alegría. No vienen, de hecho, del mundo, sino del Padre. Por lo demás, es el Espíritu Santo quien realiza esta paz; quien realiza este amor que viene del Padre; quien lleva a cabo el amor entre el Padre y el Hijo y que luego llega a nosotros; que nos da la alegría. Sí, es el Espíritu Santo, siempre el mismo; ¡el gran olvidado de nuestra vida! (22-05-2014)

En aquel tiempo, dijo Jesús a sus discípulos: «Como el Padre me ha amado, así os he amado yo; permaneced en mi amor. Si guardáis mis mandamientos, permaneceréis en mi amor; lo mismo que yo he guardado los mandamientos de mi Padre y permanezco en su amor. Os he hablado de esto para que mi alegría esté en vosotros, y vuestra alegría llegue a plenitud».

Hechos 15, 7-21; Salmo 95, 1-3.10 • JUAN 15, 9-11

Señor Jesús, ayúdame a permanecer en tu amor dejándome guiar por tu Palabra.

Contad las maravillas del Señor a todas las naciones (Salmo 95, 3)

Permaneced en mi amor

MAYO

8

VIERNES

Viernes 5º de Pascua

Tomo II · Salterio 1ª semana

Ntra. Sra. de los Desamparados, Patrona de Valencia; de Luján, Patrona de Argentina.
Santos Eladio ob, Víctor mr, Arsenio di

Papa Francisco: El mensaje es claro: Dios nos ama primero, gratuitamente, dando el primer paso hacia nosotros sin que lo merezcamos; y, por ende, nosotros no podemos celebrar su amor sin dar a nuestra vez el primer paso para reconciliarnos con quienes nos han herido. Así hay cumplimientos a los ojos de Dios, de lo contrario la observancia externa, puramente ritualista, es inútil. (12-02-2023)

En aquel tiempo, dijo Jesús a sus discípulos: «Este es mi mandamiento: Que os améis unos a otros como yo os he amado. Nadie tiene amor más grande que el que da la vida por sus amigos. Vosotros sois mis amigos si hacéis lo que yo os mando. Ya no os llamo siervos, porque el siervo no sabe lo que hace su señor: a vosotros os llamo amigos, porque todo lo que he oído a mi Padre os lo he dado a conocer. No sois vosotros los que me habéis elegido, soy yo quien os he elegido; y os he destinado para que vayáis y deis fruto, y vuestro fruto permanezca. De modo que lo que pidáis al Padre en mi nombre, os lo dé. Esto os mando: que os améis unos a otros».

Hechos 15, 22-31; Salmo 56, 8-12 • JUAN 15, 12-17

Señor Jesús, con la fuerza de tu Espíritu ayúdame a vivir el mandamiento del amor.

Te daré gracias ante los pueblos, Señor (Salmo 56, 10a)

Papa Francisco: Pidamos al Espíritu Santo la gracia de discernir lo que es mundano de lo que es del Evangelio y no dejarnos engañar, porque el mundo nos odia, el mundo odió a Jesús y Jesús rezó para que el Padre nos defendiera del espíritu del mundo. (16-05-2020)

En aquel tiempo, dijo Jesús a sus discípulos: «Si el mundo os odia, sabed que me ha odiado a mí antes que a vosotros. Si fuerais del mundo, el mundo os amaría como cosa suya, pero como no sois del mundo, sino que yo os he escogido sacándoos del mundo, por eso el mundo os odia. Recordad lo que os dije: "No es el siervo más que su amo". Si a mí me han perseguido, también a vosotros os perseguirán; si han guardado mi palabra, también guardarán la vuestra. Y todo eso lo harán con vosotros a causa de mi nombre, porque no conocen al que me envió».

Hechos 16, 1-10; Salmo 99, 1-3.5 • JUAN 15, 18-21

Señor Jesús, en medio de las dificultades confío en ti, me refugio en ti.
Aclama al Señor, tierra entera (Salmo 99, 1)

...os he escogido sacándoos del mundo

MAYO

10 DOMINGO

Domingo 6º de Pascua

Tomo II · Salterio 2ª semana

SAN JUAN DE ÁVILA Patrono de los sacerdotes españoles,
Santos Antonino de Florencia ob, Job AT, Solongia vg mr

Papa Francisco: El Espíritu Santo nunca nos deja solos, está junto a nosotros, como un abogado que asiste al imputado estando a su lado. Y nos sugiere cómo defendernos de quien nos acusa. Recordemos que el gran acusador es siempre el diablo, que pone dentro de uno el deseo del pecado, los pecados, la maldad. Reflexionemos sobre estos dos aspectos: su cercanía y su ayuda contra quien nos acusa. (14-05-2023)

Hechos 8, 5-8.14-17: En aquellos días, Felipe bajó a la ciudad de Samaría y les predicaba a Cristo. El gentío unánimemente escuchaba con atención lo que decía Felipe, porque habían oído hablar de los signos que hacía y los estaban viendo: de muchos poseídos salían los espíritus inmundos lanzando gritos, y muchos paralíticos y lisiados se curaban. La ciudad se llenó de alegría. Cuando los apóstoles, que estaban en Jerusalén, se enteraron de que Samaría había recibido la palabra de Dios, enviaron a Pedro y a Juan; ellos bajaron hasta allí y oraron por ellos, para que recibieran el Espíritu Santo; pues aún no había bajado sobre ninguno; estaban solo bautizados en el nombre del Señor Jesús. Entonces les imponían las manos y recibían el Espíritu Santo.

Salmo 65, 1b-3a.4-7a.16.20: *Aclamad al Señor, tierra entera.*

1 Pedro 3, 15-18: Queridos hermanos: Glorificad a Cristo el Señor en vuestros corazones, dispuestos siempre para dar explicación a todo el que os pida una razón de vuestra esperanza, pero con delicadeza y con respeto, teniendo buena conciencia, para que, cuando os calumnien, queden en ridículo los que atentan contra vuestra buena conducta en Cristo. Pues es mejor sufrir haciendo el bien, si así lo quiere Dios, que sufrir haciendo el mal. Porque también Cristo sufrió su pasión, de una vez para siempre, por los pecados, el justo por los injustos, para conduciros a Dios. Muerto en la carne, pero vivificado en el Espíritu.

JUAN 14, 15-21: En aquel tiempo, dijo Jesús a sus discípulos: «Si me amáis, guardaréis mis mandamientos. Y yo le pediré al Padre que os dé otro Paráclito que esté siempre con vosotros, el Espíritu de la verdad. El mundo no puede recibirlo porque no lo ve ni lo conoce; vosotros, en cambio, lo conocéis porque mora con vosotros y está en vosotros. No os dejaré huérfanos, volveré a vosotros. Dentro de poco el mundo no me verá, pero vosotros me veréis, y viviréis, porque yo sigo viviendo. Entonces sabréis que yo estoy en mi Padre, y vosotros en mí y yo en vosotros. El que acepta mis mandamientos y los guarda, ese me ama; y el que me ama será amado por mi Padre, y yo también lo amaré y me manifestaré a él».

 Señor Jesús, que el Espíritu Santo me ayude a estar siempre a punto para dar razón de mi esperanza que eres tú.

...volveré a vosotros

MAYO

11

LUNES

Lunes 6º de Pascua

Tomo II · Salterio 2ª semana

Santos Francisco de Jerónimo pb, Mamerto ob. Beato Ceferino Namuncurá la

Papa Francisco: El Espíritu Santo que nos dio a conocer Jesús es el que nos impulsa a darlo a conocer, no tanto con las palabras, sino con el testimonio de vida. Y es bueno pedir al Espíritu Santo que venga a nuestro corazón, para dar testimonio de Jesús. (02-05-2016)

En aquel tiempo, dijo Jesús a sus discípulos: «Cuando venga el Paráclito, que os enviaré desde el Padre, el Espíritu de la verdad, que procede del Padre, él dará testimonio de mí; y también vosotros daréis testimonio, porque desde el principio estáis conmigo. Os he hablado de esto, para que no os escandalicéis. Os excomulgarán de la sinagoga; más aún, llegará incluso una hora cuando el que os dé muerte pensará que da culto a Dios. Y esto lo harán porque no han conocido ni al Padre ni a mí. Os he hablado de esto para que, cuando llegue la hora, os acordéis de que yo os lo había dicho».

Hechos 16, 11-15; Salmo 149, 1bc-6.9 • JUAN 15, 26 - 16, 4a

Señor Jesús, gracias por el don maravilloso de tu Espíritu que me anima, consuela y fortalece.
El Señor ama a su pueblo (Salmo 149, 4a)

El espíritu de la verdad dará testimonio de mí

Martes 6º de Pascua　　　　Tomo II · Salterio 2ª semana

MAYO
12
MARTES

Santos NEREO Y AQUILES mrs, PANCRACIO mr, Domingo de la Calzada pb, Germán ob.
BB. Imelda Lambertini vg, Juana de Portugal mj, Álvaro del Portillo ob

 Papa Francisco: El demonio es un condenado, es un derrotado, es un encadenado que va a morir; pero es capaz de hacer masacres. Y nosotros debemos rezar, hacer penitencia, no acercarnos, no dialogar con él. Y al final, ir donde la madre, como los niños, ya que cuando los niños tienen miedo, van donde la madre: «Mamá, mamá... ¡tengo miedo!», cuando tienen pesadillas... van donde la madre. Y para el cristiano la madre es la Virgen; ella nos custodia. (08-05-2018)

En aquel tiempo, dijo Jesús a sus discípulos: «Ahora me voy al que me envió, y ninguno de vosotros me pregunta: "¿Adónde vas?". Sino que, por haberos dicho esto, la tristeza os ha llenado el corazón. Sin embargo, os digo la verdad: os conviene que yo me vaya; porque si no me voy, no vendrá a vosotros el Paráclito. En cambio, si me voy, os lo enviaré. Y cuando venga, dejará convicto al mundo acerca de un pecado, de una justicia y de una condena. De un pecado, porque no creen en mí; de una justicia, porque me voy al Padre, y no me veréis; de una condena, porque el príncipe de este mundo está condenado».

Hechos 16, 22-34; Salmo 137, 1-3.7c-8 • JUAN 16, 5-11

 Señor Jesús, renueva en mí el don de tu Espíritu que me infunde el gozo y la paz verdadera.
Tu derecha me salva, Señor (Salmo 137, 7c)

Papa Francisco: Jesús sabe que está cerca de la realización del designio del Padre, que se cumplirá con su muerte y resurrección; por esto quiere asegurar a los suyos que no los abandonará, porque su misión será prolongada por el Espíritu Santo. Será el Espíritu quien prolongará la misión de Jesús, es decir, guiará a la Iglesia hacia adelante. (22-05-2016)

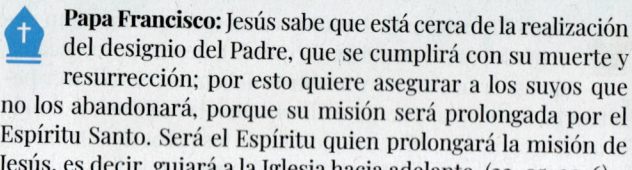

En aquellos días, dijo Jesús a sus discípulos: «Muchas cosas me quedan por deciros, pero no podéis cargar con ellas por ahora; cuando venga él, el Espíritu de la verdad, os guiará hasta la verdad plena. Pues no hablará por cuenta propia, sino que hablará de lo que oye y os comunicará lo que está por venir. Él me glorificará, porque recibirá de lo mío y os lo anunciará. Todo lo que tiene el Padre es mío. Por eso os he dicho que recibirá y tomará de lo mío y os lo anunciará».

Hechos 17, 15.22 - 18,1; Salmo 148, 1bc-2.11-14 • JUAN 16, 12-15
(O de la Bienaventurada Virgen María de Fátima
Apocalipsis 11, 19a; 12,1-6a.10ab; Salmo 44, 11-17; LUCAS 11, 27-28)

Señor Jesús, que tu Espíritu me haga más capaz de conocer, amar y servir a la verdad.
Llenos están el cielo y la tierra de tu gloria (Isaías 6, 3c)

El espíritu de la verdad os guiará...

Papa Francisco: Amar como Cristo significa decir no a otros «amores» que el mundo nos propone: amor al dinero —quien ama el dinero no ama como ama Jesús—, amor al éxito, a la vanidad, al poder... Estos caminos engañosos de «amor» nos alejan del amor al Señor y nos llevan a ser cada vez más egoístas, narcisistas, prepotentes. La prepotencia conduce a una degeneración del amor, a abusar de los demás, a hacer sufrir a la persona amada. (09-05-2021)

En aquel tiempo, dijo Jesús a sus discípulos: «Como el Padre me ha amado, así os he amado yo; permaneced en mi amor. Si guardáis mis mandamientos, permaneceréis en mi amor; lo mismo que yo he guardado los mandamientos de mi Padre y permanezco en su amor. Os he hablado de esto para que mi alegría esté en vosotros, y vuestra alegría llegue a plenitud. Este es mi mandamiento: que os améis unos a otros como yo os he amado. Nadie tiene amor más grande que el que da la vida por sus amigos. Vosotros sois mis amigos, si hacéis lo que yo os mando. Ya no os llamo siervos, porque el siervo no sabe lo que hace su señor; a vosotros os llamo amigos, porque todo lo que he oído a mi Padre os lo he dado a conocer. No sois vosotros los que me habéis elegido, soy yo quien os he elegido y os he destinado para que vayáis y deis fruto, y vuestro fruto permanezca. De modo que lo que pidáis al Padre en mi nombre os lo dé. Esto os mando: que os améis unos a otros».

Hechos 1,15-17.20-26; Salmo 112, 1b-8 • JUAN 15, 9-17

Señor Jesús, que la intercesión de tu apóstol San Matías me ayude a avanzar con alegría en el camino que tú nos enseñaste.

El Señor lo sentó con los príncipes de su pueblo (Sal 112, 8)

MAYO

15

VIERNES

Viernes 6º de Pascua

Tomo II · Salterio 2ª semana

Santos ISIDRO LABRADOR, Santos Juana de Lestonnac rl, Indalecio,
Torcuato y Eufrasio obs mrs

Papa Francisco: Este es el mensaje de la Iglesia hoy: no tener miedo, ser valerosos en el sufrimiento y pensar que después viene el Señor; después viene el gozo, después de la oscuridad llega el sol. Que el Señor dé a todos nosotros este gozo en esperanza. La paz es el signo de que nosotros tenemos esta alegría en esperanza. (30-05-2014)

En aquel tiempo, dijo Jesús a sus discípulos: «En verdad, en verdad os digo: vosotros lloraréis y os lamentaréis, mientras el mundo estará alegre; vosotros estaréis tristes, pero vuestra tristeza se convertirá en alegría. La mujer, cuando va a dar a luz, siente tristeza, porque ha llegado su hora; pero, en cuanto da a luz al niño, ni se acuerda del apuro, por la alegría de que al mundo le ha nacido un hombre. También vosotros ahora sentís tristeza; pero volveré a veros, y se alegrará vuestro corazón, y nadie os quitará vuestra alegría. Ese día no me preguntaréis nada».

Hechos 18, 9-18; Salmo 46, 2-7 • JUAN 16, 20-23a

Señor Jesús, que nunca me deje vencer por la tristeza, el desánimo y el pesimismo pues tú eres la alegría de mi corazón.

Dios es el rey del mundo (Salmo 46, 8a)

Sábado 6º de Pascua

Tomo II · Salterio 2ª semana

MAYO

16

SÁBADO

Santos Simón Stock pb, Gema Galgani vg, Andrés Bobola pb mr, Alipio y Posidio obs.
Beato Gil de Santarem pb

Papa Francisco: ¿Cuántas veces hemos pedido y no hemos obtenido, todos lo hemos experimentado, cuántas veces hemos llamado y encontrado una puerta cerrada? Jesús nos insta, en esos momentos, a insistir y no rendirnos. La oración siempre transforma la realidad, siempre. Si las cosas no cambian a nuestro alrededor, al menos nosotros cambiamos, cambiamos nuestro corazón. Jesús prometió el don del Espíritu Santo a cada hombre y a cada mujer que reza. (09-01-2019)

En aquel tiempo, dijo Jesús a sus discípulos: «En verdad, en verdad os digo: si pedís algo al Padre en mi nombre, os lo dará. Hasta ahora no habéis pedido nada en mi nombre; pedid, y recibiréis, para que vuestra alegría sea completa. Os he hablado de esto en comparaciones; viene la hora en que ya no hablaré en comparaciones, sino que os hablaré del Padre claramente. Aquel día pediréis en mi nombre, y no os digo que yo rogaré al Padre por vosotros, pues el Padre mismo os quiere, porque vosotros me queréis y creéis que yo salí de Dios. Salí del Padre y he venido al mundo, otra vez dejo el mundo y me voy al Padre».

Hechos 18,23-28; Salmo 46,2-3.8-10 • JUAN 16, 23b-28

Señor Jesús, me enseñas a confiar en el amor que viene del Padre que nos escucha y nos atiende como a hijos queridos.

Dios es el rey del mundo (Salmo 46, 8a)

MAYO

17

DOMINGO

Domingo 7º de Pascua   Tomo II · Salterio 3ª semana

SOLEMNIDAD DE LA ASCENSIÓN DEL SEÑOR

Santos PASCUAL BAILÓN rl, Víctor mr, Heraclio y Pablo mrs

JORNADA MUNDIAL DE LAS COMUNICACIONES SOCIALES

Papa Francisco: Con la Ascensión sucedió algo nuevo y hermoso: Jesús ha llevado nuestra humanidad, nuestra carne al cielo —¡es la primera vez!— es decir la ha llevado a Dios. Esa humanidad, que había tomado en la tierra, no se ha quedado aquí. Jesús resucitado no era un espíritu, no, tenía su cuerpo humano, la carne, los huesos, todo, y ahí, en Dios, estará para siempre. Podemos decir que desde el día de la Ascensión Dios mismo ha «cambiado»: ¡desde entonces ya no es solo espíritu, sino que por todo lo que nos ama lleva en sí nuestra misma carne, nuestra humanidad! (21-05-2023)

Hechos 1, 1-11: En mi primer libro, Teófilo, escribí de todo lo que Jesús hizo y enseñó desde el comienzo hasta el día en que fue llevado al cielo, después de haber dado instrucciones a los apóstoles que había escogido, movido por el Espíritu Santo. Se les presentó él mismo después de su pasión, dándoles numerosas pruebas de que estaba vivo, apareciéndoseles durante cuarenta días y hablándoles del reino de Dios. Una vez que comían juntos les ordenó que no se alejaran de Jerusalén, sino «aguardad que se cumpla la promesa del Padre, de la que me habéis oído hablar, porque Juan bautizó con agua, pero vosotros seréis bautizados con Espíritu Santo dentro de no muchos días». Los que se habían reunido, le preguntaron, diciendo: «¿Señor, es ahora cuando vas a restaurar el reino de Israel?». Les dijo: «No os toca a vosotros conocer los tiempos o momentos que el Padre ha establecido con su propia autoridad; en cambio, recibiréis la fuerza del Espíritu Santo que va a venir sobre vosotros y seréis mis testigos en Jerusalén, en toda Judea, en Samaría y "hasta el confín de la tierra». Dicho esto, a la vista de ellos, fue elevado al cielo hasta que una nube se lo quitó de la vista. Cuando miraban fijos al cielo, mientras él se iba marchando, se les presentaron dos hombres vestidos de blanco, que les dijeron: «Galileos, ¿qué hacéis ahí plantados mirando al cielo? El mismo Jesús que ha sido tomado de entre vosotros y llevado al cielo, volverá como lo habéis visto marcharse al cielo».

Salmo 46, 2-3.6-9: *Dios asciende entre aclamaciones; el Señor, al son de trompetas.*

Efesios 1, 17-23: Hermanos: El Dios de nuestro Señor Jesucristo, el Padre de la gloria, os dé espíritu de sabiduría y revelación para conocerlo, e ilumine los ojos de vuestro corazón para que comprendáis cuál es la esperanza a la que os llama, cuál la riqueza de gloria que da en herencia a los santos y cuál la extraordinaria grandeza de su poder en favor de nosotros, los creyentes, según la eficacia de su fuerza poderosa, que desplegó en Cristo, resucitándolo de entre los muertos y sentándolo a su derecha en el cielo, por encima de todo principado, poder, fuerza y dominación, y por encima de todo nombre conocido, no solo en este mundo, sino en el futuro. Y «todo lo puso bajo sus pies», y lo dio a la Iglesia, como Cabeza, sobre todo. Ella es su cuerpo, plenitud del que llena todo en todos.

MATEO 28, 16-20: En aquel tiempo, los once discípulos se fueron a Galilea, al monte que Jesús les había indicado. Al verlo, ellos se postraron, pero algunos dudaron. Acercándose a ellos, Jesús les dijo: «Se me ha dado todo poder en el cielo y en la tierra. Id, pues, y haced discípulos a todos los pueblos, bautizándolos en el nombre del Padre, y del Hijo y del Espíritu Santo; enseñándoles a guardar todo lo que os he mandado. Y sabed que yo estoy con vosotros todos los días, hasta el final de los tiempos».

 Señor Jesús, hoy asciendes glorioso a los cielos, pero sé que estás conmigo, que no me abandonas, que no me dejas, que estás presente en mi vida y me guías hacia el cielo.

Papa Francisco: No hay que olvidar nunca que en la vida debemos ir por los caminos de la tribulación, porque es la ley de la vida; pero se debe siempre recordar, precisamente en esos momentos, de confiarse al Señor. Y Él nos responde con la paz. De hecho, el Señor es Padre que nos ama mucho y nunca defrauda. Que Dios refuerce nuestra fe y esperanza, dándonos la confianza de vencer las tribulaciones, porque él venció al mundo, y donando a todos su paz. (05-05-2015)

En aquel tiempo, los discípulos dijeron a Jesús: «Ahora sí que hablas claro y no usas comparaciones. Ahora vemos que lo sabes todo y no necesitas que te pregunten; por ello creemos que has salido de Dios». Les contestó Jesús: «¿Ahora creéis? Pues mirad: está para llegar la hora, mejor, ya ha llegado, en que os disperséis cada cual por su lado y a mí me dejéis solo. Pero no estoy solo, porque está conmigo el Padre. Os he hablado de esto, para que encontréis la paz en mí. En el mundo tendréis luchas; pero tened valor: yo he vencido al mundo».

Hechos 19, 1-8; Salmo 67, 2-7 • JUAN 16, 29-33

Señor Jesús, que en medio de mis luchas siempre encuentre paz y sosiego en ti.

Reyes de la tierra, cantad a Dios (Salmo 67, 33a)

Papa Francisco: Es importante pensar que Jesús está orando por mí. Yo puedo seguir adelante en la vida porque tengo un abogado que me defiende. Si soy culpable, si tengo muchos pecados, Jesús es un buen abogado defensor y hablará al Padre de mí. Y precisamente para destacar que Él es el primer abogado, nos dice: Os enviaré otro paráclito, otro abogado. Pero Él es el primero. (03-06-2014)

En aquel tiempo, levantando los ojos al cielo, dijo Jesús: «Padre, ha llegado la hora, glorifica a tu Hijo, para que tu Hijo te glorifique a ti y, por el poder que tú le has dado sobre toda carne, dé la vida eterna a todos los que le has dado. Esta es la vida eterna: que te conozcan a ti, único Dios verdadero, y a tu enviado, Jesucristo. Yo te he glorificado sobre la tierra, he llevado a cabo la obra que me encomendaste. Y ahora, Padre, glorifícame junto ti, con la gloria que yo tenía junto a ti antes que el mundo existiese. He manifestado tu nombre a los que me diste de en medio del mundo. Tuyos eran, y tú me los diste, y ellos han guardado tu palabra. Ahora han conocido que todo lo que me diste procede de ti, porque yo les he comunicado las palabras que tú me diste, y ellos las han recibido, y han conocido verdaderamente que yo salí de ti, y han creído que tú me has enviado. Te ruego por ellos; no ruego por el mundo, sino por estos que tú me diste, porque son tuyos. Y todo lo mío es tuyo, y lo tuyo mío; y en ellos he sido glorificado. Ya no voy a estar en el mundo, pero ellos están en el mundo, mientras yo voy a ti».

Hechos 20, 17-27; Salmo 67, 10-11.20-21 • JUAN 17, 1-11a

Señor Jesús, somos tuyos, recuérdanos siempre ante el Padre bueno; intercede por nosotros como nuestro gran Mediador.

Reyes de la tierra, cantad a Dios (Salmo 67, 33a)

Papa Francisco: Jesús es nuestro intercesor, y rezar es un poco hacer como Jesús; interceder en Jesús al Padre, por los otros. Esto es muy bonito. A la oración le importa el hombre. Simplemente el hombre. Quien no ama al hermano no reza seriamente. Se puede decir: en espíritu de odio no se puede rezar; en espíritu de indiferencia no se puede rezar. La oración solamente se da en espíritu de amor. Quien no ama finge rezar, o él cree que reza, pero no reza, porque falta precisamente el espíritu que es el amor. (06-12-2020)

En aquel tiempo, levantando los ojos al cielo, oró Jesús diciendo: «Padre santo, guárdalos en tu nombre, a los que me has dado, para que sean uno, como nosotros. Cuando estaba con ellos, yo guardaba en tu nombre a los que me diste, y los custodiaba, y ninguno se perdió, sino el hijo de la perdición, para que se cumpliera la Escritura. Ahora voy a ti, y digo esto en el mundo para que tengan en sí mismos mi alegría cumplida. Yo les he dado tu palabra, y el mundo los ha odiado porque no son del mundo, como tampoco yo soy del mundo. No ruego que los retires del mundo, sino que los guardes del maligno. No son del mundo, como tampoco yo soy del mundo. Santifícalos en la verdad: tu palabra es verdad. Como tú me enviaste al mundo, así yo los envío también al mundo. Y por ellos yo me santifico a mí mismo, para que también ellos sean santificados en la verdad».

Hechos 20, 28-38; Salmo 67, 29-30.33-36 • JUAN 17, 11b-19

Señor Jesús, amo tu palabra, quiero escucharla, quiero vivir en la verdad que contiene.

Reyes de la tierra, cantad a Dios (Salmo 67, 33a)

Jueves 7º de Pascua · Tomo II · Salterio 3ª semana

MAYO

21

JUEVES

Santos CRISTÓBAL MAGALLANES y CO. mrs, Eugenio de Mazenod ob.
Beato Jacinto Mª. Cormier pb

Papa Francisco: El desafío de todos nosotros los cristianos: no dar lugar a la división entre nosotros, no dejar que el espíritu de división, el padre de la mentira entre en nosotros. Debemos buscar siempre la unidad. Cada uno, naturalmente, es como es, pero debe buscar vivir en la unidad: ¿Jesús te ha perdonado? Perdona a todos. (21-05-2015)

En aquel tiempo, Jesús levantando los ojos al cielo, oró diciendo: «No solo por ellos ruego, sino también por los que crean en mí por la palabra de ellos, para que todos sean uno, como tú, Padre, en mí, y yo en ti, que ellos también sean uno en nosotros, para que el mundo crea que tú me has enviado. Yo les he dado la gloria que tú me diste, para que sean uno, como nosotros somos uno: yo en ellos y tú en mí, para que sean completamente uno, de modo que el mundo sepa que tú me has enviado y los has amado como me has amado a mí. Padre, este es mi deseo: que los que me has dado estén conmigo, donde yo estoy, y contemplen mi gloria, la que me diste, porque me amabas, antes de la fundación del mundo. Padre justo, si el mundo no te ha conocido, yo te he conocido, y estos han conocido que tú me enviaste. Les he dado a conocer y les daré a conocer tu nombre, para que el amor que me tenías esté en ellos, y yo en ellos».

Hechos 22, 30; 23, 6-11; Salmo 15, 1b-2a. 5.7-11 • JUAN 17, 20-26

Señor Jesús, que tu Espíritu nos ayude a vivir en la unidad y la comunión siendo constructores de fraternidad.
Protégeme, Dios mío, que me refugio en ti (Salmo 15, 1b)

Papa Francisco: Todos, todos somos hijos de Dios, todos hermanos en la Iglesia. Todos Iglesia, todos. Nosotros somos sus ovejas, su rebaño, y sólo lo somos juntos, unidos. Superemos las polarizaciones y defendamos la comunión, convirtámonos cada vez más en «una sola cosa», como Jesús suplicó antes de dar la vida por nosotros. (11-10-2022)

Habiéndose aparecido Jesús a sus discípulos, después de comer, le dice a Simón Pedro: «Simón, hijo de Juan, ¿me amas más que estos?». Él le contestó: «Sí, Señor, tú sabes que te quiero». Jesús le dice: «Apacienta mis corderos». Por segunda vez le pregunta: «Simón, hijo de Juan, ¿me amas?». Él le contesta: «Sí, Señor, tú sabes que te quiero». Él le dice: «Pastorea mis ovejas». Por tercera vez le pregunta: «Simón, hijo de Juan, ¿me quieres?». Se entristeció Pedro de que le preguntara por tercera vez: "¿Me quieres?", y le contestó: «Señor, tú conoces todo, tú sabes que te quiero». Jesús le dice: «Apacienta mis ovejas. En verdad, en verdad te digo: cuando eras joven, tú mismo te ceñías e ibas adonde querías; pero, cuando seas viejo, extenderás las manos, otro te ceñirá y te llevará adonde no quieras». Esto dijo aludiendo a la muerte con que iba a dar gloria a Dios. Dicho esto, añadió: «Sígueme».

Hechos 25, 13b-21; Salmo 102, 1-2.11-12.19-20ab • JUAN 21, 15-19

Señor Jesús, tú lo sabes todo, también mis debilidades, pero te amo y con tu gracia estoy dispuesto a seguirte.
El Señor puso en el cielo su trono (Salmo 102, 19a)

Papa Francisco: Seguir a Cristo no es una pérdida, sino una ganancia incalculable, mientras que la renuncia se refiere al obstáculo que impide el camino. [...] Dejaos conquistar por su mirada de amor que nos libera de la seducción de los ídolos, de las falsas riquezas que prometen la vida pero traen la muerte. No tengáis miedo de acoger la Palabra de Cristo y de aceptar su llamada. (29-06-2021)

En aquel tiempo Pedro, volviéndose, vio que los seguía el discípulo a quien Jesús amaba, el mismo que en la cena se había apoyado en su pecho y le había preguntado: «Señor, ¿quién es el que te va a entregar?». Al verlo, Pedro dice a Jesús: «Señor, y este ¿qué?». Jesús le contesta: «Si quiero que se quede hasta que yo venga, ¿a ti qué? Tú sígueme». Entonces se empezó a correr entre los hermanos el rumor de que ese discípulo no moriría. Pero no le dijo Jesús que no moriría, sino: «Si quiero que se quede hasta que yo venga, ¿a ti qué?». Este es el discípulo que da testimonio de todo esto y lo ha escrito; y nosotros sabemos que su testimonio es verdadero. Muchas otras cosas hizo Jesús. Si se escribieran una por una, pienso que ni el mundo entero podría contener los libros que habría que escribir».

Hechos 28, 16-20.30-31; Salmo 10, 4.5.7 • JUAN 21, 20-25

Señor Jesús, como el discípulo amado, quiero estar cerca de tu costado, en comunión contigo, unido a ti.
Los buenos verán tu rostro, Señor (Salmo 10, 7b)

Papa Francisco: Hermanos, hermanas, el miedo bloquea, el miedo paraliza. Y también aísla: pensemos en el miedo hacia el otro, al extranjero, al diferente, al que piensa distinto. E incluso puede haber miedo a Dios: miedo a que me castigue, a que se enfade conmigo... Si damos espacio a estos falsos miedos, se cierran las puertas: las puertas del corazón, las puertas de la sociedad, ¡e incluso las puertas de la Iglesia! Donde hay miedo, hay cerrazón. Y eso no está bien. El Evangelio, sin embargo, nos ofrece el remedio del Resucitado: el Espíritu Santo. Él libera de las prisiones del miedo. (28-05-2023)

VIGILIA

Génesis 11, 1-9: Se llama Babel, porque allí confundió el Señor la lengua de toda la tierra.

Éxodo 19, 3-8.16-20b: El Señor descendió al monte Sinaí, a la vista del pueblo.

Ezequiel 37, 1-14: Huesos secos: infundiré espíritu sobre vosotros y viviréis.

Joel 3, 1-5: Sobre mis siervos y siervas derramaré mi Espíritu.

Salmo 103, 1-2a.24.35c.27-30: *Envía tu Espíritu, Señor, y repuebla la faz de la tierra.*

Romanos 8, 22-27: El Espíritu intercede por nosotros con gemidos inefables.

JUAN 7,37-39: El último día, el más solemne de la fiesta, Jesús en pie gritó: «El que tenga sed, que venga a mí y beba el que cree en mí; como dice la Escritura: "de sus entrañas manarán ríos de agua viva"». Dijo esto refiriéndose al Espíritu, que habían de recibir los que creyeran en él. Todavía no se había dado el Espíritu, porque Jesús no había sido glorificado.

MISA DEL DÍA

Hechos 2, 1-11: Al cumplirse el día de Pentecostés, estaban todos juntos en el mismo lugar. De repente, se produjo desde el cielo un estruendo, como de un viento que soplaba fuertemente y llenó toda la casa donde se encontraban sentados. Vieron aparecer unas lenguas, como llamaradas, que se dividían posándose encima de cada uno de ellos. Se llenaron todos de Espíritu Santo y empezaron a hablar en otras lenguas, según el Espíritu les concedía manifestarse. Residían entonces en Jerusalén judíos devotos venidos de todos los pueblos que hay bajo el cielo. Al oírse este ruido, acudió la multitud y quedaron desconcertados, porque cada uno los oía hablar en su propia lengua. Estaban todos estupefactos y admirados, diciendo: «¿No son galileos todos esos que están hablando? Entonces, ¿cómo es que cada uno de nosotros los oímos hablar en nuestra lengua nativa? Entre nosotros hay partos, medos, elamitas y habitantes de Mesopotamia, de Judea y Capadocia, del Ponto y Asia, de Frigia y Panfilia, de Egipto y de la zona de Libia que limita con Cirene; hay ciudadanos romanos forasteros, tanto judíos como prosélitos; también hay cretenses y árabes; y cada uno los oímos hablar de las grandezas de Dios en nuestra propia lengua».

Salmo 103,1ab.24ac.29bc-31.34: *Envía tu Espíritu, Señor, y repuebla la faz de la tierra.*

1 Corintios 12, 3b-7.12-13: Hermanos: Nadie puede decir «Jesús es Señor», sino por el Espíritu Santo. Hay diversidad de carismas, pero un mismo Espíritu; hay diversidad de ministerios, pero un mismo Señor; y hay diversidad de actuaciones, pero un mismo Dios que obra todo en todos. Pero a cada cual se le otorga la manifestación del Espíritu para el bien común. Pues, lo mismo que el cuerpo es uno y tiene muchos miembros, y todos los miembros del cuerpo, a pesar de ser muchos, son un solo cuerpo, así es también Cristo. Pues todos nosotros, judíos y griegos, esclavos y libres, hemos sido bautizados en un mismo Espíritu, para formar un solo cuerpo. Y todos hemos bebido de un solo Espíritu.

SECUENCIA: Ven, Espíritu divino,/manda tu luz desde el cielo./Padre amoroso del pobre/,don, en tus dones espléndido;/luz que penetra las almas;/fuente del mayor consuelo.
Ven, dulce huésped del alma,/descanso en nuestro esfuerzo,/tregua en el duro trabajo,/brisa en las horas de fuego,/gozo que enjuga las lágrimas/y reconforta en los duelos.
Entra hasta el fondo del alma,/divina luz y enriquécenos./Mira el vacío del hombre,/si tú le faltas por dentro;/mira el poder del pecado,/cuando no envías tu aliento.
Riega la tierra en sequía,/sana el corazón enfermo,/lava las manchas, infunde/calor de vida en el hielo./doma el espíritu indómito,/guía al que tuerce el sendero.
Reparte tus siete dones,/según la fe de tus siervos;/por tu bondad y tu gracia,/dale al esfuerzo su mérito;/salva al que busca salvarse/y danos tu gozo eterno.

JUAN 20, 19-23: Al anochecer de aquel día, el primero de la semana, estaban los discípulos en una casa, con las puertas cerradas por miedo a los judíos. Y en esto entró Jesús, se puso en medio y les dijo: «Paz a vosotros». Y, diciendo esto, les enseñó las manos y el costado. Y los discípulos se llenaron de alegría al ver al Señor. Jesús repitió: «Paz a vosotros. Como el Padre me ha enviado, así también os envío yo». Y, dicho esto, sopló sobre ellos y les dijo: «Recibid el Espíritu Santo; a quienes les perdonéis los pecados, les quedan perdonados; a quienes se los retengáis, les quedan retenidos».

 Señor Jesús, renuévanos con la gracia poderosa de tu Espíritu Santo que nos transforma, ilumina y santifica.

MAYO

25
LUNES

Lunes 8º Tiempo ordinario   Tomo III · Salterio 4ª semana

BIENAVENTURADA VIRGEN MARÍA, MADRE DE LA IGLESIA

Santos BEDA pb dc, GREGORIO VII pp, Mª. MAGDALENA DE PAZZI vg,
Magdalena Sofía vg, Vicenta Mª. López Vicuña vg

TIEMPO ORDINARIO: TOMO III de la LITURGIA DE LAS HORAS

Papa Francisco: La maternidad de María es algo grande. Dios, de hecho, ha querido nacer de una mujer para enseñarnos este camino. Es más, Dios se ha enamorado de su pueblo como un esposo con la esposa: esto se dice en el Antiguo Testamento. Y es un misterio grande. Como consecuencia, nosotros podemos pensar que si la Iglesia es madre, las mujeres deberán tener funciones en la Iglesia: sí, es verdad, deberán tener funciones, muchas funciones que hacen, gracias a Dios son más las funciones que las mujeres tienen en la Iglesia. Pero esto no es lo más significativo, porque lo importante es que la Iglesia sea mujer, que tenga esta actitud de esposa y de madre. (21-05-2018)

En aquel tiempo, junto a la cruz de Jesús estaba su madre, la hermana de su madre, María, la de Cleofás, y María, la Magdalena. Jesús, al ver a su madre y junto a ella al discípulo al que amaba, dijo a su madre: «Mujer, ahí tienes a tu hijo». Luego, dijo al discípulo: «Ahí tienes a tu madre». Y desde aquella hora, el discípulo la recibió como algo propio. Después de esto, sabiendo Jesús que ya todo estaba cumplido, para que se cumpliera la Escritura dijo: «Tengo sed». Había allí un jarro lleno de vinagre. Y, sujetando una esponja empapada en vinagre a una caña de hisopo, se la acercaron a la boca. Jesús, cuando tomó el vinagre, dijo: «Está cumplido». E, inclinando la cabeza, entregó el espíritu. Los judíos entonces, como era el día de la Preparación, para que no se quedaran los cuerpos en la cruz el sábado, porque aquel sábado era un día grande, pidieron a Pilato que les quebraran las piernas y que los quitaran. Fueron los soldados, le quebraron las piernas al primero y luego al otro que habían crucificado con él; pero al llegar a Jesús, viendo que ya había muerto, no le quebraron las piernas, sino que uno de los soldados, con la lanza, le traspasó el costado, y al punto salió sangre y agua.

Hechos 1,12-14; Salmo 86,1b-3.5-7 • JUAN 19, 25-34
(O de la feria: 1Pedro 1, 3-9; Salmo 110,1b.2.5-6.9.10c; MARCOS 10, 17-27)

Señor Jesús, gracias por el hermoso regalo de tu Madre, la Virgen María, madre de la Iglesia. Que nos dejemos conducir por ella hacia ti. *¡Que pregón tan glorioso para ti, ciudad de Dios!* (Salmo 86, 3)

Papa Francisco: Son tres cosas, tres escalones, los que nos alejan de Jesús: las riquezas, la vanidad y el orgullo.

Por ello las riquezas son tan peligrosas: te llevan inmediatamente a la vanidad y te crees importante; pero cuando te crees importante, se te sube a la cabeza y te pierdes. Es por ello que Jesús nos recuerda el camino: «Muchos primeros serán últimos, y muchos últimos serán primeros, y quien es el primero entre vosotros que sea el servidor de todos». Es un camino de abajamiento, el mismo camino recorrido por Él. (26-05-2015)

 En aquel tiempo, Pedro se puso a decir a Jesús: «Ya ves que nosotros lo hemos dejado todo y te hemos seguido».

Jesús dijo: «En verdad os digo que no hay nadie que haya dejado casa, o hermanos o hermanas, o madre o padre, o hijos o tierras, por mí y por el Evangelio, que no reciba ahora, en este tiempo, cien veces más —casas y hermanos y hermanas y madres e hijos y tierras, con persecuciones—, y en la edad futura, vida eterna. Muchos primeros serán últimos, y muchos últimos primeros».

1 Pedro 1, 10-16; Salmo 97, 1-4 • MARCOS 10, 28-31

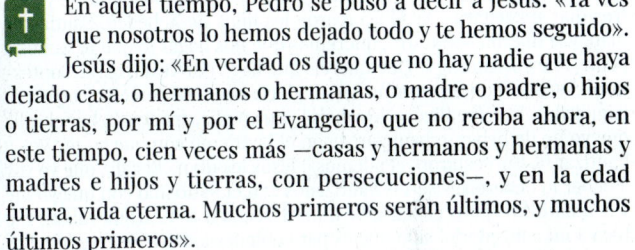 **Señor Jesús,** tú eres tesoro y perla; eres la mayor riqueza. Por ti tiene sentido darlo todo.

El Señor da a conocer su salvación (Salmo 97, 2a)

Papa Francisco: Queridos hermanos: Todos nosotros queremos a Jesús, todos deseamos seguirlo, pero tenemos que estar siempre vigilantes para permanecer en su camino. Porque con los pies, con el cuerpo podemos estar con Él, pero nuestro corazón puede estar lejos y llevarnos fuera del camino. (28-11-2020)

En aquel tiempo, los discípulos estaban subiendo por el camino hacia Jerusalén y Jesús iba delante de ellos; ellos estaban sorprendidos y los que lo seguían tenían miedo. Él tomó aparte otra vez a los doce y empezó a decirles lo que iba a suceder: «Mirad, estamos subiendo a Jerusalén, y el Hijo del hombre va a ser entregado a los sumos sacerdotes y a los escribas; lo condenarán a muerte y lo entregarán a los gentiles, se burlarán de él, le escupirán, lo azotarán y lo matarán; y a los tres días resucitará». Se le acercaron los hijos de Zebedeo, Santiago y Juan, y le dijeron: «Maestro, queremos que nos hagas lo que te vamos a pedir». Les preguntó: «¿Qué queréis que haga por vosotros?». Contestaron: «Concédenos sentarnos en tu gloria uno a tu derecha y otro a tu izquierda». Jesús replicó: «No sabéis lo que pedís, ¿podéis beber el cáliz que yo he de beber, o bautizaros con el bautismo con que yo me voy a bautizar?». Contestaron: «Podemos». Jesús les dijo: «El cáliz que yo voy a beber lo beberéis, y seréis bautizados con el bautismo con que yo me voy a bautizar, pero el sentarse a mi derecha o a mi izquierda no me toca a mí concederlo, sino que es para quienes está ya reservado». Los otros diez, al oír aquello, se indignaron contra Santiago y Juan. Jesús, llamándolos, les dijo: «Sabéis que los que son reconocidos como jefes de los pueblos los tiranizan, y que los grandes los oprimen. No será así entre vosotros: el que quiera ser grande entre vosotros, que sea vuestro servidor; y el que quiera ser primero, sea esclavo de todos. Porque el Hijo del hombre no ha venido a ser servido, sino a servir y dar su vida en rescate por muchos».

1 Pedro 1, 18-25; Salmo 147, 12-15.19-20 • MARCOS 10, 32-45

Señor Jesús, nos cuesta aprender tu lección de servicio y entrega. Perdónanos. Ayúdanos.
Glorifica al Señor, Jerusalén (Salmo 147, 12a)

Papa Francisco: El cristiano no cree en un «destino» ineludible. No hay nada aleatorio en la fe de los cristianos, sino una salvación que espera manifestarse en la vida de cada hombre y mujer y realizarse en la eternidad. Si oramos es porque creemos que Dios puede y quiere transformar la realidad superando el mal con el bien. A este Dios tiene sentido obedecer y abandonarse incluso en la hora de la prueba más dura. (20-03-2019)

Jesús fue con sus discípulos a un huerto, llamado Getsemaní, y les dijo: «Sentaos aquí, mientras voy allá a orar». Y llevándose a Pedro y a los dos hijos de Zebedeo, empezó a sentir tristeza y angustia. Entonces les dijo: «Mi alma está triste hasta la muerte; quedaos aquí y velad conmigo». Y adelantándose un poco cayó rostro en tierra y oraba diciendo: «Padre mío, si es posible, que pase de mí este cáliz. Pero no se haga como yo quiero, sino como quieres tú». Y volvió a los discípulos y los encontró dormidos. Dijo a Pedro: «¿No habéis podido velar una hora conmigo? Velad y orad para no caer en la tentación, pues el espíritu está pronto, pero la carne es débil». De nuevo se apartó por segunda vez y oraba diciendo: «Padre mío, si este cáliz no puede pasar sin que yo lo beba, hágase tu voluntad».

Génesis 22, 9-18; Salmo 39,7-11.17 • MATEO 26, 36-42

Señor Jesús, sumo sacerdote compasivo y fiel, que nuestros ojos estén siempre fijos en ti y seamos capaces de estar dispuestos al servicio y la entrega por amor como hiciste tú.

Aquí estoy, Señor, para hacer tu voluntad (Salmo 39, 8a.9a)

MAYO

29
VIERNES

Viernes 8º Tiempo ordinario

Tomo III · Salterio 4ª semana

Santos PABLO VI pp, Maximino de Tréveris ob, Bona vg, Gerardo ob.
Beato José Gérard pb

Papa Francisco: El Espíritu nos hace capaces de orar como hijos de Dios, como realmente somos por el Bautismo. El Espíritu nos hace rezar en el «surco» que Jesús excavó para nosotros. Este es el misterio de la oración cristiana: la gracia nos atrae a ese diálogo de amor de la Santísima Trinidad. (22-05-2019)

Después que el gentío lo hubo aclamado, entró Jesús en Jerusalén, en el templo, lo estuvo observando todo y, como era ya tarde, salió hacia Betania con los Doce. Al día siguiente, cuando salían de Betania, sintió hambre. Vio de lejos una higuera con hojas y se acercó para ver si encontraba algo; al llegar no encontró más que hojas, porque no era tiempo de higos. Entonces le dijo: «Nunca jamás coma nadie frutos de ti». Los discípulos lo oyeron. Llegaron a Jerusalén, entrando en el templo y se puso a echar a los que vendían y compraban en el templo, volcando las mesas de los cambistas y los puestos de los que vendían palomas. Y no consentía a nadie transportar objetos por el templo. Y los instruía, diciendo: «¿No está escrito: "Mi casa será casa de oración para todos los pueblos"? Vosotros, en cambio, la habéis convertido en cueva de bandidos». Se enteraron los sumos sacerdotes y los escribas y, como lo tenían miedo, porque todo el mundo admiraba su enseñanza, buscaban una manera de acabar con él. Cuando atardeció, salieron de la ciudad. A la mañana siguiente, al pasar, vieron la higuera seca de raíz. Pedro cayó en la cuenta y dijo a Jesús: «Maestro, mira, la higuera que maldijiste se ha secado.» Jesús contestó: «Tened fe en Dios. En verdad os digo que si uno dice a este monte: "Quítate y arrójate al mar", y no duda en su corazón, sino que cree en que sucederá lo que dice, lo obtendrá. Por eso os digo: todo cuanto pidáis en la oración, creed que os lo han concedido, y lo obtendréis. Y cuando os pongáis a orar, perdonad lo que tengáis contra otros, para que también vuestro Padre del cielo os perdone vuestras culpas».

1 Pedro 4, 7-13; Salmo 95, 10-13 • MARCOS 11, 11-25

Señor Jesús, ni higuera seca, ni cueva de bandidos, sino que mi corazón sea un lugar donde crezca y germine la fe en ti.
Llega el Señor a regir la tierra (Salmo 95, 13b)

Sábado 8ª Tiempo ordinario · Tomo III · Salterio 4ª semana

MAYO
30
SÁBADO

Santos FERNANDO III re, Juana de Arco vg, Matías Mulumba mr, Gabino mr.
Beata Matilde Téllez

Papa Francisco: Si nosotros nos convertimos en cristianos sensatos, cristianos sociales, de beneficencia solamente, ¿cuál será la consecuencia? Que no tendremos jamás mártires. Al contrario, cuando afirmamos que el Hijo de Dios vino y se hizo carne, cuando predicamos el escándalo de la cruz, vendrán las persecuciones, vendrá la cruz. Pidamos al Señor no tener vergüenza de vivir con este escándalo de la cruz. (01-06-2013)

En aquel tiempo, Jesús y los discípulos volvieron a Jerusalén y, mientras paseaba por el templo, se le acercaron los sumos sacerdotes, los escribas y los ancianos y le decían: «¿Con qué autoridad haces esto? ¿Quién te ha dado semejante autoridad para hacer esto?». Jesús les replicó: «Os voy a hacer una pregunta y, si me contestáis, os diré con qué autoridad hago esto: El bautismo de Juan ¿era del cielo o de los hombres? Contestadme». Se pusieron a deliberar: «Si decimos que es del cielo, dirá: "¿Y por qué no le habéis creído?". ¿Pero cómo vamos a decir que es de los hombres?». (Temían a la gente, porque todo el mundo estaba convencido de que Juan era un profeta). Y respondieron a Jesús: «No sabemos». Jesús les replicó: «Pues tampoco yo os digo con qué autoridad hago esto».

Judas 17. 20b-25; Salmo 62, 2-6 • MARCOS 11, 27-33

Señor Jesús, sana mi corazón y protégelo de toda prepotencia y doblez. Ayúdame a ser más humilde.
Mi alma está sedienta de ti, Señor, Dios mío (Salmo 62, 2b)

Papa Francisco: Dios es *comunión de amor*, y así nos lo ha revelado Jesús. ¿Y saben qué podemos hacer para recordarlo? El gesto más simple, que hemos aprendido de niños: la señal de la cruz. Con el gesto más simple, con esta señal de la cruz, trazando la cruz sobre nuestro cuerpo, recordamos cuánto nos ha amado Dios, hasta dar la vida por nosotros; y nos repetimos que su amor nos envuelve completamente, de arriba abajo, de izquierda a derecha, como un abrazo que no nos abandona nunca. Al mismo tiempo, nos comprometemos a testimoniar a Dios-amor, creando comunión en su nombre. (04-06-2023)

Éxodo 34, 4b-6.8-9: En aquellos días, Moisés madrugó y subió a la montaña del Sinaí, como le había mandado el Señor, llevando en la mano las dos tablas de piedra. El Señor bajó en la nube y se quedó con él allí, y Moisés pronunció el nombre del Señor. El Señor pasó ante él proclamando: «Señor, Señor, Dios compasivo y misericordioso, lento a la ira y rico en clemencia y lealtad». Moisés al momento se inclinó y se postró en tierra. Y le dijo: «Si he obtenido tu favor, que mi Señor vaya con nosotros, aunque es un pueblo de dura cerviz; perdona nuestras culpas y pecados y tómanos como heredad tuya».

Salmo: Daniel 3, 52-56: *¡A ti gloria y alabanza por los siglos!*

2 Corintios 13, 11-13: Hermanos, Alegraos, trabajad por vuestra perfección, animaos; tened un mismo sentir y vivid en paz. Y el Dios del amor y de la paz estará con vosotros. Saludaos mutuamente en el beso santo. Os saludan todos los santos. La gracia del Señor Jesucristo, el amor de Dios y la comunión del Espíritu Santo estén siempre con todos vosotros.

JUAN 3, 16-18: Tanto amó Dios al mundo, que entregó a su Unigénito, para que todo el que crea en él no perezca, sino que tenga vida eterna. Porque Dios no envió a su Hijo al mundo para juzgar al mundo, sino para que el mundo se salve por él. El que cree en él no será juzgado; el que no cree ya está juzgado, porque no ha creído en el nombre del Unigénito de Dios.

 Señor, Único Dios, Santa Trinidad, te adoramos, te bendecimos y te glorificamos. Bendito seas por todos los siglos.

SANTA CATALINA DE SIENA

La **Legenda maior** o **Vida de Santa Catalina** fue escrita por el beato Raimundo de Capua con el fin de dar a conocer la espiritualidad de esta importante mística y doctora de la Iglesia. Él fue su confesor, amigo espiritual y colaborador.

35,00 €

CARLO ACUTIS

Carlo dejó escritos muy breves, una especie de notas: pensamientos y emociones que se reproducen en este libro. Sus máximas, sus frases, son penetrantes e incisivas, muy eficaces.

14,00 €

¿Originales o fotocopias?

Carlo Acutis
Giorgio María Carbone

Antonia Salzano · Andrea Acutis · Giorgio María Carbone

Transmitir la fe de nuestro hijo Carlo Acutis

Una entrevista en la que los padres de Carlo, Antonia y Andrea, rememoran el viaje realizado por su hijo, y nos confían algunos aspectos de su existencia cotidiana en los que maduró la fe del joven.

14,00 €

junio

Durante el mes de junio la piedad popular cristiana orienta nuestro espíritu hacia el misterio del Corazón de Jesús.

Rico en misericordia hacia todos los que están oprimidos por el pecado, el Sagrado Corazón es principio y fundamento de paz y de verdadera esperanza. Jesús devuelve a todo hombre a la comunión con el Padre, atrayendo hacia sí mismo, desde la cruz, la mirada de cuantos buscan la salvación.

(San Juan Pablo II, 16-6-1991)

JUNIO

1

LUNES

Lunes 9º Tiempo ordinario   Tomo III · Salterio 1ª semana

Santos JUSTINO mr, Fortunato pb, Íñigo ab, Próculo mr. Ntra. Sra. de la Luz

Papa Francisco: La vía de nuestra redención es un camino donde no faltan muchos fracasos. Tanto es así que también el último, el de la cruz, es un escándalo: pero precisamente ahí el amor vence. Y esa historia que comienza con un sueño de amor, y continúa con una historia de fracasos, termina con la victoria del amor: la cruz de Jesús. (01-06-2015)

En aquel tiempo, Jesús se puso a hablar en parábolas a los sumos sacerdotes, a los escribas y a los ancianos: «Un hombre plantó una viña, la rodeó con una cerca, cavó un lagar, construyó una torre, la arrendó a unos labradores y se marchó lejos. A su tiempo, envió un criado a los labradores, para percibir su tanto del fruto de la viña. Ellos lo agarraron, lo azotaron y lo despidieron con las manos vacías. Les envió de nuevo otro criado; a este lo descalabraron e insultaron. Envió a otro y lo mataron; y a otros muchos a los que azotaron o los mataron. Le quedaba uno, su hijo amado. Y lo envió el último, pensando: "Respetarán a mi hijo". Pero los labradores se dijeron: "Este es el heredero. Venga, lo matamos, y será nuestra la herencia". Y, agarrándolo, lo mataron y lo arrojaron fuera de la viña. ¿Qué hará el dueño de la viña? Vendrá, hará perecer a los labradores y arrendará la viña a otros. ¿No habéis leído aquel texto de la Escritura: "La piedra que desecharon los arquitectos es ahora la piedra angular. Es el Señor quien lo ha hecho, ha sido un milagro patente"?». Intentaron echarle mano, porque comprendieron que había dicho la parábola por ellos; pero temieron a la gente, y, dejándolo allí, se marcharon.

2 Pedro 1, 2-7; Salmo 90, 1-2.14-16 • MARCOS 12, 1-12

Señor Jesús, en la viña de tu Iglesia dé yo el fruto de amor que nos pides.

Dios mío, confío en ti (Salmo 90, 2b)

Martes 9° Tiempo ordinario   Tomo III · Salterio 1ª semana

JUNIO
2
MARTES

Santos MARCELINO Y PEDRO mrs, Eugenio I pp, Erasmo ob mr,
Guido ob. Beato Sadoc y co mrs

Papa Francisco: La mansedumbre es sencilla, como la de un niño; y un niño no es hipócrita, porque no es corrupto. Cuando Jesús nos dice: que vuestro modo de hablar sea: «sí, sí», «no, no», con alma de niño, nos dice lo contrario de aquello que dicen los corruptos. Que nuestro hablar sea evangélico. Y pidamos hoy al Señor que nuestro modo de hablar sea el de la sencillez, el de los niños, hablar como hijos de Dios: por lo tanto, hablar en la verdad del amor. (04-06-2013)

En aquel tiempo, enviaron a Jesús algunos de los fariseos y de los herodianos, para cazarlo con una pregunta. Se acercaron y le dijeron: «Maestro, sabemos que eres veraz y no te preocupa lo que digan; porque no te fijas en apariencias, sino que enseñas el camino de Dios conforme a la verdad. ¿Es lícito pagar impuesto al César o no? ¿Pagamos o no pagamos?». Adivinando su hipocresía, les replicó: «¿Por qué me tentáis? Traedme un denario, que lo vea». Se lo trajeron. Y él les preguntó: «¿De quién es esta imagen y esta inscripción?». Le contestaron: «Del César». Jesús les replicó: «Dad al César lo que es del César y a Dios lo que es de Dios». Y se quedaron admirados.

2 Pedro 3, 12-15a.17-18; Salmo 89, 2-4.10.14.16
MARCOS 12, 13-17

Señor Jesús, mi fidelidad y amor a ti me lleven también a ser un ciudadano cabal que contribuya al bien común. *Señor, tú has sido nuestro refugio de generación en generación* (Salmo 89, 1bc)

Papa Francisco: La vida subsiste donde hay vínculo, comunión, fraternidad; y es una vida más fuerte que la muerte cuando se construye sobre relaciones verdaderas y lazos de fidelidad. Por el contrario, no hay vida cuando pretendemos pertenecer sólo a nosotros mismos y vivir como islas: en estas actitudes prevalece la muerte. Es egoísmo. Si vivo para mí mismo, estoy sembrando la muerte en mi corazón. (10-11-2019)

En aquel tiempo, se acercaron a Jesús unos saduceos, los cuales dicen que no hay resurrección, y le preguntaron: «Maestro, Moisés nos dejó escrito: "Si a uno se le muere su hermano, dejando mujer, pero no hijos, que se case con la viuda y dé descendencia a su hermano". Pues bien, había siete hermanos: el primero se casó y murió sin hijos; el segundo se casó con la viuda y murió también sin hijos; lo mismo el tercero; y ninguno de los siete dejó hijos. Por último, murió la mujer. Cuando llegue la resurrección y resuciten, ¿de cuál de ellos será la mujer? Porque los siete han estado casados con ella». Jesús les respondió: «¿No estáis equivocados, por no entender la Escritura ni el poder de Dios? Pues cuando resuciten, ni los hombres se casarán, ni las mujeres serán dadas en matrimonio, serán como ángeles del cielo. Y a propósito de que los muertos resucitan, ¿no habéis leído en el libro de Moisés, en el episodio de la zarza, lo que le dijo Dios: "Yo soy el Dios de Abrahán, el Dios de Isaac, el Dios de Jacob"? No es Dios de muertos, sino de vivos. Estáis muy equivocados».

2 Timoteo 1, 1-3. 6-12; Salmo 122, 1b-2 • MARCOS 12, 18-27

Señor Jesús, nos llamas a participar en la vida eterna, gracias por este don maravilloso que nos haces y que nos llena de esperanza.

A ti, Señor, levanto mis ojos (Salmo 122, 1b)

Papa Francisco: Dios, que es amor, nos ha creado por amor y para que podamos amar a los otros permaneciendo unidos a Él. Sería ilusorio pretender amar al prójimo sin amar a Dios y sería también ilusorio pretender amar a Dios sin amar al prójimo. Las dos dimensiones, por Dios y por el prójimo, en su unidad caracterizan al discípulo de Cristo. Que la Virgen María nos ayude a acoger y testimoniar en la vida de todos los días esta luminosa enseñanza. (04-11-2018)

En aquel tiempo, un escriba se acercó a Jesús y le preguntó: «¿Qué mandamiento es el primero de todos?». Respondió Jesús: «El primero es: "Escucha, Israel: el Señor, nuestro Dios, es el único Señor: amarás al Señor, tu Dios, con todo tu corazón, con toda tu alma, con toda tu mente, con todo tu ser". El segundo es este: "Amarás a tu prójimo como a ti mismo". No hay mandamiento mayor que estos». El escriba replicó: «Muy bien, Maestro, sin duda tienes razón cuando dices que el Señor es uno solo y no hay otro fuera de él; y que amarlo con todo el corazón, con todo el entendimiento y con todo el ser, y amar al prójimo como a uno mismo vale más que todos los holocaustos y sacrificios». Jesús, viendo que había respondido sensatamente, le dijo: «No estás lejos del reino de Dios». Y nadie se atrevió a hacerle más preguntas.

2 Timoteo 2, 8-15; Salmo 24, 4-5a.8-10.14 • MARCOS 12, 28b-34

Señor Jesús, cura mi egoísmo para vivir el mandamiento del amor, abriendo mi corazón a ti y a los hermanos.
Señor, enséñame tus caminos (Salmo 24, 4a)

Papa Francisco: Agarra el Evangelio y lea lo que dice Jesús y lo que dice en tu corazón. Porque Él tiene palabras de vida eterna para nosotros; Él revela que Dios es Padre, es amor. Él nos enseña el camino del amor, escúchalo a Jesús. Porque, por ahí nosotros con buena voluntad emprendemos caminos que parecen ser del amor, pero en definitiva son egoísmos disfrazados de amor. Ten cuidado con los egoísmos disfrazados de amor. Escúchalo, porque Él te va a decir cuál es el camino del amor. (06-08-2014)

En aquel tiempo, mientras enseñaba en el templo, Jesús preguntó: «¿Cómo dicen los escribas que el Mesías es hijo de David? El mismo David, movido por el Espíritu Santo, dice: "Dijo el Señor a mi Señor: Siéntate a mi derecha, y haré de tus enemigos estrado de tus pies". Si el mismo David lo llama Señor, ¿cómo puede ser hijo suyo?». Una muchedumbre numerosa le escuchaba a gusto.

2 Timoteo, 3, 10-17; Salmo 118, 157.160-161.165-166.168
MARCOS 12, 35-37

Señor Jesús, Mesías verdadero, libérame, cúrame, sáname, transfórmame.

Mucha paz tienen los que aman tu ley, Señor (Salmo 118, 165a)

Papa Francisco: La enseñanza que Jesús nos da hoy nos ayuda a recobrar lo que es esencial en nuestras vidas y favorece una relación concreta y cotidiana con Dios. Hermanos y hermanas, las balanzas del Señor son diferentes a las nuestras. Pesa de manera diferente a las personas y sus gestos: Dios no mide la cantidad sino la calidad, escruta el corazón, mira la pureza de las intenciones. Esto significa que nuestro «dar» a Dios en la oración y a los demás en la caridad debería huir siempre del ritualismo y del formalismo, así como de la lógica del cálculo, y debe ser expresión de gratuidad, como hizo Jesús con nosotros: nos salvó gratuitamente, no nos hizo pagar la redención. (11-11-2018)

En aquel tiempo, Jesús, instruyendo al gentío, les decía: «¡Cuidado con los escribas! Les encanta pasearse con amplio ropaje y que les hagan reverencias en las plazas, buscan los asientos de honor en las sinagogas y los primeros puestos en los banquetes; y devoran los bienes de las viudas y aparentan hacer largas oraciones. Esos recibirán una condenación más rigurosa». Estando Jesús sentado enfrente del tesoro del templo, observaba a la gente que iba echando dinero: muchos ricos echaban mucho; se acercó una viuda pobre y echó dos monedItas, es decir, un cuadrante. Llamando a sus discípulos, les dijo: «En verdad os digo que esta viuda pobre ha echado en el arca de las ofrendas más que nadie. Porque los demás han echado de lo que les sobra, pero esta, que pasa necesidad, ha echado todo lo que tenía para vivir».

2 Timoteo, 4, 1-8; Salmo 70, 8-9.14-17.22 • MARCOS 12, 38-44

Señor Jesús, es fácil ser generoso con lo que me sobra, pero tú me invitas a ser generoso dando la vida.
Mi boca contará tu salvación, Señor (Salmo 70, 15ab)

JUNIO

7

DOMINGO

SOLEMNIDAD DEL SANTÍSIMO CUERPO Y SANGRE DE CRISTO

Santos Antonio Mª. Gianelli ob, Roberto ab, Pedro y co mrs. Beata Ana de San Bartolomé vg

DÍA Y COLECTA DE LA CARIDAD

Papa Francisco: La procesión con el Santísimo Sacramento —característica de la fiesta del *Corpus Christi*, (...)— nos recuerda que estamos llamados a salir llevando a Jesús. Salir con entusiasmo llevando a Cristo a aquellos que encontramos en la vida de cada día. Nos convertimos así en una Iglesia con el cántaro en la mano, que despierta la sed y lleva el agua. Abramos de par en par el corazón en el amor, para ser nosotros la habitación amplia y acogedora donde todos puedan entrar y encontrar al Señor. Desgastemos nuestra vida en la compasión y la solidaridad, para que el mundo vea por medio nuestro la grandeza del amor de Dios. Y entonces el Señor vendrá, una vez más nos sorprenderá, una vez más se hará alimento para la vida del mundo. Y nos saciará para siempre, hasta el día en que, en el banquete del cielo, contemplaremos su rostro y nos alegraremos sin fin. (06-06-2021)

Deuteronomio 8, 2-3.14b-16a: Habló Moisés al pueblo diciendo: «Recuerda todo el camino que el Señor tu Dios te ha hecho recorrer estos cuarenta años por el desierto, para afligirte, para probarte y conocer lo que hay en tu corazón: si observas sus preceptos o no. Él te afligió haciéndote pasar hambre y después te alimentó con el maná —que tú no conocías ni conocieron tus padres— para hacerte reconocer que no solo de pan vive el hombre, sino que vive de todo cuanto sale de la boca de Dios. No olvides al Señor tu Dios que te sacó de la tierra de Egipto, de la casa de esclavitud, que te hizo recorrer aquel desierto inmenso y terrible, con serpientes abrasadoras y alacranes, un sequedal sin una gota de agua, que saco agua para ti de una roca de pedernal; que te alimentó en el desierto con un maná que no conocían tus padres».

Salmo 147, 12-15. 19-20: *Glorifica al Señor, Jerusalén.*

1 Corintios 10, 16-17: Hermanos: El cáliz de la bendición que bendecimos, ¿no es comunión de la sangre de Cristo? Y el pan que partimos, ¿no es comunión del cuerpo de Cristo? Porque el pan es uno, nosotros, siendo muchos, formamos un solo cuerpo, pues todos comemos del mismo pan.

SECUENCIA (Santo Tomás de Aquino):
- He aquí el pan de los ángeles / hecho viático nuestro; / verdadero pan de los hijos, / no lo echemos a los perros. /
- Figuras lo representaron: / Isaac fue sacrificado; / el cordero pascual, inmolado; / el maná nutrió a nuestros padres. /
- Buen Pastor, Pan verdadero, / ¡oh Jesús!, ten piedad. / Apaciéntanos y protégenos; / haz que veamos los bienes / en la tierra de los vivientes. /
- Tú, que todo sabes y puedes, / que nos apacientas aquí siendo aún mortales, / haznos allí tus comensales, / coherederos y compañeros / de los santos ciudadanos.

JUAN 6, 51-58: En aquel tiempo, dijo Jesús a los judíos: «Yo soy el pan vivo que ha bajado del cielo: el que coma de este pan vivirá para siempre. Y el pan que yo daré es mi carne por la vida del mundo». Disputaban los judíos entre sí: «¿Cómo puede este darnos a comer su carne?». Entonces Jesús les dijo: «En verdad, en verdad os digo: si no coméis la carne del Hijo del hombre y no bebéis su sangre no tenéis vida en vosotros. El que come mi carne y bebe mi sangre tiene vida eterna, y yo lo resucitaré en el último día. Mi carne es verdadera comida, y mi sangre es verdadera bebida. El que come mi carne y bebe mi sangre habita en mí y yo en él. Como el Padre que vive me ha enviado, y yo vivo por el Padre, así, del mismo modo, el que me come vivirá por mí. Este es el pan que ha bajado del cielo: no como el de vuestros padres, que lo comieron y murieron. El que come este pan vivirá para siempre».

Señor Jesús, gracias por el admirable misterio de tu Cuerpo y Sangre, alimento que nos vivifica y fortalece. Quiero sentir hambre de ti, Pan bajado del cielo; hambre de tu amor, hambre de tu vida.

JUNIO

8

LUNES

Lunes 10º Tiempo ordinario   Tomo III · Salterio 2ª semana

Santos Maximino de AIX ob, Guillermo ob, Medardo ob. Beatas Diana y Cecilia vgs

Papa Francisco: ¿Quiénes son los «pobres de espíritu»? Son aquellos que saben que no se bastan consigo mismos, que no son autosuficientes, y viven como «mendicantes de Dios»; se sienten necesitados de Dios y reconocen que el bien viene de Él, como don, como gracia. Quien es pobre de espíritu atesora lo que recibe; por eso desea que ningún don se desperdicie. Hoy quisiera detenerme sobre este aspecto típico de los pobres de espíritu: no desperdiciar. (29-01-2023)

En aquel tiempo, al ver Jesús el gentío, subió al monte, se sentó y se acercaron sus discípulos; y, abriendo su boca, les enseñaba diciendo: «Bienaventurados los pobres en el espíritu, porque de ellos es el reino de los cielos. Bienaventurados los mansos, porque ellos heredarán la tierra. Bienaventurados los que lloran, porque ellos serán consolados. Bienaventurados los que tienen hambre y sed de la justicia, porque ellos quedarán saciados. Bienaventurados los misericordiosos, porque ellos alcanzarán misericordia. Bienaventurados los limpios de corazón, porque ellos verán a Dios. Bienaventurados los que trabajan por la paz, porque ellos serán llamados hijos de Dios. Bienaventurados los perseguidos por causa de la justicia, porque de ellos es el reino de los cielos. Bienaventurados vosotros cuando os insulten y os persigan y os calumnien de cualquier modo por mi causa. Alegraos y regocijaos, porque vuestra recompensa será grande en el cielo, que de la misma manera persiguieron a los profetas anteriores a vosotros».

1 Reyes 17, 1-6; Salmo 120, 1bc-8 • MATEO 5, 1-12

Señor Jesús, que las bienaventuranzas inspiren siempre mi vida cristiana para vivirla fiel a ti.

Nuestro auxilio es el nombre del Señor, que hizo el cielo y la tierra (Salmo 120, 2)

Martes 10º Tiempo ordinario   Tomo III · Salterio 2ª semana

JUNIO
9
MARTES

Santos EFRÉN di dc, José de Anchieta pb, Ricardo ob, Columba ab.
Beata Ana Mª. Taigi mf

Papa Francisco: La luz de nuestra fe, donándose, no se apaga sino que se refuerza. Sin embargo, puede disminuir si no la alimentamos con el amor y con las obras de caridad. Así la imagen de la luz se encuentra con la de la sal. La página evangélica, de hecho, nos dice que, como discípulos de Cristo, somos también «la sal de la tierra». La sal es un elemento que, mientras da sabor, preserva la comida de la alteración y de la corrupción —¡en la época de Jesús no había frigoríficos!—. Por lo tanto, la misión de los cristianos en la sociedad es la de dar "sabor" a la vida con la fe y el amor que Cristo nos ha donado, y al mismo tiempo tiene lejos los gérmenes contaminantes del egoísmo, de la envidia, de la maledicencia, etc. (05-02-2017)

En aquel tiempo, dijo Jesús a sus discípulos: «Vosotros sois la sal de la tierra. Pero si la sal se vuelve sosa, ¿con qué la salarán? No sirve más que para tirarla fuera y que la pise la gente. Vosotros sois la luz del mundo. No se puede ocultar una ciudad puesta en lo alto de un monte. Tampoco se enciende una lámpara para meterla debajo del celemín, sino para ponerla en el candelero y que alumbre a todos los de casa. Brille así vuestra luz ante los hombres, para que vean vuestras buenas obras y den gloria a vuestro Padre que está en los cielos».

1 Reyes 17, 7-16; Salmo 4, 2-5.7-8 • MATEO 5, 13-16

Señor, que mi vida ilumine y dé sabor desde un testimonio vivo del evangelio.
Haz brillar sobre nosotros, Señor, la luz de tu rostro (Salmo 4, 7b)

JUNIO

10

MIÉRCOLES

Miércoles 10ª Tiempo ordinario   Tomo III · Salterio 2ª semana

Santos Landerico ob, Itamar ob. Beato Juan Dominici ob

Papa Francisco: La ley es plena, siempre en continuidad, sin cortes: como la semilla que acaba en la flor, en el fruto. El camino es el de la libertad en el Espíritu Santo, que nos hace libres, en el discernimiento continuo sobre la voluntad de Dios, para seguir adelante por este camino, sin retroceder y sin resbalar. Pidamos el Espíritu Santo que nos da vida, que lleva hacia adelante, que lleva a la plena madurez esa ley que nos hace libres. (12-06-2013)

En aquel tiempo, dijo Jesús a sus discípulos: «No creáis que he venido a abolir la Ley y los Profetas: no he venido a abolir, sino a dar plenitud. En verdad os digo que antes pasarán el cielo y la tierra que deje de cumplirse hasta la última letra o tilde de la Ley. El que se salte uno solo de los preceptos menos importantes, y se lo enseñe así a los hombres será el menos importante en el reino de los cielos. Pero quien los cumpla y enseñe será grande en el reino de los cielos».

1 Reyes 18, 20-39; Salmo 15, 1b-2a.4-5.8.11 • MATEO 5, 17-19

 Señor Jesús, todo lo planificas desde el amor. Quiero vivir en tu amor, quiero ser testigo de tu amor.
Protégeme, Dios mío, que me refugio en ti (Salmo 15, 1b)

Papa Francisco: Hay que comprender, en primer lugar, que la evangelización no es una simple predicación, es un anuncio, es más: el anuncio, de hecho, golpea, entra, cambia los corazones. Y el motivo es simple: porque dentro está el Espíritu Santo. Sin el Espíritu Santo no hay evangelización. Y Él es el protagonista de la evangelización, nosotros somos los servidores. Pero es Él quien lleva adelante. Así cuando no está el Espíritu están solamente nuestras capacidades, puede estar también nuestra fe, pero sin el Espíritu la cosa no va adelante; no cambia los corazones. (11-06-2018)

En aquel tiempo, dijo Jesús a sus discípulos: «Si vuestra justicia no es mayor que la de los escribas y fariseos, no entraréis en el reino de los cielos. Habéis oído que se dijo a los antiguos: "No matarás", y el que mate será reo de juicio. Pero yo os digo: todo el que se deja llevar de la cólera contra su hermano será procesado. Y si uno llama a su hermano "imbécil", tendrá que comparecer ante el Sanedrín, y si lo llama "necio", merece la condena de la "gehenna" del fuego. Por tanto, si cuando vas a presentar tu ofrenda sobre el altar, te acuerdas allí mismo de que tu hermano tiene quejas contra ti, deja allí tu ofrenda ante el altar y vete primero a reconciliarte con tu hermano, y entonces vuelve a presentar tu ofrenda. Con el que te pone pleito, procura arreglarte enseguida, mientras vais todavía de camino, no sea que te entregue al juez, y el juez al alguacil, y te metan en la cárcel. En verdad te digo que no saldrás de allí hasta que hayas pagado el último céntimo».

Hechos 11, 21b-26 - 13,1-3; Salmo 97, 1-6 • MATEO 5, 20-26

Señor Jesús, que pregone tu buena nueva siendo constructor y transmisor de paz.
El Señor revela a las naciones su justicia (Salmo 97, 2b)

JUNIO

12

VIERNES

SOLEMNIDAD DEL SAGRADO CORAZÓN DE JESÚS

Santos León III pp, Onofre er, Juan de Sahagún pb. Beata Mercedes de Jesús vg

Papa Francisco: Las palabras del Señor nos hacen entender ese misterioso amor que Él tiene por nosotros. Es Jesús mismo quien nos indica cómo hacer: cuando habla de sí, dice ser manso y humilde de corazón. Por ello, también Él, el Hijo de Dios, se abaja para recibir el amor del Padre. (27-06-2014)

En aquel tiempo, tomó la palabra Jesús y dijo: «Te doy gracias, Padre, Señor del cielo y de la tierra, porque has escondido estas cosas a los sabios y entendidos y se las has revelado a los pequeños. Sí, Padre, así te ha parecido bien. Todo me ha sido entregado por mi Padre, y nadie conoce al Hijo más que el Padre, y nadie conoce al Padre sino el Hijo y aquel a quien el Hijo se lo quiera revelar. Venid a mí todos los que estáis cansados y agobiados, y yo os aliviaré. Tomad mi yugo sobre vosotros y aprended de mí, que soy manso y humilde de corazón, y encontraréis descanso para vuestras almas. Porque mi yugo es llevadero y mi carga ligera».

Deuteronomio 7,6-11; Salmo 102, 1-8.10; 1 Juan 4, 7-16
MATEO 11, 25-30

Señor Jesús, nos abres tu corazón, nos invitas a entrar en él y probar tu dulzura, tu descanso que nos fortalece y nos consuela.

La misericordia del Señor dura por siempre, para aquellos que lo temen (Salmo 102, 17)

Papa Francisco: Custodiar la Palabra de Dios es recibirla en nuestro corazón. Pero es necesario preparar nuestro corazón para recibirla. Meditar siempre sobre lo que nos dice esta Palabra hoy, mirando lo que sucede en la vida. Leer la vida con la Palabra de Dios: esto significa custodiar. Pero significa también hacer memoria. La memoria es una custodia de la Palabra de Dios, nos ayuda a custodiarla, a recordar todo lo que el Señor ha hecho en mi vida, todas las maravillas de la salvación. (08-06-2013)

Los padres de Jesús solían ir cada año a Jerusalén por las fiestas de Pascua. Cuando Jesús cumplió doce años, subieron a la fiesta según la costumbre y, cuando terminó, se volvieron; pero el niño Jesús se quedó en Jerusalén, sin que lo supieran sus padres. Estos, creyendo que estaba en la caravana, anduvieron el camino de un día y se pusieron a buscarlo entre los parientes y conocidos; al no encontrarlo, se volvieron a Jerusalén buscándolo. Y sucedió que, a los tres días, lo encontraron en el templo, sentado en medio de los maestros, escuchándolos y haciéndoles preguntas. Todos los que le oían quedaban asombrados de su talento y de las respuestas que daba. Al verlo, se quedaron atónitos, y le dijo su madre: «Hijo, ¿por qué nos has tratado así? Tu padre y yo te buscábamos angustiados». Él les contestó: «¿Por qué me buscabais? ¿No sabíais que yo debía estar en las cosas de mi Padre?». Pero ellos no comprendieron lo que les dijo. Él bajó con ellos a Nazaret y estaba sujeto a ellos. Su madre conservaba todo esto en su corazón.

1 Reyes 19, 19-21; Salmo: 15, 1b-2a.5.7-10 • LUCAS 2, 41-51

Señor Jesús, quiero vivir centrando mi corazón en tu voluntad, como tu Madre.

Tú eres, Señor, el lote de mi heredad (Salmo 15, 5a)

Papa Francisco: Anunciar a Dios cercano es invitar a imaginarse como un niño, que camina de la mano del padre: todo le parece diferente. El mundo, grande y misterioso, se vuelve familiar y seguro, porque el niño sabe que está protegido. No tiene miedo y aprende a abrirse: encuentra otras personas, encuentra nuevos amigos, aprende con alegría cosas que no sabía y después vuelve a casa y cuenta a todos lo que ha visto, mientras crece en él el deseo de hacerse mayor y hacer las cosas que ha visto hacer al padre. Es por esto que Jesús parte de aquí, porque la cercanía de Dios es el primer anuncio: estando cerca de Dios vencemos el miedo, nos abrimos al amor, crecemos en el bien y sentimos la necesidad y la alegría de anunciar. Si queremos ser buenos apóstoles, debemos ser como los niños: sentarnos «en las rodillas de Dios» y desde ahí mirar el mundo con confianza y amor, para testimoniar que Dios es Padre, que Él solo transforma nuestros corazones y nos da esa alegría y esa paz que nosotros mismos no podemos alcanzar. (18-06-2023)

Éxodo 19, 2 – 6a: En aquellos días, llegaron los hijos de Israel al desierto del Sinaí y acamparon allí, frente a la montaña. Moisés subió hacia Dios. El Señor lo llamó desde la montaña diciendo: «Así dirás a la casa de Jacob, y esto anunciarás a los hijos de Israel: "Vosotros habéis visto lo que he hecho con los egipcios, y cómo os he llevado sobre alas de águila y os he traído a mí. Ahora, pues, si de veras me obedecéis y guardáis mi alianza, seréis mi propiedad personal entre todos los pueblos, porque mía es toda la tierra. Seréis para mí un reino de sacerdotes y una nación santa"».

Salmo 99, 1b –3.5: *Nosotros somos su pueblo y ovejas de su rebaño.*

Romanos 5, 6-11: Hermanos: Cuando nosotros estábamos aún sin fuerza, en el tiempo señalado, Cristo murió por los impíos; ciertamente, apenas habrá quien muera por un justo; por una persona buena tal vez se atrevería alguien a morir; pues bien: Dios nos demostró su amor en que, siendo nosotros todavía pecadores, Cristo murió por nosotros. ¡Con cuánta más razón, pues, justificados ahora por su sangre, seremos por él salvos del castigo! Si, cuando éramos enemigos, fuimos reconciliados con Dios por la muerte de su Hijo, ¡con cuánta más razón, estando ya reconciliados, seremos salvados por su vida! Y no sólo eso, sino que también nos gloriamos en Dios, por nuestro Señor Jesucristo, por quien hemos obtenido ahora la reconciliación.

MATEO 9, 36; 10, 8: En aquel tiempo, al ver Jesús a las muchedumbres, se compadecía de ellas, porque estaban extenuadas y abandonadas, "como ovejas que no tienen pastor". Entonces dice a sus discípulos: «La mies es abundante, pero los trabajadores son pocos; rogad, pues, al Señor de la mies que mande trabajadores a su mies». Llamó a sus doce discípulos, y les dio autoridad para expulsar espíritus inmundos y curar toda enfermedad y toda dolencia. Éstos son los nombres de los doce apóstoles: el primero, Simón, llamado Pedro, y Andrés, su hermano; Santiago, el de Zebedeo, y Juan, su hermano; Felipe y Bartolomé, Tomás y Mateo el publicano; Santiago el Alfeo, y Tadeo; Simón el de Caná, y Judas Iscariote, el que lo entregó. A estos doce los envió Jesús con estas instrucciones: «No vayáis a tierra de pagano ni entréis en las ciudades de Samaría, sino id a las ovejas descarriadas de Israel. Id y proclamad que ha llegado el reino de los cielos. Curad enfermos, resucitad muertos, limpiad leprosos, arrojad demonios. Gratis habéis recibido, dad gratis».

 Señor Jesús, sé que urge la misión; hoy renuevo mi deseo de ser mensajero de tu amor y tu verdad.

Papa Francisco: Cuántas familias se destruyen, se odian por la herencia. Rezar para que haya paz. Y si yo sé que alguien no me quiere bien, no me quiere, debo rezar especialmente por él. La oración es poderosa, la oración vence al mal, la oración lleva la paz. El Evangelio, la Palabra de Dios hoy es sencilla. Este consejo: «Sed santos, porque yo, el Señor, vuestro Dios, soy santo». Y después: «sed perfectos como perfecto es vuestro Padre». Y por eso, pedir la gracia de no permanecer en el rencor, la gracia de rezar por los enemigos, de rezar por la gente que no nos quiere, la gracia de la paz. Os pido, por favor, haced esta experiencia: todos los días una oración. «Ah, este no me quiere, pero, Señor, te pido...». Uno al día. Así se vence, así iremos en este camino de la santidad y de la perfección. (19-02-2017)

En aquel tiempo, dijo Jesús a sus discípulos: «Habéis oído que se dijo: "Ojo por ojo, diente por diente". Pero yo os digo: no hagáis frente al que os agravia. Al contrario, si uno te abofetea en la mejilla derecha, preséntale la otra; al que quiera ponerte pleito para quitarte la túnica, dale también el manto; a quien te requiera para caminar una milla, acompáñale dos; a quien te pide, dale, y al que te pide prestado, no lo rehúyas».

1 Reyes 21, 1-16; Salmo 5, 2-3ab.5-7 • MATEO 5, 38-42

Señor Jesús, con tu gracia ayúdame a vivir en ese amor sin límites y sin fronteras, ese que llega hasta el perdón, que busca la reconciliación.

Atiende a mis gemidos, Señor (Salmo 5, 2b)

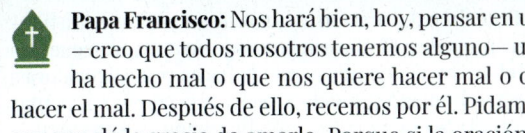

Papa Francisco: Nos hará bien, hoy, pensar en un enemigo —creo que todos nosotros tenemos alguno— uno que nos ha hecho mal o que nos quiere hacer mal o que intenta hacer el mal. Después de ello, recemos por él. Pidamos al Señor que nos dé la gracia de amarlo. Porque si la oración «mafiosa» es: «Me las pagarás», la oración cristiana es: «Señor, dales tu bendición y enséñame a amarlo». (19-06-2018)

En aquel tiempo, dijo Jesús a sus discípulos: «Habéis oído que se dijo: "Amarás a tu prójimo y aborrecerás a tu enemigo". Pero yo os digo: amad a vuestros enemigos, y rezad por los que os persiguen, para que seáis hijos de vuestro Padre celestial, que hace salir su sol sobre malos y buenos, y manda la lluvia a justos e injustos. Porque, si amáis a los que os aman, ¿qué premio tendréis? ¿No hacen lo mismo también los publicanos? Y si saludáis solo a vuestros hermanos, ¿qué hacéis de extraordinario? ¿No hacen lo mismo también los gentiles? Por tanto, sed perfectos, como vuestro Padre celestial es perfecto».

1 Reyes 21, 17-29; Salmo 50, 3-6b.11.16 • MATEO 5, 43-48

Señor, me llamas a la perfección, no al perfeccionismo. Es la perfección del amor, la perfección de la misericordia. *Misericordia, Señor, hemos pecado* (Salmo 50, 3a)

Papa Francisco: La oración es la voz de un «yo» que va a tientas, que procede a tientas, en busca de un «tú». El encuentro entre el «yo» y el «tú» no se puede hacer con calculadoras: es un encuentro humano y muchas veces procedemos a tientas para encontrar el «tú» que mi «yo» está buscando. (16-06-2021)

En aquel tiempo, dijo Jesús a sus discípulos: «Cuidad de no practicar vuestra justicia delante de los hombres para ser vistos por ellos; de lo contrario, no tenéis recompensa de vuestro Padre celestial. Por tanto, cuando hagas limosna, no mandes tocar la trompeta ante ti, como hacen los hipócritas en las sinagogas y por las calles, para ser honrados por la gente; en verdad os digo que ya han recibido su recompensa. Tú, en cambio, cuando hagas limosna, que no sepa tu mano izquierda lo que hace tu derecha; así tu limosna quedará en secreto, y tu Padre, que ve en lo secreto, te lo recompensará. Cuando oréis, no seáis como los hipócritas, a quienes les gusta rezar de pie en las sinagogas y en las esquinas de las plazas, para que los vean los hombres. En verdad os digo que ya han recibido su recompensa. Tú, cuando ores, entra en tu cuarto, cierra la puerta y ora a tu Padre, que está en lo secreto, y tu Padre, que ve en lo secreto, te lo recompensará. Cuando ayunéis, no pongáis cara triste, como los hipócritas, que desfiguran sus rostros para hacer ver a los hombres que ayunan. En verdad os digo que ya han recibido su paga. Tú, en cambio, cuando ayunes, perfúmate la cabeza y lávate la cara, para que tu ayuno lo note, no los hombres, sino tu Padre, que está en lo escondido; y tu Padre, que ve en lo escondido, te recompensará».

2 Reyes 2, 1.6-14; Salmo 30, 20.21.24 • MATEO 6, 1-6.16-18

Señor Jesús, el cambio que necesito es interior, del corazón. Confío en la ayuda de tu gracia. Bendito seas.
Sed valientes de corazón los que esperáis en el Señor (Salmo 30, 25)

Papa Francisco: Es necesario, en cambio, orar al Padre, a aquel que nos ha generado. Pero no sólo: es necesario rezar al Padre «nuestro», es decir, no al Padre de un «todos» genérico o demasiado anónimo, sino a aquel que te ha generado, que te ha dado la vida, a ti, a mí, como persona individual. Es el Padre que te acompaña en tu camino, quien conoce toda tu vida, toda. (20-06-2013)

En aquel tiempo, dijo Jesús a sus discípulos: «Cuando recéis, no uséis muchas palabras, como los gentiles, que se imaginan que por hablar mucho les harán caso. No seáis como ellos, pues vuestro Padre sabe lo que os hace falta antes de que lo pidáis. Vosotros orad así: "Padre nuestro que estás en el cielo, santificado sea tu nombre, venga a nosotros tu reino, hágase tu voluntad en la tierra como en el cielo, danos hoy nuestro pan de cada día, perdona nuestras ofensas, como también nosotros perdonamos a los que nos ofenden, no nos dejes caer en la tentación, y líbranos del mal". Porque si perdonáis a los hombres sus ofensas, también os perdonará vuestro Padre celestial, pero si no perdonáis a los hombres, tampoco vuestro Padre perdonará vuestras ofensas».

Eclesiástico 48, 1-14; Salmo 96, 1-7 • MATEO 6, 7-15

Señor Jesús, tú me enseñas a confiar en Dios Padre, tú me revelas su bondad y su ternura entrañable.
Alegraos, justos, con el Señor (Salmo 96, 12a)

Papa Francisco: Un corazón libre es un corazón luminoso, que ilumina a los demás, que hace ver el camino que lleva a Dios. Es un corazón luminoso, que no está encadenado, es un corazón que sigue adelante y que además envejece bien, porque envejece como el buen vino: cuando el buen vino envejece es un buen vino añejo. Al contrario, el corazón que no es luminoso es como el vino malo: pasa el tiempo y se echa a perder cada vez más y se convierte en vinagre. Recemos al Señor para que nos dé esta prudencia espiritual para comprender bien dónde está mi corazón, a qué tesoro está apegado mi corazón. (20-06-2014)

En aquel tiempo, dijo Jesús a sus discípulos: «No atesoréis para vosotros tesoros en la tierra, donde la polilla y la carcoma los roen, y donde los ladrones abren boquetes y los roban. Haceos tesoros en el cielo, donde no hay polilla ni carcoma que los roen, ni ladrones que abren boquetes y roban. Porque donde está tu tesoro allí estará tu corazón. La lámpara del cuerpo es el ojo. Si tu ojo está sano, tu cuerpo entero tendrá luz; pero si tu ojo está enfermo, tu cuerpo entero estará a oscuras. Sí, pues, la luz que hay en ti está oscura, ¡cuánta será la oscuridad!».

2 Reyes 11, 1-4.9-18.20; Salmo 131, 11-14.17-18 • MATEO 6, 19-23

Señor Jesús, ilumina mi ceguera; dame claridad para ver y actuar según tu voluntad.
El Señor ha elegido Sion para vivir en ella (Salmo 131, 13)

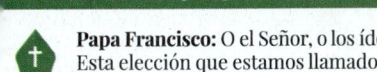

Papa Francisco: O el Señor, o los ídolos fascinantes pero ilusorios. Esta elección que estamos llamados a realizar repercute después en muchos de nuestros actos, programas y compromisos. Es una elección para hacer de forma neta y que hay que renovar continuamente, porque las tentaciones de reducir todo a dinero, placer y poder son apremiantes. Hay muchas tentaciones para esto. Mientras que honrar a estos ídolos lleva a resultados tangibles aunque fugaces, elegir por Dios y por su Reino no siempre muestra inmediatamente sus frutos. Es una decisión que se toma en la esperanza y que deja a Dios la plena realización. (26-02-2017)

En aquel tiempo, dijo Jesús a sus discípulos: «Nadie puede servir a dos señores. Porque despreciará a uno y amará al otro; o, al contrario, se dedicará al primero y no hará caso del segundo. No podéis servir a Dios y al dinero. Por eso os digo: no estéis agobiados por vuestra vida pensando qué vais a comer, ni por vuestro cuerpo pensando con qué os vais a vestir. ¿No vale más la vida que el alimento, y el cuerpo que el vestido? Mirad los pájaros del cielo: no siembran ni siegan, ni almacenan y, sin embargo, vuestro Padre celestial los alimenta. ¿No valéis vosotros más que ellos? ¿Quién de vosotros, a fuerza de agobiarse, podrá añadir una hora al tiempo de su vida? ¿Por qué os agobiáis por el vestido? Fijaos cómo crecen los lirios del campo: ni trabajan ni hilan. Y os digo que ni Salomón, en todo su fasto, estaba vestido como uno de ellos. Pues si a la hierba, que hoy está en el campo y mañana se arroja al horno, Dios la viste así, ¿no hará mucho más por vosotros, gente de poca fe? No andéis agobiados, pensando qué vais a comer, o qué vais a beber, o con qué os vais a vestir. Los paganos se afanan por esas cosas. Ya sabe vuestro Padre del cielo que tenéis necesidad de todo eso. Buscad sobre todo el reino de Dios y su justicia; y todo esto se os dará por añadidura. Por tanto, no os agobiéis por el mañana, porque el mañana traerá su propio agobio. A cada día le basta su desgracia».

2 Crónicas 24, 17-25; Salmo 88, 4-5.29-34 • MATEO 6, 24-34

Señor Jesús, me agobian las circunstancias, los problemas, los afanes de la vida. Acrecienta en mí la confianza en ti y en el amor gratuito que recibimos de Dios.
Le mantendré eternamente mi favor (Salmo 88, 29a)

Papa Francisco: Permanecer fiel a lo que importa es costoso; cuesta ir contracorriente, cuesta liberarse de los condicionamientos del pensamiento común, cuesta ser apartado por los que «siguen la moda». Pero no importa, dice Jesús: lo que cuenta es no desperdiciar el mayor bien, la vida. Solo esto debe asustarnos. Preguntémonos entonces: Yo, ¿de qué tengo miedo? ¿De no tener lo que me gusta? ¿De no alcanzar las metas que la sociedad impone? ¿Del juicio de los demás? ¿O más bien, de no agradar al Señor y de no poner en primer lugar su Evangelio? (25-06-2023)

Jeremías 20,10-13: Dijo Jeremías: «Oía la acusación de la gente: "pavor en torno". Delatadlo, vamos a delatarlo, mis amigos acechaban mis traspiés. "A ver si engañado lo sometemos, y podemos vengarnos de él". Pero el Señor es mi fuerte defensor: me persiguen, pero tropiezan impotentes. Acabarán avergonzados de su fracaso, con sonrojo eterno que no se olvidará. El Señor del universo, que examinas al honrado y sondeas las entrañas y el corazón, ¡que yo vea tu venganza sobre ellos, pues te he encomendado mi causa! Cantad al Señor, alabad al Señor, que libera la vida del pobre de las manos de gente perversa».

Salmo 68, 8-10.14.17.33-35: *Señor, que me escuche tu gran bondad.*

Romanos 5, 12-15: Hermanos: Lo mismo que por un hombre entró el pecado en el mundo y por el pecado la muerte, y así la muerte se propagó a todos los hombres porque todos pecaron... Pues, hasta que llegó la ley había pecado en el mundo, pero el pecado no se imputaba porque no había ley. Pese a todo, la muerte reinó desde Adán hasta Moisés, incluso sobre los que no habían pecado con una transgresión como la de Adán, que era figura del que tenía que venir. Sin embargo, no hay proporción entre el delito y el don: si por el delito de uno solo murieron todos, con mayor razón la gracia de Dios y el don otorgado en virtud de un hombre, Jesucristo, se han desbordado sobre todos.

MATEO 10, 26-33: En aquel tiempo, dijo Jesús a sus discípulos: «No tengáis miedo a los hombres, porque nada hay encubierto que no llegue a descubrirse; ni nada hay escondido que no llegue a saberse. Lo que os digo en la oscuridad, decidlo a la luz, y lo que os digo al oído pregonadlo desde la azotea. No tengáis miedo a los que matan el cuerpo, pero no pueden matar el alma. No; temed al que puede llevar a la perdición alma y cuerpo en la gehenna. ¿No se venden un par de gorriones por un céntimo? Y, sin embargo, ni uno solo cae al suelo sin que lo disponga vuestro Padre. Pues vosotros hasta los cabellos de la cabeza tenéis contados. Por eso, no tengáis miedo: valéis más vosotros que muchos gorriones. A quien se declare por mí ante los hombres, yo también me declararé por él ante mi Padre que está en los cielos. Y si uno me niega ante los hombres, yo también lo negaré ante mi Padre que está en los cielos».

 Señor Jesús, que todo lo que piense, diga y haga sea expresión de un sí claro y valiente a ti y a tu voluntad.

Papa Francisco: Juzgar a los demás nos lleva a la hipocresía. Y Jesús define precisamente «hipócritas» a quienes se ponen a juzgar. Porque la persona que juzga se equivoca, se confunde y se convierte en una persona derrotada. Quien juzga se equivoca siempre. Y se equivoca porque se pone en el lugar de Dios, que es el único juez: ocupa precisamente ese puesto y se equivoca de lugar. En práctica, cree tener el poder de juzgar todo: las personas, la vida, todo. Y con la capacidad de juzgar considera que tiene también la capacidad de condenar. (23-06-2014)

En aquel tiempo, dijo Jesús a sus discípulos: «No juzguéis para que no seáis juzgados. Porque seréis juzgados como juzguéis vosotros, y la medida que uséis, la usarán con vosotros. ¿Por qué te fijas en la mota que tiene tu hermano en el ojo y no reparas en la viga que llevas en el tuyo? ¿Cómo puedes decirle a tu hermano: "Déjame que te saque la mota del ojo", teniendo una viga en el tuyo? Hipócrita; sácate primero la viga del ojo; entonces verás claro y podrás sacar la mota del ojo de tu hermano».

2 Reyes 17, 5-8.13-15a.18; Salmo 59, 3-5.12-14; • MATEO 7, 1-5

Señor Jesús, destierra de mí la soberbia; hazme humilde, sencillo y fraterno.
Que tu mano salvadora, Señor, nos responda (Salmo 59, 7b)

Martes 12º Tiempo ordinario   Tomo III · Salterio 4ª semana

JUNIO
23
MARTES

Santos José Cafasso pb, Edeltrudis ab, Tomás Garnet pb mr. Beato Inocencio V pp

Papa Francisco: Nosotros, hoy, podemos preguntarnos, cada uno de nosotros: Mi camino cristiano, que comencé en el bautismo, ¿cómo va? ¿Se ha detenido? ¿Se ha equivocado de camino? ¿Estoy continuamente dando vueltas y no sé dónde ir espiritualmente? ¿Me detengo ante las cosas que me gustan: la mundanidad, la vanidad —muchas cosas, ¿no?—, o voy siempre hacia adelante, haciendo concretas las bienaventuranzas y las obras de misericordia? Y hace bien preguntarse esto: es un auténtico examen de conciencia. En esencia: ¿Cómo camino? ¿Sigo a Jesús? (03-05-2016)

En aquel tiempo, dijo Jesús a sus discípulos: «No deis lo santo a los perros, ni les echéis vuestras perlas a los cerdos; no sea que las pisoteen con sus patas y después se vuelvan para destrozaros. Así, pues, todo lo que deseáis que los demás hagan con vosotros, hacedlo vosotros con ellos; pues esta es la Ley y los Profetas. Entrad por la puerta estrecha. Porque ancha es la puerta y espacioso el camino que lleva a la perdición, y muchos entran por ellos. ¡Qué estrecha es la puerta y qué angosto el camino que lleva a la vida! Y pocos dan con ellos».

**2 Reyes 19, 9b-11.14-21.31-35a.36; Salmo 47, 2-4.10-11
MATEO 7, 6.12-14**

Señor Jesús, tú me abres la puerta hacia la Vida y me indicas el sendero: el amor, el servicio y la entrega.
Dios ha fundado su ciudad para siempre (Salmo 47, 9d)

JUNIO

24

MIÉRCOLES

SOLEMNIDAD DE LA NATIVIDAD DE SAN JUAN BAUTISTA

Santos María Guadalupe García Zavala vg, Simplicio pf ob, Rumoldo er mr. Beata vg

Papa Francisco: Estos ancianos padres habían soñado y preparado aquel día, pero ya no lo esperaban: se sentían excluidos, humillados, decepcionados. Ante el anuncio del nacimiento de un hijo, Zacarías se quedó incrédulo, porque las leyes naturales no lo consentían, eran viejos: eran ancianos; como consecuencia el Señor lo dejó mudo durante todo el tiempo de la gestación. Es una señal. Pero Dios no depende de nuestras lógicas y de nuestras limitadas capacidades humanas. Es necesario aprender a fiarse y a callar frente al misterio de Dios y a contemplar en humildad y silencio su obra, que se revela en la historia y que tantas veces supera nuestra imaginación. (24-06-2018)

A Isabel se le cumplió el tiempo del parto y dio a luz un hijo. Se enteraron sus vecinos y parientes de que el Señor le había hecho una gran misericordia, y se alegraban con ella. A los ocho días vinieron a circuncidar al niño, y querían llamarlo Zacarías, como su padre, pero la madre intervino diciendo: «¡No! Se va a llamar Juan». Y le dijeron: «Ninguno de tus parientes se llama así». Entonces preguntaban por señas al padre cómo quería que se llamase. Él pidió una tablilla y escribió: «Juan es su nombre». Y todos se quedaron maravillados. Inmediatamente se le soltó la boca y la lengua, y empezó a hablar bendiciendo a Dios. Los vecinos quedaron sobrecogidos, y se comentaban todos estos hechos por toda la montaña de Judea. Y todos los que los oían reflexionaban diciendo: «Pues ¿qué será este niño?». Porque la mano del Señor estaba con él. El niño crecía y se fortalecía en el espíritu, y vivía en lugares desiertos hasta los días de su manifestación a Israel.

Isaías 49, 1-6; Salmo 138, 1b-3.13-15; Hechos 13, 22-26; • LUCAS 1, 57-66.80

Señor Jesús, que se me suelte la lengua para cantar tus maravillas; que sea fiel como Juan Bautista.
Te doy gracias porque me has escogido portentosamente (Salmo 138, 14a)

Papa Francisco: Por esto el pueblo seguía a Jesús: porque era el buen pastor. Ciertamente no era ni fariseo casuístico moralista; ni un saduceo que llegaba a acuerdos políticos con los poderosos; ni un guerrillero que buscaba la liberación política de su pueblo; ni un contemplativo del monasterio. Era un pastor. Él hablaba la lengua de su pueblo, se hacía entender, decía la verdad, las cosas de Dios: no negociaba jamás las cosas de Dios. Sino que las decía de tal manera que el pueblo amaba las cosas de Dios. Por esto le seguía. (26-06-2014)

En aquel tiempo, dijo Jesús a sus discípulos: «No todo el que me dice "Señor, Señor" entrará en el reino de los cielos, sino el que hace la voluntad de mi Padre que está en los cielos. Aquel día muchos dirán: "Señor, Señor, ¿no hemos profetizado en tu nombre, y en tu nombre hemos echado demonios, y no hemos hecho en tu nombre muchos milagros?". Entonces yo les declararé: "Nunca os he conocido. Alejaos de mí, los que obráis la iniquidad". El que escucha estas palabras mías y las pone en práctica se parece a aquel hombre prudente que edificó su casa sobre roca. Cayó la lluvia, se desbordaron los ríos, soplaron los vientos y descargaron contra la casa; pero no se hundió, porque estaba cimentada sobre roca. El que escucha estas palabras mías y no las pone en práctica se parece a aquel hombre necio que edificó su casa sobre arena. Cayó la lluvia, se desbordaron los ríos, soplaron los vientos y rompieron contra la casa, y se derrumbó. Y su ruina fue grande». Al terminar Jesús este discurso, la gente estaba admirada de su enseñanza, porque les enseñaba con autoridad, y no como sus escribas.

2 Reyes 24, 8-17; Salmo 78, 1b-5.8.9 • MATEO 7, 21-29

Señor Jesús, roca mía, redentor mío, mi alcázar, mi verdadera y única seguridad.
Por el honor de tu nombre, Señor, líbranos (Salmo 78, 9b)

Papa Francisco: Al que estaba excluido de la vida social, Jesús lo incluye: lo incluye en la Iglesia, lo incluye en la sociedad. Le aconseja: «Ve, para que todas las cosas se hagan como deben ser». Por lo tanto, Jesús jamás margina a nadie, jamás. Es más, Jesús se margina a sí mismo para incluir a los marginados, para incluirnos a nosotros, pecadores, marginados, con su vida. Y esto es bello. ¡Cuánta gente siguió a Jesús en ese momento, y sigue a Jesús en la historia porque está maravillada por cómo habla! Y cuánta gente mira de lejos y no entiende, no le interesa; cuánta gente mira de lejos pero con mal corazón, para poner a prueba a Jesús, para criticarlo, para condenarlo. Y también, cuánta gente mira de lejos porque no tiene la valentía que tuvo ese leproso, pero tiene muchas ganas de acercarse. Y en ese caso Jesús tendió la mano, primero. (26-06-2015)

Al bajar Jesús del monte, lo siguió mucha gente. En esto, se le acercó un leproso, se arrodilló y le dijo: «Señor, si quieres, puedes limpiarme». Extendió la mano y lo tocó diciendo: «Quiero, queda limpio». Y enseguida quedó limpio de la lepra. Jesús le dijo: «No se lo digas a nadie, pero ve a presentarte al sacerdote y entrega la ofrenda que mandó Moisés, para que les sirva de testimonio».

2 Reyes 25, 1-12; Salmo 136, 1-6 • MATEO 8, 1-4

Señor Jesús, gracias porque siempre estás dispuesto a limpiarme, curarme, abrazarme, amarme.
Que se me pegue la lengua al paladar si no me acuerdo de ti (Salmo 136, 6ab)

Sábado 12º Tiempo ordinario — Tomo III · Salterio 4ª semana

JUNIO
27
SÁBADO

Santos CIRILO DE ALEJANDRÍA ob dc, Zoilo mr, Gudena mr.
Ntra. Sra. del Perpetuo Socorro

Papa Francisco: Cuando sólo nos limitamos a encontrar al Señor, somos nosotros —pero esto digámoslo entre comillas— los «dueños» de este encuentro. Cuando, en cambio, nos dejamos encontrar por Él, es Él quien entra dentro de nosotros y nos renueva completamente. Esto es lo que significa que venga Cristo: rehacer todo de nuevo, rehacer el corazón, el alma, la vida, la esperanza, el camino. (02-12-2013)

En aquel tiempo, al entrar Jesús en Cafarnaún, un centurión se le acercó rogándole: «Señor, tengo en casa un criado que está en cama paralítico y sufre mucho». Le contestó: «Voy yo a curarlo». Pero el centurión le replicó: «Señor, no soy digno de que entres bajo mi techo. Basta que lo digas de palabra, y mi criado quedará sano. Porque yo también vivo bajo disciplina y tengo soldados a mis órdenes; y le digo a uno: "Ve" y va; al otro: "Ven", y viene; a mi criado: "Haz esto", y lo hace». Al oírlo, Jesús quedó admirado y dijo a los que le seguían: «En verdad os digo que en Israel no he encontrado en nadie tanta fe. Os digo que vendrán muchos de oriente y occidente y se sentarán con Abrahán, Isaac y Jacob en el reino de los cielos; en cambio, a los hijos del reino los echarán fuera, a las tinieblas. Allí será el llanto y el rechinar de dientes». Y dijo Jesús al centurión: «Vete; que te suceda según has creído». Y en aquel momento se puso bueno el criado. Al llegar Jesús a casa de Pedro, vio a su suegra en cama con fiebre; le tocó la mano, y se le pasó la fiebre; se levantó y se puso a servirle. Al anochecer, le llevaron muchos endemoniados; él, con su palabra, expulsó a los espíritus y curó a todos los enfermos, para que se cumpliera lo dicho por medio del profeta Isaías: «Él tomó nuestras dolencias y cargó con nuestras enfermedades».

Lamentaciones 2, 2.10-14.18-19; Salmo: 73, 1b-7.20-21 • MATEO 8, 5-17

Señor Jesús, que yo confíe en tu palabra, siempre eficaz, siempre segura, siempre sanadora.
No olvides sin remedio la vida de los pobres (Salmo 73, 19b)

Papa Francisco: El Señor en el Evangelio pide acoger a los profetas; por lo tanto, es importante que nos acojamos unos a otros como tales, como portadores de un mensaje de Dios, cada uno según su estado y su vocación y hacerlo allí donde vivimos, es decir, en la familia, en la parroquia, en las comunidades religiosas, en los demás ámbitos de la Iglesia y de la sociedad. El Espíritu ha distribuido dones de profecía en el santo Pueblo de Dios: he aquí por qué está bien escuchar a todos. Por ejemplo, cuando hay que tomar una decisión importante, viene bien sobre todo rezar, invocar al Espíritu, pero después escuchar y dialogar, con la confianza de que cada uno, incluso el más pequeño, tiene algo importante que decir, un don profético que compartir. Así se busca la verdad y se difunde un clima de escucha de Dios y de los hermanos, en el que las personas no se sienten acogidas solo si dicen lo que me gusta, sino que se sienten aceptadas y valoradas como dones por lo que son. (02-07-2023)

2 Reyes 4,8-11.14-16a: Pasó Eliseo un día por Sunén. Vivía allí una mujer principal que le insistió en que se quedase a comer; y, desde entonces, se detenía allí a comer cada vez que pasaba. Ella dijo a su marido: «Estoy segura de que es un hombre santo de Dios el que viene siempre a vernos. Construyamos en la terraza una pequeña habitación y pongámosle arriba una cama, una mesa, una silla y una lámpara, para que cuando venga pueda retirarse». Llegó el día en que Eliseo se acercó por allí y se retiró a la habitación de arriba, donde se acostó. Entonces se preguntó Eliseo: «¿Qué podemos hacer por ella?». Respondió Guejazí, su criado: «Por desgracia no tiene hijos y su marido es ya anciano». Eliseo ordenó que la llamase.

La llamó y ella se detuvo a la entrada. Eliseo le dijo: «El año próximo, por esta época, tú estarás abrazando un hijo».

Salmo 88,2-3.16-19: *Cantaré eternamente las misericordias del Señor.*

Romanos 6,3-4.8-11: Hermanos: Cuantos fuimos bautizados en Cristo Jesús fuimos bautizados en su muerte. Por el bautismo fuimos sepultados con él en la muerte, para que, lo mismo que Cristo resucitó de entre los muertos por la gloria del Padre, así también nosotros andemos en la vida nueva. Si hemos muerto con Cristo, creemos que también viviremos con él; pues sabemos que Cristo, una vez resucitado de entre los muertos, ya no muere más; la muerte ya no tiene dominio sobre él. Porque quien ha muerto, ha muerto al pecado de una vez para siempre; y quien vive, vive para Dios. Lo mismo vosotros, consideraos muertos al pecado y vivos para Dios en Cristo Jesús.

MATEO 10, 37-42: En aquel tiempo, dijo Jesús a sus apóstoles: «El que quiere a su padre o a su madre más que a mí, no es digno de mí; el que quiere a su hijo o a su hija más que a mí, no es digno de mí; y el que no carga con su cruz y me sigue, no es digno de mí. El que encuentre su vida la perderá, y el que pierda su vida por mí, la encontrará. El que os recibe a vosotros, me recibe a mí, y el que me recibe, recibe al que me ha enviado. El que recibe a un profeta porque es profeta, tendrá recompensa de profeta; y el que recibe a un justo porque es justo, tendrá recompensa de justo. El que dé a beber, aunque no sea más que un vaso de agua fresca, a uno de estos pequeños, solo porque es mi discípulo, en verdad os digo que no perderá su recompensa».

 Señor Jesús, tú eres el centro de mi vida y desde ti puedo amar más y mejor, con autenticidad, sin egoísmos, tomando la cruz que tiene recompensa de vida.

Papa Francisco: En Pedro está todo esto: la fuerza de la roca, la fiabilidad de la piedra y la pequeñez de una simple piedrita. No es un superhombre: es un hombre como nosotros, como uno de nosotros, que dice «sí» a Jesús con generosidad en su imperfección. Pero también en él —como en Pablo y en todos los santos— aparece que es Dios quien nos hace fuertes con su gracia, nos une con su caridad y nos perdona con su misericordia. Y es con esta humanidad verdadera con la que el Espíritu forma la Iglesia. Pedro y Pablo eran personas reales, y nosotros, hoy más que nunca, necesitamos personas reales. (29-06-2023)

En aquel tiempo, al llegar a la región de Cesarea de Filipo, Jesús preguntó a sus discípulos: «¿Quién dice la gente que es el Hijo del hombre?». Ellos contestaron: «Unos que Juan Bautista, otros que Elías, otros que Jeremías o uno de los profetas». Él les preguntó: «Y vosotros, ¿quién decís que soy yo?». Simón Pedro tomó la palabra y dijo: «Tú eres el Mesías, el Hijo de Dios vivo». Jesús le respondió: «¡Bienaventurado tú, Simón, hijo de Jonás!, porque eso no te lo ha revelado ni la carne ni la sangre, sino mi Padre que está en los cielos. Ahora yo te digo: Tú eres Pedro, y sobre esta piedra edificaré mi Iglesia, y el poder del infierno no la derrotará. Te daré las llaves del reino de los cielos; lo que ates en la tierra, quedará atado en los cielos, y lo que desates en la tierra, quedará desatado en los cielos».

Hechos 12, 1-11; Salmo 33, 2-9; 2 Timoteo 4, 6-8.17-18 • MATEO 16, 13-19

Señor Jesús, que los santos Pedro y Pablo sostengan siempre a tu Iglesia y que su ejemplo nos estimule constantemente a seguirte con decisión y verdadero amor.

El Señor me libró de todas mis ansias (Salmo 33,5b)

Papa Francisco: Los discípulos se habían dejado llevar por el miedo, porque se habían quedado mirando las olas más que mirar a Jesús. Y el miedo nos lleva a mirar las dificultades, los problemas difíciles y no a mirar al Señor, que muchas veces duerme. También para nosotros es así: ¡cuántas veces nos quedamos mirando los problemas en vez de ir al Señor y dejarle a Él nuestras preocupaciones! ¡Cuántas veces dejamos al Señor en un rincón, en el fondo de la barca de la vida, para despertarlo solo en el momento de la necesidad! Pidamos hoy la gracia de una fe que no se canse de buscar al Señor, de llamar a la puerta de su Corazón. (20-06-2021)

En aquel tiempo, subió Jesús a la barca y sus discípulos lo siguieron. En esto se produjo una tempestad tan fuerte, que la barca desaparecía entre las olas; él dormía. Se acercaron y lo despertaron, gritándole: «¡Señor, sálvanos, que perecemos!». Él les dice: «¿Por qué tenéis miedo, hombres de poca fe?». Se puso en pie, increpó a los vientos y al mar, y vino una gran calma. Los hombres se decían asombrados: «¿Quién es este, que hasta el viento y el mar lo obedecen?».

Amos 3, 1-8 – 4, 11-12; Salmo 5, 5-8 • MATEO 8, 23-27

Señor Jesús, en medio de las tempestades de la vida quiero confiar en ti y superar mis miedos.
Señor, guíame con tu justicia **(Salmo 5, 9a)**

VIDAS Y SEMBLANZAS

YO, PAULA, APASIONADA POR LA PALABRA
Santa Paula nos presenta su testimonio a modo de autobiografía imaginaria y documentada.
Gloria Ladislao. 78p. 9,50 €

SAN FELIPE NERI EL SANTO DE LA ALEGRÍA
Anécdotas, enseñanzas y obra de san Felipe Neri, que nos invita a seguir a Jesús con un corazón agradecido.
Cristián Abel Lascurain. 144p. 11,00 €

SANTOS DOCTORES DE LA IGLESIA
Recopilación de vidas y enseñanzas de todos los santos que han recibido el título de Doctor.
José Luis Kaufmann. 190p. 13,00 €

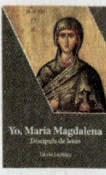

YO, MARÍA MAGDALENA, DISCÍPULA DE JESÚS
Este libro propone volver al Evangelio y acompañar a María Magdalena, la endemoniada de Galilea que llegó ser la primera apóstol de la Resurrección.
Gloria Ladislao. 70p. 8,00 €

LAS RAÍCES DE NUESTRA FE
¿Conocemos cuáles son las raíces de nuestra fe? La espiritualidad visigoda, sus semblanzas, vidas y oraciones fueron clave para mantener viva la fe en Jesucristo.
Pablo Sierra. 248p. 16,00 €

julio

Al celebrar tu memoria,
santo Apóstol peregrino,
guíanos por el camino
al Pórtico de la gloria.
Camino de Compostela,
va un romero caminando,
y es el camino de estrellas
polvareda de sus pasos.

En el pecho las vieiras,
y alto bordón en la mano,
sembrando por la vereda
las canciones y los salmos.
[...] Llegó al corazón de España
por el monte y por el llano:
en los anchos horizontes
cielo y tierra se abrazaron.

(Bernardo Velayo)

Papa Francisco: O estás con Jesús o estás contra Jesús. Y sobre este punto no hay matices. Hay una lucha, una lucha en la que está en juego la salvación eterna de todos nosotros. Y no hay alternativas, aunque a veces oigamos «algunas propuestas pastorales» que parecen más acomodadoras. ¡No! O estás con Jesús o estás en contra. Esto es así. (11-10-2013)

En aquel tiempo, llegó Jesús a la otra orilla, a la región de los gerasenos. Desde los sepulcros, dos endemoniados salieron a su encuentro; eran tan furiosos que nadie se atrevía a transitar por aquel camino. Y le dijeron a gritos: «¿Qué tenemos que ver nosotros contigo, Hijo de Dios? ¿Has venido a atormentarnos antes de tiempo?». A cierta distancia, una gran piara de cerdos estaba paciendo. Los demonios le rogaron: «Si nos echas, mándanos a la piara». Jesús les dijo: «Id». Salieron y se metieron en los cerdos. Y la piara entera se abalanzó acantilado abajo y murieron en las aguas. Los porquerizos huyeron al pueblo y lo contaron todo, incluyendo lo de los endemoniados. Entonces el pueblo entero salió a donde estaba Jesús y, al verlo, le rogaron que se marchara de su país.

Amós 5, 14-15.21-24; Salmo 49, 7-13.16bc-17 • MATEO 8, 28-34

Señor Jesús, contigo el mal huye y es vencido; quédate conmigo, dame tu mano, fortaléceme.
Al que sigue buen camino le haré ver la salvación de Dios
(Salmo 49, 23cd)

Papa Francisco: Jesús nos da la fuerza para levantarnos y nos pide que salgamos de la muerte del egoísmo, de la parálisis del egoísmo, de la pereza y de la superficialidad. Estas parálisis están por todas partes. Y son ellas las que nos bloquean y nos hacen vivir una fe de museo, no una fe fuerte, una fe más muerta que viva. Por eso, para resolver esta fea actitud, Jesús dice: «¡Levántate!». Es para que sean «relanzados» hacia un futuro de vida, lleno de esperanza y caridad hacia nuestros hermanos y hermanas. (23-04-2022)

En aquel tiempo, subió Jesús a una barca, cruzó a la otra orilla y fue a su ciudad. En esto le presentaron un paralítico, acostado en una camilla. Viendo la fe que tenían, dijo al paralítico: «¡Ánimo, hijo!, tus pecados te son perdonados». Algunos de los escribas se dijeron: «Este blasfema». Jesús, sabiendo lo que pensaban, les dijo: «¿Por qué pensáis mal en vuestros corazones? ¿Qué es más fácil, decir: "Tus pecados te son perdonados", o decir: "Levántate y echa a andar"? Pues, para que veáis que el Hijo del hombre tiene potestad en la tierra para perdonar pecados —entonces dice al paralítico—: "Ponte en pie, toma tu camilla y vete a tu casa"». Se puso en pie, y se fue a su casa. Al ver esto, la gente quedó sobrecogida y alababa a Dios, que da a los hombres tal potestad.

Amós 7, 10-17; Salmo 18, 8-11 • MATEO 9, 1-8

Señor Jesús, sáname con tu perdón, con tu amor, con tu gran misericordia.

Los mandamientos del Señor son verdaderos y enteramente justos (Salmo 18, 10cd)

Papa Francisco: Queridos hermanos y hermanas, la invitación hecha a Tomás es válida también para nosotros. Nosotros, ¿dónde buscamos al Resucitado? ¿En algún evento especial, en alguna manifestación religiosa espectacular o sorprendente, únicamente en nuestras emociones o sensaciones? ¿O en la comunidad, en la Iglesia, aceptando el desafío de quedarnos, aunque no sea perfecta? No obstante, todos sus límites y sus caídas, que son nuestros límites y nuestras caídas, nuestra Madre Iglesia es el Cuerpo de Cristo; y es ahí, en el Cuerpo de Cristo, que se encuentran impresas, aún y para siempre, las señales más grandes de su amor. Pero, preguntémonos si, en nombre de este amor, en nombre de las llagas de Jesús, estamos dispuestos a abrir los brazos a quien está herido por la vida, sin excluir a nadie de la misericordia de Dios, sino acogiendo a cada uno como un hermano, como una hermana. Dios acoge a todos, Dios acoge a todos. (16-04-2023)

Tomás, uno de los Doce, llamado el Mellizo, no estaba con ellos cuando vino Jesús. Y los otros discípulos le decían: «Hemos visto al Señor». Pero él les contestó: «Si no veo en sus manos la señal de los clavos, si no meto el dedo en el agujero de los clavos y no meto la mano en su costado, no lo creo». A los ocho días, estaban otra vez dentro los discípulos y Tomás con ellos. Llegó Jesús, estando cerradas las puertas, se puso en medio y dijo: «Paz a vosotros». Luego dijo a Tomás: «Trae tu dedo, aquí tienes mis manos; trae tu mano y métela en mi costado; y no seas incrédulo, sino creyente». Contestó Tomás: «¡Señor mío y Dios mío!». Jesús le dijo: «¿Porque me has visto has creído? Bienaventurados los que crean sin haber visto».

Efesios 2, 19-22; Salmo 116, 1-2 • JUAN 20, 24-29

Señor Jesús, creo en ti, me fío de ti, descanso mi vida en ti, mi Dios y Salvador.
Id al mundo entero y proclamad el Evangelio (Marcos 16, 15)

Papa Francisco: El Evangelio es novedad, el Evangelio es fiesta. Y solamente se puede vivir plenamente el Evangelio en un corazón gozoso y en un corazón renovado. Pidamos al Señor la gracia de esta observancia de la Ley: observar la Ley —la Ley a la que Jesús dio plenitud— en el mandamiento del amor, en los mandamientos que provienen de las bienaventuranzas; los mandamientos de la Ley renovada por la novedad del Evangelio. Que el Señor nos dé la gracia de no permanecer prisioneros, nos dé la gracia de la alegría y de la libertad que nos trae la novedad del Evangelio. (05-09-2014)

En aquel tiempo, los discípulos de Juan se acercaron a Jesús, preguntándole: «¿Por qué nosotros y los fariseos ayunamos a menudo y, en cambio, tus discípulos no ayunan?». Jesús les dijo: «¿Es que pueden guardar luto los amigos del esposo mientras el esposo está con ellos? Llegarán días en que les arrebatarán al esposo, y entonces ayunarán. Nadie echa un remiendo de paño sin remojar a un manto pasado; porque la pieza tira del manto y deja un roto peor. Tampoco se echa vino nuevo en odres viejos, porque revientan los odres: se derrama el vino, y los odres se estropean; el vino nuevo se echa en odres nuevos, y así las cosas se conservan».

Amós 9, 11-15; Salmo 84, 9.11-14 • MATEO 9, 14-17

Señor Jesús, contigo mi vida se renueva, se fortalece, se ilumina. A ti la alabanza por siempre.
Dios anuncia la paz a su pueblo (Salmo 84, 9bc)

JULIO

5 DOMINGO

Domingo 14º Tiempo ordinario

Tomo III · Salterio 2ª semana

Santos ANTONIO Mª. ZACCARIA pb, Marta mf

JORNADA DE RESPONSABILIDAD EN EL TRÁFICO

Papa Francisco: Hermanos y hermanas, nuestra vida, si lo pensamos bien, está llena de milagros: llena de gestos de amor, signos de la bondad de Dios. Sin embargo, ante ellos, también nuestro corazón puede acostumbrarse y permanecer indiferente, curioso pero incapaz de asombrarse, de dejarse «impresionar». Un corazón cerrado, un corazón blindado, no tiene capacidad para sorprenderse. «Impresionar» es un bonito verbo que hace pensar en la película de un fotógrafo. Esta es la actitud correcta ante las obras de Dios: fotografiar en la mente sus obras para que se impriman en el corazón, a fin de revelarlas en la vida mediante muchos gestos de bien, de modo que la «fotografía» de Dios-amor se haga cada vez más luminosa en nosotros y a través de nosotros. (09-07-2023)

Zacarías 9, 9-10: Esto dice el Señor: «¡Salta de gozo, Sion; alégrate, Jerusalén! Mira que viene tu rey, justo y triunfador, pobre y montando en un borrico, en un pollino de asna. Suprimirá los carros de Efraín y los caballos de Jerusalén; romperá el arco guerrero y proclamará la paz a los pueblos. Su dominio irá de mar a mar, desde el Río hasta los extremos del país.

Salmo 144, 1bc-2.8-14: *Bendeciré tu nombre por siempre, Dios mío, mi rey.*

Romanos 8, 9.11-13: Hermanos: Vosotros no estáis en la carne, sino en el Espíritu, si es que el Espíritu de Dios habita en vosotros; en cambio, si alguien no posee el Espíritu de Cristo no es de Cristo. Y si el Espíritu del que resucitó a Jesús de entre los muertos habita en vosotros, el que resucitó de entre los muertos a Cristo Jesús también dará vida a vuestros cuerpos mortales, por el mismo Espíritu que habita en vosotros. Así pues, hermanos, somos deudores, pero no de la carne para vivir según la carne. Pues si vivís según la carne, moriréis; pero si con el Espíritu dais muerte a las obras del cuerpo, viviréis.

MATEO 11, 25-30: En aquel tiempo, tomó la palabra Jesús y dijo: «Te doy gracias, Padre, Señor del cielo y de la tierra, porque has escondido estas cosas a los sabios y entendidos y se las has revelado a los pequeños. Sí, Padre, así te ha parecido bien. Todo me ha sido entregado por mi Padre, y nadie conoce al Hijo más que el Padre, y nadie conoce al Padre sino el Hijo y aquel a quien el Hijo se lo quiera revelar. Venid a mí todos los que estáis cansados y agobiados y yo os aliviaré. Tomad mi yugo sobre vosotros y aprended de mí, que soy manso y humilde de corazón, y encontraréis descanso para vuestras almas. Porque mi yugo es llevadero y mi carga ligera».

 Señor Jesús, quiero vivir dejándome guiar por tu Espíritu. Que siempre ilumine mis pasos, mis decisiones, el camino de mi vida según tu voluntad.

...yo os aliviaré

Papa Francisco: Cuando rezamos tenemos que ser humildes, para que nuestras palabras sean efectivamente oraciones y no un vaniloquio que Dios rechaza. Se puede también rezar por motivos equivocados: por ejemplo, derrotar el enemigo en guerra, sin preguntarnos qué piensa Dios de esa guerra. Es fácil escribir en un estandarte «Dios está con nosotros»; muchos están ansiosos por asegurar que Dios está con ellos, pero pocos se preocupan por verificar si ellos están efectivamente con Dios. En la oración, es Dios quien nos debe convertir, no somos nosotros los que debemos convertir a Dios. Es la humildad. Yo voy a rezar pero Tú, Señor, convierte mi corazón para que pida lo que es conveniente, pida lo que sea mejor para mi salud espiritual. (26-05-2021)

En aquel tiempo, mientras Jesús hablaba, se acercó un jefe de los judíos que se arrodilló ante él y le dijo: «Mi hija acaba de morir. Pero ven tú, impón tu mano sobre ella y vivirá». Jesús se levantó y lo siguió con sus discípulos. Entre tanto, una mujer que sufría flujos de sangre desde hacía doce años se le acercó por detrás y le tocó la orla del manto, pensando que con solo tocarle el manto se curaría. Jesús se volvió y, al verla, le dijo: «¡Ánimo, hija! Tu fe te ha salvado». Y en aquel momento quedó curada la mujer. Jesús llegó a casa de aquel jefe y, al ver a los flautistas y el alboroto de la gente, dijo: «¡Retiraos! La niña no está muerta, está dormida». Se reían de él. Cuando echaron a la gente, entró él, tomó a la niña de la mano, y ella se levantó. La noticia se divulgó por toda aquella comarca.

Oseas 2, 16.17b-18.21-22; Salmo 144, 2-9 • MATEO 9, 18-26

Señor Jesús, con tu amor curas, levantas, resucitas. Bendito seas por siempre.

El Señor es clemente y misericordioso (Salmo 144, 8a)

Martes 14º Tiempo ordinario   Tomo III · Salterio 2ª semana   JULIO

7

MARTES

Santos Fermín ob, Odón ob, Edilburga ab. Beato Benedicto XI pp

Papa Francisco: Esta petición de Jesús es siempre válida. Siempre debemos orar al «dueño de la mies», que es Dios Padre, para que envíe obreros a trabajar en su campo, que es el mundo. Y cada uno de nosotros lo debe hacer con un corazón abierto, con una actitud misionera; nuestra oración no debe limitarse solo a nuestras peticiones, a nuestras necesidades: una oración es verdaderamente cristiana si también tiene una dimensión universal. (07-07-2019)

En aquel tiempo, le llevaron a Jesús un endemoniado mudo. Y después de echar al demonio, el mudo habló. La gente decía admirada: «Nunca se ha visto en Israel cosa igual». En cambio, los fariseos decían: «Este echa los demonios con el poder del jefe de los demonios». Jesús recorría todas las ciudades y aldeas, enseñando en sus sinagogas, anunciando el evangelio del reino y curando toda enfermedad y toda dolencia. Al ver a las muchedumbres, se compadecía de ellas, porque estaban extenuadas y abandonadas, como ovejas que no tienen pastor. Entonces dice a sus discípulos: «La mies es abundante, pero los trabajadores son pocos; rogad, pues, al Señor de la mies que mande trabajadores a su mies».

Oseas 8, 4-7.11-13; Salmo 113b, 3-10 • MATEO 9, 32-38

Señor Jesús, no dejes de mirarnos con compasión y ternura, tú el Hijo de Dios, nuestro salvador y redentor.
Israel confía en el Señor (Salmo 113b, 9a)

Papa Francisco: Jesús envía «a un camino». Un camino que, claro está, no es un simple «paseo». Lo que hace Jesús es un envío con un mensaje: anunciar el Evangelio, salir para llevar la salvación, el Evangelio de la salvación. Y esta es la tarea que Jesús da a sus discípulos. Por ello, quien permanece paralizado y no sale, no da a los demás lo que ha recibido en el bautismo, no es un auténtico discípulo de Jesús. (11-06-2015)

En aquel tiempo, Jesús, llamó a sus doce discípulos y les dio autoridad para expulsar espíritus inmundos y curar toda enfermedad y toda dolencia. Estos son los nombres de los doce apóstoles: el primero, Simón, llamado Pedro, y Andrés, su hermano; Santiago el de Zebedeo, y Juan, su hermano; Felipe y Bartolomé, Tomás y Mateo el publicano; Santiago el de Alfeo, y Tadeo; Simón el de Caná, y Judas Iscariote, el que lo entregó. A estos doce los envió Jesús con estas instrucciones: «No vayáis a tierra de paganos, ni entréis en las ciudades de Samaría, sino id a las ovejas descarriadas de Israel. Id y proclamad que ha llegado el reino de los cielos».

Oseas 10, 1-3.7-8.12; Salmo 104, 2-7 • MATEO 10, 1-7

Señor Jesús, quiero ser mensajero y constructor de tu Reino con empeño y decisión, con la fuerza de tu gracia que actúe en mí.

Buscad continuamente el rostro del Señor (Salmo 104, 4b)

Jueves 14º Tiempo ordinario · Tomo III · Salterio 2ª semana

JULIO
9
JUEVES

Santos AGUSTÍN ZHAO RONG pb y co mrs, Juan de Colonia pb y co mrs,
Verónica Giuliani ab, Nª. Sª. del Rosario de Chiquinquirá

Papa Francisco: El encuentro personal con el Señor, un tiempo de gracia y salvación, lleva a la misión. Jesús les exhortó: «Id y proclamad que ha llegado el reino de los cielos». Encuentro y misión no se separan. Este encuentro personal con Jesucristo también es posible para nosotros, que somos los discípulos del tercer milenio. Cuando buscamos el rostro del Señor, podemos reconocerlo en el rostro de los pobres, de los enfermos, de los abandonados y de los extranjeros que Dios pone en nuestro camino. Y este encuentro también se convierte para nosotros en un tiempo de gracia y salvación, confiriéndonos la misma misión encomendada a los apóstoles. (08-07-2020)

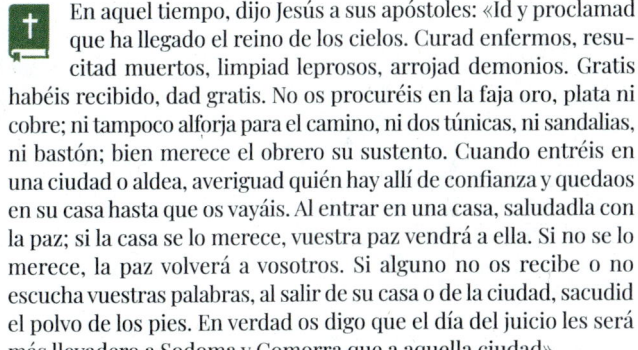

En aquel tiempo, dijo Jesús a sus apóstoles: «Id y proclamad que ha llegado el reino de los cielos. Curad enfermos, resucitad muertos, limpiad leprosos, arrojad demonios. Gratis habéis recibido, dad gratis. No os procuréis en la faja oro, plata ni cobre; ni tampoco alforja para el camino, ni dos túnicas, ni sandalias, ni bastón; bien merece el obrero su sustento. Cuando entréis en una ciudad o aldea, averiguad quién hay allí de confianza y quedaos en su casa hasta que os vayáis. Al entrar en una casa, saludadla con la paz; si la casa se lo merece, vuestra paz vendrá a ella. Si no se lo merece, la paz volverá a vosotros. Si alguno no os recibe o no escucha vuestras palabras, al salir de su casa o de la ciudad, sacudid el polvo de los pies. En verdad os digo que el día del juicio les será más llevadero a Sodoma y Gomorra que a aquella ciudad».

Oseas 11, 1-4.8c-9; Salmo 79, 2ac.3b.15-16 • MATEO 10, 7-15

Señor Jesús, ayúdame a ser testigo de tu Reino, amando, viviendo en sencillez y trabajando por la paz.
Que brille tu rostro, Señor, y nos salve (Salmo 79, 4b)

Papa Francisco: ¡Cuántos de nuestros hermanos y hermanas en la fe padecen injusticias, violencias y son odiados a causa de Jesús! Yo os digo una cosa, los mártires de hoy son de mayor número respecto a los de los primeros siglos. Cuando leemos la historia de los primeros siglos, aquí, en Roma, leemos mucha crueldad contra los cristianos; yo os digo: la misma crueldad existe hoy y en número mayor contra los cristianos. Hoy queremos pensar en los que sufren persecuciones, y estar cerca de ellos con nuestro afecto, nuestra oración y también nuestro llanto. (26-12-2016)

En aquel tiempo, dijo Jesús a sus apóstoles: «Mirad que os mando como ovejas entre lobos; por eso, sed sagaces como serpientes y sencillos como palomas. Pero ¡cuidado con la gente!, porque os entregarán a los tribunales, os azotarán en las sinagogas y os harán comparecer ante gobernadores y reyes, por mi causa, para dar testimonio ante ellos y ante los gentiles. Cuando os entreguen, no os preocupéis de lo que vais a decir o de cómo lo diréis: en su momento se os sugerirá lo que tenéis que decir, porque no seréis vosotros los que habléis, sino que el Espíritu de vuestro Padre hablará por vosotros. El hermano entregará al hermano a la muerte, el padre al hijo; se rebelarán los hijos contra sus padres, y los matarán. Y seréis odiados por todos a causa de mi nombre; pero el que persevere hasta el final se salvará. Cuando os persigan en una ciudad, huid a otra. En verdad os digo que no terminaréis con las ciudades de Israel antes de que vuelva el Hijo del hombre».

Oseas 14, 2-10; Salmo 50, 3-4.8-9.12-14.17 • MATEO 10, 16-23

 Señor Jesús, no me faltan dificultades y problemas, pero cuando confío en ti siento alivio, fuerza y consuelo.
Mi boca proclamará tu alabanza (Salmo 50, 17b)

 Papa Francisco: Este «cien veces más» está hecho de las cosas primero poseídas y luego dejadas, pero que se reencuentran multiplicadas hasta el infinito. Nos privamos de los bienes y recibimos en cambio el gozo del verdadero bien; nos liberamos de la esclavitud de las cosas y ganamos la libertad del servicio por amor; renunciamos a poseer y conseguimos la alegría de dar. Lo que Jesús decía: «Hay más dicha en dar que en recibir». (11-10-2015)

 En aquel tiempo, dijo Pedro a Jesús: «Ya ves, nosotros lo hemos dejado todo y te hemos seguido; ¿qué nos va a tocar?». Jesús les dijo: «En verdad os digo: cuando llegue la renovación, y el Hijo del hombre se siente en el trono de su gloria, también vosotros, los que me habéis seguido, os sentaréis en doce tronos para juzgar a las doce tribus de Israel. Todo el que por mí deja casa, hermanos o hermanas, padre o madre, hijos o tierras, recibirá cien veces más, y heredará la vida eterna».

Proverbios 2, 1-9; Salmo 33, 2-11 • MATEO 19, 27-29

 Señor Jesús, que el ejemplo del abad San Benito me estimule a seguirte cada día con más decisión y entrega verdadera.

Bendigo al Señor en todo momento **(Salmo 33, 2a;9a)**

Papa Francisco: La de la «siembra» es una imagen muy hermosa, y Jesús la usa para describir el don de su Palabra. Imaginemos una semilla: es pequeña, casi no se ve, pero hace crecer plantas que dan frutos. La Palabra de Dios es así; pensemos en el Evangelio, un pequeño libro, sencillo y al alcance de todos, que produce vida nueva en quien lo acoge. Por tanto, si la Palabra es la semilla, nosotros somos el terreno: podemos recibirla o no. Pero Jesús, «buen sembrador», no se cansa de sembrarla con generosidad. Conoce nuestro terreno, sabe que las piedras de nuestra inconstancia y las espinas de nuestros vicios pueden sofocar la Palabra, y sin embargo espera, siempre espera que nosotros podamos dar fruto abundante. (16-07-2023)

Isaías 55,10-11: Esto dice el Señor: «Como bajan la lluvia y la nieve desde el cielo, y no vuelven allá sino después de empapar la tierra, de fecundarla y hacerla germinar, para que dé semilla al sembrador y pan al que come, así será mi palabra que sale de mi boca: no volverá a mí vacía, sino que cumplirá mi deseo y llevará a cabo mi encargo».

Salmo 64, 10-14: *La semilla cayó en tierra buena y dio fruto.*

Romanos 8, 18-23: Hermanos: Considero que los sufrimientos de ahora no se pueden comparar con la gloria que un día se nos manifestará. Porque la creación, expectante, está aguardando la manifestación de los hijos de Dios; en efecto, la creación fue sometida a la frustración, no por su voluntad, sino por aquel que la sometió, con la esperanza de que la creación misma sería liberada de la esclavitud de la corrupción, para entrar en la gloriosa libertad de los hijos de Dios. Porque sabemos que hasta hoy toda la creación está gimiendo y sufre dolores de parto. Y no solo eso, sino que también nosotros, que poseemos las primicias del Espíritu, gemimos en nuestro interior, aguardando la adopción filial, la redención de nuestro cuerpo.

MATEO 13, 1-23: Aquel día, salió Jesús de casa y se sentó junto al mar. Y acudió a él tanta gente que tuvo que subirse a una barca; se sentó, y toda la gente se quedó de pie en la orilla. Les habló muchas cosas en parábolas: «Salió el sembrador a sembrar. Al sembrar, una parte cayó al borde del camino; vinieron los pájaros y se la comieron. Otra parte cayó en terreno pedregoso, donde apenas tenía tierra, y, como la tierra no era profunda brotó enseguida; pero en cuanto salió el sol, se abrasó y por falta de raíz se secó. Otra cayó entre abrojos, que crecieron y la ahogaron. Otra cayó en tierra buena y dio fruto: una, ciento; otra, sesenta; otra, treinta. El que tenga oídos que oiga». Se acercaron los discípulos y le preguntaron: «¿Por qué les hablas en parábolas?». Él les contestó: «A vosotros se os han dado a conocer los secretos del reino de los cielos y a ellos no. Porque al que tiene se le dará y tendrá de sobra, y al que no tiene se le quitará hasta lo que tiene. Por eso les hablo en parábolas, porque miran sin ver y escuchan sin oír ni entender. Así se cumple en ellos la profecía de Isaías: "Oiréis con los oídos sin entender; miraréis con los ojos sin ver; porque está embotado el corazón de este pueblo, son duros de oído, han cerrado los ojos; para no ver con los ojos, ni oír con los oídos, ni entender con el corazón, ni convertirse para que yo los cure". Pero bienaventurados vuestros ojos, porque ven y vuestros oídos porque oyen. En verdad os digo que muchos profetas y justos desearon ver lo que veis y no lo vieron, y oír lo que oís y no lo oyeron. Vosotros, pues, oíd lo que significa la parábola del sembrador: si uno escucha la palabra del reino sin entenderla, viene el Maligno y roba lo sembrado en su corazón. Esto significa lo sembrado al borde del camino. Lo sembrado en terreno pedregoso significa el que escucha la palabra y la acepta enseguida con alegría; pero no tiene raíces, es inconstante, y, en cuanto viene una dificultad o persecución por la palabra, enseguida sucumbe. Lo sembrado entre abrojos significa el que escucha la palabra; pero los afanes de la vida y la seducción de las riquezas ahogan la palabra y se queda estéril. Lo sembrado en tierra buena significa el que escucha la palabra y la entiende; ese da fruto y produce ciento o sesenta o treinta por uno».

 Señor Jesús, que mi corazón esté siempre bien dispuesto para acoger tu palabra eficaz y transformadora.

JULIO

13

LUNES

Lunes 15º Tiempo ordinario

Tomo III · Salterio 3ª semana

Santos ENRIQUE em, Teresa de J. de los Andes vg, Silas NT, Esdras AT.
Beato Jacobo de Varazze ob

Papa Francisco: Gastar los propios talentos, las propias energías y el propio tiempo sólo para salvarse, cuidarse y realizarse a sí mismo, conduce en realidad a perderse, es decir, a una existencia triste y estéril. Si en cambio, vivimos para el Señor y configuramos nuestra vida sobre el amor, como hizo Jesús, podremos saborear la alegría auténtica, y nuestra vida no será estéril, será fecunda. (03-09-2017)

En aquel tiempo, dijo Jesús a sus apóstoles: «No penséis que he venido a la tierra a sembrar paz: no he venido a sembrar paz, sino espada. He venido a enemistar al hombre con su padre, a la hija con su madre, a la nuera con su suegra; los enemigos de cada uno serán los de su propia casa. El que quiere a su padre o a su madre más que a mí, no es digno de mí; y el que quiere a su hijo o a su hija más que a mí, no es digno de mí; y el que no carga con su cruz y me sigue, no es digno de mí. El que encuentre su vida la perderá, y el que pierda su vida por mí, la encontrará. El que os recibe a vosotros, me recibe a mí, y el que me recibe, recibe al que me ha enviado. El que recibe a un profeta porque es profeta, tendrá recompensa de profeta; y el que recibe a un justo porque es justo, tendrá recompensa de justo. El que dé a beber, aunque no sea más que un vaso de agua fresca, a uno de estos pequeños, solo porque es mi discípulo, en verdad os digo que no perderá su recompensa». Cuando Jesús acabó de dar instrucciones a sus doce discípulos, partió de allí para enseñar y predicar en sus ciudades.

Isaías 1, 10-17; Salmo 49, 8-9.16bc-17.21.23 • MATEO 10, 34 - 11, 1

Señor Jesús, cuando te tengo en el centro de mi vida siento paz y fuerza; perdóname cuando te dejo en segundo lugar, pues tú debes ser siempre el primero en mi corazón.

Al que sigue buen camino le haré ver la salvación de Dios
(Salmo 49, 23cd)

Martes 15º Tiempo ordinario   Tomo III · Salterio 3ª semana

JULIO
14
MARTES

Santos CAMILO pb, Francisco Solano pb, Tuscana vd rl. Beato Mariano de Euse pb

 Papa Francisco: En ese momento de aparente fracaso, donde todo está oscuro, Jesús reza alabando al Padre. Y su oración nos conduce también a nosotros, lectores del Evangelio, a juzgar de forma diferente nuestras derrotas personales, las situaciones en las que no vemos clara la presencia y la acción de Dios, cuando parece que el mal prevalece y no hay forma de detenerlo. Jesús, que también recomendó mucho la oración de súplica, precisamente en el momento en el que habría tenido motivo de pedir explicaciones al Padre, sin embargo lo alaba. Parece una contradicción, pero está ahí, la verdad. (13-01-2021)

 En aquel tiempo, se puso Jesús a recriminar a las ciudades donde había hecho la mayor parte de sus milagros, porque no se habían convertido: «¡Ay de ti, Corozaín, ay de ti, Betsaida! Si en Tiro y en Sidón se hubieran hecho los milagros que en vosotras, hace tiempo que se habrían convertido, cubiertas de sayal y ceniza. Pues os digo que el día del juicio les será más llevadero a Tiro y Sidón que a vosotras. Y tú, Cafarnaún, ¿piensas escalar el cielo? Bajarás al abismo. Porque si en Sodoma se hubieran hecho los milagros que en ti, habría durado hasta hoy. Pues os digo que el día del juicio le será más llevadero a Sodoma que a ti».

Isaías 7, 1-9; Salmo 47, 2-8 • MATEO 11, 20-24

 Señor Jesús, que la conversión sea constante en mi vida, que me ayude a unirme más a ti con fe y con más amor.
Dios ha fundado su ciudad para siempre (Salmo 47, 9d)

JULIO

15

MIÉRCOLES

Miércoles 15º Tiempo ordinario

Tomo III · Salterio 3ª semana

Santos BUENAVENTURA ob dc, Pompilio M. Pirrotti pb, Vladimiro re.
Beata Ana Mª. Javouhey

Papa Francisco: Dos, en especial, son los rasgos del amor. El primero está contenido en la afirmación: «el amor está más en dar que en recibir»; el segundo en la afirmación de que «el amor está más en las obras que en las palabras». Cuando decimos que está más en dar que en recibir es porque el amor siempre se contagia, siempre contagia, y es recibido por el amado. Y cuando decimos que está más en las obras que en las palabras es porque el amor siempre da vida, hace crecer. (27-06-2014)

En aquel tiempo, tomó la palabra Jesús y dijo: «Te doy gracias, Padre, Señor del cielo y de la tierra, porque has escondido estas cosas a los sabios y entendidos y se las has revelado a los pequeños. Sí, Padre, así te ha parecido bien. Todo me ha sido entregado por mi Padre, y nadie conoce al Hijo más que el Padre, y nadie conoce al Padre sino el Hijo, y aquel a quien el Hijo se lo quiera revelar».

Isaías 10, 5-7. 13-16; Salmo 93, 5-10. 14-15 • MATEO 11, 25-27

Señor Jesús, sin humildad no soy nada, renueva mi corazón con tu gracia.
El Señor no rechaza a su pueblo (Salmo 93, 14a)

Te doy gracias, Padre

Papa Francisco: «Hermanos y hermanas». No es solo una fórmula, una forma de hablar convencional. No. Es una realidad, una realidad nueva generada por Jesucristo. Esta palabra de Jesús ha renovado radicalmente la familia, por lo que el vínculo más fuerte, más importante para nosotros cristianos ya no es el de sangre, sino que es el amor de Cristo. Su amor transforma la familia, la libera de las dinámicas del egoísmo, que derivan de la condición humana y del pecado, la libera y la enriquece con un vínculo nuevo, aún más fuerte pero libre, no dominado por los intereses y las convenciones del parentesco, sino animado por la gratitud, el renacimiento, el servicio recíproco. (05-05-2023)

En aquel tiempo, estaba Jesús hablando a la gente, cuando su madre y sus hermanos se presentaron fuera, tratando de hablar con él. Uno se lo avisó: «Tu madre y tus hermanos están fuera y quieren hablar contigo». Pero él contestó al que le avisaba: «¿Quién es mi madre y quiénes son mis hermanos?». Y, extendiendo su mano hacia los discípulos, dijo: «Estos son mi madre y mis hermanos. El que haga la voluntad de mi Padre que está en los cielos, ese es mi hermano, y mi hermana, y mi madre».

Zacarías 2, 14-17; Salmo Lucas 1, 46b-55 • MATEO 12, 46-50

Señor Jesús, con la ayuda de tu Madre, la Virgen María, aprenda yo a ser buen discípulo tuyo buscando y cumpliendo la voluntad del Padre.

El Poderoso ha hecho obras grandes en mí: su nombre es santo
(Salmo: Lucas 1, 49)

Papa Francisco: Todo lo que hay que hacer en la vida es escuchar a Jesús. Toma el Evangelio, léelo y escucha lo que Jesús dice a tu corazón. Porque Él tiene palabras de vida eterna. (06-08-2024)

En aquel tiempo, atravesó Jesús en sábado un sembrado; los discípulos, que tenían hambre, empezaron a arrancar espigas y a comérselas. Los fariseos, al verlo, le dijeron: «Mira, tus discípulos están haciendo una cosa que no está permitida en sábado». Les replicó: «¿No habéis leído lo que hizo David, cuando él y sus hombres sintieron hambre? Entró en la casa de Dios y comieron de los panes de la proposición, cosa que no les estaba permitida ni a él ni a sus compañeros, sino solo a los sacerdotes. ¿Y no habéis leído en la Ley que los sacerdotes pueden violar el sábado en el templo sin incurrir en culpa? Pues os digo que aquí hay uno que es más que el templo. Si comprendierais lo que significa "quiero misericordia y no sacrificio", no condenaríais a los inocentes. Porque el Hijo del hombre es señor del sábado».

Isaías 38, 1-6.21-22.7-8; Salmo: Isaías 38, 10-12.16 • MATEO 12, 1-8

Señor Jesús, cuando juzgo mal y critico me alejo de ti. Dame un corazón nuevo.

Tú, Señor, detuviste mi alma para que no pereciese (Isaías 38, 17b)

Papa Francisco: La sonrisa amable de un agente sanitario, la mirada agradecida y confiada de un paciente, el rostro comprensivo y atento de un médico o de un voluntario, el rostro expectante y ansioso de un cónyuge, de un hijo, de un nieto o de un querido amigo. Todas ellas son luces que hay que custodiar, y que incluso en la oscuridad de la prueba, no sólo dan fuerza, sino que enseñan el verdadero gusto de la vida, en el amor y en la cercanía. (10-02-2025)

En aquel tiempo, al salir de la sinagoga, los fariseos planearon el modo de acabar con Jesús. Pero Jesús se enteró, se marchó de allí, y muchos le siguieron. Él los curó a todos, mandándoles que no lo descubrieran. Así se cumplió lo que dijo el profeta Isaías: «Mirad a mi siervo, mi elegido, mi amado, en quien me complazco. Sobre él pondré mi espíritu para que anuncie el derecho a las naciones. No porfiará, no gritará, nadie escuchará su voz por las calles. La caña cascada no la quebrará, la mecha vacilante no la apagará, hasta llevar el derecho a la victoria; en su nombre esperarán las naciones».

Miqueas 2, 1-5; Salmo 9, 22-25.28-29.35 • MATEO 12, 14-21

Señor Jesús, eres el Siervo de Dios enviado para nuestra salvación. Gloria a ti por los siglos.
No te olvides de los humildes, Señor (Salmo 9, 33b)

Papa Francisco: Hermanos y hermanas, nuestro corazón, en efecto, es el campo de la libertad: no es un laboratorio aséptico, sino un espacio abierto y, por tanto, vulnerable. Para cultivarlo adecuadamente, es necesario, por una parte, cuidar constantemente los delicados brotes de bondad y, por otra, identificar y erradicar las malezas, en el momento justo. Así pues, miremos en nuestro interior y examinemos un poco que ocurre, lo que crece en mí. Que está creciendo en mi de bien y de mal. Existe un hermoso método para hacerlo: aquello que se llama el examen de conciencia, que es ver qué sucede hoy en mi vida, qué me impactó en el corazón y qué decisión tomé. Y esto sirve precisamente para verificar, a la luz de Dios, donde están las hierbas malas y donde la semilla buena. (23-07-2023)

Sabiduría 12, 13.16-19: Fuera de ti no hay otro dios que cuide de todo, a quien tengas que demostrar que no juzgas injustamente. Porque tu fuerza es el principio de la justicia y tu señorío sobre todo te hace ser indulgente con todos. Despliegas tu fuerza ante el que no cree en tu poder perfecto y confundes la osadía de los que lo conocen. Pero tú, dueño del poder, juzgas con moderación y nos gobiernas con mucha indulgencia, porque haces uso de tu poder cuando quieres. Actuando así, enseñaste a tu pueblo que el justo debe ser humano y diste a tus hijos una buena esperanza, pues concedes el arrepentimiento a los pecadores.

Salmo 85, 5-6.9-10.15-16a: *Tú, Señor, eres bueno y clemente.*

Romanos 8, 26-27: Hermanos: El Espíritu acude en ayuda de nuestra debilidad, pues nosotros no sabemos pedir como conviene; pero el Espíritu mismo intercede por nosotros con gemidos inefables. Y el que escruta los corazones sabe cuál es el deseo del Espíritu, y que su intercesión por los santos es según Dios.

MATEO 13, 24-43: En aquel tiempo, Jesús propuso otra parábola a la gente diciendo: «El reino de los cielos se parece a un hombre que sembró buena semilla en su campo; pero, mientras los hombres dormían, un enemigo fue y sembró cizaña en medio del trigo y se marchó. Cuando empezaba a verdear y se formaba la espiga apareció también la cizaña. Entonces fueron los criados a decirle al amo: "Señor, ¿no sembraste buena semilla en tu campo? ¿De dónde sale la cizaña?". Él les dijo: "Un enemigo lo ha hecho". Los criados le preguntan: "¿Quieres que vayamos a arrancarla?". Pero él les respondió: "No, que al recoger la cizaña podéis arrancar también el trigo. Dejadlos crecer juntos hasta la siega, y cuando llegue la siega diré a los segadores: Arrancad primero la cizaña y atadla en gavillas para quemarla, y el trigo almacenadlo en mi granero"». Les propuso otra parábola: «El reino de los cielos se parece a un grano de mostaza que uno toma y siembra en su campo; aunque es la más pequeña de las semillas, cuando crece es más alta que las hortalizas; se hace un árbol hasta el punto de que vienen los pájaros del cielo a anidar en sus ramas». Les dijo otra parábola: «El reino de los cielos se parece a la levadura; una mujer la amasa con tres medidas de harina, hasta que todo fermenta». Jesús dijo todo esto a la gente en parábolas y sin parábolas no les hablaba nada, para que se cumpliera lo dicho por medio del profeta: «Abriré mi boca diciendo parábolas; anunciaré lo secreto desde la fundación del mundo». Luego dejó a la gente y se fue a casa. Los discípulos se le acercaron a decirle: «Explícanos la parábola de la cizaña en el campo». Él les contestó: «El que siembra la buena semilla es el Hijo del hombre; el campo es el mundo; la buena semilla son los ciudadanos del reino; la cizaña son los partidarios del Maligno; el enemigo que la siembra es el diablo; la cosecha es el final de los tiempos, y los segadores los ángeles. Lo mismo que se arranca la cizaña y se echa al fuego, así será al final de los tiempos: el Hijo del hombre enviará a sus ángeles, y arrancarán de su reino todos los escándalos y a todos los que obran iniquidad, y los arrojarán al horno de fuego; allí será el llanto y el rechinar de dientes. Entonces los justos brillarán como el sol en el reino de su Padre. El que tenga oídos, que oiga».

 Señor Jesús, con tu gracia crezca más en mi corazón el trigo bueno que vaya echando a un lado la cizaña.

JULIO

20
LUNES

Lunes 16º Tiempo ordinario   Tomo III · Salterio 4ª semana

Santos APOLINAR ob mr, Elías prof, José Mª. Díaz Sanjurjo ob mr, Marina vg mr, Aurelio ob. Beatas Rita, Dolores y Francisca vgs mrs

Papa Francisco: No es fácil entender la misericordia de Dios, no es fácil. Y es necesaria tanta oración para entenderla, porque es una gracia. Los hombres, de hecho, están habituados a la lógica del «me la has hecho, te la devolveré», a la justicia del «la has hecho, la pagas». Y, en cambio, Jesús pagó por nosotros y continúa pagando. A Jonás —testarudo, pusilánime, rígido, que no entendió la misericordia de Dios— el Señor le habría podido decir: «Arréglatelas tú con tu rigidez y tu terquedad». Y, en cambio, el mismo Dios que quiso salvar aquellas ciento veinte mil personas, fue a él a hablarle y a convencerlo. Porque es el Dios de la paciencia, es el Dios que sabe acariciar, que sabe agrandar los corazones. (10-10-2017)

En aquel tiempo, algunos de los escribas y fariseos dijeron a Jesús: «Maestro, queremos ver un milagro tuyo». Él les contestó: «Esta generación perversa y adúltera exige una señal; pues no se le dará más signo que el del profeta Jonás. Tres días y tres noches estuvo Jonás en el vientre del cetáceo; pues tres días y tres noches estará el Hijo del hombre en el seno de la tierra. Los hombres de Nínive se alzarán en el juicio contra esta generación y harán que la condenen, porque ellos se convirtieron con la predicación de Jonás, y aquí hay uno que es más que Jonás. Cuando juzguen a esta generación, la reina del Sur se levantará y hará que la condenen, porque ella vino desde los confines de la tierra, para escuchar la sabiduría de Salomón, y aquí hay uno que es más que Salomón».

Miqueas 6, 1-4.6-8; Salmo: 49, 5-6.8-9.16bc-17.21.23 • MATEO 12, 38-42

Señor Jesús, me llamas a la conversión, tengo que cambiar mi corazón para hacerlo más dócil a tu palabra. Ayúdame. *Al que sigue buen camino le haré ver la salvación de Dios* (Salmo 49, 23cd)

Papa Francisco: Cuando Jesús afirma el primado de la fe en Dios, no encuentra una comparación más significativa que los afectos familiares. Y, por otro lado, estos mismos vínculos familiares, en el seno de la experiencia de la fe y del amor de Dios, se transforman, se «llenan» de un sentido más grande y llegan a ser capaces de ir más allá de sí mismos, para crear una paternidad y una maternidad más amplias, y para acoger como hermanos y hermanas también a los que están al margen de todo vínculo. (02-09-2015)

En aquel tiempo, estaba Jesús hablando a la gente, cuando su madre y sus hermanos se presentaron fuera, tratando de hablar con él. Uno se lo avisó: «Tu madre y tus hermanos están fuera y quieren hablar contigo». Pero él contestó al que le avisaba: «¿Quién es mi madre y quiénes son mis hermanos?». Y, extendiendo su mano hacia sus discípulos, dijo: «Estos son mi madre y mis hermanos. El que haga la voluntad de mi Padre que está en los cielos, ese es mi hermano y mi hermana y mi madre».

Miqueas 7, 14-15.18-20; Salmo: 84, 2-8 • MATEO 12, 46-50

Señor Jesús, quiero estar más dispuesto a cumplir la voluntad de Dios como hiciste tú, pues así seré de verdad de los tuyos, de tu familia.

Muéstranos, Señor, tu misericordia (Salmo 84, 8a)

Papa Francisco: María Magdalena llora porque a veces en nuestra vida los anteojos para ver a Jesús son las lágrimas. Todos nosotros en nuestra vida, hemos sentido la alegría, la tristeza, el dolor, pero en los momentos más oscuros, ¿hemos llorado? ¿Hemos tenido esa bondad de las lágrimas que preparan los ojos para mirar, para ver al Señor? Viendo a esta mujer que llora, también nosotros podemos pedir al Señor la gracia de las lágrimas. Ésta es una bella gracia. Llorar por todo: por el bien, por nuestros pecados, por las gracias…. El llanto nos prepara para ver a Jesús. (22-07-2018)

El primer día de la semana, María la Magdalena fue al sepulcro al amanecer, cuando aún estaba oscuro, y vio la losa quitada del sepulcro. Echó a correr y fue donde estaban Simón Pedro y el otro discípulo, a quien Jesús amaba, y le dijo: «Se han llevado del sepulcro al Señor y no sabemos dónde lo han puesto». Estaba María fuera, junto al sepulcro, llorando. Mientras lloraba, se asomó al sepulcro y vio dos ángeles vestidos de blanco, sentados, uno a la cabecera y otro a los pies, donde había estado el cuerpo de Jesús. Ellos le preguntaban: «Mujer, ¿por qué lloras?». Ella les contesta: «Porque se han llevado a mi Señor y no sé dónde lo han puesto». Dicho esto, se vuelve y ve a Jesús, de pie, pero no sabía que era Jesús. Jesús le dice: «Mujer, ¿por qué lloras?, ¿a quién buscas?». Ella, tomándolo por el hortelano, le contesta: «Señor, si tú te lo has llevado, dime dónde lo has puesto y yo lo recogeré». Jesús le dice: «¡María!». Ella se vuelve y le dice: «¡Rabbuní!», que significa «¡Maestro!». Jesús le dice: «No me retengas, que todavía no he subido al Padre. Pero anda, ve a mis hermanos y diles: "Subo al Padre mío y Padre vuestro, al Dios mío y Dios vuestro"». María la Magdalena fue y anunció a los discípulos: «He visto al Señor y ha dicho esto».

Cantares 3, 1-4b; Salmo 62, 2-6.8-9 • JUAN 20, 1-2.11-18

Señor Jesús, con María Magdalena te digo «maestro» y me dispongo a seguirte con amor y entrega verdadera.

Mi alma está sedienta de ti, Dios mío (Salmo 62, 2b)

Papa Francisco: ¿Cómo es la relación entre Jesús que permanece en mí y yo que permanezco en Él? Es una relación de intimidad, una relación mística, una relación sin palabras. «¡Pero padre, esto es para los místicos!». No: esto es para todos nosotros. Con pequeños pensamientos: «Señor, sé que estás conmigo: dame la fuerza y haré lo que me digas». Ese diálogo de intimidad con el Señor. El Señor está presente, el Señor está presente en nosotros, el Padre está presente en nosotros, el Espíritu está presente en nosotros; permanecen en nosotros. Pero yo debo permanecer en Ellos... Que el Señor nos ayude a comprender, a sentir esta mística del permanecer en la que Jesús insiste tanto, tanto, tanto. (13-05-2020)

En aquel tiempo, dijo Jesús a sus discípulos: «Yo soy la verdadera vid, y mi Padre es el labrador. A todo sarmiento que no da fruto en mí, lo arranca, y a todo el que da fruto lo poda, para que dé más fruto. Vosotros ya estáis limpios por la palabra que os he hablado; permaneced en mí, y yo en vosotros. Como el sarmiento no puede dar fruto por sí, si no permanece en la vid, así tampoco vosotros, si no permanecéis en mí. Yo soy la vid, vosotros los sarmientos; el que permanece en mí y yo en él, ese da fruto abundante; porque sin mí no podéis hacer nada. Al que no permanece en mí lo tiran fuera, como el sarmiento, y se seca; luego los recogen y los echan al fuego y arden. Si permanecéis en mí y mis palabras permanecen en vosotros, pedid lo que deseáis y se realizará. Con esto recibe gloria mi Padre, con que deis fruto abundante; así seréis discípulos míos».

Gálatas 2, 19-20; Salmo 33, 2-11 • JUAN 15, 1-8

Señor Jesús, que el ejemplo de Santa Brígida me impulse a vivir siempre muy unido a ti, y muy unido a tu amor.
Bendigo al Señor en todo momento (Salmo 33, 2a)

JULIO

24
VIERNES

Viernes 16º Tiempo ordinario · Tomo III · Salterio 4ª semana

Santos SARBELIO MAKHLÛF pb, Cristina vg mr, Balduino ab, Borisy Gleb mrs,
José Fernández pb mr. Beatas Mª. Pilar, Teresa y Ángeles mjs y mrs

Papa Francisco: El sembrador es Jesús. Notamos que, con esta imagen, Él se presenta como uno que no se impone, sino que se propone; no nos atrae conquistándonos, sino donándose: echa la semilla. Él esparce con paciencia y generosidad su Palabra, que no es una jaula o una trampa, sino una semilla que puede dar fruto. ¿Y cómo puede dar fruto? Si nosotros lo acogemos. Por ello la parábola se refiere sobre todo a nosotros: habla efectivamente del terreno más que del sembrador. Jesús efectúa, por así decir una «radiografía espiritual» de nuestro corazón, que es el terreno sobre el cual cae la semilla de la Palabra. (16-07-2017)

En aquel tiempo, dijo Jesús a sus discípulos: «Vosotros, pues oíd lo que significa la parábola del sembrador: si uno escucha la palabra del reino sin entenderla, viene el Maligno y roba lo sembrado en su corazón. Esto significa lo sembrado al borde del camino. Lo sembrado en terreno pedregoso significa el que escucha la palabra y la acepta enseguida con alegría; pero no tiene raíces, es inconstante, y, en cuanto viene una dificultad o persecución por la palabra, enseguida sucumbe. Lo sembrado entre abrojos significa el que escucha la palabra; pero los afanes de la vida y la seducción de las riquezas ahogan la palabra y se queda estéril. Lo sembrado en tierra buena significa el que escucha la palabra y la entiende; ese da fruto y produce ciento o sesenta o treinta por uno».

Jeremías 3, 14-17; Salmo: Jeremías 31, 10-13 • MATEO 13, 18-23

Señor Jesús, perdona mi inconsistencia en la escucha de tu Palabra; quiero vivir más afianzado en ella que me fortalece y sostiene.

El Señor nos guardará como un pastor a su rebaño (Jeremías 31, 10d)

Papa Francisco: Permanecer con Jesús, por lo tanto, requiere la valentía de dejar, de ponerse en camino. ¿Qué debemos dejar? Nuestros vicios, nuestros pecados, por supuesto, que son como anclas que nos sujetan a la orilla y nos impiden remar mar adentro. Para empezar a dejar es justo que empecemos pidiendo perdón, perdón por las cosas que no fueron buenas: dejo esas cosas y sigo adelante. Pero hay que dejar también lo que nos impide vivir plenamente, por ejemplo, los miedos, los cálculos egoístas, las garantías seguridad viviendo una vida mediocre. Y también hay que renunciar al tiempo que se pierde en tantas cosas inútiles. (22-01-2023)

En aquel tiempo, se acercó a Jesús la madre de los hijos de Zebedeo con sus hijos y se postró para hacerle una petición. Él le preguntó: «¿Qué deseas?». Ella contestó: «Ordena que estos dos hijos míos se sienten en tu reino, uno a tu derecha y el otro a tu izquierda». Pero Jesús replicó: «No sabéis lo que pedís. ¿Podéis beber el cáliz que yo he de beber?». Contestaron: «Podemos». Él les dijo: «Mi cáliz lo beberéis; pero sentarse a mi derecha o a mi izquierda no me toca a mí concederlo, es para aquellos para quienes lo tiene reservado mi Padre». Los otros diez, al oír aquello, se indignaron contra los dos hermanos. Y llamándolos, Jesús les dijo: «Sabéis que los jefes de los pueblos los tiranizan y que los grandes los oprimen. No será así entre vosotros: el que quiera ser grande entre vosotros, que sea vuestro servidor, y el que quiera ser primero entre vosotros, que sea vuestro esclavo. Igual que el Hijo del hombre no ha venido para que le sirvan, sino para servir y dar su vida en rescate por muchos».

Hechos 4, 33; 5, 12.27-33; 12, 2; Salmo 66, 2-3.5.7-8;
2 Corintios 4, 7-15 • MATEO 20, 20-28

Señor Jesús, «beber tu cáliz» significa seguirte con autenticidad desde el servicio y amor, entregando la vida. Así lo hizo tu apóstol Santiago; que él interceda por nosotros.

Oh Dios, que te alaben los pueblos, que todos los pueblos te alaben (Salmo 66, 4)

JULIO

26
DOMINGO

Domingo 17º Tiempo ordinario   Tomo III · Salterio 1ª semana
Santos JOAQUÍN Y ANA, padres de la bienaventurada Virgen María, Jorge Preca pb.
Beato Vicente pb y co mrs
JORNADA MUNDIAL DE LOS ABUELOS Y PERSONAS MAYORES

Papa Francisco: A veces, en estos mercados, si uno se detiene a mirar bien, puede descubrir tesoros: cosas muy valiosas, volúmenes raros que, mezclados con todo lo demás, uno no advierte a primera vista. Pero el mercader de la parábola tiene buen ojo y sabe encontrar, sabe «discernir» para encontrar la perla. Esto también es un aprendizaje para nosotros: cada día, en casa, en la calle, en el trabajo, de vacaciones, tenemos la oportunidad de vislumbrar el bien. Y es importante saber encontrar lo que vale: entrenarnos para reconocer las gemas preciosas de la vida y distinguirlas de las baratijas. ¡No desperdiciemos el tiempo y la libertad en cosas triviales, pasatiempos que nos dejan vacíos por dentro, mientras la vida nos ofrece cada día la perla preciosa del encuentro con Dios y con los demás! Es necesario saber reconocerla: discernir para encontrarla. (30-07-2023)

1 Reyes 3, 5.7-12: En aquellos días, el Señor se apareció de noche en sueños a Salomón y le dijo: «Pídeme lo que deseas que te dé». Respondió Salomón: «Señor mi Dios: Tú has hecho rey a tu siervo en lugar de David, mi padre, pero yo soy un muchacho joven y no sé por dónde empezar o terminar. Tu siervo está en medio de tu pueblo, el que tú te elegiste, un pueblo tan numeroso que no se puede contar ni calcular. Concede, pues, a tu siervo, un corazón atento para juzgar a tu pueblo y discernir entre el bien y el mal, pues, cierto, ¿quién podrá hacer justicia a este pueblo tuyo tan inmenso?». Agradó al Señor esta súplica de Salomón. Entonces le dijo Dios: «Por haberme pedido esto y no una vida larga o riquezas para ti, por no haberme pedido la vida de tus enemigos sino inteligencia para atender a la justicia, yo obraré según tu palabra: te concedo, pues, un corazón sabio e inteligente, como no ha habido antes de ti ni surgirá otro igual después de ti».

Salmo 118, 57.72.76-77.127-130: *¡Cuánto amo tu ley, Señor!*

Romanos 8, 28-30: Hermanos: Sabemos que a los que aman a Dios todo les sirve para el bien; a los cuales ha llamado conforme a su designio. Porque a los que había conocido de antemano los predestinó a reproducir la imagen de su Hijo, para que él fuera el primogénito entre muchos hermanos. Y a los que predestinó, los llamó; a los que llamó, los justificó; a los que justificó, los glorificó.

MATEO 13, 44-52: En aquel tiempo, dijo Jesús a la gente: «El reino de los cielos se parece a un tesoro escondido en el campo: el que lo encuentra, lo vuelve a esconder y, lleno de alegría, va a vender todo lo que tiene y compra el campo. El reino de los cielos se parece también a un comerciante de perlas finas, que al encontrar una de gran valor se va a vender todo lo que tiene y la compra. El reino de los cielos se parece también a la red que echan en el mar y recoge toda clase de peces: cuando está llena, la arrastran a la orilla, se sientan, y reúnen los buenos en cestos y los malos los tiran. Lo mismo sucederá al final de los tiempos: saldrán los ángeles, separarán a los malos de los buenos y los echarán al horno de fuego. Allí será el llanto y el rechinar de dientes. «¿Habéis entendido todo esto?». Ellos le responden: «Sí». Él les dijo: «Pues bien, un escriba que se ha hecho discípulo del reino de los cielos es como un padre de familia que va sacando de su tesoro lo nuevo y lo antiguo».

 Señor Jesús, ayúdame a comprender, especialmente en los momentos duros y difíciles de mi vida, que «a los que aman a Dios todo les sirve para el bien».

JULIO

27
LUNES

Lunes 17º Tiempo ordinario   Tomo III · Salterio 1ª semana

Santos Pantaleón mr, Celestino I pp, Natalia de Córdoba es mr, Tito Brandsma pb mr. Beata Mª. Pilar Izquierdo vg

Papa Francisco: Queridos hermanos y hermanas, con esta parábola Jesús quiere infundirnos confianza. De hecho, en muchas situaciones de la vida puede suceder que nos desanimemos al ver la debilidad del bien respecto a la fuerza aparente del mal. Y podemos dejar que el desánimo nos paralice cuando constatamos que nos hemos esforzado, pero no hemos obtenido resultados y parece que las cosas nunca cambian. El Evangelio nos pide una mirada nueva sobre nosotros mismos y sobre la realidad; pide que tengamos ojos grandes que saben ver más allá, especialmente más allá de las apariencias, para descubrir la presencia de Dios que, como amor humilde, está siempre operando en el terreno de nuestra vida y en el de la historia. (13-06-2021)

En aquel tiempo: Jesús propuso otra parábola al gentío: «El reino de los cielos se parece a un grano de mostaza que uno toma y siembra en su campo; aunque es la más pequeña de las semillas, cuando crece es más alta que las hortalizas; se hace un árbol hasta el punto de que vienen los pájaros del cielo a anidar en sus ramas». Les dijo otra parábola: «El reino de los cielos se parece a la levadura; una mujer la amasa con tres medidas de harina, hasta que todo fermenta». Jesús dijo todo esto a la gente en parábolas y sin parábolas no les hablaba nada, para que se cumpliera lo dicho por medio del profeta: «Abriré mi boca diciendo parábolas, anunciaré lo secreto desde la fundación del mundo».

Jeremías 13, 1-11; Salmo: Deuteronomio 32, 18-21 • MATEO 13, 31-35

Señor Jesús, tu Reino es amor, vida, paz, justicia, gracia que todo lo puede cambiar y transformar. Quiero colaborar contigo en su extensión y desarrollo.

Despreciaste al Dios que te engendró (Salmo: Deuteronomio 32, 18a)

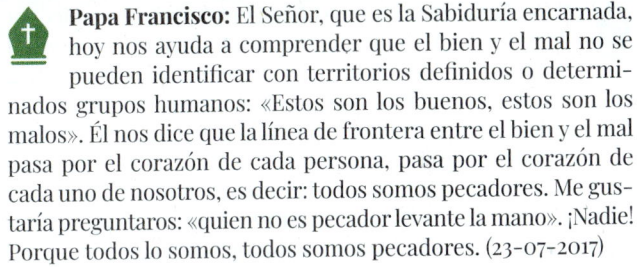

Papa Francisco: El Señor, que es la Sabiduría encarnada, hoy nos ayuda a comprender que el bien y el mal no se pueden identificar con territorios definidos o determinados grupos humanos: «Estos son los buenos, estos son los malos». Él nos dice que la línea de frontera entre el bien y el mal pasa por el corazón de cada persona, pasa por el corazón de cada uno de nosotros, es decir: todos somos pecadores. Me gustaría preguntaros: «quien no es pecador levante la mano». ¡Nadie! Porque todos lo somos, todos somos pecadores. (23-07-2017)

En aquel tiempo, Jesús dejó a la gente y se fue a casa. Los discípulos se le acercaron a decirle: «Explícanos la parábola de la cizaña en el campo». Él les contestó: «El que siembra la buena semilla es el Hijo del hombre; el campo es el mundo; la buena semilla son los ciudadanos del reino; la cizaña son los partidarios del Maligno; el enemigo que la siembra es el diablo; la cosecha es el fin del tiempo, y los segadores los ángeles. Lo mismo que se arranca la cizaña y se echa al fuego, así será al final de los tiempos: el Hijo del hombre enviará a sus ángeles, y arrancarán de su reino todos los escándalos y a todos los que obran iniquidad, y los arrojarán al horno de fuego; allí será el llanto y el rechinar de dientes. Entonces los justos brillarán como el sol en el reino de su Padre. El que tenga oídos, que oiga».

Jeremías 14, 17-22; Salmo 78, 8-9.11.13 • MATEO 13, 36-43

Señor Jesús, en ti espero, pues la última palabra de todo la tienes tú, vencedor del mal y del pecado.
Por el honor de tu nombre líbranos, Señor (Salmo 78, 9b)

Papa Francisco: Estamos llamados a quitar las piedras de todo lo que sabe a muerte: por ejemplo, la hipocresía con la que vivimos la fe es la muerte; la crítica destructiva hacia los demás es la muerte; la ofensa, la calumnia, son la muerte; la marginación de los pobres es la muerte. El Señor nos pide que quitemos estas piedras de nuestros corazones, y la vida volverá a florecer a nuestro alrededor. Cristo vive, y quien lo acoge y se adhiere a Él entra en contacto con la vida. Sin Cristo, o fuera de Cristo, no sólo no hay vida, sino que se recae en la muerte. (29-03-2020)

En aquel tiempo, muchos judíos habían ido a ver a Marta y a María, para darles el pésame por su hermano. Cuando Marta se enteró de que llegaba Jesús, salió a su encuentro, mientras María se quedó en casa. Y dijo Marta a Jesús: «Señor, si hubieras estado aquí no habría muerto mi hermano. Pero aún ahora sé que todo lo que pidas a Dios, Dios te lo concederá». Jesús le dijo: «Tu hermano resucitará». Marta respondió: «Sé que resucitará en la resurrección en el último día». Jesús le dijo: «Yo soy la resurrección y la vida: el que cree en mí, aunque haya muerto, vivirá; y el que está vivo y cree en mí, no morirá para siempre. ¿Crees esto?». Ella le contestó: «Sí, Señor, yo creo que tú eres el Cristo, el Hijo de Dios, el que tenía que venir al mundo».

Jeremías 15, 10.16-21; Salmo 58, 2-4.10-11.17-18• JUAN 11, 19-27

Señor Jesús, que, a ejemplo de tus amigos de Betania, Lázaro, Marta y María, crezca yo en amistad contigo.

Dios es mi refugio en el peligro (58, 17d)

Jueves 17º Tiempo ordinario   Tomo III · Salterio 1ª semana

JULIO
30
JUEVES

Santos PEDRO CRISÓLOGO ob y dc, Abdón y Senén mrs, Julita mr.
Beatos Braulio y co mrs, José Mª. Muro y co mrs

Papa Francisco: Leed el Evangelio. Leed el Evangelio. Ya hemos hablado de esto, ¿lo recordáis? Cada día leer un pasaje del Evangelio; y también llevar un pequeño Evangelio con nosotros, en el bolsillo, en la cartera, al alcance de la mano. Y allí, leyendo un pasaje encontraremos a Jesús. Todo adquiere sentido allí, en el Evangelio, donde encuentras este tesoro, que Jesús llama «el reino de Dios», es decir, Dios que reina en tu vida, en nuestra vida; Dios que es amor, paz y alegría en cada hombre y en todos los hombres. Esto es lo que Dios quiere, y esto es por lo que Jesús entregó su vida hasta morir en una cruz, para liberarnos del poder de las tinieblas y llevarnos al reino de la vida, de la belleza, de la bondad, de la alegría. Leer el Evangelio es encontrar a Jesús y tener esta alegría cristiana, que es un don del Espíritu Santo. (27-07-2014)

En aquel tiempo, dijo Jesús al gentío: «El reino de los cielos se parece también a la red que echan en el mar y recoge toda clase de peces: cuando está llena, la arrastran a la orilla, se sientan, y reúnen los buenos en cestos y los malos los tiran. Lo mismo sucederá al final de los tiempos: saldrán los ángeles, separarán a los malos de los buenos y los echarán al horno de fuego. Allí será el llanto y el rechinar de dientes. ¿Entendéis bien todo esto?». Ellos le responden: «Sí». Él les dijo: «Pues bien, un escriba que se ha hecho discípulo del reino de los cielos es como un padre de familia que va sacando de su tesoro lo nuevo y lo antiguo». Cuando Jesús acabó estas parábolas, partió de allí.

Jeremías 18, 1-6; Salmo 145,1b-6ab • MATEO 13, 47-53

Señor Jesús, quiero crecer como discípulo tuyo, escuchando tu palabra y viviendo cada vez más unido a ti.
Dichoso a quien auxilia el Dios de Jacob (Salmo 145, 5a)

Papa Francisco: ¿Puede la fe crecer de la mano de la duda? Sucede porque somos humanos, y la fe es un regalo tan grande que, cuando lo recibimos, no podemos creerlo. ¿Será posible? El diablo te pone dudas, luego la vida, luego las tragedias: ¿por qué Dios permite esto? Pero una fe sin dudas no va. Piensa en Santa Teresa del Niño Jesús: ¿crees que no tuvo dudas? Lee el final de su vida. Dice que en los momentos más feos de su enfermedad pidió que le llevaran agua bendita a su cama, que le llevaran la vela bendita para ahuyentar al enemigo. El problema es cuando no se tiene paciencia. ¿Estaba Jesús hombre, en el Huerto de los Olivos, contento? «¿Por qué me has abandonado?». Pensar en ser abandonado por Dios es una experiencia de fe que han tenido muchos santos y también muchas personas hoy, que se sienten abandonadas por Dios, pero no pierden la fe. Custodian el don: en este momento no siento nada, pero guardo el don de la fe. Al cristiano que nunca ha pasado por estos estados de ánimo le falta algo, porque significa que se conforma, se acomoda. Las crisis de fe no son fracasos contra la fe. Por el contrario, revelan la necesidad y el deseo de entrar cada vez más en las profundidades del misterio de Dios. Una fe sin estas pruebas me hace dudar de que sea una fe verdadera. (28-02-2021)

En aquel tiempo, Jesús fue a su ciudad y se puso a enseñar en su sinagoga. La gente decía admirada: «¿De dónde saca este esa sabiduría y esos milagros? ¿No es el hijo del carpintero? ¿No es su madre María, y sus hermanos Santiago, José, Simón y Judas? ¿No viven aquí todas sus hermanas? Entonces, ¿de dónde saca todo eso?». Y se escandalizaban a causa de él. Jesús les dijo: «Solo en su tierra y en su casa desprecian a un profeta». Y no hizo allí muchos milagros, por su falta de fe.

Jeremías 26, 1-9; Salmo 68, 5.8-10.14 • MATEO 13, 54-58

Señor Jesús, te doy gracias por el don de la fe y te pido que me ayudes a madurarla pues yo también, a veces, dudo y flaqueo. *Que me escuche tu gran bondad, Señor* (Salmo 68, 14c)

agosto

Transfigúrame.
Señor, transfigúrame.
Traspáseme tu rayo rosa y blanco.
Quiero ser tu vidriera,
tu alta vidriera azul, morada y amarilla
en tu más alta catedral.

(Gerardo Diego.
Segunda Antología de sus Versos (1941–1967),
poema nº 73)

Papa Francisco: La vida sólo tiene valor al donarla, al donarla en el amor, en la verdad, al donarla a los demás, en la vida cotidiana, en la familia. Donarla siempre. Si alguien toma la vida para sí mismo, para custodiarla, como el rey en su corrupción, o la señora con el odio, o la joven, la muchacha, con su propia vanidad —un poco adolescente, inconsciente— la vida muere, la vida termina marchitada, no sirve. Juan donó su vida: «Yo, en cambio, debo disminuir para que Él sea escuchado, sea visto, para que el Señor se manifieste». (08-02-2019)

En aquel tiempo, oyó el tetrarca Herodes lo que se contaba de Jesús y dijo a sus cortesanos: «Ese es Juan Bautista, que ha resucitado de entre los muertos, y por eso las fuerzas milagrosas actúan en él». Es que Herodes había mandado prender a Juan y lo había metido en la cárcel encadenado, por motivo de Herodías, mujer de su hermano Filipo; porque Juan le decía que no le era lícito vivir con ella. Quería mandarlo matar, pero tuvo miedo de la gente, que lo tenía por profeta. El día del cumpleaños de Herodes, la hija de Herodías danzó delante de todos, y le gustó tanto a Herodes que juró darle lo que pidiera. Ella, instigada por su madre, le dijo: «Dame ahora mismo en una bandeja la cabeza de Juan el Bautista». El rey lo sintió; pero, por el juramento y los invitados, ordenó que se la dieran; y mandó decapitar a Juan en la cárcel. Trajeron la cabeza en una bandeja, se la entregaron a la joven, y ella se la llevó a su madre. Sus discípulos recogieron el cadáver, lo enterraron, y fueron a contárselo a Jesús.

Jeremías 26, 11-16. 24; Salmo 68, 15-16. 30-31.33-34 • MATEO 14, 1-12

Señor Jesús, que tu Espíritu me fortalezca para vivir en la verdad, defender la justicia y trabajar por la paz.
En el día de la gracia, escúchame, Señor (Salmo 68, 14)

Domingo 18º Tiempo ordinario   Tomo IV · Salterio 2ª semana   AGOSTO

2
DOMINGO

Santos EUSEBIO ob, PEDRO J. EYMARD pb, Pedro Fabro pb, Pedro de Osma ob.
Beata Juana de Aza mf. Ntra. Sra. de los Ángeles

TOMO IV de la LITURGIA DE LAS HORAS

Papa Francisco: Compasión, compartir, Eucaristía. Este es el camino que Jesús nos indica en este Evangelio. Un camino que nos conduce a afrontar con fraternidad las necesidades de este mundo, pero que nos conduce más allá de este mundo, porque parte de Dios Padre y vuelve a Él. Que la Virgen María, Madre de la divina Providencia, nos acompañe en este camino. (03-08-2014)

Isaías 55.1-3: Esto dice el Señor: «Oíd, sedientos todos, acudid por agua; venid, también los que no tenéis dinero: comprad trigo y comed, venid y comprad, sin dinero y de balde, vino y leche. ¿Por qué gastar dinero en lo que no alimenta y el salario en lo que no da hartura? Escuchadme atentos y comeréis bien, saborearéis platos sustanciosos. Inclinad vuestro oído, venid a mí: escuchadme y viviréis. Sellaré con vosotros una alianza perpetua, las misericordias firmes hechas a David».

Salmo 144.8-9.15-18: *Abres tú la mano, Señor, y nos sacias.*

Romanos 8, 35.37-39: Hermanos: ¿Quién nos separará del amor de Cristo?, ¿la tribulación?, ¿la angustia?, ¿la persecución?, ¿el hambre?, ¿la desnudez?, ¿el peligro?, ¿la espada? Pero en todo esto vencemos de sobra gracias a aquel que nos ha amado. Pues estoy convencido de que ni muerte, ni vida, ni ángeles, ni principados, ni presente, ni futuro, ni potencias, ni altura, ni profundidad, ni ninguna otra criatura podrá separarnos del amor de Dios manifestado en Cristo Jesús, nuestro Señor.

MATEO 14,13–21: En aquel tiempo, al enterarse Jesús de la muerte de Juan Bautista se marchó de allí en barca, a solas, a un lugar desierto. Cuando la gente lo supo, lo siguió por tierra desde los poblados. Al desembarcar vio Jesús una multitud, se compadeció de ella y curó a los enfermos. Como se hizo tarde, se acercaron los discípulos a decirle: «Estamos en despoblado y es muy tarde, despide a la multitud para que vayan a las aldeas y se compren comida». Jesús les replicó: «No hace falta que se vayan, dadles vosotros de comer». Ellos le replicaron: «Si aquí no tenemos más que cinco panes y dos peces». Les dijo: «Traédmelos». Mandó a la gente que se recostara en la hierba y tomando los cinco panes y los dos peces, alzando la mirada al cielo, pronunció la bendición, partió los panes y se los dio a los discípulos; los discípulos se los dieron a la gente. Comieron todos y se saciaron y recogieron doce cestos llenos de sobras. Comieron unos cinco mil hombres, sin contar mujeres y niños.

 Señor Jesús, nada ni nadie nos apartará de tu amor. Estamos unidos a ti. Atráenos siempre hacia tu corazón.

...dadles vosotros de comer

Lunes 18° Tiempo ordinario   Tomo IV · Salterio 2ª semana

AGOSTO

3

LUNES

Santos Eufronio ob, Martín er, Pedro ob. Beato Agustín Kazotic ob

Papa Francisco: Pedro camina un poco sobre el agua hacia Jesús, pero luego se asusta, se hunde y grita: «¡Señor, sálvame!». Esta es una hermosa oración, que expresa la certeza de que el Señor puede salvarnos, de que Él vence nuestro mal y nuestros miedos. Repitámosla también nosotros, sobre todo en tiempos de «tormenta»: ¡Señor, sálvame! (13-08-2023)

Después que la gente se hubo saciado, Jesús apremió a sus discípulos a que subieran a la barca y se le adelantaran a la otra orilla, mientras él despedía a la gente. Y después de despedir a la gente subió al monte a solas para orar. Llegada la noche estaba allí solo. Mientras tanto la barca iba ya muy lejos de tierra, sacudida por las olas, porque el viento era contrario. A la cuarta vela de la noche se les acercó Jesús andando sobre el mar. Los discípulos, viéndole andar sobre el agua, se asustaron y gritaron de miedo, diciendo que era un fantasma. Jesús les dijo enseguida: «¡Ánimo, soy yo, no tengáis miedo!». Pedro le contestó: «Señor, si eres tú, mándame ir a ti sobre el agua». Él le dijo: «Ven». Pedro bajó de la barca y echó a andar sobre el agua acercándose a Jesús; pero, al sentir la fuerza del viento, le entró miedo, empezó a hundirse y gritó: «Señor, sálvame». Enseguida Jesús extendió la mano, lo agarró y le dijo: «¡Hombre de poca fe! ¿Por qué has dudado?». En cuanto subieron a la barca amainó el viento. Los de la barca se postraron ante él diciendo: «Realmente eres Hijo de Dios». Terminada la travesía, llegaron a tierra en Genesaret. Y los hombres de aquel lugar apenas lo reconocieron, pregonaron la noticia por toda aquella comarca y le trajeron a todos los enfermos. Le pedían tocar siquiera la orla de su manto. Y cuantos la tocaban quedaban curados.

Jeremías 28, 1-17; Salmo 118, 29.43.79.80.95.102; Mateo 14, 22-36

Señor, yo también experimento la debilidad de mi fe, necesito tu fuerza y tu gracia.

Instrúyeme, Señor, en tus decretos (Salmo 118, 68b)

Papa Francisco: Quien es bueno saca de su corazón y de su boca el bien y quien es malo saca el mal, practicando el ejercicio más dañino entre nosotros, que es la murmuración, el chismorreo, hablar mal de los demás. Esto destruye; destruye la familia, destruye la escuela, destruye el lugar de trabajo, destruye el vecindario. Por la lengua empiezan las guerras. Pensemos un poco en esta enseñanza de Jesús y preguntémonos: ¿Hablo mal de los demás? ¿Trato siempre de ensuciar a los demás? ¿Es más fácil para mí ver los defectos de otras personas que los míos? Y tratemos de corregirnos al menos un poco: nos hará bien a todos. (03-03-2019)

 En aquel tiempo, se acercaron a Jesús unos fariseos y escribas de Jerusalén y le preguntaron: «¿Por qué tus discípulos quebrantan la tradición de nuestros mayores y no se lavan las manos antes de comer?». Y, llamando a la gente, les dijo: «Escuchad y entended: no mancha al hombre lo que entra por la boca, sino lo que sale de la boca, eso es lo que mancha al hombre». Se acercaron los discípulos y le dijeron: «¿Sabes que los fariseos se han escandalizado al oírte?». Respondió él: «La planta que no haya plantado mi Padre celestial, será arrancada de raíz. Dejadlos, son ciegos, guías de ciegos. Y si un ciego guía a otro ciego, los dos caerán en el hoyo».

Jeremías 30, 1-2.12b-15.18-22; Salmo 101, 16-21.29.22-23;
MATEO 15, 1-2.10-14

 Señor Jesús, sáname por dentro, dame un corazón verdaderamente puro.
El Señor reconstruyó Sion, y apareció en su gloria (Salmo 101, 17)

Miércoles 18º Tiempo ordinario — Tomo IV · Salterio 2ª semana

AGOSTO

5
MIÉRCOLES

DEDICACIÓN DE LA BASÍLICA DE SANTA MARÍA LA MAYOR, Ntra. Sra. de las Nieves,
Virgen Blanca. Santos Casiano ob, Viator er, Margarita vd

Papa Francisco: Cada uno de nosotros tiene su propia historia y no siempre es una historia limpia; muchas veces es una historia difícil, con muchos dolores, muchos problemas y muchos pecados. ¿Qué hago, yo, con mi historia? ¿La escondo? ¡No! Tenemos que llevarla delante del Señor: «¡Señor, si Tú quieres, puedes sanarme!». Esto es lo que nos enseña esta mujer, esta buena mujer: la valentía de llevar la propia historia de dolor delante de Dios, delante de Jesús; tocar la ternura de Dios, la ternura de Jesús. Hagamos, nosotros, la prueba de esta historia, de esta oración: cada uno que piense en la propia historia. (16-08-2020)

En aquel tiempo, Jesús se retiró a la región de Tiro y Sidón. Entonces una mujer cananea, saliendo de uno de aquellos lugares, se puso a gritarle: «Ten compasión de mí, Señor, Hijo de David. Mi hija tiene un demonio muy malo». Él no le respondió nada. Entonces los discípulos se le acercaron a decirle: «Atiéndela, que viene detrás gritando». Él les contestó: «Solo he sido enviado a las ovejas descarriadas de Israel». Ella se acercó y se postró ante él diciendo: «Señor, ayúdame». Él le contestó: «No está bien tomar el pan de los hijos y echárselo a los perros». Pero ella repuso: «Tienes razón, Señor; pero también los perritos se comen las migajas que caen de la mesa de los amos». Jesús le respondió: «Mujer, qué grande es tu fe; que se cumpla lo que deseas». En aquel momento quedó curada su hija.

Jeremías 31,1-7; Salmo: Jeremías 31,10-12ab.13 • MATEO 15, 21-28

Señor Jesús, gracias por el don de la fe, ayúdame a madurarla y a fortalecerla.
El Señor nos guardará como un pastor a su rebaño
(Jeremías 31, 10d)

Papa Francisco: Jesús transfigurado sobre el monte Tabor quiso mostrar a sus discípulos su gloria, no para evitarles pasar a través de la cruz, sino para indicar a dónde lleva la cruz. Quien muere con Cristo, con Cristo resurgirá. Y la cruz es la puerta de la resurrección. Quien lucha junto a Él, con Él triunfará. Este es el mensaje de esperanza que la cruz de Jesús contiene, exhortando a la fortaleza en nuestra existencia. La Cruz cristiana no es un ornamento de la casa o un adorno para llevar puesto, la cruz cristiana es un llamamiento al amor con el cual Jesús se sacrificó para salvar a la humanidad del mal y del pecado. (12-03-2017)

En aquel tiempo, Jesús tomó consigo a Pedro, a Santiago y a su hermano Juan, y subió con ellos aparte a un monte alto. Se transfiguró delante de ellos, y su rostro resplandecía como el sol, y sus vestidos se volvieron blancos como la luz. De repente se les aparecieron Moisés y Elías conversando con él. Pedro, entonces, tomó la palabra y dijo a Jesús: «Señor, ¡qué bueno es que estemos aquí! Si quieres, haré tres tiendas: una para ti, otra para Moisés y otra para Elías». Todavía estaba hablando cuando una nube luminosa los cubrió con su sombra, y una voz desde la nube decía: «Este es mi Hijo, el amado, en quien me complazco. Escuchadlo». Al oírlo, los discípulos cayeron de bruces, llenos de espanto. Jesús se acercó y tocándolos les dijo: «Levantaos, no temáis». Al alzar los ojos no vieron a nadie más que a Jesús, solo. Cuando bajaban del monte, Jesús les mandó: «No contéis a nadie la visión hasta que el Hijo del hombre resucite de entre los muertos».

Daniel 7, 9-10.13-14; (Opcional 2 Pedro 1, 16-19) Salmo 96, 1-2.5-6.9;
MATEO 17, 1-9

 Señor Jesús, que sea portador de tu luz que destruye toda tiniebla y transforma el corazón.
El Señor reina, altísimo sobre toda la tierra (Salmo 96, 1a.9b)

Papa Francisco: Jesús nos invita a perder la propia vida por Él, por el Evangelio, para recibirla renovada, realizada, y auténtica. Podemos estar seguros, gracias a Jesús, que este camino lleva, al final, a la resurrección, a la vida plena y definitiva con Dios. Decidir seguirlo a Él, nuestro Maestro y Señor que se ha hecho Siervo de todos, exige caminar detrás de Él y escucharlo atentamente en su Palabra —acordaos de leer todos los días un pasaje del Evangelio— y en los Sacramentos. (13-09-2015)

En aquel tiempo, dijo Jesús a sus discípulos: «Si alguno quiere venir en pos de mí, que se niegue a sí mismo, tome su cruz y me siga. Porque quien quiera salvar su vida, la perderá; pero el que la pierda por mí, la encontrará. ¿Pues de qué le servirá a un hombre ganar el mundo entero, si pierde su alma? ¿O qué podrá dar para recobrarla? Porque el Hijo del hombre vendrá, con la gloria de su Padre, entre sus ángeles, y entonces pagará a cada uno según su conducta. En verdad os digo que algunos de los aquí presentes no gustarán la muerte hasta que vean al Hijo del hombre en su reino».

Nahún 2, 1.3 ; 3,1-3.6-7; Salmo Deuteronomio 32, 35cd-36ab.39.41
MATEO 16, 24-28

Señor Jesús, renuevo mi opción por ti; quiero seguirte con todo el corazón.
Yo doy la muerte y la vida (Salmo: Deuteronomio 32, 39c)

AGOSTO

SÁBADO

Sábado 18º Tiempo ordinario   Tomo IV · Salterio 2ª semana

Santos DOMINGO DE GUZMÁN pb, Ciriaco y co mrs, Pablo Ke Tingzhu mr

Papa Francisco: La fe es la virtud que hace al cristiano. Porque ser cristiano no es ante todo aceptar una cultura, con los valores que la acompañan, sino que ser cristiano es acoger y custodiar un vínculo: un vínculo con Dios y yo, mi persona y el rostro amable de Jesús. Este vínculo es el que nos hace ser cristianos. (01-05-2024)

En aquel tiempo, se acercó a Jesús un hombre, que, de rodillas, le dijo: «Señor, ten compasión de mi hijo que es lunático y sufre mucho; muchas veces se cae en el fuego o en el agua. Se lo he traído a tus discípulos, y no han sido capaces de curarlo». Jesús tomó la palabra y dijo: «¡Generación incrédula y perversa! ¿Hasta cuándo tendré que estar con vosotros? ¿Hasta cuándo tendré que soportaros? Traédmelo». Jesús increpó al demonio, y salió; en aquel momento se curó el niño. Los discípulos se acercaron a Jesús y le preguntaron aparte: «¿Y por qué no pudimos echarlo nosotros?». Les contestó: «Por vuestra poca fe. En verdad os digo que, si tuvierais fe como un grano de mostaza, le diríais a aquel monte: "Tráslada desde ahí hasta aquí", y se trasladaría. Nada os sería imposible».

Habacuc 1, 12; 2, 4; Salmo 9, 8-13 • MATEO 17, 14-20
(Sto. Domingo de Guzmán: 1 Corintios 2, 1-10a;
Salmo 95, 1-3.7-8a.10; • LUCAS 9, 57-62)

Señor Jesús, el ejemplo de Santo Domingo de Guzmán me ayude a crecer en la fe y en el amor.
No abandonas a los que te buscan, Señor (Salmo 9, 11b)

Domingo 19º Tiempo ordinario   Tomo IV · Salterio 3ª semana   AGOSTO

9

DOMINGO

SANTA TERESA B. DE LA CRUZ, VIRGEN Y MÁRTIR, PATRONA DE EUROPA.
Santos Cándida Mª. de J. vg, Román mr. Beato Florentino Asensio ob mr

Papa Francisco: Cristo hoy repite a cada uno de nosotros: «¡Ánimo, soy yo, no temas!». Ánimo, es decir, porque estoy yo, porque ya no estás solo en las aguas agitadas de la vida. Y entonces, ¿qué hacer cuando nos encontramos en mar abierto y a merced de vientos contrarios? ¿Qué hacer en el miedo, que es un mar abierto, cuando se ve solo oscuridad y nos sentimos perdidos? Debemos hacer dos cosas, que en el Evangelio hacen los discípulos. ¿Qué hacen los discípulos? Invocan y acogen a Jesús. En los momentos peores, más oscuros, de tempestad, invocar a Jesús y acoger a Jesús. (13-08-2023)

1 Reyes 19, 9a.11-13a: En aquellos días, cuando Elías llegó hasta el Horeb, el monte de Dios, se introdujo en la cueva y pasó la noche. Le llegó la palabra del Señor, que le dijo: «Sal y permanece de pie en el monte ante el Señor». Entonces pasó el Señor y hubo un huracán tan violento que hendía las montañas y quebraba las rocas ante el Señor, aunque en el huracán no estaba el Señor. Después del huracán, un terremoto, pero en el terremoto no estaba el Señor. Después del terremoto, fuego, pero en el fuego tampoco estaba el Señor. Después del fuego, el susurro de una brisa suave. Al oírlo Elías, cubrió su rostro con el manto, salió y se mantuvo en pie a la entrada de la cueva.

Salmo 84, 9-14: *Muéstranos, Señor, tu misericordia y danos tu salvación.*

Romanos 9, 1-5: Hermanos: Digo la verdad en Cristo, no miento —mi conciencia me atestigua que es así, en el Espíritu Santo—: siento una gran tristeza y un dolor incesante en mi corazón; pues desearía ser yo mismo un proscrito, alejado de Cristo, por el bien de mis hermanos, los de mi raza según la carne: ellos son israelitas y a ellos pertenece el don de la filiación adoptiva, la gloria, las alianzas, el don de la ley, el culto y las promesas; suyos son los patriarcas y de ellos procede el Cristo, según la carne; el cual está por encima de todo, Dios bendito por los siglos. Amén.

MATEO 14, 22-33: Después de que la gente se hubo saciado, Jesús apremió a sus discípulos a que subieran a la barca y se le adelantaran a la otra orilla mientras él despedía a la gente. Y después de despedir a la gente subió al monte a solas para orar. Llegada la noche estaba allí solo. Mientras tanto la barca iba ya muy lejos de la tierra, sacudida por las olas, porque el viento era contrario. A la cuarta vela de la noche se les acercó Jesús andando sobre el mar. Los discípulos, viéndole andar sobre el agua, se asustaron y gritaron de miedo, diciendo que era un fantasma. Jesús les dijo enseguida: «¡Ánimo, soy yo, no tengáis miedo!» Pedro le contestó: «Señor, si eres tú, mándame ir a ti sobre el agua». Él le dijo: «Ven». Pedro bajó de la barca y echó a andar sobre el agua acercándose a Jesús; pero, al sentir la fuerza del viento, le entró miedo, empezó a hundirse y gritó: «Señor, sálvame». Enseguida Jesús extendió la mano, lo agarró y le dijo: «¡Hombre de poca fe! ¿Por qué has dudado?». En cuanto subieron a la barca amainó el viento. Los de la barca se postraron ante él diciendo: «Realmente eres Hijo de Dios».

 Señor Jesús, Hijo de Dios, en los momentos difíciles recuérdame tus palabras: "ánimo, soy yo, no tengas miedo".

Papa Francisco: Seguir a Jesús significa tomar como Él las propias cargas y las de los demás, hacer de la vida un don. Jesús nos dice esto: vive el Evangelio y vivirás la vida, no a medias sino plenamente. (04-09-2022)

En aquel tiempo, dijo Jesús a sus discípulos: «En verdad, en verdad os digo: si el grano de trigo no cae en tierra y muere, queda infecundo; pero si muere, da mucho fruto. El que se ama a sí mismo se pierde, y el que se aborrece a sí mismo en este mundo se guardará para la vida eterna. El que quiera servirme, que me siga, y donde esté yo, allí también estará mi servidor; a quien me sirve, el Padre lo honrará».

2 Corintios 9, 6-10; Salmo 111, 1b-2.5-9 • JUAN 12, 24-26

Señor Jesús, el testimonio de San Lorenzo me afiance en la disponibilidad al servicio por amor.
Dichoso el que se apiada y presta (Salmo 111, 5a)

*Donde yo esté,
también estará mi servidor*

Papa Francisco: La verdadera grandeza del hombre consiste en hacerse pequeño ante Dios. Porque a Dios no se le conoce con elevados pensamientos y muchos estudios, sino con la pequeñez de un corazón humilde y confiado. Para ser grande ante el Altísimo no es necesario acumular honores y prestigios, bienes y éxitos terrenales, sino vaciarse de sí mismo. El niño es precisamente aquel que no tiene nada que dar y todo que recibir. Es frágil, depende del papá y de la mamá. Quien se hace pequeño como un niño se hace pobre de sí mismo, pero rico de Dios. (01-10-2016)

En aquel momento, se acercaron los discípulos a Jesús y le preguntaron: «¿Quién es el mayor en el reino de los cielos?». Él llamó a un niño, lo puso en medio y dijo: «En verdad os digo que, si no volvéis y os hacéis como niños, no entraréis en el reino de los cielos. Por tanto, el que se haga pequeño como este niño, ese es el más grande en el reino de los cielos. El que acoge a un niño como este en mi nombre me acoge a mí. Cuidado con despreciar a uno de estos pequeños, porque os digo que sus ángeles están viendo siempre en el cielo el rostro de mi Padre celestial. ¿Qué os parece? Suponed que un hombre tiene cien ovejas: si una se le pierde, ¿no deja las noventa y nueve en los montes y va en busca de la perdida? Y si la encuentra, en verdad os digo que se alegra más por ella que por las noventa y nueve que no se habían extraviado. Igualmente, no es voluntad de vuestro Padre que está en el cielo que se pierda ni uno de estos pequeños».

Ezequiel 2, 8 - 3, 4: Salmo 118, 14.24.72.103.111.131
MATEO 18, 1-5. 10. 12-14

Señor Jesús, ilumíname para que no busque otra grandeza que la humildad y el amor.

¡Qué dulce al paladar tu promesa, Señor! (Salmo 118, 103a)

Miércoles 19º Tiempo ordinario   Tomo IV · Salterio 3ª semana

AGOSTO

12
MIÉRCOLES

Santos JUANA F. DE CHANTAL rl, Aniceto y Focio mrs.
Beatos Inocencio XI pp, Victoria Díez vg mr, Sebastián Calvo y co mrs

Papa Francisco: Para corregir al hermano que se ha equivocado, Jesús sugiere una pedagogía de recuperación. Y siempre la pedagogía de Jesús es pedagogía de la recuperación; Él siempre busca recuperar, salvar. Y esta pedagogía de la recuperación está articulada en tres pasajes. Primero dice: «Ve y corrígele, a solas tú con él», es decir, no pongas su pecado delante de todos. Se trata de ir al hermano con discreción, no para juzgarlo, sino para ayudarlo a darse cuenta de lo que ha hecho. (06-09-2020)

En aquel tiempo, dijo Jesús a sus discípulos: «Si tu hermano peca contra ti, repréndelo estando los dos a solas. Si te hace caso, has salvado a tu hermano. Si no te hace caso, llama a otro o a otros dos, para que todo el asunto quede confirmado por boca de dos o tres testigos. Si no les hace caso, díselo a la comunidad, y si no hace caso ni siquiera a la comunidad, considéralo como un pagano o un publicano. En verdad os digo que todo lo que atéis en la tierra quedará atado en los cielos, y todo lo que desatéis en la tierra quedará desatado en los cielos. Os digo, además, que si dos de vosotros se ponen de acuerdo en la tierra para pedir algo, se lo dará mi Padre que está en los cielos. Porque donde dos o tres están reunidos en mi nombre, allí estoy yo en medio de ellos».

Ezequiel 9,1-7;10,18-22; Salmo 112, 1b-6 • MATEO 18, 15-20

Señor Jesús, perdóname cuando critico y juzgo al prójimo; que cuando tenga que corregir a alguien lo haga con amor.
La gloria del Señor se eleva sobre los cielos (Salmo 112, 4b)

AGOSTO

13
JUEVES

Jueves 19° Tiempo ordinario

Tomo IV · Salterio 3ª semana

Santos PONCIANO pp e HIPÓLITO pb mr, Máximo el Confesor ab, Radegunda re,
Benildo rl. Beatos Secundino Mª. y co mrs, Santiago Gapp pb mr

Papa Francisco: El perdón de Dios es la seña de su desbordante amor por cada uno de nosotros; es el amor que nos deja libres de alejarnos, como el hijo pródigo, pero que espera cada día nuestro retorno; es el amor audaz del pastor por la oveja perdida; es la ternura que acoge a cada pecador que llama a su puerta. El Padre celestial —nuestro Padre— está lleno, está lleno de amor que quiere ofrecernos, pero no puede hacerlo si cerramos nuestro corazón al amor por los otros. (17-06-2017)

En aquel tiempo, acercándose Pedro a Jesús le preguntó: «Señor, si mi hermano me ofende, ¿cuántas veces tengo que perdonarlo? ¿Hasta siete veces?». Jesús le contesta: «No te digo hasta siete veces, sino hasta setenta veces siete. Por esto, se parece el reino de los cielos a un rey que quiso ajustar las cuentas con sus criados. Al empezar a ajustarlas, le presentaron uno que debía diez mil talentos. Como no tenía con qué pagar, el señor mandó que lo vendieran a él con su mujer y sus hijos y todas sus posesiones, y que pagara así. El criado, arrojándose a sus pies, le suplicaba diciendo: "Ten paciencia conmigo, y te lo pagaré todo". Se compadeció el señor de aquel criado y lo dejó marchar, perdonándole la deuda. Pero, al salir, el criado aquel encontró a uno de sus compañeros que le debía cien denarios y, agarrándolo, lo estrangulaba, diciendo: "Págame lo que me debes". El compañero, arrojándose a sus pies, le rogaba, diciendo: "Ten paciencia conmigo, y te lo pagaré". Pero él se negó y fue y lo metió en la cárcel hasta que pagara lo que debía. Entonces el señor lo llamó y le dijo: "¡Siervo malvado! Toda aquella deuda te la perdoné porque me lo rogaste. ¿No debías tú también tener compasión de tu compañero, como yo tuve compasión de ti?". Y el señor, indignado, lo entregó a los verdugos hasta que pagara toda la deuda. Lo mismo hará con vosotros mi Padre celestial, si cada cual no perdona de corazón a su hermano». Cuando acabó Jesús estos discursos, partió de Galilea y vino a la región de Judea, al otro lado del Jordán.

Ezequiel 12, 1-12; Salmo 77, 56-59.61-62 • MATEO 18.21; 19,1

Señor Jesús, sé que tengo que perdonar y no poner excusas ni justificaciones. Que tu gracia me ilumine y me llene de fuerza.

¡No olvidéis las acciones del Señor! (Salmo 77, 7b)

Papa Francisco: Jesús, al recordar a Moisés, nos dice que en la dureza del corazón está el pecado. Pero algo se puede hacer: el perdón, la comprensión, el acompañamiento, la integración, el discernimiento de estos casos. Con la consciencia de que la verdad nunca se vende, nunca. Jesús es capaz de decir esta verdad tan grande y, al mismo tiempo, ser tan comprensivo con los pecadores, con los débiles. En cambio, este pequeño grupo de teólogos iluminados, que caen en la casuística, son incapaces tanto de horizontes grandes como de amor y comprensión respecto a la debilidad humana. Nosotros debemos caminar con estas dos cosas que Jesús nos enseña: la verdad y la comprensión. (20-05-2016)

En aquel tiempo, se acercaron a Jesús unos fariseos y le preguntaron, para ponerlo a prueba: «¿Es lícito a un hombre repudiar a su mujer por cualquier motivo?». Él les respondió: «¿No habéis leído que el Creador, en el principio, los creó hombre y mujer, y dijo: "Por eso dejará el hombre a su padre y a su madre, y se unirá a su mujer, y serán los dos una sola carne"? De modo que ya no son dos, sino una sola carne. Pues lo que Dios ha unido, que no lo separe el hombre». Ellos insistieron: «¿Y por qué mandó Moisés darle acta de divorcio y repudiarla?». Él les contestó: «Por la dureza de vuestro corazón os permitió Moisés repudiar a vuestras mujeres; pero, al principio, no era así. Pero yo os digo que, si uno se repudia de su mujer —no hablo de unión ilegítima— y se casa con otra, comete adulterio». Los discípulos le replicaron: «Si esa es la situación del hombre con la mujer, no trae cuenta casarse». Pero él les dijo: «No todos entienden esto, solo los que han recibido ese don. Hay eunucos que salieron así del vientre de su madre, a otros los hicieron los hombres, y hay quienes se hacen eunucos ellos mismos por el reino de los cielos. El que pueda entender, que entienda».

Ezequiel 16, 1-15.60.63; Salmo: Isaías 12, 2-6 • MATEO 19, 3-12

Señor Jesús, hoy te pido por la fidelidad y el amor de los esposos cristianos; da fuerza a las familias en crisis.
Ha cesado tu ira y me has consolado (Isaías 12, 1d)

AGOSTO

15
SÁBADO

SOLEMNIDAD DE LA ASUNCIÓN DE LA BIENAVENTURADA VIRGEN MARÍA

Virgen de la Paloma, de los Reyes. Santos Estanislao de Kostka rl, Tarsicio, Luis Batis, Manuel Morales, Salvador Lara y David Roldán mrs

Papa Francisco: María sube y la Palabra de Dios nos revela lo que la caracteriza mientras sube: El servicio al prójimo y la alabanza a Dios. Ambas cosas: María es la mujer del servicio al prójimo y María es la mujer que alaba a Dios. [...] Servicio y alabanza. Tratemos de preguntarnos: ¿Yo vivo mi trabajo y mis ocupaciones cotidianas con espíritu de servicio o con egoísmo? ¿Me dedico a alguien gratuitamente, sin buscar beneficios inmediatos? En definitiva, ¿hago del servicio el «trampolín» de mi vida? Y pensando en la alabanza: ¿sé, como María, exultar en Dios? ¿Rezo bendiciendo al Señor? Y, después de alabarlo, ¿contagio su alegría entre las personas que encuentro? Cada uno intente responder a estas preguntas. (15-08-2023)

En aquellos días, María se levantó y se puso en camino de prisa hacia la montaña, a una ciudad de Judá; entró en casa de Zacarías y saludó a Isabel. Aconteció que, en cuanto Isabel oyó el saludo de María, saltó la criatura en su vientre. Se llenó Isabel de Espíritu Santo y, levantando la voz, exclamó: «¡Bendita tú entre las mujeres y bendito el fruto de tu vientre! ¿Quién soy yo para que me visite la madre de mi Señor? Pues, en cuanto tu saludo llegó a mis oídos, la criatura saltó de alegría en mi vientre. ¡Bienaventurada la que ha creído, porque lo que te ha dicho el Señor se cumplirá!». María dijo: «Proclama mi alma la grandeza del Señor, "se alegra mi espíritu en Dios, mi salvador; porque ha mirado la humildad de su esclava". Desde ahora me felicitarán todas las generaciones, porque el Poderoso ha hecho obras grandes en mí: "su nombre es santo, y su misericordia llega a sus fieles de generación en generación". Él hace proezas con su brazo: dispersa a los soberbios de corazón, "derriba del trono a los poderosos y enaltece a los humildes, a los hambrientos los colma de bienes y a los ricos los despide vacíos. Auxilia a Israel, su siervo, acordándose de la misericordia" —como lo había prometido a "nuestros padres"— en favor de Abrahán y su descendencia por siempre». María se quedó con Isabel unos tres meses y volvió a su casa.

Apocalipsis 11, 19a;12,1-6a.10ab; Salmo 44, 10-12.16; 1 Corintios 15, 20-27a • LUCAS 1, 39-56

Señor Jesús, gracias por darnos a tu Madre para nuestro consuelo, esperanza y faro seguro que nos dirija hacia ti.
De pie a tu derecha está la reina, enjoyada con oro de Ofir
(Salmo 44, 10b)

Papa Francisco: Dios es así: es amor, y quien ama no permanece rígido. Sí, permanece firme, pero no rígido. No permanece rígido en sus propias posiciones, sino que se deja mover y conmover; sabe cambiar sus esquemas. Y el amor es creativo y nosotros cristianos, si queremos imitar a Cristo, estamos invitados a la disponibilidad del cambio. Cuánto bien hace en nuestras relaciones, pero también en la vida de fe, ser dóciles, escuchar verdaderamente, enternecernos en nombre de la compasión y del bien ajeno, como Jesús hizo con la cananea. La docilidad para cambiar. Corazones dóciles para cambiar. (20-08-2023)

Isaías 56, 1.6-7: Esto dice el Señor: «Observad el derecho, practicad la justicia, porque mi salvación está por llegar, y mi justicia se va a manifestar. A los extranjeros que se han unido al Señor para servirlo, para amar el nombre del Señor y ser sus servidores, que observan el sábado sin profanarlo y mantienen mi alianza, los traeré a mi Monte Santo, los llenaré de júbilo en mi casa de oración; sus holocaustos y sacrificios serán aceptables sobre mi altar; porque mi casa es casa de oración, y así la llamarán todos los pueblos».

Salmo 66, 2-3.5-6.8: *Oh, Dios, que te alaben los pueblos, que todos los pueblos te alaben.*

Romanos 11, 13-15.29-32: Hermanos: A vosotros, gentiles, os digo: siendo como soy apóstol de los gentiles, haré honor a mi ministerio, por ver si doy celos a los de mi raza y salvo a alguno de ellos. Pues si su rechazo es reconciliación del mundo, ¿qué no será su reintegración sino volver desde la muerte a la vida? Pues los dones y la llamada de Dios son irrevocables. En efecto, así como vosotros, en otro tiempo, desobedecisteis a Dios, pero ahora habéis obtenido misericordia por la desobediencia de ellos, así también estos han desobedecido ahora con ocasión de la misericordia que se os ha otorgado a vosotros, para que también ellos alcancen ahora misericordia. Pues Dios nos encerró a todos en desobediencia, para tener misericordia de todos.

MATEO 15, 21-28: En aquel tiempo, Jesús salió y se retiró a la región de Tiro y Sidón. Entonces una mujer cananea, saliendo de uno de aquellos lugares, se puso a gritarle: «Ten compasión de mí, Señor, Hijo de David. Mi hija tiene un demonio muy malo». Él no le respondió nada. Entonces los discípulos se le acercaron a decirle: «Atiéndela, que viene detrás gritando». Él les contestó: «Solo he sido enviado a las ovejas descarriadas de Israel». Ella se acercó y se postró ante él diciendo: «Señor, ayúdame». Él le contestó: «No está bien tomar el pan de los hijos y echárselo a los perritos». Pero ella repuso: «Tienes razón, Señor; pero también los perritos se comen las migajas que caen de la mesa de los amos». Jesús le respondió: «Mujer, qué grande es tu fe: que se cumpla lo que deseas». En aquel momento quedó curada su hija.

 Señor Jesús, siempre compasivo y misericordioso, confío en ti, me refugio en tu amor.

Papa Francisco: Jesús cambia la perspectiva: le invita a no pensar en asegurarse el más allá sino a darlo todo en su vida terrenal, imitando así al Señor. Es la llamada a una mayor madurez, a pasar de los preceptos observados para obtener recompensas al amor gratuito y total. Jesús le pide que deje todo lo que lastra el corazón y obstaculiza el amor. Lo que Jesús propone no es tanto un hombre despojado de todo sino un hombre libre y rico en relaciones. Si el corazón está abarrotado de posesiones, el Señor y el prójimo se convierten solo en una cosa entre otras. Nuestro tener demasiado y querer demasiado sofoca nuestro corazón y nos hacen infelices e incapaces de amar. (29-06-2021)

En aquel tiempo, se acercó uno a Jesús y le preguntó: «Maestro, ¿qué tengo que hacer de bueno para obtener la vida eterna?». Jesús le contestó: «¿Por qué me preguntas qué es bueno? Uno solo es Bueno. Mira, si quieres entrar en la vida, guarda los mandamientos». Él le preguntó: «¿Cuáles?». Jesús le contestó: «No matarás, no cometerás adulterio, no robarás, no darás falso testimonio, honra a tu padre y a tu madre, y ama a tu prójimo como a ti mismo». El joven le dijo: «Todo eso lo he cumplido. ¿Qué me falta?». Jesús le contestó: «Si quieres ser perfecto, anda, vende tus bienes, da el dinero a los pobres —así tendrás un tesoro en el cielo— y luego ven y sígueme». Al oír esto, el joven se fue triste, porque era rico.

Ezequiel 24,15-24; Salmo: Deuteronomio 32, 18-21• MATEO 19, 16-22

Señor Jesús, ayúdame para que mi corazón no esté esclavizado por los bienes materiales y el afán de poseer.
Despreciaste al Dios que te engendró (Deuteronomio 32, 18a)

AGOSTO

18
MARTES

Martes 20º Tiempo ordinario   Tomo IV · Salterio 4ª semana

Santos Elena em, Alberto Hurtado pb, Fermín ob, Agapito mr.
Beatos Manés de Guzmán pb, Martín Martínez Pascual pb mr

Papa Francisco: Jesús, el Verbo eterno de Dios hecho hombre, es la Puerta abierta de par en par que estamos invitados a pasar para redescubrir el sentido de nuestra existencia y la sacralidad de cada vida, y para recuperar los valores fundamentales de la familia humana. Él nos espera en ese umbral. (25-12-2024)

En aquel tiempo, dijo Jesús a sus discípulos: «En verdad os digo que difícilmente entrará un rico en el reino de los cielos. Lo repito: más fácil le es a un camello pasar por el ojo de una aguja que a un rico entrar en el reino de los cielos». Al oírlo, los discípulos dijeron espantados: «Entonces ¿quién puede salvarse?». Jesús se les quedó mirando y les dijo: «Es imposible para los hombres; pero Dios lo puede todo». Entonces le dijo Pedro a Jesús: «Ya ves, nosotros lo hemos dejado todo y te hemos seguido; ¿qué nos va a tocar?». Jesús les dijo: «En verdad os digo: cuando llegue la renovación, y el Hijo del hombre se siente en el trono de su gloria, también vosotros, los que me habéis seguido, os sentaréis en doce tronos para juzgar a las doce tribus de Israel. Todo el que por mí deja casa, hermanos o hermanas, padre o madre, hijos o tierras, recibirá cien veces más, y heredará la vida eterna. Pero muchos primeros serán últimos y muchos últimos primeros».

Ezequiel 28, 1-10; Salmo: Deuteronomio 32, 26-28.30.35cd-36ab
MATEO 19, 23-30

Señor Jesús, con tu gracia quiero vivir más dispuesto y generoso, amando más y sirviendo mejor.
Yo doy la muerte y la vida (Deuteronomio 32, 39c)

Miércoles 20º Tiempo ordinario   Tomo IV · Salterio 4ª semana

AGOSTO
19
MIÉRCOLES

Santos JUAN EUDES pb, EZEQUIEL MORENO ob, Luis ob, Sixto III pp, Magín mr.
Beato Guerrico ab

Papa Francisco: Jesús quiere hacernos contemplar la mirada de aquel jefe: la mirada con la que ve a cada uno de los obreros en espera de trabajo y les llama a ir a su viña. Es una mirada llena de atención, de benevolencia; es una mirada que llama, que invita a levantarse, a ponerse en marcha, porque quiere la vida para cada uno de nosotros, quiere una vida plena, ocupada, salvada del vacío y de la inercia. Dios que no excluye a ninguno y quiere que cada uno alcance su plenitud. (24-09-2017)

En aquel tiempo, dijo Jesús a sus discípulos esta parábola: «El reino de los cielos se parece a un propietario que al amanecer salió a contratar jornaleros para su viña. Después de ajustarse con ellos en un denario por jornada, los mandó a la viña. Salió otra vez a media mañana, vio a otros que estaban en la plaza sin trabajo, y les dijo: «Id también vosotros a mi viña, y os pagaré lo debido». Ellos fueron. Salió de nuevo hacia mediodía y a media tarde e hizo lo mismo. Salió al caer la tarde y encontró a otros, parados, y les dijo: "¿Cómo es que estáis aquí el día entero sin trabajar?". Le respondieron: "Nadie nos ha contratado". Él les dijo: "Id también vosotros a mi viña". Cuando oscureció, el dueño dijo al capataz: "Llama a los jornaleros y págales el jornal, empezando por los últimos y acabando por los primeros". Vinieron los del atardecer y recibieron un denario cada uno. Cuando llegaron los primeros, pensaban que recibirían más, pero ellos también recibieron un denario cada uno. Entonces se pusieron a protestar contra el amo: "Estos últimos han trabajado solo una hora, y los has tratado igual que a nosotros, que hemos aguantado el peso del día y el bochorno". Él replicó a uno de ellos: "Amigo, no te hago ninguna injusticia. ¿No nos ajustamos en un denario? Toma lo tuyo y vete. Quiero darle a este último igual que a ti. ¿Es que no tengo libertad para hacer lo que quiera en mis asuntos? ¿O vas a tener tú envidia porque yo soy bueno?". Así, los últimos serán los primeros y los primeros, los últimos».

Ezequiel 34,1-11; Salmo 22, 1b-6 • MATEO 20, 1-16

Señor Jesús, me enseñas el valor de la generosidad y la acogida, así seré un testigo más creíble del evangelio.
El Señor es mi pastor, nada me falta (Salmo 22, 1b)

Papa Francisco: El traje de boda —ese chal— simboliza la misericordia que Dios nos da gratuitamente, es decir, la gracia. Sin la gracia no se puede dar un paso adelante en la vida cristiana. Todo es gracia. No basta con aceptar la invitación a seguir al Señor, hay que estar dispuestos a un camino de conversión que cambia el corazón. (11-10-2020)

En aquel tiempo, Jesús volvió a hablar en parábolas a los sumos sacerdotes y a los ancianos del pueblo, diciendo: «El reino de los cielos se parece a un rey que celebraba la boda de su hijo. Mandó criados para que llamarán a los convidados, pero no quisieron ir. Volvió a mandar otros criados encargándoles que dijeran a los convidados: "Tengo preparado el banquete, he matado terneros y reses cebadas, y todo está a punto. Venid a la boda". Pero ellos no hicieron caso; uno se marchó a sus tierras, otro a sus negocios, los demás agarraron a los criados y los maltrataron y los mataron. El rey montó en cólera, envió sus tropas que acabaron con aquellos asesinos y prendieron fuego a la ciudad. Luego dijo a sus criados: "La boda está preparada, pero los convidados no se la merecían. Id ahora a los cruces de los caminos, y a todos los que encontréis, llamadlos a la boda". Los criados salieron a los caminos y reunieron a todos los que encontraron, malos y buenos. La sala del banquete se llenó de comensales. Cuando el rey entró a saludar a los comensales, reparó en uno que no llevaba traje de fiesta y le dijo: "Amigo, ¿cómo has entrado aquí sin el vestido de boda?". El otro no abrió la boca. Entonces el rey dijo a los servidores: "Atadlo de pies y manos y arrojadlo fuera, a las tinieblas. Allí será el llanto y el rechinar de dientes". Porque muchos son los llamados, pero pocos los elegidos».

Ezequiel 36, 23-28; Salmo 50, 12-15.18-19 • MATEO 22, 1-14
(Opc. Isaías 9, 1-6; Salmo 112, 1b-8; LUCAS 1, 26-38)

Señor Jesús, revísteme de ti, sana mi corazón, renuévame, transfórmame.
Derramaré sobre vosotros un agua pura que os purificará de todas vuestras inmundicias (Salmo: Ezequiel 36, 25)

Viernes 20º Tiempo ordinario   Tomo IV · Salterio 4ª semana

AGOSTO
21
VIERNES

Santos PÍO X pp, Bonoso y Maximiano mrs, Ciriaca vd, José Dang Dinh pb mr.
Beatos Victoria Rasoamanarivo es, Ramón Peiró pb mr

Papa Francisco: Mientras haya un hermano o una hermana a la que cerremos nuestro corazón, estaremos todavía lejos del ser discípulos como Jesús nos pide. Pero su divina misericordia no nos permite desanimarnos, es más, nos llama a empezar de nuevo cada día para vivir coherentemente el Evangelio. (25-10-2020)

En aquel tiempo, los fariseos, al oír que Jesús había hecho callar a los saduceos, se reunieron en un lugar y uno de ellos, un doctor de la ley, le preguntó para ponerlo a prueba: «Maestro, ¿cuál es el mandamiento principal de la Ley?». Él le dijo: «"Amarás al Señor, tu Dios, con todo tu corazón, con toda tu alma, con toda tu mente". Este mandamiento es el principal y primero. El segundo es semejante a él: "Amarás a tu prójimo como a ti mismo". En estos dos mandamientos se sostienen toda la Ley y los Profetas».

Ezequiel 37, 1-14; Salmo 106, 2-9 • MATEO 22, 34-40

Señor Jesús, hazme entender que amar al prójimo es el signo claro de un amor verdadero a ti.
Dad gracias al Señor, porque es eterna su misericordia
(Salmo 106, 1)

Amarás al Señor tu Dios...

AGOSTO

22
SÁBADO

Sábado 20º Tiempo ordinario
BIENAVENTURADA VIRGEN MARÍA REINA
Santos Sigfrido mr, Felipe Benizi pb, Juan Kemble pb mr

Tomo IV · Salterio 4ª semana

Papa Francisco: Jesús condena a las personas que tienen buenas maneras pero malos hábitos, porque una cuestión es aparentar ser buenos y hermosos y otra cosa es la verdad interior. Del mismo modo, no sirve estar vinculados exclusivamente a la letra de la ley, porque la ley por sí misma no salva. La ley salva cuando te conduce a la fuente de la salvación. (14-10-2014)

En aquel tiempo, habló Jesús a la gente y a sus discípulos, diciendo: «En la cátedra de Moisés se han sentado los escribas y los fariseos: haced y cumplid todo lo que os digan; pero no hagáis lo que ellos hacen, porque ellos dicen, pero no hacen. Lían fardos pesados y se los cargan a la gente en los hombros, pero ellos no están dispuestos a mover un dedo para empujar. Todo lo que hacen es para que los vea la gente: alargan las filacterias y ensanchan las orlas del manto; les gustan los primeros puestos en los banquetes y los asientos de honor en las sinagogas; que les hagan reverencias en las plazas y que la gente los llame "rabbí". Vosotros, en cambio, no os dejéis llamar "rabbí", porque uno solo es vuestro maestro, y todos vosotros sois hermanos. Y no llaméis padre vuestro a nadie en la tierra, porque uno solo es vuestro Padre, el del cielo. No os dejéis llamar maestros, porque uno solo es vuestro maestro, el Mesías. El primero entre vosotros será vuestro servidor. El que se enaltece será humillado, y el que se humilla será enaltecido».

Ezequiel 43, 1-7a; Salmo 84, 9-14 • MATEO 23, 1-12
(Opc. Bienaventurada Virgen Maria Reina: Isaías 9, 1-6;
Salmo 112, 1b-8 • LUCAS 1, 26-38)

Señor Jesús, tu Madre, la Virgen Reina llena de gracia y de gloria, me ayude a vivir con autenticidad mi vocación cristiana.

La gloria del Señor habitará en nuestra tierra (Salmo 84, 10b)

Papa Francisco: No nos desanimemos si a veces la cima de la vida cristiana parece demasiado alta y el camino demasiado empinado. Miremos a Jesús, siempre; miremos a Jesús que camina junto a nosotros, que acoge nuestras fragilidades, comparte nuestros esfuerzos y apoya sobre nuestros hombros débiles su brazo firme y suave. Con Él cerca, también nosotros tendámonos la mano los unos a los otros y renovemos la confianza: ¡Con Jesús lo que parece imposible en solitario ya no lo es, con Jesús se puede avanzar! (27-08-2023)

Isaías 22, 19-23: Esto dice el Señor a Sobná, mayordomo de palacio: «Te echaré de tu puesto, te destituirán de tu cargo. Aquel día llamaré a mi siervo, a Eliaquín, hijo de Esquías, le vestiré tu túnica, le ceñiré tu banda, le daré tus poderes; será padre para los habitantes de Jerusalén, para el pueblo de Judá. Pongo sobre sus hombros la llave del palacio de David: abrirá y nadie cerrará; cerrará y nadie abrirá. Lo clavaré como una estaca en un lugar seguro, será un trono de gloria para la estirpe de su padre».

Salmo 137, 1-3.6.8bc: *Señor, tu misericordia es eterna, no abandones la obra de tus manos.*

Romanos 11, 33-36: ¡Qué abismo de riqueza, de sabiduría y de conocimiento el de Dios! ¡Qué insondables sus decisiones y qué irrastreables sus caminos! En efecto, ¿Quién conoció la mente del Señor? O ¿Quién fue su consejero? O ¿Quién le ha dado primero para tener derecho a la recompensa? Porque de él, por él y para él existe todo. A él la gloria por los siglos. Amén.

MATEO 16, 13-20: En aquel tiempo, al llegar a la región de Cesarea de Filipo, Jesús preguntó a sus discípulos: «¿Quién dice la gente que es el Hijo del hombre?». Ellos contestaron: «Unos que Juan el Bautista, otros que Elías, otros que Jeremías o uno de los profetas». Él les preguntó: «Y vosotros, ¿quién decís que soy yo?». Simón Pedro tomó la palabra y dijo: «Tú eres el Mesías, el Hijo de Dios vivo». Jesús le respondió: «¡Bienaventurado tú, Simón, hijo de Jonás!, porque eso no te lo ha revelado ni la carne ni la sangre, sino mi Padre que está en los cielos. Ahora yo te digo: tú eres Pedro, y sobre esta piedra edificaré mi Iglesia, y el poder del infierno no la derrotará. Te daré las llaves del reino de los cielos; lo que ates en la tierra quedará atado en los cielos, y lo que desates en la tierra, quedará desatado en los cielos». Y les mandó a los discípulos que no dijesen a nadie que él era el Mesías.

 Señor Jesús, Hijo de Dios vivo, salvador y redentor, eres el centro de mi vida, quiero amarte con todo el corazón, a ti la gloria por los siglos.

Y vosotros, ¿quién decís que soy yo?

Papa Francisco: Podemos hallar muchos encuentros en la Biblia, porque el Señor nos busca para tener un encuentro con nosotros y cada uno de nosotros tiene su propio encuentro con Jesús. Quizá lo olvidamos, perdemos la memoria hasta el punto de preguntarnos: «Pero ¿cuándo yo me encontré con Jesús o cuándo Jesús me encontró?». Seguramente Jesús te encontró el día de tu Bautismo: eso es verdad, eras niño. Y con el Bautismo te ha justificado y te ha hecho parte de su pueblo. Todos nosotros hemos tenido en nuestra vida algún encuentro con Él, un encuentro verdadero en el que sentí que Jesús me miraba. No es una experiencia sólo para santos. Y si no recordamos, será bonito hacer un poco de memoria y pedir al Señor que nos dé la memoria, porque Él recuerda, Él se acuerda del encuentro. (24-04-2015)

En aquel tiempo, Felipe encontró a Natanael y le dijo: «Aquel de quien escribieron Moisés en la ley y los profetas, lo hemos encontrado: Jesús, hijo de José, de Nazaret». Natanael le replicó: «¿De Nazaret puede salir algo bueno?». Felipe le contestó: «Ven y verás». Vio Jesús que se acercaba Natanael y dijo de él: «Ahí tenéis a un israelita de verdad, en quien no hay engaño». Natanael le contesta: «¿De qué me conoces?». Jesús le responde: «Antes de que Felipe te llamara, cuando estabas debajo de la higuera, te vi». Natanael respondió: «Rabí, tú eres el Hijo de Dios, tú eres el Rey de Israel». Jesús le contestó: «¿Por haberte dicho que te vi debajo de la higuera, crees? Has de ver cosas mayores». Y le añadió: «En verdad, en verdad os digo: veréis el cielo abierto y a los ángeles de Dios subir y bajar sobre el Hijo del hombre».

Apocalipsis 21, 9b-14; Salmo 144, 10-13ab.17-18 • JUAN 1, 45-51

Señor Jesús, el ejemplo del apóstol San Bartolomé me impulse siempre a seguirte con sinceridad de corazón. *Tus santos, Señor, proclaman la gloria de tu reinado* **(Salmo 144, 12)**

AGOSTO

25
MARTES

Martes 21º Tiempo ordinario

Tomo IV · Salterio 1ª semana

Santos LUIS DE FRANCIA re, JOSÉ DE CALASANZ pb, Ginés mr.
Beato Luis Urbano pb mr

Papa Francisco: La hipocresía destruye, la hipocresía mata, mata a las personas, incluso arranca la personalidad y el alma de una persona. Mata a las comunidades. Cuando hay hipócritas en una comunidad hay un peligro grande ahí, hay un peligro muy feo. (06-06-2017)

En aquel tiempo, Jesús dijo: «¡Ay de vosotros, escribas y fariseos hipócritas, que pagáis el diezmo de la menta, del anís y del comino, y descuidáis lo más grave de la ley: el derecho, la misericordia y la fidelidad! Esto es lo que habría que practicar, aunque sin descuidar aquello. ¡Guías ciegos, que filtráis el mosquito y os tragáis el camello! ¡Ay de vosotros, escribas y fariseos hipócritas, que limpiáis por fuera la copa y el plato, mientras por dentro estáis rebosando de robo y desenfreno! ¡Fariseo ciego!, limpia primero la copa por dentro, y así quedará limpia también por fuera».

2 Tesalonicenses 2, 1-3a.14-17; Salmo 95, 10-13 • MATEO 23, 23-26

Señor Jesús, ayúdame a crecer en santidad sin descuidar la justicia, la misericordia y la fidelidad.
Llega el Señor a regir la tierra (Salmo 95, 13b)

...y descuidáis lo más grave de la ley...

Papa Francisco: El maquillaje es muy común: Se maquillan la cara, se maquillan la vida, se maquillan el corazón... Y estas personas «maquilladas» no saben vivir la verdad. Y muchas veces, nosotros también tenemos esta tentación de la duplicidad. ¿Intentamos practicar lo que predicamos o vivimos en la duplicidad? ¿Decimos una cosa y hacemos otra? (05-11-2023)

En aquel tiempo, Jesús dijo: «¡Ay de vosotros, escribas y fariseos hipócritas, que os parecéis a los sepulcros blanqueados! Por fuera tienen buena apariencia, pero por dentro están llenos de huesos de muertos y de podredumbre; lo mismo vosotros: por fuera parecéis justos, pero por dentro estáis repletos de hipocresía y crueldad. ¡Ay de vosotros, escribas y fariseos hipócritas, que edificáis sepulcros a los profetas y ornamentáis los mausoleos de los justos, diciendo: "Si hubiéramos vivido en tiempo de nuestros padres, no habríamos sido cómplices suyos en el asesinato de los profetas"! Con esto atestiguáis en vuestra contra, que sois hijos de los que asesinaron a los profetas. ¡Colmad también vosotros la medida de vuestros padres!».

2 Tesalonicenses 3, 6-10.16-18; Salmo 127, 1bc-2.4-5
MATEO 23, 27-32

Señor Jesús, perdona mi hipocresía y doblez, con tu gracia renueva mi corazón.
Dichosos los que temen al Señor. (Salmo 127, 1b)

AGOSTO

27
JUEVES

Jueves 21º Tiempo ordinario · Tomo IV · Salterio 1ª semana

Santos MÓNICA mf, Cesáreo de Arlés ob, Amadeo ob, David Lewis pb mr.
Beato Domingo Barberi pb

Papa Francisco: Cada día el Señor nos visita, nos habla, se revela de maneras inesperadas y, al final de la vida y de los tiempos, vendrá. Por eso Él mismo nos exhorta a permanecer despiertos, a estar vigilantes, a perseverar en la espera. Lo peor que nos puede ocurrir, en efecto, es caer en el «sueño del espíritu»: dejar adormecer el corazón, anestesiar el alma, almacenar la esperanza en los rincones oscuros de la decepción y la resignación. (02-02-2024)

En aquel tiempo, dijo Jesús a sus discípulos: «Estad en vela, porque no sabéis qué día vendrá vuestro Señor. Comprended que si supiera el dueño de casa a qué hora de la noche viene el ladrón, estaría en vela y no dejaría que abrieran un boquete en su casa. Por eso, estad también vosotros preparados, porque a la hora que menos penséis viene el Hijo del hombre. ¿Quién es el criado fiel y prudente, a quien el señor encarga de dar a la servidumbre la comida a sus horas? Bienaventurado ese criado, si el señor, al llegar, lo encuentra portándose así. En verdad os digo que le confiará la administración de todos sus bienes. Pero si dijere aquel mal siervo para sus adentros: "Mi señor tarda en llegar", y empieza a pegar a sus compañeros, y a comer y a beber con los borrachos, el día y la hora que menos se lo espera, llegará el amo y lo castigará con rigor y lo hará compartir la suerte de los hipócritas. Allí será el llanto y el rechinar de dientes».

1 Corintios 1, 1-9; Salmo 144, 2-7 • MATEO 24, 42-51

Señor Jesús, quiero ser como ese servidor "fiel y prudente", atento a ti, centrado en ti y en la construcción de tu Reino.
Bendeciré tu nombre por siempre, Señor (Salmo 144, 1b)

Papa Francisco: La lámpara es el símbolo de la fe que ilumina nuestra vida, mientras que el aceite es el símbolo de la caridad que alimenta y hace fecunda y creíble la luz de la fe. La condición para estar listos para el encuentro con el Señor no es solo la fe, sino una vida cristiana rica en amor y caridad hacia el prójimo. (12-11-2017)

En aquel tiempo, dijo Jesús a sus discípulos esta parábola: «El reino de los cielos se parece a diez vírgenes que tomaron sus lámparas y salieron al encuentro del esposo. Cinco de ellas eran necias y cinco eran prudentes. Las necias, al tomar las lámparas, no se proveyeron de aceite; en cambio, las prudentes se llevaron alcuzas de aceite con las lámparas. El esposo tardaba, les entró sueño a todas y se durmieron. A medianoche se oyó una voz: "¡Que llega el esposo, salid a su encuentro!". Entonces se despertaron todas aquellas vírgenes y se pusieron a preparar sus lámparas. Y las necias dijeron a las prudentes: "Dadnos de vuestro aceite, que se nos apagan las lámparas". Pero las prudentes contestaron: "Por si acaso no hay bastante para vosotras y nosotras, mejor es que vayáis a la tienda y os lo compréis". Mientras iban a comprarlo, llegó el esposo, y las que estaban preparadas entraron con él al banquete de bodas, y se cerró la puerta. Más tarde llegaron también las otras vírgenes, diciendo: "Señor, señor, ábrenos". Pero él respondió: "En verdad os digo: que no os conozco". Por tanto, velad, porque no sabéis el día ni la hora».

1 Corintios 1, 17-25; Salmo 32, 1-2.4-5.10-11 • MATEO 25, 1-13

Señor Jesús, me invitas a esperarte en vela, atento, con la lámpara encendida de la fe. Pero a veces me puede el sueño y el cansancio, fortaléceme.

La misericordia del Señor llena la tierra (Salmo 32, 5b)

Papa Francisco: El Señor no da a todos las mismas cosas y de la misma forma: nos conoce personalmente y nos confía lo que es justo para nosotros; pero en todos, en todos hay algo igual: la misma e inmensa confianza. Dios se fía de nosotros, Dios tiene esperanza en nosotros. Y esto es lo mismo para todos. No lo decepcionemos. No nos dejemos engañar por el miedo, sino devolvamos confianza con confianza. (16-11-2014)

En aquel tiempo, Herodes había mandado prender a Juan y lo había metido en la cárcel encadenado. El motivo era que Herodes se había casado con Herodías, mujer de su hermano Filipo, y Juan le decía que no le era lícito tener la mujer de su hermano. Herodías aborrecía a Juan y quería matarlo, pero no podía, porque Herodes respetaba a Juan, sabiendo que era un hombre justo y santo, y lo defendía. Al escucharlo quedaba muy perplejo, porque lo oía con gusto. La ocasión llegó cuando Herodes, por su cumpleaños, dio un banquete a sus magnates, a sus oficiales y a la gente principal de Galilea. La hija de Herodías entró y danzó, gustando mucho a Herodes y a los convidados. El rey le dijo a la joven: «Pídeme lo que quieras, que te lo daré». Y le juró: «Te daré lo que me pidas, aunque sea la mitad de mi reino». Ella salió a preguntarle a su madre: «¿Qué le pido?». La madre le contestó: «La cabeza de Juan el Bautista». Entró ella enseguida, a toda prisa, se acercó al rey y le pidió: «Quiero que ahora mismo me des en una bandeja la cabeza de Juan el Bautista». El rey se puso muy triste; pero, por el juramento y los convidados, no quiso desairarla. Enseguida le mandó a uno de su guardia que trajese la cabeza de Juan. Fue, lo decapitó en la cárcel, trajo la cabeza en una bandeja y se la entregó a la joven; la joven se la entregó a su madre. Al enterarse sus discípulos, fueron a recoger el cadáver y lo pusieron en un sepulcro.

1 Corintios 1,26-31; Salmo 32,12-13.18-21 • MARCOS 6, 17-29

Señor Jesús, dame valentía para vivir mi fe sin miedo al testimonio, apostando siempre por la verdad y la justicia.
Dichoso el pueblo que el Señor se escogió como heredad
(Salmo 32, 12)

Domingo 22° Tiempo ordinario   Tomo IV · Salterio 2ª semana

AGOSTO
30
DOMINGO

Santos Juana Jugán vg, Félix y Adauto mrs, Margarita Ward mr.
Beato Alfredo Ildefonso Schuster ob

 Papa Francisco: Hermanos, hermanas, este es el mejor camino de todos: abrazar la cruz de Cristo. En el corazón del cristianismo se encuentra esta noticia desconcertante, y esta noticia extraordinaria: cuando pierdes tu vida, cuando la ofreces sirviendo con generosidad, cuando la arriesgas comprometiéndola en el amor, cuando haces de ella un don gratuito para los demás, entonces vuelve a ti abundantemente, derrama dentro de ti una alegría que no pasa, una paz en el corazón, una fuerza interior que te sostiene. Tenemos necesidad de paz interior. (03-09-2023)

 Jeremías 20, 7-9: Me sedujiste, Señor, y me dejé seducir; has sido más fuerte que yo y me has podido. He sido a diario el hazmerreír, todo el mundo se burlaba de mí. Cuando hablo, tengo que gritar, proclamar violencia y destrucción. La palabra del Señor me ha servido de oprobio y desprecio a diario. Pensé el olvidarme del asunto y dije: «No lo recordaré; no volveré a hablar en su nombre»; pero había en mis entrañas como fuego, algo ardiente encerrado en mis huesos. Yo intentaba sofocarlo, y no podía.

Salmo 62, 2-6.8-9: *Mi alma está sedienta de ti, Señor, Dios mío.*

Romanos 12, 1-2: Os exhorto, hermanos, por la misericordia de Dios, a que presentéis vuestros cuerpos como sacrificio vivo, santo, agradable a Dios; este es vuestro culto espiritual. Y no os amoldéis a este mundo, sino transformaos por la renovación de la mente, para que sepáis discernir cuál es la voluntad de Dios, qué es lo bueno, lo que le agrada, lo perfecto.

MATEO 16, 21-27: En aquel tiempo, comenzó Jesús a manifestar a sus discípulos que tenía que ir a Jerusalén y padecer allí mucho por parte de los ancianos, sumos sacerdotes y escribas y que tenía que ser ejecutado y resucitar al tercer día. Pedro se lo llevó aparte y se puso a increparlo: «¡Lejos de ti tal cosa, Señor! Eso no puede pasarte». Jesús se volvió y dijo a Pedro: «Aléjate de mí, Satanás. Eres para mí piedra de tropiezo; porque tú piensas como los hombres, no como Dios». Entonces dijo a sus discípulos: «El que quiera venir en pos de mí que se niegue a sí mismo, que cargue con su cruz y me siga. Porque quien quiere salvar su vida, la perderá; pero el que la pierda por mí, la encontrará. ¿Pues de qué le servirá a un hombre ganar el mundo entero, si pierde su alma? ¿O qué podrá dar para recobrarla? Porque el Hijo del hombre vendrá con la gloria de su Padre, entre sus ángeles, y entonces pagará a cada uno según su conducta».

 Señor Jesús, me pasa como a Pedro, pienso demasiado con criterios humanos. Ilumina mi corazón para dejarme llevar por tus criterios que hacen mi vida más plena.

El que quiera seguirme que se niegue a sí mismo

Lunes 22º Tiempo ordinario

Tomo IV · Salterio 2ª semana

AGOSTO

31
LUNES

Santos Ramón Nonato rl, José de Arimatea y Nicodemo NT, Dominguito del Val mr.
Beato Pedro Tarrés y co mrs

Papa Francisco: El mundo necesita ver en los discípulos del Señor, profetas, es decir, personas valientes y perseverantes en la respuesta a la vocación cristiana. Personas que siguen el empuje del Espíritu Santo, que los envía a anunciar esperanza y salvación a los pobres y excluidos; personas que siguen la lógica de la fe y no del milagro; personas dedicadas al servicio de todos, sin privilegios ni exclusiones. (03-02-2019)

En aquel tiempo, Jesús fue Nazaret, donde se había criado, entró en la sinagoga, como era su costumbre los sábados, y se puso en pie para hacer la lectura. Le entregaron el rollo del profeta Isaías y, desenrollándolo, encontró el pasaje donde estaba escrito: «El Espíritu del Señor está sobre mí, porque él me ha ungido. Me ha enviado a evangelizar a los pobres, a proclamar a los cautivos la libertad, y a los ciegos, la vista; a poner en libertad a los oprimidos; a proclamar el año de gracia del Señor». Y, enrollando el rollo y devolviéndolo al que lo ayudaba, se sentó. Toda la sinagoga tenía los ojos clavados en él. Y él comenzó a decirles: «Hoy se cumple esta Escritura que acabáis de oír». Y todos le expresaban su aprobación y se admiraban de las palabras de gracia que salían de su boca. Y decían: «¿No es este el hijo de José?». Y Jesús les dijo: «Sin duda me diréis aquel refrán: "Médico, cúrate a ti mismo", haz también aquí, en tu pueblo, lo que hemos oído que has hecho en Cafarnaún». Y añadió: «En verdad os digo que ningún profeta es aceptado en su pueblo. Puedo aseguraros que en Israel había muchas viudas en los días de Elías, cuando estuvo cerrado el cielo tres años y seis meses, y hubo una gran hambre en todo el país; sin embargo, a ninguna de ellas fue enviado Elías sino a una viuda de Sarepta, en el territorio de Sidón. Y muchos leprosos había en Israel en tiempos del profeta Eliseo; sin embargo, ninguno de ellos fue curado sino Naamán, el sirio». Al oír esto, todos en la sinagoga se pusieron furiosos y, levantándose, lo echaron fuera del pueblo y lo llevaron hasta un precipicio del monte sobre el que estaba edificado su pueblo, con intención de despeñarlo. Pero Jesús se abrió paso entre ellos y seguía su camino.

1 Corintios 2, 1-5; Salmo 118, 97-102 • LUCAS 4, 16-30

Señor Jesús, que mis ojos estén siempre vueltos a ti y mis oídos atentos a tus palabras llenas de amor y de gracia.
¡Cuánto amo tu ley, Señor! (Salmo 118, 97a)

NOVENAS

Novenas y devociones a la Divina Misericordia 7,00 €

Novena y oraciones a san Antonio de Padua 7,50 €

Novenas a la Virgen del Rosario 5,00 €

Novena a la Virgen del Carmen 4,00 €

Novenas a san Josemaría Escrivá de Balaguer 5,00 €

Novenas a santa Maravillas 5,00 €

Novenas y oraciones a san Juan Bosco 6,00 €

Consagración a la Inmaculada. Novena 8,00 €

septiembre

Bendita la Reina
de nuestra montaña,
que tiene por trono la cuna de España
y brilla en la altura más bella que el sol.
Es Madre y es Reina.
Venid peregrinos
que ante ella se aspiran amores divinos
y en ella está el alma del pueblo español.

(Himno a la Santina)

SEPTIEMBRE

1

MARTES

Martes 22º Tiempo ordinario   Tomo IV · Salterio 2ª semana

Ntra. Sra. de los Ángeles del Puig. Santos Josué AT, Gil ab, Sixto ob, Vicente ob

Papa Francisco: La gente se asombraba porque Jesús cuando hablaba, cuando predicaba, tenía una autoridad que no tenían los otros predicadores, que no tenían los doctores de la ley, los que enseñaban al pueblo. La pregunta que hay que hacerse es: «¿qué es esta autoridad de Jesús, esa doctrina nueva que asombra a la gente, esto que es diferente al modo de hablar, de enseñar de los doctores de la ley?». Y la respuesta es decisiva. Esta autoridad es precisamente la identidad singular y especial de Jesús. Jesús no era un predicador común; Jesús no era uno que enseñaba la ley como todos los demás: lo hacía de modo diverso, de un modo nuevo, porque Él tenía la fuerza del Espíritu Santo. (02-09-2014)

En aquel tiempo, Jesús bajó a Cafarnaún, ciudad de Galilea, y los sábados les enseñaba. Se quedaban asombrados de su enseñanza, porque su palabra estaba llena de autoridad. Había en la sinagoga un hombre poseído por un espíritu de demonio inmundo, y se puso a gritar con fuerte voz: «¡Basta! ¿Qué tenemos que ver nosotros contigo, Jesús Nazareno? ¿Has venido a acabar con nosotros? Sé quién eres: el Santo de Dios». Pero Jesús le increpó diciendo: «¡Cállate y sal de él!». Entonces el demonio, tirando al hombre por tierra en medio de la gente, salió sin hacerle daño. Quedaron todos asombrados y comentaban entre sí: «¿Qué clase de palabra es esta? Pues da órdenes con autoridad y poder a los espíritus inmundos, y salen». Y su fama se difundía por todos los lugares de la comarca.

1 Corintios 2,10b-16; Salmo 144, 8-14 • LUCAS 4, 31-37

Señor Jesús, tu palabra poderosa nos blinda contra el mal, dame deseo ardiente de escucharla y acogerla continuamente.

El Señor es justo en todos sus caminos (Salmo 144, 17a)

Miércoles 22º Tiempo ordinario   Tomo IV · Salterio 2ª semana

SEPTIEMBRE

2

MIÉRCOLES

Santos Zenón mr, Antonino mr, Teódota mf. Beata Ingrid vd rl

Papa Francisco: Seguir a Jesús no es fácil, pero es bonito y siempre se arriesga, y muchas veces se convierte en ridículo. Pero se encuentra una cosa importante: tus pecados son perdonados. Porque detrás de esa gracia que nosotros pedimos —la salud o la solución de un problema o lo que sea— está la necesidad de ser sanados en el alma, de ser perdonados. (13-01-2017)

En aquel tiempo, al salir Jesús de la sinagoga, entró en la casa de Simón. La suegra de Simón estaba con fiebre muy alta y le rogaron por ella. Él, inclinándose sobre ella, increpó a la fiebre, y se le pasó; ella, levantándose enseguida, se puso a servirles. Al ponerse el sol, todos cuantos tenían enfermos con diversas dolencias se los llevaban; y él, imponiendo las manos sobre cada uno, los iba curando. De muchos de ellos salían también demonios, que gritaban y decían: «Tú eres el Hijo de Dios». Los increpaba y no les dejaba hablar, porque sabían que él era el Mesías. Al hacerse de día, salió y se fue a un lugar desierto. La gente lo andaba buscando; y llegando donde estaba intentaban retenerlo para que no se separara de ellos. Pero él les dijo: «Es necesario que proclame el reino de Dios también a las otras ciudades, pues para esto he sido enviado». Y predicaba en las sinagogas de Judea.

1 Corintios 3, 1-9; Salmo 32, 12-15. 20-21 • LUCAS 4, 38-44

Señor Jesús, quiero colaborar contigo en la extensión de tu Reino de vida, de amor, de gracia y de verdad.
Dichoso el pueblo que el Señor se escogió como heredad
(Salmo 32, 12)

Papa Francisco: El mayor milagro realizado por Jesús para Simón y los demás pescadores decepcionados y cansados, no es tanto la red llena de peces, como haberlos ayudado a no caer víctimas de la decepción y el desaliento ante las derrotas. Les abrió el horizonte de convertirse en anunciadores y testigos de su palabra y del reino de Dios. (10-02-2019)

En aquel tiempo, la gente se agolpaba en torno a Jesús para oír la palabra de Dios. Estando él de pie junto al lago de Genesaret vio dos barcas que estaban en la orilla; los pescadores habían desembarcado, estaban lavando las redes. Subiendo a una de las barcas, que era la de Simón, le pidió que la apartara un poco de tierra. Desde la barca, sentado, enseñaba a la gente. Cuando acabó de hablar, dijo a Simón: «Rema mar adentro, y echad vuestras redes para la pesca». Respondió Simón y dijo: «Maestro, hemos estado bregando toda la noche y no hemos recogido nada; pero, por tu palabra, echaré las redes». Y, puestos a la obra, hicieron una redada tan grande de peces que las redes comenzaban a reventarse. Entonces hicieron señas a los compañeros, que estaban en la otra barca, para que vinieran a echarles una mano. Vinieron y llenaron las dos barcas, hasta el punto de que casi se hundían. Al ver esto, Simón Pedro se echó a los pies de Jesús diciendo: «Señor, apártate de mí, que soy un hombre pecador». Y es que el estupor se había apoderado de él y de los que estaban con él, por la redada de peces que habían recogido; y lo mismo les pasaba a Santiago y Juan, hijos de Zebedeo, que eran compañeros de Simón. Y Jesús dijo a Simón: «No temas; desde ahora serás pescador de hombres». Entonces sacaron las barcas a la tierra y, dejándolo todo, lo siguieron.

1 Corintios 3, 18-23; Salmo 23, 1b-6 • LUCAS 5, 1-11

Señor Jesús, apiádate de mí también y estate siempre conmigo, en mi barca, ayudándome a dar fruto.
Del Señor es la tierra y cuanto la llena (Salmo 23, 1b)

Viernes 22º Tiempo ordinario   Tomo IV · Salterio 2ª semana   SEPTIEMBRE

4

VIERNES

Ntra. Sra. de la Consolación. Santos Moisés AT, Marcelo mr, Cándida mr,
Rosalía vg, Marino di er

Papa Francisco: Ser cristiano significa tener la alegría de pertenecer totalmente a Cristo, «único esposo de la Iglesia», e ir al encuentro de Él igual que se va a una fiesta de bodas. Así que la alegría y la conciencia de la centralidad de Cristo son las dos actitudes que los cristianos deben cultivar en la cotidianidad. (06-09-2013)

En aquel tiempo, los fariseos y los escribas dijeron a Jesús: «Los discípulos de Juan ayunan a menudo y oran, y los de los fariseos también; en cambio, los tuyos, a comer y a beber». Jesús les dijo: «¿Acaso podéis hacer ayunar a los invitados a la boda mientras el esposo está con ellos? Llegarán días en que les arrebatarán al esposo, entonces ayunarán en aquellos días». Les dijo también una parábola: «Nadie recorta una pieza de un manto nuevo para ponérsela a un manto viejo; porque si lo hace, el nuevo se rompe y al viejo no le cuadra la pieza del nuevo. Nadie echa vino nuevo en odres viejos; porque, si lo hace, el vino nuevo reventará los odres, y se derramará, y los odres se estropearán. A vino nuevo, odres nuevos. Nadie que cate vino añejo quiere del nuevo, pues dirá: "El añejo es mejor"».

1 Corintios 4, 1-5; Salmo 36, 3-6. 27-28. 39-40 • LUCAS 5, 33-39

Señor Jesús, renuévame; quiero ser un odre nuevo que pueda acoger el vino sabroso de tu amor que salva.
El Señor es quien salva a los justos (Salmo 36, 39a)

Papa Francisco: Si no está Jesús en el centro, hay otras cosas. Y en el día de hoy encontramos a muchos cristianos sin Cristo, sin Jesús. Por ejemplo, quienes tienen la enfermedad de los fariseos y son cristianos que ponen su fe y su religiosidad, su cristiandad, en muchos mandamientos: ¡Ah! Debo hacer esto, debo hacer lo otro. Cristianos de actitudes: o sea, que hacen cosas porque se tienen que hacer, pero en realidad no saben por qué lo hacen. (07-09-2013)

Un sábado, iba Jesús caminando por medio de un sembrado y sus discípulos arrancaban y comían espigas, frotándolas con las manos. Unos fariseos dijeron: «¿Por qué hacéis en sábado lo que no está permitido?». Respondiendo Jesús les dijo: «¿No habéis leído lo que hizo David, cuando él y sus compañeros sintieron hambre? Entró en la casa de Dios, y tomando los panes de la proposición, que solo está permitido comer los sacerdotes, comió él y dio a los que estaban con él». Y les decía: «El Hijo del hombre es señor del sábado».

1 Corintios 4, 6b-15; Salmo 144, 17-21• LUCAS 6, 1-5

Señor Jesús, que mi vida cristiana no sea un cumplir por cumplir, sino que sea un vivir con pasión el evangelio.
Cerca está el Señor de los que lo invocan (Salmo 144, 18a)

Domingo 23º Tiempo ordinario   Tomo IV · Salterio 3ª semana

Ntra. Sra. de Guadalupe (España). Santos Zacarías prof, Onesíforo NT, Bega mj

SEPTIEMBRE
6
DOMINGO

Papa Francisco: Señalar con el dedo a las personas no es bueno; de hecho, a menudo hace más difícil que quien se ha equivocado reconozca su propio error. Más bien, la comunidad debe hacerle sentir a él o a ella que, a la vez que condena el error, está cerca de la persona con la oración y el afecto, siempre dispuesta a ofrecer el perdón, la comprensión, y a empezar de nuevo. (10-09-2023)

Ezequiel: 33, 7-9: Esto dice el Señor: «A ti, hijo de hombre, te he puesto de centinela en la casa de Israel; cuando escuches una palabra de mi boca, les advertirás de mi parte. Si yo digo al malvado: "Malvado, eres reo de muerte", pero tú no hablas, para advertir al malvado que cambie de conducta, él es un malvado y morirá por su culpa, pero a ti te pediré cuenta de su sangre. Pero si tú adviertes al malvado que cambie de conducta, y no lo hace, él morirá por su culpa, pero tú habrás salvado la vida».

Salmo: 94, 1-2.6-9: *Ojalá escuchéis hoy la voz del Señor: «No endurezcáis vuestro corazón».*

Romanos: 13, 8-10: Hermanos: A nadie le debáis nada, más que el amor mutuo; porque el que ama ha cumplido el resto de la ley. De hecho, el «no cometerás adulterio, no matarás, no robarás, no codiciarás», y cualquiera de los otros mandamientos, se resume en esto: «Amarás a tu prójimo como a ti mismo». El amor no hace mal a su prójimo; por eso la plenitud de la ley es el amor.

MATEO 18, 15-20: En aquel tiempo, dijo Jesús a sus discípulos: «Si tu hermano peca contra ti, repréndelo estando los dos a solas. Si te hace caso, has salvado a tu hermano. Si no te hace caso, llama a otro o a otros dos, para que todo el asunto quede confirmado por boca de dos o tres testigos. Si no les hace caso, díselo a la comunidad, y si no hace caso ni siquiera a la comunidad, considéralo como un pagano o un publicano. En verdad os digo que todo lo que atéis en la tierra quedará atado en los cielos y todo lo que desatéis en la tierra quedará desatado en los cielos. Os digo, además, que si dos de vosotros se ponen de acuerdo en la tierra para pedir algo, se lo dará mi Padre del cielo. Porque donde dos o tres están reunidos en mi nombre, allí estoy yo en medio de ellos».

 Señor Jesús, me enseñas el valor de la oración en comunidad donde tú te haces especialmente presente para fortalecer nuestra fraternidad y escuchar nuestra plegaria.

Lo que atéis en la tierra quedará atado en el cielo

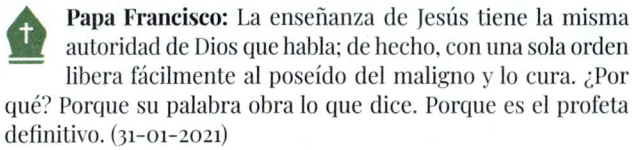

Papa Francisco: La enseñanza de Jesús tiene la misma autoridad de Dios que habla; de hecho, con una sola orden libera fácilmente al poseído del maligno y lo cura. ¿Por qué? Porque su palabra obra lo que dice. Porque es el profeta definitivo. (31-01-2021)

Un sábado, entró Jesús en la sinagoga y se puso a enseñar. Había allí un hombre que tenía la mano derecha paralizada. Los escribas y los fariseos estaban al acecho para ver si curaba en sábado, y encontrar de qué acusarlo. Pero él conocía sus pensamientos y dijo al hombre de la mano atrofiada: «Levántate y ponte en medio». Él, levantándose, se quedó en pie. Jesús les dijo: «Os voy a hacer una pregunta: ¿¿Qué está permitido en sábado, hacer el bien o el mal, salvar una vida o destruirla?». Y, echando en torno una mirada a todos, le dijo: «Extiende tu mano». Él lo hizo, y su mano quedó restablecida. Pero ellos, ciegos por la cólera, discutían qué había que hacer con Jesús.

1 Corintios 5, 1-8; Salmo 5, 5-7.12 • LUCAS 6, 6-11

Señor Jesús, que no me canse de hacer el bien, de ser instrumento de bondad y de concordia en el mundo.
Señor, guíame con tu justicia (Salmo 5, 9a)

SEPTIEMBRE

8

MARTES

FIESTA DE LA NATIVIDAD DE LA BIENAVENTURADA VIRGEN MARÍA

Ntra. Sra. de Covadonga, de la Caridad del Cobre, de Gracia, de la Encina, del Pino, de los Llanos, del Coro, de la Victoria, de Nuria. Santos Fausto mr, Sergio pp. Beato Federico Ozanam cf

Papa Francisco: Aprendamos esto: cuando hay dificultades en la vida, acudamos a la Madre; y cuando la vida es feliz, acudamos a la Madre —también— para compartirlo. (23-08-23)

Libro del origen de Jesucristo, hijo de David, hijo de Abrahán. Abrahán engendró a Isaac, Isaac engendró a Jacob, Jacob engendró a Judá y a sus hermanos. Judá engendró, de Tamar, a Fares y a Zará, Fares a Esrón, Esrón a Arán, Arán a Aminadab, Aminadab a Naasón, Naasón a Salmón, Salmón engendró, de Rahab, a Booz; Booz engendró, de Rut, a Obed; Obed a Jesé, Jesé engendró a David, el rey. David, de la mujer de Urías, engendró a Salomón, Salomón engendró a Roboam, Roboam a Abías, Abías engendró a Asaf, Asaf engendró a Josafat, Josafat engendró a Jorán, Jorán a Ozías, Ozías a Joatán, Joatán a Acaz, Acaz a Ezequías, Ezequías engendró a Manasés, Manasés engendró a Amós, Amós engendró a Josías; Josías engendró a Jeconías y a sus hermanos, cuando el destierro de Babilonia. Después del destierro de Babilonia, Jeconías engendró a Salatiel, Salatiel engendró a Zorobabel, Zorobabel engendró a Abiud, Abiud engendró a Eliaquín, Eliaquín engendró a Azor, Azor engendró a Sadoc, Sadoc a Aquim engendró Aquim, Aquim engendró a Eliud, Eliud engendró a Eleazar, Eleazar engendró a Matán, Matán engendró a Jacob; y Jacob engendró a José, el esposo de María, de la cual nació Jesús, llamado Cristo. La generación de Jesucristo fue de esta manera: María, su madre, estaba desposada con José y, antes de vivir juntos, resultó que ella esperaba un hijo por obra del Espíritu Santo. José, su esposo, que era justo y no quería difamarla, decidió repudiarla en privado. Pero, apenas había tomado esta resolución, se le apareció en sueños un ángel del Señor que le dijo: «José, hijo de David, no temas acoger a María, tu mujer, porque la criatura que hay en ella viene del Espíritu Santo. Dará a luz un hijo, y tú le pondrás por nombre Jesús, porque él salvará a su pueblo de sus pecados». Todo esto sucedió para que se cumpliese lo que había dicho el Señor por medio del Profeta: «Mirad: la Virgen concebirá y dará a luz un hijo y le pondrán por nombre Enmanuel, que significa "Dios-con-nosotros"».

Miqueas 5, 1-4a; Salmo 12, 6 • MATEO 1, 1-16.18-23

Señor Jesús, por medio de la Virgen María has venido a ser el «Dios con nosotros». Que Ella nos conduzca siempre hacia ti y nos enseñe a acoger tu palabra.

Desbordo de gozo en el Señor (Isaías 61, 10a)

Papa Francisco: Las Bienaventuranzas de Jesús son un mensaje decisivo, que nos empuja a no depositar nuestra confianza en las cosas materiales y pasajeras, a no buscar la felicidad siguiendo a los vendedores de humo —que tantas veces son vendedores de muerte—, a los profesionales de la ilusión. No hay que seguirlos, porque son incapaces de darnos esperanza. El Señor nos ayuda a abrir los ojos, a adquirir una visión más penetrante de la realidad, a curarnos de la miopía crónica que el espíritu mundano nos contagia. Con su palabra paradójica nos sacude y nos hace reconocer lo que realmente nos enriquece, nos satisface, nos da alegría y dignidad. (17-02-2019)

 En aquel tiempo, Jesús, levantando los ojos hacia sus discípulos, les decía: «Bienaventurados los pobres, porque vuestro es el reino de Dios. Bienaventurados los que ahora tenéis hambre, porque quedaréis saciados. Bienaventurados los que ahora lloráis, porque reiréis. Bienaventurados vosotros, cuando os odien los hombres, y os excluyan, y os insulten, y proscriban vuestro nombre como infame, por causa del Hijo del hombre. Alegraos ese día y saltad de gozo, porque vuestra recompensa será grande en el cielo. Eso es lo que hacían vuestros padres con los profetas. Pero, ¡ay de vosotros, los ricos, porque ya tenéis vuestro consuelo! ¡Ay de vosotros, los que ahora estáis saciados, porque tendréis hambre! ¡Ay de los que ahora reís, porque haréis duelo y lloraréis! ¡Ay si todo el mundo habla bien de vosotros! Eso es lo que vuestros padres hacían con los falsos profetas».

1 Corintios 7, 25-31; Salmo 44, 11-12.14-17 • LUCAS 6, 20-26

 Señor Jesús, quiero vivir en el espíritu de las bienaventuranzas que son camino seguro de santidad.
Escucha, hija, mira: inclina el oído (Salmo 44, 11a)

SEPTIEMBRE

10
JUEVES

Jueves 23º Tiempo ordinario   Tomo IV · Salterio 3ª semana

Santos Nicolás de Tolentino pb, Pedro de Mezonzo ob.
Beatos Alfonso Navarrete y co mrs, Francisco Gárate rl

Papa Francisco: La fuerza de amar es el Espíritu Santo, y con el Espíritu de Jesús podemos responder al mal con el bien, podemos amar a quien nos hace mal. Así hacen los cristianos. ¡Qué triste es cuando personas y pueblos orgullosos de ser cristianos ven a los otros como enemigos y piensan en hacer guerra! Es muy triste. (20-02-2022)

En aquel tiempo, dijo Jesús a sus discípulos: «A vosotros los que me escucháis os digo: amad a vuestros enemigos, haced el bien a los que os odian, bendecid a los que os maldicen, orad por los que os calumnian. Al que te pegue en una mejilla, preséntale la otra; al que te quite la capa, no le impidas que tome también la túnica. A quien te pide, dale; al que se lleve lo tuyo, no se lo reclames. Tratad a los demás como queréis que ellos os traten. Pues si amáis solo a los que os aman, ¿qué mérito tenéis? También los pecadores aman a los que los aman. Y si hacéis bien solo a los que os hacen bien, ¿qué mérito tenéis? También los pecadores hacen lo mismo. Y si prestáis solo cuando esperáis cobrar, ¿qué mérito tenéis? También los pecadores prestan a otros pecadores, con intención de cobrárselo. Por el contrario, amad a vuestros enemigos, haced el bien y prestad sin esperar nada; será grande vuestra recompensa y seréis hijos del Altísimo, que es bueno con los malvados y desagradecidos. Sed misericordiosos como vuestro Padre es misericordioso; no juzguéis, y no seréis juzgados; no condenéis, y no seréis condenados; perdonad, y seréis perdonados; dad, y se os dará: os verterán una medida generosa, colmada, remecida, rebosante, pues con la medida con que midiereis se os medirá a vosotros».

1 Corintios 8, 1b-7.11-13; Salmo 138, 1b-3.13-14ab.23-24 • LUCAS 6, 27-38

Señor Jesús, que no tenga otra medida en mi vida que la del perdón, la misericordia y la bondad.

Guíame, Señor, por el camino eterno (Salmo 138, 24b)

Viernes 23º Tiempo ordinario   Tomo IV · Salterio 3ª semana

SEPTIEMBRE
11
VIERNES

Ntra. Sra. de Valvanera de Coromoto. Santos Proto y Jacinto mrs,
Félix y Régula mrs, Emiliano ob. Beato Buenaventura Gran rl

Papa Francisco: Si tú no eres capaz de hacer la corrección fraterna con amor, con caridad, en la verdad y con humildad, ofenderás, harás un daño al corazón de esa persona: harás una crítica más que hiere y te convertirás en un ciego hipócrita, como dice Jesús. (12-09-2014)

En aquel tiempo, dijo Jesús a los discípulos una parábola: «¿Acaso puede un ciego guiar a otro ciego? ¿No caerán los dos en el hoyo? No está el discípulo sobre su maestro, si bien, cuando termine su aprendizaje, será como su maestro. ¿Por qué te fijas en la mota que tiene tu hermano en el ojo y no reparas en la viga que llevas en el tuyo? ¿Cómo puedes decirle a tu hermano: "Hermano, déjame que te saque la mota del ojo", sin fijarte en la viga que llevas en el tuyo? ¡Hipócrita! Sácate primero la viga de tu ojo, y entonces verás claro para sacar la mota del ojo de tu hermano».

1 Corintios 9, 16-19.22b-27; Salmo 83, 3-6.12 • LUCAS 6, 39-42

Señor Jesús, que aprenda la importancia de la corrección fraterna hecha siempre desde la humildad, la verdad y la caridad.

¡Qué deseables son tus moradas, Señor del universo! (Salmo 83,2)

¿Acaso puede un ciego guiar a otro ciego?

SEPTIEMBRE

12 SÁBADO

Sábado 23ª Tiempo ordinario   Tomo IV · Salterio 3ª semana

DULCE NOMBRE DE MARÍA, Ntra. Sra. de la Fuensanta (Murcia), de Lluc, de Estíbaliz.
Santos Guido cf, Albeo ob

Papa Francisco: Todo lo que hay que hacer en la vida es escuchar a Jesús. Toma el Evangelio, léelo y escucha lo que Jesús dice a tu corazón. Porque Él tiene palabras de vida eterna. (06-08-2024)

En aquel tiempo, decía Jesús a sus discípulos: «No hay árbol bueno que dé fruto malo, ni árbol malo que dé fruto bueno; por ello cada árbol se conoce por su fruto; porque no se recogen higos de las zarzas, ni se vendimian racimos de los espinos. El hombre bueno, de la bondad que atesora en su corazón saca el bien, y el que es malo, de la maldad saca el mal; porque de lo que rebosa el corazón habla la boca. ¿Por qué me llamáis "Señor, Señor", y no hacéis lo que digo? Todo el que viene a mí, escucha mis palabras y las pone en práctica, os voy a decir a quién se parece: se parece a uno que edificó una casa: cavó, ahondó y puso los cimientos sobre roca; vino una crecida, arremetió el río contra aquella casa, y no pudo derribarla, porque estaba sólidamente construida. El que escucha y no pone en práctica se parece a uno que edificó una casa sobre tierra, sin cimiento; arremetió contra ella el río, y enseguida se derrumbó desplomándose, y fue grande la ruina de aquella casa».

1 Corintios 10, 14-22; Salmo 115, 12-13.17-18 • LUCAS 6, 43-49

Señor Jesús, dispón mi corazón, a veces rebelde y caprichoso, a hacer tu voluntad que siempre es buena para mí.

Te ofreceré, Señor, un sacrificio de alabanza (Salmo 115, 17a)

Papa Francisco: El mensaje de Jesús es claro: Dios perdona de forma incalculable, excediendo cualquier medida. Él es así, actúa por amor y por gratuidad. Dios no se compra, Dios es gratuito, es todo gratuidad. Nosotros no podemos re-pagarlo pero, cuando perdonamos al hermano o a la hermana, lo imitamos. Perdonar no es por tanto una buena acción que se puede hacer o no hacer: perdonar es una condición fundamental para quien es cristiano. (17-09-2023)

Eclesiástico 27, 30; 28, 7: Rencor e ira también son de-testables, el pecador los posee. El vengativo sufrirá la ven-ganza del Señor que llevará cuenta exacta de sus pecados. Perdona la ofensa a tu prójimo y, cuando reces, tus pecados te serán perdonados. Si un ser humano alimenta la ira contra otro, ¿Cómo puede esperar la curación del Señor? Si no se compadece de sus semejantes, ¿cómo pide perdón por sus propios pecados? Si él, simple mortal, guarda rencor, ¿quién perdonará sus pe-cados? Piensa en tu final y deja de odiar, acuérdate de la co-rrupción y de la muerte y sé fiel a los mandamientos. Acuérdate de los mandamientos y no guardes rencor a tu prójimo; acuér-date de la alianza del Altísimo y pasa por alto la ofensa.

Salmo 102, 1bc-4.9-12: *El Señor es compasivo y misericordioso, lento a la ira y rico en clemencia.*

Romanos 14, 7-9: Hermanos: Ninguno de nosotros vive para sí mismo y ninguno muere para sí mismo. Si vivimos, vivimos para el Señor; si morimos, morimos para el Señor. Así que, ya vivamos ya muramos, somos del Señor. Pues para esto murió y resucitó Cristo: para ser Señor de muertos y vivos.

MATEO 18, 21-35: En aquel tiempo, acercándose Pedro a Jesús le preguntó: «Señor, si mi hermano me ofende, ¿cuántas veces tengo que perdonarlo? ¿Hasta siete veces?». Jesús le contesta: «No te digo hasta siete veces, sino hasta setenta veces siete. Por esto, se parece el reino de los cielos a un rey que quiso ajustar las cuentas con sus criados. Al empezar a ajustarlas, le presentaron uno que debía diez mil talentos. Como no tenía con qué pagar, el señor mandó que lo vendieran a él con su mujer y sus hijos y todas sus posesiones, y que pagara así. El criado, arrojándose a sus pies, le suplicaba diciendo: "Ten paciencia conmigo, y te lo pagaré todo". Se compadeció el señor de aquel criado y lo dejó marchar, perdonándole la deuda. Pero al salir, el criado aquel encontró a uno de sus compañeros que le debía cien denarios y, agarrándolo, lo estrangulaba, diciendo: "Págame lo que me debes". El compañero, arrojándose a sus pies, le rogaba, diciendo: "Ten paciencia conmigo, y te lo pagaré". Pero él se negó y fue y lo metió en la cárcel hasta que pagara lo que debía. Sus compañeros, al ver lo ocurrido, quedaron consternados y fueron a contarle a su señor todo lo sucedido. Entonces el señor lo llamó y le dijo: "¡Siervo malvado! Toda aquella deuda te la perdoné porque me lo rogaste. ¿No debías tú también tener compasión de tu compañero, como yo tuve compasión de ti?". Y el señor, indignado, lo entregó a los verdugos hasta que pagara toda la deuda. Lo mismo hará con vosotros mi Padre celestial, si cada cual no perdona de corazón a su hermano».

 Señor Jesús, que aprenda a vivir perdonando las ofensas, con generosidad y amor, siempre, y evitando el rencor y la venganza que arruinan mi corazón.

Papa Francisco: Jesús, cuando quiere explicar este misterio de amor a Nicodemo, usa dos verbos: subir, bajar o bajar, subir. Por lo tanto, este es el misterio de amor: Jesús bajado del cielo para llevarnos a todos nosotros a subir al cielo: este es el misterio de la Cruz. (14-09-2017)

En aquel tiempo, dijo Jesús a Nicodemo: «Nadie ha subido al cielo, sino el que bajó del cielo, el Hijo del hombre. Lo mismo que Moisés elevó la serpiente en el desierto, así tiene que ser elevado el Hijo del hombre, para que todo el que cree en él tenga vida eterna. Porque tanto amó Dios al mundo, que entregó a su Unigénito, para que todo el que cree en él no perezca, sino que tenga vida eterna. Porque Dios no envió a su Hijo al mundo para juzgar al mundo, sino para que el mundo se salve por él. El que cree en él no será juzgado; el que no cree ya está juzgado, porque no ha creído en el nombre del Unigénito de Dios».

Números 21, 4b-9; Salmo 77, 1b-2.34-38 • JUAN 3, 13-17

Señor Jesús, hoy beso tu Cruz con amor. Reconozco en ella tu entrega por mí. Gracias porque en ella me salvas y me muestras tu misericordia entrañable.

No olvidéis las acciones del Señor **(Salmo 77, 7b)**

SEPTIEMBRE

15
MARTES

Martes 24º Tiempo ordinario · Tomo IV · Salterio 4ª semana

NUESTRA SEÑORA DE LA VIRGEN DE LOS DOLORES, del Camino, de las Angustias, Bien Aparecida. Santos Nicomedes mr, Valeriano mr, Alpino ob

Papa Francisco: En el corazón, nosotros recibimos la misericordia de Jesús, que nos da el perdón de todo, porque Dios perdona todo y nos alivia, nos da la vida nueva y nos contagia con su compasión. De aquel corazón perdonado y con la compasión de Jesús, empieza el camino hacia las manos, es decir, hacia las obras de misericordia. (10-08-2016)

Junto a la cruz de Jesús estaban su madre, la hermana de su madre, María, la de Cleofás, y María, la Magdalena. Jesús, al ver a su madre y junto a ella al discípulo que amaba, dijo a su madre: «Mujer, ahí tienes a tu hijo». Luego, dijo al discípulo: «Ahí tienes a tu madre». Y desde aquella hora, el discípulo la recibió como algo propio.

1 Corintios 12, 12-14.27-31a; Salmo 99, 1b-5 • JUAN 19, 25-27

Señor Jesús, unido a tu Madre Dolorosa, quiero vivir la compasión hacia los demás, socorriendo y ayudando a quien sufre.

Nosotros somos su pueblo y ovejas de su rebaño **(Salmo 99, 3c)**

...ahí tienes a tu madre

Papa Francisco: La imagen del Evangelio con los niños que tienen miedo de bailar, de llorar, que tienen miedo a todo, que piden seguridad en todo, lleva a pensar en esos cristianos tristes que critican siempre a los predicadores de la verdad porque tienen miedo de abrirle la puerta al Espíritu Santo. ¡Recemos por ellos y también por nosotros mismos!, para que no seamos cristianos tristes, de esos que quitan al Espíritu Santo la libertad de venir a nosotros a través del escándalo de la predicación. (13-12-2013)

En aquel tiempo, dijo el Señor: «¿A quién, pues, compararé los hombres de esta generación? ¿A quién son semejantes?

Se asemejan a unos niños, sentados en la plaza, que gritan a otros aquello de: "Hemos tocado la flauta y no habéis bailado, hemos entonado lamentaciones y no habéis llorado". Porque vino Juan el Bautista, que ni come pan ni bebe vino, y decís: "Tiene un demonio"; vino el Hijo del hombre, que come y bebe, y decís: "Mirad qué hombre más comilón y borracho, amigo de publicanos y pecadores". Sin embargo, todos los hijos de la sabiduría le han dado la razón».

1 Corintios 12, 31 - 13, 13; Salmo 32, 2-5.12.22 • LUCAS 7, 31-35

Señor Jesús, que no me distraiga de ti, de tu evangelio, sino que cada día renueve mi compromiso de seguirte.
Dichoso el pueblo que el Señor se escogió como heredad
(Salmo 32, 12)

Papa Francisco: La Iglesia, cuando camina en la historia, está perseguida por los hipócritas: hipócritas de dentro y de fuera y el diablo, que es impotente con los pecadores penitentes, es fuerte precisamente con los hipócritas: los usa para destruir a la gente, a la sociedad, a la Iglesia. (20-09-2018)

En aquel tiempo, un fariseo rogaba a Jesús que fuera a comer con él y, entrando en casa del fariseo, se recostó a la mesa. En esto una mujer de la ciudad, una pecadora, al enterarse de que estaba comiendo en casa del fariseo, vino con un frasco de alabastro lleno de perfume y, colocándose detrás junto a sus pies, llorando, se puso a regarle los pies con sus lágrimas, se los enjugaba con sus cabellos, los cubría de besos y se los ungía con el perfume. Al ver esto, el fariseo que lo había invitado se dijo: «Si este fuera profeta, sabría quién y qué es esta mujer que lo está tocando, pues es una pecadora». Jesús respondió y le dijo: «Simón, tengo algo que decirte». Él respondió: «Dímelo, Maestro». Jesús le dijo: «Un prestamista tenía dos deudores; uno le debía quinientos denarios y el otro cincuenta. Como no tenían con qué pagar, los perdonó a los dos. ¿Cuál de los dos le mostrará más amor?». Simón contestó: «Supongo que aquel a quien le perdonó más». Jesús le dijo: «Has juzgado rectamente». Y, volviéndose a la mujer, dijo a Simón: «¿Ves a esta mujer? He entrado en tu casa y no me has dado agua para los pies; ella, en cambio, me ha regado los pies con sus lágrimas y me los ha enjugado con sus cabellos. Tú no me diste el beso de paz; ella, en cambio, desde que entró, no ha dejado de besarme los pies. Tú no me ungiste la cabeza con ungüento; ella, en cambio, me ha ungido los pies con perfume. Por eso te digo: sus muchos pecados han quedado perdonados porque ha amado mucho; pero al que poco se le perdona, ama poco». Y a ella le dijo: «Han quedado perdonados tus pecados». Los demás convidados empezaron a decir entre ellos: «¿Quién es este, que hasta perdona pecados?». Pero él dijo a la mujer: «Tu fe te ha salvado, vete en paz».

1 Corintios 15, 1-11; Salmo 117, 1-2.16-17.28 • LUCAS 7, 36-50

Señor Jesús, a veces juzgo a los demás dejándome llevar por las apariencias, dame un corazón más comprensivo y misericordioso.
Dad gracias al Señor porque es bueno (Salmo 117, 1)

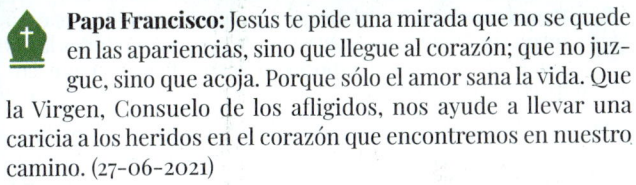

Papa Francisco: Jesús te pide una mirada que no se quede en las apariencias, sino que llegue al corazón; que no juzgue, sino que acoja. Porque sólo el amor sana la vida. Que la Virgen, Consuelo de los afligidos, nos ayude a llevar una caricia a los heridos en el corazón que encontremos en nuestro camino. (27-06-2021)

En aquel tiempo, Jesús iba caminando de ciudad en ciudad y de pueblo en pueblo, proclamando y anunciando la Buena Noticia del reino de Dios, acompañado por los Doce, y por algunas mujeres que habían sido curadas de espíritus malos y de enfermedades: María la Magdalena, de la que habían salido siete demonios; Juana, mujer de Cusa, administrador de Herodes; Susana y otras muchas que les servían con sus bienes.

1 Corintios 15, 12-20; Salmo 16, 1.6-8.15 • LUCAS 8, 1-3

Señor Jesús, quisiera seguirte con esa entrega, decisión y valentía como lo hacen las mujeres del evangelio.
Al despertar me saciaré de tu semblante, Señor (Salmo 16, 15b)

...y caminaba de ciudad en ciudad

Papa Francisco: La Palabra de Dios es una semilla que en sí misma es fecunda y eficaz; y Dios la esparce por todos lados con generosidad, sin importar el desperdicio. ¡Así es el corazón de Dios! (12-07-2020)

En aquel tiempo, habiéndose reunido una gran muchedumbre y gente que salía de toda la ciudad, dijo Jesús esta parábola: «Salió el sembrador a sembrar su semilla. Al sembrarla, algo cayó al borde del camino, lo pisaron, y los pájaros del cielo se lo comieron. Otra parte cayó en terreno pedregoso y, después de brotar, se secó por falta de humedad. Otra parte cayó entre abrojos, y los abrojos, creciendo al mismo tiempo, lo ahogaron. Y otra parte cayó en tierra buena y, después de brotar, dio fruto al ciento por uno». Dicho esto, exclamó: «El que tenga oídos para oír, que oiga». Entonces le preguntaron los discípulos qué significa esa parábola. Él dijo: «A vosotros se os ha otorgado conocer los misterios del reino de Dios; pero a los demás, en parábolas, "para que viendo no vean y oyendo no entiendan". El sentido de la parábola es este: la semilla es la palabra de Dios. Los del borde del camino son los que escuchan, pero luego viene el diablo y se lleva la palabra de sus corazones, para que no crean y se salven. Los del terreno pedregoso son los que, al oír, reciben la palabra con alegría, pero no tienen raíz; son los que por algún tiempo creen, pero en el momento de la prueba fallan. Lo que cayó entre abrojos son los que han oído, pero, dejándose llevar por los afanes, riquezas y placeres de la vida, se quedan sofocados y no llegan a dar fruto maduro. Los de la tierra buena son los que escuchan la palabra con un corazón noble y generoso, la guardan y dan fruto con perseverancia».

1 Corintios 15, 35-37.42-49; Salmo 55, 10-14 • LUCAS 8, 4-15

Señor Jesús, deja que tu Espíritu are mi tierra, a veces dura y pedregosa, para que penetre y dé fruto la semilla de tu palabra de vida.

Caminaré en presencia de Dios a la luz de la vida (Salmo 55, 14cd)

Domingo 25º Tiempo ordinario   Tomo IV · Salterio 1ª semana

Santos ANDRÉS KIM, PABLO CHONG y co mrs, Juan Carlos Cornay pb mr.

Beatos Francisco de Posadas pb, José de Yermo pb

JORNADA MUNDIAL DEL TURISMO

SEPTIEMBRE

20

DOMINGO

Papa Francisco: Hermanos y hermanas, a veces corremos el riesgo de tener una relación «mercantil» con Dios, centrándonos más en nuestras propias bondades que en su generosidad y su gracia. A veces también como Iglesia, en vez de salir a cada hora del día y tender los brazos a todos, podemos sentirnos los primeros de la clase, juzgando a los demás lejanos, sin pensar que Dios los ama también a ellos con el mismo amor que tiene para nosotros. Y también en nuestras relaciones, que son el tejido de la sociedad, la justicia que practicamos a veces no es capaz de salir de la jaula del cálculo y nos limitamos a dar según lo que recibimos, sin atrevernos a más, sin apostar por la eficacia del bien hecho gratuitamente y del amor ofrecido con amplitud de corazón. Hermanos, hermanas, preguntémonos: Yo cristiano, yo cristiana, ¿sé salir hacia los demás? ¿Soy generoso, soy generosa hacia todos, sé dar ese "más" de comprensión, de perdón, como Jesús hizo conmigo y hace todos los días conmigo? (24-09-2023)

Isaías 55, 6-9: Buscad al Señor mientras se deja encontrar, invocadlo mientras está cerca; que el malvado abandone su camino, y el malhechor sus planes; que se convierta al Señor, y él tendrá piedad; a nuestro Dios, que es rico en perdón. Porque mis planes no son vuestros planes, vuestros caminos no son mis caminos —oráculo del Señor—. Cuanto dista el cielo de la tierra, así distan mis caminos de los vuestros, y mis planes de vuestros planes.

Salmo 144, 2-3. 8-9. 17-18: *Cerca está el Señor de los que lo invocan.*

Filipenses 1, 20c-24. 27a: Hermanos: Cristo será glorificado en mi cuerpo, por mi vida o por mi muerte. Para mí la vida es

Cristo, y el morir una ganancia. Pero si el vivir esta vida mortal me supone trabajo fructífero no sé qué escoger. Me encuentro en esta alternativa: por un lado, deseo partir para estar con Cristo, que es con mucho lo mejor; pero por otro, quedarme en esta vida, veo que es más necesario para vosotros. Lo importante es que vosotros llevéis una vida digna del Evangelio de Cristo.

MATEO 20, 1-16: En aquel tiempo, dijo Jesús a sus discípulos esta parábola: «El reino de los cielos se parece a un propietario que al amanecer salió a contratar jornaleros para su viña. Después de ajustarse con ellos en un denario por jornada, los mandó a la viña. Salió otra vez a media mañana, vio a otros que estaban en la plaza sin trabajo, y les dijo: "Id también vosotros a mi viña, y os pagaré lo debido". Ellos fueron. Salió de nuevo hacia mediodía y a media tarde e hizo lo mismo. Salió al caer la tarde y encontró a otros, parados, y les dijo: "¿Cómo es que estáis aquí el día entero sin trabajar?". Le respondieron: "Nadie nos ha contratado". Él les dijo: "Id también vosotros a mi viña". Cuando oscureció, el dueño dijo al capataz: "Llama a los jornaleros y págales el jornal, empezando por los últimos y acabando por los primeros". Vinieron los del atardecer y recibieron un denario cada uno. Cuando llegaron los primeros, pensaban que recibirían más, pero ellos también recibieron un denario cada uno. Entonces se pusieron a protestar contra el amo: "Estos últimos han trabajado solo una hora, y los has tratado igual que a nosotros, que hemos aguantado el peso del día y el bochorno". Él replicó a uno de ellos: "Amigo, no te hago ninguna injusticia. ¿No nos ajustamos en un denario? Toma lo tuyo y vete. Quiero darle a este último igual que a ti. ¿Es que no tengo libertad para hacer lo que quiera en mis asuntos? ¿O vas a tener tú envidia porque yo soy bueno?". Así, los últimos serán los primeros y los primeros, los últimos».

 Señor Jesús, cura mi indiferencia, quiero buscarte con todo mi corazón y entregarme a trabajar en tu viña sin otra recompensa que solo tú.

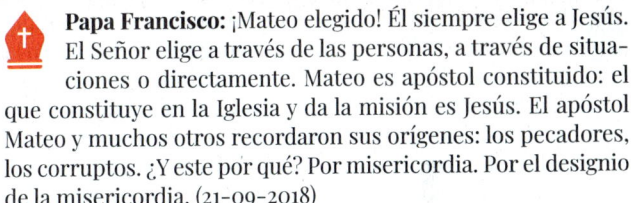

Papa Francisco: ¡Mateo elegido! Él siempre elige a Jesús. El Señor elige a través de las personas, a través de situaciones o directamente. Mateo es apóstol constituido: el que constituye en la Iglesia y da la misión es Jesús. El apóstol Mateo y muchos otros recordaron sus orígenes: los pecadores, los corruptos. ¿Y este por qué? Por misericordia. Por el designio de la misericordia. (21-09-2018)

En aquel tiempo, al pasar vio Jesús a un hombre llamado Mateo, sentado al mostrador de los impuestos, y le dijo: «Sígueme». Él se levantó y lo siguió. Y, estando en la casa, sentado a la mesa, muchos publicanos y pecadores, que habían acudido, se sentaban con Jesús y sus discípulos. Los fariseos, al verlo, preguntaron a los discípulos: «¿Cómo es que vuestro maestro come con publicanos y pecadores?». Jesús lo oyó y dijo: «No tienen necesidad de médico los sanos, sino los enfermos. Andad, aprended lo que significa "misericordia quiero y no sacrificio": que no he venido a llamar a justos, sino a pecadores».
Efesios 4, 1-7.11-13; Salmo 18, 2-5b • MATEO 9, 9-13

Señor Jesús, mírame con amor como a Mateo, tu apóstol; cambia y transforma mi vida para que te siga como él.
A toda la tierra alcanza su pregón **(Salmo 18, 5a)**

SEPTIEMBRE

22

MARTES

Martes 25º Tiempo ordinario

Tomo IV · Salterio 1ª semana

Santos Mauricio y co mrs, Emérita mr.
Beatos José Aparicio y 232 mártires de Valencia

Papa Francisco: Jesús estaba predicando con tanta multitud mientras llegó su familia a encontrarlo. Y cuando le dicen que allí está su madre, sus parientes, su familia, Jesús alarga el concepto y dice: «Esta es mi familia, ellos, es esta, todos, todos los que escuchan la palabra de Dios y la ponen en práctica». He aquí el paso más que da Jesús, que afirma: «Yo tengo una familia más grande que pequeña, en la cual he venido al mundo». De este modo Él nos hace pensar a nosotros que somos su familia, es decir, aquellos que escuchan la palabra de Dios y la ponen en práctica. (26-09-2017)

En aquel tiempo, vinieron a Jesús su madre y sus hermanos, pero con el gentío no lograban llegar hasta él. Entonces le avisaron: «Tu madre y tus hermanos están fuera y quieren verte». Él respondió diciéndoles: «Mi madre y mis hermanos son estos: los que escuchan la palabra de Dios y la cumplen».

Proverbios 21, 1-6.10-13; Salmo 118, 1.27.30.34-35.44 • LUCAS 8, 19-21

Señor Jesús, cuántas voces me ensordecen y me impiden escuchar tu palabra y cumplir tu voluntad; haz resonar tu voz en mí para que te atienda y te siga.

Guíame, Señor, por la senda de tus mandatos (Salmo 118, 35a)

Papa Francisco: El testimonio no implica sólo la mente y decir algo, los conceptos: no. Implica todo, mente, corazón, manos, todo, los tres lenguajes de la persona: el lenguaje del pensamiento, el lenguaje del afecto y el lenguaje del obrar. Los tres lenguajes. No se puede evangelizar sólo con la mente o sólo con el corazón o sólo con las manos. Todo implica. Y, en el estilo, lo importante es el testimonio, como Jesús quiere que hagamos. (15-02-2023)

En aquel tiempo, habiendo convocado Jesús a los Doce, les dio poder y autoridad sobre toda clase de demonios y para curar enfermedades. Luego los envió a proclamar el reino de Dios y a curar a los enfermos, diciéndoles: «No llevéis nada para el camino: ni bastón ni alforja, ni pan ni dinero; tampoco tengáis dos túnicas cada uno. Quedaos en la casa donde entréis, hasta que os vayáis de aquel sitio. Y si algunos no os reciben, al salir de aquel pueblo sacudíos el polvo de vuestros pies, como testimonio contra ellos». Se pusieron en camino y fueron de aldea en aldea, anunciando la Buena Noticia y curando en todas partes.

Proverbios 30, 5-9; Salmo 118, 29.72.89.101.104.163 • LUCAS 9, 1-6

Señor Jesús, me invitas a la misión y me pides una respuesta pronta y decidida; gracias por contar conmigo a pesar de mi fragilidad.

Lámpara es tu palabra para mis pasos (Salmo 118, 105a)

Papa Francisco: Si tú conoces a Jesús con estos tres lenguajes: de la mente, del corazón, de la acción, entonces puedes decir que conoces a Jesús. Llevar a cabo este tipo de conocimiento comporta la implicación personal. No se puede conocer a Jesús sin involucrarse con Él, sin apostar la vida por Él. Así que, para conocerle, verdaderamente es necesario leer lo que la Iglesia te dice de Él, hablar con Él en la oración y andar por su camino con Él. Este es el camino y cada uno debe hacer su elección. (26-09-2013)

En aquel tiempo, el tetrarca Herodes se enteró de lo que pasaba sobre Jesús y no sabía a qué atenerse, porque unos decían que Juan había resucitado de entre los muertos, otros, en cambio, que había aparecido Elías, y otros que había vuelto a la vida uno de los antiguos profetas. Herodes se decía: «A Juan lo mandé decapitar yo. ¿Quién es este de quien oigo semejantes cosas?». Y tenía ganas de verlo.

Eclesiastés 1, 2-11; Salmo 89, 3-6.12-14.17 • LUCAS 9, 7-9

Señor Jesús, seguirte no es tener curiosidad por ti sino deseo ardiente de caminar tras tus huellas amando, sirviendo y entregando la vida.

Señor, tú has sido nuestro refugio de generación en generación
(Salmo 89, 1bc)

Viernes 25º Tiempo ordinario · · · Tomo IV · Salterio 1ª semana

SEPTIEMBRE

25

VIERNES

Ntra. Sra. de la Fuencisla Santos Cleofás NT, Fermín ob mr,
Pablo y Tata es y cuatro hijos mrs

Papa Francisco: El diablo es inteligente, sabe más teología que todos los teólogos juntos. Y por lo tanto quería que Jesús confesara: «Yo soy el Mesías, yo vine a salvaros». Esta confesión hubiera suscitado una gran confusión en el pueblo, que habría pensado: «Este viene a salvarnos. Ahora formemos un ejército, expulsemos a los romanos: este nos dará la libertad, la felicidad». En cambio, precisamente para que la gente no se equivocara, Jesús protegía ese punto sobre su identidad. Él quería proteger su identidad. Y luego explica, comienza a dar la catequesis sobre la verdadera identidad. Y dice que el Hijo del hombre, es decir, el Mesías, debe sufrir mucho, ser rechazado por los ancianos, por los jefes de los sacerdotes y los escribas; y ser matado y resucitar». Pero ellos no quieren entender y en san Mateo se ve cómo Pedro rechaza esto: «No, ¡no, Señor!». Por eso con los discípulos el Señor comienza a abrir el misterio de su propia identidad confiándoles: «Sí, yo soy el Hijo de Dios. Pero este es el camino: debo ir por este camino de sufrimiento». (26-09-2014)

Una vez que Jesús estaba orando solo, lo acompañaban sus discípulos y les preguntó: «¿Quién dice la gente que soy yo?». Ellos contestaron: «Unos que Juan el Bautista, otros que Elías, otros dicen que ha resucitado uno de los antiguos profetas». Él les preguntó: «Y vosotros, ¿quién decís que soy yo?». Pedro tomó la palabra y dijo: «El Mesías de Dios». Él les prohibió terminantemente decírselo a nadie, porque decía: «El Hijo del hombre tiene que padecer mucho, ser desechado por los ancianos, sumos sacerdotes y escribas, ser ejecutado y resucitar al tercer día».

Eclesiastés 3, 1-11; Salmo 143, 1b.2abc-4 • LUCAS 9, 18-22

Señor Jesús, eres el Mesías verdadero, el que sirve y se entrega por amor hasta la cruz; ayúdame a comprenderlo y a seguirte sin vacilar.

¡Bendito el Señor, mi alcázar! **(Salmo 143, 1a)**

Papa Francisco: El que permanece en el Señor es un discípulo, y el discípulo es un ungido, un ungido por el Espíritu, que ha recibido la unción del Espíritu y la lleva adelante. Este es el camino que Jesús nos muestra para la libertad y también para la vida. Y el discipulado es la unción que reciben los que permanecen en el Señor. (01-04-2020)

En aquel tiempo, entre la admiración general por lo que hacía, Jesús dijo a sus discípulos: «Meteos bien en los oídos estas palabras: el Hijo del hombre va a ser entregado en manos de los hombres». Pero ellos no entendían este lenguaje; les resultaba tan oscuro que no captaban el sentido. Y les daba miedo preguntarle sobre el asunto.

Eclesiastés 11, 9 - 12, 8; Salmo: 89, 3-6.12-14.17 • LUCAS 9, 43b-45

Señor Jesús, nos hablas claro, pero a veces no queremos entender; ayúdanos a vivir desde tus criterios dejando a un lado los nuestros.

Señor, tú has sido nuestro refugio de generación en generación. **(Salmo 89, 1bc)**

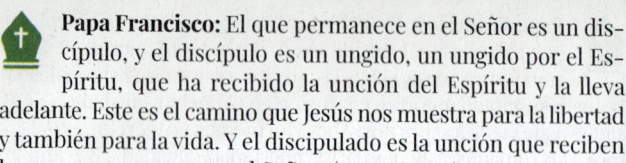

El hijo del hombre va a ser entregado...

Papa Francisco: Miremos al hijo que dice «sí», pero luego no va. Él no quiere hacer la voluntad del padre, pero tampoco quiere ponerse a discutir y hablar. Así se esconde detrás de un «sí», detrás de un falso asenso, que esconde su pereza y por el momento le salva la cara. Es un hipócrita. Se escabulle sin conflictos, pero engaña y desilusiona a su padre, faltándole el respeto de peor forma de lo que habría hecho un franco «no». El problema de un hombre que se comporta así es que no es solo un *pecador*, sino también un *corrupto*, porque miente sin problemas para cubrir y camuflar su desobediencia, sin aceptar algún dialogo, o enfrentamiento honesto. El otro hijo, aquel que dice «no» pero luego va, es en cambio sincero. No es perfecto, pero sincero. Ciertamente, nos hubiera gustado verlo decir «sí» inmediatamente. Pero no es así, al menos, manifiesta de manera franca y en un cierto sentido valiente su reticencia. Se asume, por lo tanto, la responsabilidad de su comportamiento y actúa bajo la luz del sol. Luego, con esta honestidad de base, termina poniéndose en discusión, llegando a entender que se ha equivocado y regresando por sus pasos. Es, podremos decir, un *pecador,* pero no un *corrupto.* Escuchen esto: éste es un pecador, pero no es un corrupto. Y para el pecador hay siempre esperanza de redención; para el corrupto, en cambio, es mucho más difícil. (01-10-2023)

Ezequiel 18, 25-28: Esto dice el Señor: «Insistís: "no es justo el proceder del Señor". Escuchad, casa de Israel: ¿Es injusto mi proceder?; ¿o no es más bien vuestro proceder el que es injusto? Cuando el inocente se aparta de su inocencia, comete la maldad y muere, muere por la maldad que cometió. Y cuando el malvado se convierte de la maldad que hizo, y practica el derecho y la justicia, él salva su propia vida. Si recapacita y se convierte de los delitos cometidos, ciertamente vivirá y no morirá».

Salmo 24, 4-9: *Recuerda, Señor, tu ternura.*

Filipenses 2,1-11: Hermanos: Si queréis darme el consuelo de Cristo y aliviarme con vuestro amor, si nos une el mismo Espíritu y tenéis entrañas compasivas, dadme esta gran alegría: manteneos unánimes y concordes con un mismo amor y un mismo sentir. No obréis por rivalidad ni por ostentación, considerando por la humildad a los demás superiores. No os encerréis en vuestros intereses, sino buscad todos el interés de los demás. Tened entre vosotros los sentimientos propios de Cristo Jesús. El cual, siendo de condición divina, no retuvo ávidamente el ser igual a Dios; al contrario, se despojó de sí mismo tomando la condición de esclavo, hecho semejante a los hombres. Y así, reconocido como un hombre por su presencia, se humilló a sí mismo, hecho obediente hasta la muerte, y una muerte de cruz. Por eso Dios lo exaltó sobre todo y le concedió el «Nombre-sobre-todo-nombre»; de modo que al nombre de Jesús toda rodilla se doble —en el Cielo, en la Tierra, en el Abismo— y toda lengua proclame: «¡Jesucristo es Señor!» para gloria de Dios Padre.

MATEO 21, 28-32: En aquel tiempo, dijo Jesús a los sumos sacerdotes y a los ancianos del pueblo: «¿Qué os parece? Un hombre tenía dos hijos. Se acercó al primero y le dijo: "Hijo, ve hoy a trabajar en la viña". Él le contestó: "No quiero". Pero después se arrepintió y fue. Se acercó al segundo y le dijo lo mismo. Él le contestó: "Voy, señor". Pero no fue. ¿Quién de los dos cumplió la voluntad de su padre?». Contestaron: «El primero». Jesús les dijo: «En verdad os digo que los publicanos y las prostitutas van por delante de vosotros en el reino de Dios. Porque vino Juan a vosotros enseñándoos el camino de la justicia y no le creísteis; en cambio, los publicanos y prostitutas le creyeron. Y, aun después de ver esto, vosotros no os arrepentisteis ni le creísteis».

 Señor Jesús, en un mundo donde la guerra sigue presente, oro hoy por los migrantes y refugiados. Dame un corazón solidario y generoso hacia ellos que tanto sufren.

Lunes 26º Tiempo ordinario   Tomo IV · Salterio 2ª semana

SEPTIEMBRE
28
LUNES

Santos WENCESLAO re mr, LORENZO RUIZ y co mrs, Simón de Rojas pb.
Beato Francisco Castelló mr

Papa Francisco: Un pueblo que no se ocupa de sus ancianos y de sus niños no tiene futuro, porque no tendrá memoria ni tendrá promesa. Los ancianos y los niños son el futuro de un pueblo. Lamentablemente es una triste costumbre dejar de lado a los niños con un caramelo o con un juego. Igual que lo es no dejar hablar a los ancianos y prescindir de sus consejos. Sin embargo, Jesús recomienda prestar máxima atención a los niños, no escandalizarles; igual que recuerda que el único mandamiento que lleva consigo una bendición es precisamente el cuarto, el de los padres, los ancianos: honrar. (30-09-2013)

En aquel tiempo, se suscitó entre los discípulos una discusión sobre quién sería el más importante. Entonces Jesús, conociendo los pensamientos de sus corazones, tomó de la mano a un niño, lo puso a su lado y les dijo: «El que acoge a este niño en mi nombre me acoge a mí; y el que me acoge a mí acoge al que me ha enviado. Pues el más pequeño de vosotros es el más importante». Entonces Juan tomó la palabra y dijo: «Maestro, hemos visto a uno que expulsaba demonios en tu nombre y se lo hemos prohibido, porque no anda con nosotros». Jesús le respondió: «No se lo impidáis; el que no está contra vosotros, está a favor vuestro».

Job 1, 6-22; Salmo 16, 1-3. 6-7 • LUCAS 9, 46-50

Señor Jesús, hazme pequeño, confiado; renuévame, cura mi corazón a veces soberbio, engreído y autosuficiente.
Inclina el oído y escucha mis palabras (Salmo 16 ,6b)

Papa Francisco: Miguel nos defiende, Gabriel nos da la buena noticia y Rafael nos lleva de la mano y camina con nosotros, nos ayuda en las muchas cosas que suceden en el camino. A Rafael hay que pedirle que no seamos seducidos para dar el paso equivocado. Rafael guíanos por el buen camino, por el camino bueno. (29-09-2017)

En aquel tiempo, vio Jesús que se acercaba Natanael y dijo de él: «Ahí tenéis a un israelita de verdad, en quien no hay engaño». Natanael le contesta: «¿De qué me conoces?». Jesús le responde: «Antes de que Felipe te llamara, cuando estabas debajo de la higuera, te vi». Natanael respondió: «Rabí, tú eres el Hijo de Dios, tú eres el Rey de Israel». Jesús le contestó: «¿Por haberte dicho que te vi debajo de la higuera, crees? Has de ver cosas mayores». Y le añadió: «En verdad, en verdad os digo: veréis el cielo abierto y a los ángeles de Dios subir y bajar sobre el Hijo del hombre».

Daniel 7, 9-10.13-14; Salmo 137, 1-5 • JUAN 1, 47-51

Señor Jesús, que no me falte la ayuda de tus arcángeles en el camino que me lleva hacia ti, y que siga adelante sin mirar atrás, sin distraerme.

Delante de los ángeles tañeré para ti, Señor (Salmo 137, 1d)

Papa Francisco: La Iglesia para seguir a Jesús es itinerante, actúa con prontitud, deprisa y decidida. El valor de estas tres condiciones puestas por Jesús —itinerancia, prontitud y decisión— no radica en una serie de «noes» a las cosas buenas e importantes de la vida. El acento, más bien, hay que ponerlo en el objetivo principal: ¡convertirse en discípulo de Cristo! Una elección libre y consciente, hecha por amor, para corresponder a la gracia inestimable de Dios, y no un modo de promoverse a sí mismo. ¡Esto es triste! Ay de los que piensan seguir a Jesús para promoverse, es decir, para hacer carrera, para sentirse importantes o adquirir un puesto de prestigio. Jesús nos quiere apasionados de él y del Evangelio. (30-06-2019)

En aquel tiempo, mientras Jesús y sus discípulos iban de camino, le dijo uno: «Te seguiré adondequiera que vayas». Jesús le respondió: «Las zorras tienen madrigueras, y los pájaros del cielo nidos, pero el Hijo del hombre no tiene donde reclinar la cabeza». A otro le dijo: «Sígueme». Él respondió: «Señor, déjame primero ir a enterrar a mi padre». Le contestó: «Deja que los muertos entierren a sus muertos; tú vete a anunciar el reino de Dios». Otro le dijo: «Te seguiré, Señor, pero déjame primero despedirme de los de mi casa». Jesús le contestó: «Nadie que pone la mano en el arado y mira hacia atrás vale para el reino de Dios».

Job 9, 1-12.14-16; Salmo 87, 10bc-15 • LUCAS 9, 57-62

Señor Jesús, quiero seguirte con decisión y sin peros, sin excusas, sin mirar atrás, sin condiciones; sino libre y entregado.

Llegue hasta ti mi súplica, Señor (Salmo 87, 3a)

OCTUBRE, MES DEL ROSARIO

LIBROS

- El libro del Rosario. Historia, doctrina, práctica, diccionario. J. A. M. Puche, O.P. 304 p. Cartoné. 12,50 €
- Rosario Bíblico. Comentario y meditaciones de los veinte misterios. Salvador Muñoz. 178 p. 5 €
- La Virgen del Rosario y santo Domingo en el arte. Domingo Iturgaiz, O.P. 144 p.+24 láminas color. Cartoné. 11,50 €
- El Rosario, oración de un corazón en vela. Mis conversaciones con Maciej, que no lo reza. E. Cárdenas, SM. 130 p. 5,25 €
- Rosarios para las fiestas del Señor. Sor Marie de la Visitation. Prólogo de Sor Emmanuel Mayllard. 168 p. 10 €. Veinticuatro rosarios originales para todo el año litúrgico.
- Para rezar el Rosario. A. González (Ed.). 104 p. 5 €. Libro básico para rezar el Rosario. Por qué, cómo y diversas formas de hacerlo.

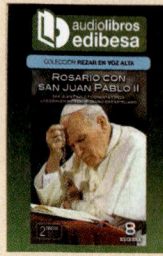

AUDIOLIBROS. COMPACT DISC CD, ROSARIO ELECTRÓNICO

PARA REZAR EL ROSARIO: guiones de J. A. Mtnez. Puche O.P.:

- Rosario con san Juan Pablo II. Comentario y rezo de los 20 Misterios, letanías y Salve. 2 CD+Libro 86 p. 16 €
- El Rosario. Comentario bíblico, rezo de los 15 Misterios y letanías. 1 casete: 4 €. En catalán: 4 €
- El Rosario/20. Comentario y rezo de los 20 Misterios, letanías y Salve. 2 CD: 13 €
- Santo Rosario/20. Los 20 Misterios con comentario de san Josemaría Escrivá de Balaguer. 2 CD+folleto: 18,50 €.
- El Rosario del Papa. Juan Pablo II comenta y reza los 15 Misterios. Letanías, Ángelus y Salve. 2 CD: 14 €
- Rosario con el Papa/20. Juan Pablo II comenta y reza los 20 Misterios. Letanías y Salve. 2 CD: 16 €
- Rosario con Juan Pablo II. Reflexiones y rezo por el Papa de los 15 Misterios. Letanías y Salve. 1 casete: 5 €
- Misterios luminosos. Complemento de "Rosario con el Papa" y "El Rosario". 1 CD: 5 €.
- EL ROSARIO ELECTRÓNICO. Rosario en español con san Juan Pablo II. Guión J.A.M. Puche, O.P. Con auriculares: 49 €. Aparato electrónico con los 20 misterios del Rosario, automatizados para cada día de la semana.

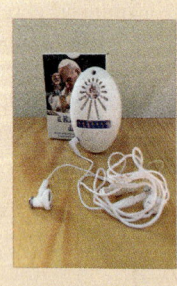

octubre

El Rosario ha tenido un puesto importante en mi vida espiritual desde mis años jóvenes. El Rosario me ha acompañado en los momentos de alegría y en los de tribulación. A él he confiado tantas preocupaciones y en él siempre he encontrado consuelo. El 29 de octubre de 1978, dos semanas después de la elección a la Sede de Pedro, escribía: «El Rosario es mi oración predilecta. ¡Plegaria maravillosa! Maravillosa en su sencillez y en su profundidad».

(Juan Pablo II, Carta Apost. *Rosarium V. M.*,
2 y 17. 16-10-2002)

Papa Francisco: La pobreza como camino del discípulo. Sí, el discípulo, pobre, porque su riqueza es Jesús. Pobre, porque no está apegado a la riqueza: primer paso. Pobre, porque es paciente frente a pequeñas o grandes persecuciones: segundo paso. Pobre, porque entra en este estado de ánimo al final de la vida que nos recuerda el de San Pablo: abandonado. Y el mismo camino de Jesús termina con esa oración al Padre: "Padre, Padre, ¿por qué me has abandonado?". Que esta revelación de la predilección del Señor por la pobreza nos ayude a avanzar y orar por los discípulos, por todos los discípulos, sean sacerdotes, hermanas, obispos, papas, laicos: todos. Para que sepan recorrer el camino de la pobreza como quiere el Señor. (18-10-2018)

En aquel tiempo, designó el Señor otros setenta y dos y los mandó delante de él, de dos en dos, a todos los pueblos y lugares adonde pensaba ir él. Y les decía: «La mies es abundante y los obreros pocos; rogad, pues, al dueño de la mies que mande obreros a su mies. ¡Poneos en camino! Mirad que os mando como corderos en medio de lobos. No llevéis bolsa, ni alforja, ni sandalias; y no saludéis a nadie por el camino. Cuando entréis en una casa, decid primero: "Paz a esta casa". Y si allí hay gente de paz, descansará sobre ellos vuestra paz; si no, volverá a vosotros. Quedaos en la misma casa, comiendo y bebiendo de lo que tengan, porque el obrero merece su salario. No andéis cambiando de casa en casa. Si entráis en una ciudad y os reciben, comed lo que os pongan, curad a los enfermos que haya en ella, y decidles: "El reino de Dios ha llegado a vosotros". Pero si entráis en una ciudad y no os reciben, saliendo a sus plazas, decid: "Hasta el polvo de vuestra ciudad, que se nos ha pegado a los pies, nos lo sacudimos sobre vosotros. De todos modos, sabed que el reino de Dios ha llegado". Os digo que aquel día será más llevadero para Sodoma que para esa ciudad».

Job 19, 21-27; Salmo 26, 7-9.13-14 • LUCAS 10, 1-12

Señor Jesús, seguirte implica disposición a la misión. Somos tus testigos. Que tu Espíritu nos impulse y nos guíe.
Espero gozar de la dicha del Señor en el país de la vida (Salmo 26, 13)

Viernes 26º Tiempo ordinario   Tomo IV · Salterio 2ª semana

SANTOS ÁNGELES CUSTODIOS

Ntra. Sra. de la Academia, Saturio er. Beato Antonio Chevrier pb

OCTUBRE

2

VIERNES

Papa Francisco: Con una palabra tan sencilla como decisiva, Jesús renueva nuestro modo de vivir. Nos enseña que el verdadero poder no está en el dominio de los más fuertes, sino en el cuidado de los más débiles. El verdadero poder es cuidar a los más débiles, ¡esto te hace grande! He aquí por qué el Maestro llama a un niño, lo coloca entre los discípulos y lo abraza diciendo: «El que acoge a un niño como este en mi nombre, me acoge a mí». El niño no tiene poder: el niño tiene necesidad. Cuando cuidamos al hombre, reconocemos que el hombre siempre necesita vida. Nosotros, todos nosotros, estamos vivos porque hemos sido acogidos, pero el poder nos hace olvidar esta verdad. ¡Tú estás vivo porque has sido acogido! (22-09-2024)

En aquel momento, se acercaron los discípulos a Jesús y le preguntaron: «¿Quién es el mayor en el reino de los cielos?». Él llamó a un niño, lo puso en medio y dijo: «En verdad os digo que, si no os convertís y os hacéis como niños, no entraréis en el reino de los cielos. Por tanto, el que se haga pequeño como este niño, ese es el más grande en el reino de los cielos. El que acoge a un niño como este en mi nombre me acoge a mí. Cuidado con despreciar a uno de estos pequeños, porque os digo que sus ángeles están viendo siempre en los cielos el rostro de mi Padre celestial».

Job 38, 1.12-21 - 40, 3-5; Salmo 138, 1b-3.7-8.9-10.13-14ab
MATEO 18, 1-5.10

Señor Jesús, con la ayuda y protección de los ángeles vaya más firme en la senda de tu seguimiento.
Guíame, Señor, por el camino eterno. (Salmo 138, 24b)

Papa Francisco: ¡No dejemos que nos roben la alegría de la evangelización! Os invito a sumergiros en la alegría del Evangelio y a nutrir un amor que ilumine vuestra vocación y misión. Os exhorto a recordar, como en una peregrinación interior, el «primer amor» con el que el Señor Jesucristo ha encendido los corazones de cada uno, no por un sentimiento de nostalgia, sino para perseverar en la alegría. El discípulo del Señor persevera con alegría cuando está con Él, cuando hace su voluntad, cuando comparte la fe, la esperanza y la caridad evangélica. (08-06-2024)

En aquel tiempo, los setenta y dos volvieron con alegría diciendo: «Señor, hasta los demonios se nos someten en tu nombre». Jesús les dijo: «Estaba viendo a Satanás caer del cielo como un rayo. Mirad: os he dado el poder de pisotear serpientes y escorpiones y todo poder del enemigo, y nada os hará daño alguno. Sin embargo, no estéis alegres porque se os someten los espíritus; estad alegres porque vuestros nombres están escritos en el cielo». En aquella hora, se llenó de alegría en el Espíritu Santo, y dijo: «Te doy gracias, Padre, Señor del cielo y de la tierra, porque has escondido estas cosas a los sabios y a los entendidos, y las has revelado a los pequeños. Sí, Padre, porque así te ha parecido bien. Todo me ha sido entregado por mi Padre, y nadie conoce quién es el Hijo, sino el Padre; ni quién es el Padre, sino el Hijo, y aquel a quien el Hijo se lo quiera revelar». Y volviéndose a sus discípulos, les dijo aparte: «¡Bienaventurados los ojos que ven lo que vosotros veis! Porque os digo que muchos profetas y reyes quisieron ver lo que vosotros veis, y no lo vieron; y oír lo que vosotros oís, y no lo oyeron».

Job 42, 1-3.5-6.12-17; Salmo 118, 66.71.75.91.125.130; LUCAS 10, 17-24

 Señor Jesús, nos muestras el camino de la sencillez que nos conduce verdaderamente a Dios. Quiero vivir en esa humildad y sencillez de corazón. Confío en tu gracia.

Haz brillar, Señor, tu rostro sobre tu siervo (Salmo 118, 135a)

Papa Francisco: Con esta parábola, Jesús nos recuerda lo que sucede cuando el hombre se cree que se hace a sí mismo y olvida la gratitud, olvida la realidad fundamental de la vida: que el bien viene de la gracia de Dios, que el bien viene de su don gratuito. Cuando uno olvida esto, la gratuidad de Dios, termina por vivir la propia condición y el propio límite no ya con la alegría de sentirse amado y salvado, sino con la triste ilusión de no tener necesidad de amor ni de salvación. Uno ya no se deja querer, y se encuentra prisionero de su propia codicia, prisionero de la necesidad de tener más que los demás, de querer estar por encima de los demás. Este proceso es feo, y nos sucede muchas veces. Pensémoslo en serio. De ahí provienen muchas insatisfacciones y recriminaciones, tantas incomprensiones y tantas envidias; y, a causa del rencor, se puede caer en el torbellino de la violencia. Sí, queridos hermanos y hermanas, ¡la ingratitud genera violencia, nos roba la paz, nos hace hablar gritando, sin paz, mientras que un simple «gracias» puede restablecer la paz! Preguntémonos entonces: ¿me doy cuenta de que he recibido la vida como un don? ¿Soy consciente de que yo mismo, yo misma, soy un don? ¿Creo que todo comienza por la gracia del Señor? ¿Comprendo que soy beneficiario de ella sin méritos, que he sido amado y salvado gratuitamente? Y, sobre todo, ¿sé decir «gracias» como respuesta a la gracia? ¿Sé decir «gracias»? (08-10-2023)

Isaías 5.1-7: Voy a cantar a mi amigo el canto de mi amado por su viña. Mi amigo tenía una viña en fértil collado. La entrecavó, quitó las piedras y plantó buenas cepas; construyó en medio una torre y cavó un lagar. Y esperaba que diese uvas, pero dio agrazones. Pues ahora, habitantes de Jerusalén, hombres de Judá, por favor, sed jueces entre mí y mi viña. ¿Qué más podía hacer yo por mi viña que no hubiera hecho? ¿Por qué, cuando yo esperaba que diera uvas, dio agrazones? Pues os hago saber lo que haré con mi viña: quitar su valla y que sirva de leña, que sea pisoteada. La convertiré en un erial: no la podarán ni la escardarán, allí crecerán zarzas y cardos, prohibiré a las nubes que lluevan sobre ella. La viña del Señor del universo es la casa de Israel; son los hombres de Judá su plantel preferido. Esperaba de ellos derecho, y ahí tenéis: sangre derramada; esperaba justicia, y ahí tenéis: lamentos.

Salmo 79, 9. 12-16. 19-20: *La viña del Señor es la casa de Israel.*

Filipenses 4, 6-9: Hermanos: Nada os preocupe; sino que, en toda ocasión, en la oración y súplica con acción de gracias, vuestras peticiones sean presentadas a Dios. Y la paz de Dios, que supera todo juicio, custodiará vuestros corazones y vuestros pensamientos en Cristo Jesús. Finalmente, hermanos, todo lo que es verdadero, notable, justo, puro, amable, laudable; todo lo que es virtud o mérito tenedlo en cuenta. Y lo que aprendisteis, recibisteis, oísteis y visteis en mí, ponedlo por obra. Y el Dios de la paz estará con vosotros.

MATEO 21, 33-43: En aquel tiempo, dijo Jesús a los sumos sacerdotes y a los ancianos del pueblo: «Escuchad otra parábola: Había un propietario que plantó una viña, la rodeó con una cerca, cavó en ella un lagar, construyó una torre, la arrendó a unos labradores y se marchó lejos. Llegado el tiempo de los frutos, envió sus criados a los labradores, para percibir los frutos que le correspondían. Pero los labradores, agarrando a los criados, apalearon a uno, mataron a otro, y a otro lo apedrearon. Envió de nuevo otros criados, más que la primera vez, e hicieron con ellos lo mismo. Por último, les mandó a su hijo, diciéndose: "Tendrán respeto a mi hijo". Pero los labradores, al ver al hijo, se dijeron: "Este es el heredero: venid, lo matamos y nos quedamos con su herencia". Y, agarrándolo, lo sacaron fuera de la viña y lo mataron. Cuando vuelva el dueño de la viña, ¿qué hará con aquellos labradores?». Le contestaron: «Hará morir de mala muerte a esos malvados y arrendará la viña a otros labradores, que le entreguen los frutos a su tiempo». Y Jesús les dice: «¿No habéis leído nunca en la Escritura: "La piedra que desecharon los arquitectos es ahora la piedra angular. Es el Señor quien lo ha hecho, ha sido un milagro patente"? Por eso os digo que se os quitará a vosotros el reino de Dios y se dará a un pueblo que produzca sus frutos».

Señor Jesús, custodia mi corazón y mi pensamiento para que no me aparte nunca de ti.

Lunes 27º Tiempo ordinario · Tomo IV · Salterio 3ª semana · OCTUBRE

5 LUNES

TÉMPORAS DE ACCIÓN DE GRACIAS Y DE PETICIÓN

Santos Froilán ob, Apolinar ob, Atilano ob, Mauro y Plácido mjs.
Beatos Raimundo de Capua pb, Bartolomé Longo lc

Papa Francisco: Podemos estar seguros de que Dios responderá. La única incertidumbre se debe a los tiempos, pero no dudemos de que Él responderá. Tal vez tengamos que insistir toda la vida, pero Él responderá. Nos prometió: no es como un padre que da una serpiente en lugar de un pez. No hay nada más seguro: un día se cumplirá el deseo de felicidad que todos llevamos en nuestros corazones. (09-01-2019)

En aquel tiempo, dijo Jesús a sus discípulos: «Pedid y se os dará, buscad y encontraréis, llamad y se os abrirá; porque quien pide recibe, quien busca encuentra y al que llama se le abre. Si a alguno de vosotros le pide su hijo pan, ¿le va a dar una piedra?; y si le pide pescado, ¿le dará una serpiente? Pues si vosotros, aun siendo malos, sabéis dar cosas buenas a vuestros hijos, ¡cuánto más vuestro Padre que está en los cielos dará cosas buenas a los que le piden!».

Deuteronomio 8, 7-18; Salmo: 1 Crónicas 29,10-12;
2 Corintios 5,17-21 • MATEO 7,7-11

Señor Jesús, gracias por todos los dones materiales y espirituales que nos regalas y perdona las veces que nos olvidamos de ti y de tu amor.

Tú eres Señor del universo (1 Crónicas, 29, 12b)

OCTUBRE

6
MARTES

Martes 27º Tiempo ordinario

Tomo IV · Salterio 3ª semana

Santos BRUNO pb, Fe mr, María Francisca vg, Román ob. Beato Juan de Palafox

 Papa Francisco: El Evangelio de hoy nos recuerda que la sabiduría del corazón reside precisamente en saber *conjugar* estos dos elementos: la *contemplación* y la *acción*. Marta y María nos muestran el camino. Si queremos disfrutar de la vida con alegría, debemos aunar estas dos actitudes: por un lado, el «estar a los pies» de Jesús, para escucharlo mientras nos revela el secreto de cada cosa; por otro, ser diligentes y estar listos para la hospitalidad, cuando Él pasa y llama a nuestra puerta, con el rostro de un amigo que necesita un momento de descanso y fraternidad. Hace falta esta hospitalidad. (21-07-2019)

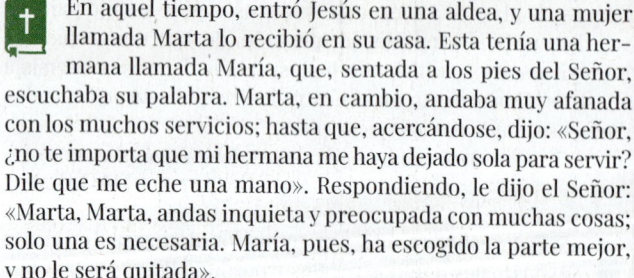 En aquel tiempo, entró Jesús en una aldea, y una mujer llamada Marta lo recibió en su casa. Esta tenía una hermana llamada María, que, sentada a los pies del Señor, escuchaba su palabra. Marta, en cambio, andaba muy afanada con los muchos servicios; hasta que, acercándose, dijo: «Señor, ¿no te importa que mi hermana me haya dejado sola para servir? Dile que me eche una mano». Respondiendo, le dijo el Señor: «Marta, Marta, andas inquieta y preocupada con muchas cosas; solo una es necesaria. María, pues, ha escogido la parte mejor, y no le será quitada».

Gálatas 1, 13-24; Salmo 138, 1b-3.13-15 • LUCAS 10, 38-42

 Señor Jesús, tú eres la parte mejor; que los afanes de este mundo no me alejen de ti.
Guíame, Señor, por el camino eterno (Salmo 138, 24b)

Papa Francisco: María no se exalta frente a la perspectiva de convertirse incluso en la madre del Mesías, sino que permanece modesta y expresa la propia adhesión al proyecto del Señor. María no presume. Es humilde, modesta. Se queda como siempre. Este contraste es significativo. Nos hace entender que María es verdaderamente humilde y no trata de exponerse. Reconoce ser pequeña delante de Dios, y está contenta de ser así. (24-12-2017)

En aquel tiempo, el ángel Gabriel fue enviado por Dios a una ciudad de Galilea llamada Nazaret, a una virgen desposada con un hombre llamado José, de la casa de David: el nombre de la virgen era María. El ángel, entrando en su presencia, dijo: «Alégrate, llena de gracia, el Señor está contigo». Ella se turbó grandemente ante estas palabras y se preguntaba qué saludo era aquel. El ángel le dijo: «No temas, María, porque has encontrado gracia ante Dios. Concebirás en tu vientre y darás a luz un hijo, y le pondrás por nombre Jesús. Será grande, se llamará Hijo del Altísimo, el Señor Dios le dará el trono de David, su padre; reinará sobre la casa de Jacob para siempre, y su reino no tendrá fin». Y María dijo al ángel: «¿Cómo será eso, pues no conozco varón?». El ángel le contestó: «El Espíritu Santo vendrá sobre ti, y la fuerza del Altísimo te cubrirá con su sombra; por eso el Santo que va a nacer será llamado Hijo de Dios. También tu pariente Isabel ha concebido un hijo en su vejez, y ya está de seis meses la que llamaban estéril, "porque para Dios nada hay imposible"». María contestó: «He aquí la esclava del Señor; hágase en mí según tu palabra». Y el ángel se retiró.

Hechos 1,12-14; Salmo: Lucas 1, 46-55 • LUCAS 1, 26-38
(De la feria: Gálatas 2, 1-2. 7-14; Salmo 116, 1.2 •LUCAS 11, 1-4)

Señor Jesús, el «sí» de María es el alma del Rosario. Cada vez que medito tus misterios quiero pronunciarlo y afianzar mi vida en ti.

El Poderoso ha hecho obras grandes en mí: su nombre es santo
(Lucas 1, 49)

Papa Francisco: Una oración que no sea valiente no es una verdadera oración. Cuando se reza se necesita el valor de tener confianza en que el Señor nos escucha, el valor de llamar a la puerta. El Señor lo dice, porque quien pide recibe, y quien busca encuentra, y a quien llama se le abrirá. ¿Pero nuestra oración es así? ¿O bien nos limitamos a decir: «Señor, tengo necesidad, dame la gracia»? En una palabra, ¿nos dejamos involucrar en la oración? ¿Sabemos llamar al corazón de Dios? [...] Cuando oramos valerosamente, el Señor no sólo nos da la gracia, sino que se nos da también Él mismo en la gracia. Porque el Señor jamás da o envía una gracia por correo: la trae Él, es Él la gracia. (10-10-2013)

En aquel tiempo, dijo Jesús a los discípulos: «Suponed que alguno de vosotros tiene un amigo, y viene durante la medianoche y le dice: "Amigo, préstame tres panes, pues uno de mis amigos ha venido de viaje y no tengo nada que ofrecerle". Y, desde dentro, aquel le responde: "No me molestes; la puerta está cerrada; mis niños y yo estamos acostados; no puedo levantarme para dártelos".; os digo que, si no se levanta y se los da por ser amigo suyo, al menos por su importunidad se levantará y le dará cuanto necesite. Pues yo os digo a vosotros: pedid y se os dará, buscad y hallaréis, llamad y se os abrirá; porque todo el que pide recibe, y el que busca halla, y al que llama se le abre. ¿Qué padre entre vosotros, si su hijo le pide un pez, le dará una serpiente en lugar del pez? ¿O si le pide un huevo, le dará un escorpión? Si vosotros, pues, que sois malos, sabéis dar cosas buenas a vuestros hijos, ¿cuánto más vuestro Padre del cielo dará el Espíritu Santo a los que le piden?».

Gálatas 3, 1-5; Salmo: Lucas 1, 69-75 • LUCAS 11, 5-13

Señor Jesús, renueva en mí el don de tu Espíritu sin el cual ni te sigo bien ni doy fruto.

Bendito sea el Señor, Dios de Israel, porque ha visitado a su pueblo (Lucas 1, 68)

Papa Francisco: Cuidado con el mal grande de tranquilizar la conciencia anestesiándola. Cuando el mal espíritu logra anestesiar la conciencia se puede hablar de su verdadera victoria: se convierte en el dueño de esa conciencia. Y de poco sirve decir como hacen algunos: «¡Esto sucede en todas partes! Todos tenemos problemas, todos somos pecadores». Porque en ese «todos» está el «ninguno». Todos, pero yo no. Y de ese modo se acaba viviendo esa mundanidad que es hija del mal espíritu. Entonces, para ejercitar la vigilancia, la Iglesia nos aconseja siempre el ejercicio del examen de conciencia. (09-10-2015)

En aquel tiempo, habiendo expulsado Jesús a un demonio, algunos de entre la multitud dijeron: «Por arte de Belzebú, el príncipe de los demonios, echa los demonios». Otros, para ponerlo a prueba, le pedían un signo en el cielo. Él, conociendo sus pensamientos, les dijo: «Todo reino dividido contra sí mismo va a la ruina y cae casa sobre casa. Si, pues, también Satanás se ha dividido contra sí mismo, ¿cómo mantendrá su reino? Pues vosotros decís que yo echo los demonios con el poder de Belzebú. Pero, si yo echo los demonios con el poder de Belzebú, vuestros hijos, ¿por arte de quién los echan? Por eso, ellos mismos serán vuestros jueces. Pero, si yo echo los demonios con el dedo de Dios, entonces es que el reino de Dios ha llegado a vosotros. Cuando un hombre fuerte y bien armado guarda su palacio, sus bienes están seguros, pero, cuando otro más fuerte lo asalta y lo vence, le quita las armas de que se fiaba y reparte su botín. El que no está conmigo está contra mí; el que no recoge conmigo desparrama. Cuando un espíritu inmundo sale de un hombre, da vueltas por lugares áridos, buscando un sitio para descansar, y, al no encontrarlo, dice: "Volveré a mi casa de donde salí". Al volver, se la encuentra barrida y arreglada. Entonces va y toma otros siete espíritus peores que él, y se mete a vivir allí. Y el final de aquel hombre resulta peor que el principio».

Gálatas 3, 7-14; Salmo 110, 1b-6 • LUCAS 11, 15-26

Señor Jesús, necesito conversión constante; te doy gracias porque no me dejas y siempre me ayudas con tu gracia que precede y acompaña.

El Señor recuerda siempre su alianza **(Salmo 110, 5b)**

Papa Francisco: Al igual que los primeros discípulos del Señor, también nosotros necesitamos atender su llamada y escuchar su Palabra. En medio de tantas palabras diarias, necesitamos escuchar esa Palabra que no nos habla de cosas, sino de vida. Hagamos espacio a la Palabra de Dios: Leamos algún versículo de la Biblia cada día. Comencemos por el Evangelio; mantengámoslo abierto en casa, en la mesita de noche, llevémoslo en nuestro bolsillo, veámoslo en la pantalla del teléfono, dejemos que nos inspire diariamente. Descubriremos que Dios está cerca de nosotros, que ilumina nuestra oscuridad, que nos guía con amor a lo largo de nuestra vida. (26-01-2020)

En aquel tiempo, mientras Jesús hablaba a la gente, una mujer de entre el gentío levantando la voz, le dijo: «Bienaventurado el vientre que te llevó y los pechos que te criaron». Pero él dijo: «Mejor, bienaventurados los que escuchan la palabra de Dios y la cumplen».

Gálatas 3, 22-29; Salmo 104, 2-7 • LUCAS 11, 27-28

Señor Jesús, que con la ayuda de tu Madre esté yo más atento a escuchar tu palabra y a cumplirla en mi vida.
El Señor se acuerda de su alianza eternamente (Salmo 104, 8a)

Bienaventurados los que escuchan la palabra de Dios

Domingo 28º Tiempo ordinario   Tomo IV · Salterio 4ª semana

Santos JUAN XXIII pp, Mª. SOLEDAD TORRES vg, Felipe el Diácono NT, Fermín ob.
Beata María de Jesús mf rl. Ntra. Sra. de Begoña

OCTUBRE

11

DOMINGO

Papa Francisco: Hermanos y hermanas, ¡cuántas veces no atendemos a la invitación de Dios porque estamos ocupados pensando en nuestras cosas! A menudo luchamos por tener nuestro tiempo libre, pero hoy Jesús nos invita a encontrar el tiempo que libera: aquel tiempo para dedicar a Dios, que nos alivia y sana el corazón, que aumenta en nosotros la paz, la confianza y la alegría, que nos salva del mal, de la soledad y de la pérdida de sentido. Vale la pena, porque es bueno estar con el Señor, hacerle un espacio. ¿Dónde? En la Misa, en la escucha de la Palabra, en la oración y también en la caridad, porque ayudando a quien es débil o pobre, haciendo compañía a quien está solo, escuchando a quien pide atención, consolando a quien sufre, se está con el Señor, que está presente en quien padece necesidades. (15-10-2023)

Isaías 25, 6-10a: Preparará el Señor del universo para todos los pueblos, en este monte, un festín de manjares suculentos, un festín de vinos de solera; manjares exquisitos, vinos refinados. Y arrancará en este monte el velo que cubre a todos los pueblos, el lienzo extendido sobre todas las naciones. Aniquilará la muerte para siempre. Dios, el Señor, enjugará las lágrimas de todos los rostros, y alejará del país el oprobio de su pueblo —lo ha dicho el Señor—. Aquel día se dirá: «Aquí está nuestro Dios. Esperábamos en él y nos ha salvado. Este es el Señor en quien esperamos. Celebremos y gocemos con su salvación, porque reposará sobre este monte la mano del Señor».

Salmo 22, 1b-6: *Habitaré en la casa del Señor por años sin término.*

Filipenses 4, 12-14.19-20: Hermanos: Sé vivir en pobreza y abundancia. Estoy avezado en todo y para todo: a la hartura y al hambre, a la abundancia y a la privación. Todo lo puedo en aquel que me conforta. En todo caso hicisteis bien en compartir mis tribulaciones. En pago, mi Dios proveerá a todas vuestras necesidades con magnificencia, conforme a su riqueza en Cristo Jesús. A Dios, nuestro Padre, la gloria por los siglos de los siglos. Amén.

MATEO 22, 1-14: En aquel tiempo, volvió a hablar Jesús en parábolas a los sumos sacerdotes y a los ancianos del pueblo, diciendo: «El reino de los cielos se parece a un rey que celebraba la boda de su hijo; mandó a sus criados para que llamaran a los convidados, pero no quisieron ir. Volvió a mandar otros criados encargándoles que dijeran a los convidados: "Tengo preparado el banquete, he matado terneros y reses cebadas y todo está a punto. Venid a la boda". Pero ellos no hicieron caso; uno se marchó a sus tierras, otro a sus negocios, los demás agarraron a los criados y los maltrataron y los mataron. El rey montó en cólera, envió sus tropas, que acabaron con aquellos asesinos y prendieron fuego a la ciudad. Luego dijo a sus criados: "La boda está preparada, pero los convidados no se la merecían. Id ahora a los cruces de los caminos y a todos los que encontréis, llamadlos a la boda". Los criados salieron a los caminos y reunieron a todos los que encontraron, malos y buenos. La sala del banquete se llenó de comensales. Cuando el rey entró a saludar a los comensales reparó en uno que no llevaba traje de fiesta y le dijo: "Amigo, ¿cómo has entrado aquí sin el vestido de boda?". El otro no abrió la boca. Entonces el rey dijo a los servidores: "Atadlo de pies y manos y arrojadlo fuera, a las tinieblas. Allí será el llanto y el rechinar de dientes. Porque muchos son los llamados y pocos los elegidos"».

 Señor Jesús, preparas la mesa, nos invitas a ella para degustar tu amor y tu ternura; gracias por tu bondad; que nunca rechace este regalo.

Papa Francisco: Que la Santísima Virgen María, [...] sea nuestra guía en el camino de continua conversión y penitencia para ir al encuentro de Cristo, sol de justicia. Que su «suave luz» nos libre de todo mal y disipe la oscuridad de este mundo atormentado por las guerras. [...] Hoy se celebra a la Virgen del Pilar, «Patrona de la Hispanidad»: Que Ella interceda por nosotros ante su Hijo, para que podamos descubrir el deseo que Él ha puesto en nuestros corazones, y nos dé la gracia de llevarlo a cumplimiento. (12-10-2022)

En aquel tiempo, mientras Jesús hablaba a la gente, una mujer de entre el gentío levantó la voz, le dijo: «Bienaventurado el vientre que te llevó y los pechos que te criaron». Pero él dijo: «Mejor, bienaventurados los que escuchan la palabra de Dios y la cumplen».

1 Crónicas 15, 3-4.15-16; 16,1-2 (o Hechos 1, 12-14);
Salmo 26, 1.3-5 • LUCAS 11, 27-28

Señor Jesús, que tu Madre sea siempre «Pilar» de fe y esperanza para toda la familia hispanoamericana; que nos ayude a estrechar los lazos de fraternidad que nos unen.

El Señor me ha coronado, sobre la columna me ha exaltado

Papa Francisco: Tú puedes hacer todo el bien que quieras, pero si no lo haces humildemente, como nos enseña Jesús, este bien no sirve, porque es un bien que nace de ti mismo, de tu seguridad, no de la redención que Jesús nos ha dado. [...] No se llega nunca a la humildad sin las humillaciones. Vemos a Jesús humillado en la cruz. [...] Pidamos al Señor que no nos cansemos de ir por este camino, de no cansarnos de rechazar esta religión del aparentar, del parecer, del hacer como que... (11-10-2016)

 En aquel tiempo, cuando Jesús terminó de hablar, un fariseo le rogó que fuese a comer con él. Él entró y se puso a la mesa. Como el fariseo se sorprendió al ver que no se lavaba las manos antes de comer, el Señor le dijo: «Vosotros, los fariseos, limpiáis por fuera la copa y el plato, pero por dentro rebosáis de rapiña y maldad. ¡Necios! El que hizo lo de fuera, ¿no hizo también lo de dentro? Con todo, dad limosna de lo que hay dentro, y lo tendréis limpio todo».

Gálatas 5, 1-6; Salmo 118, 41.43-45.47-48 • LUCAS 11, 37-41

Señor Jesús, debo cuidar mi corazón para que de él salga amor y bondad y así se parezca más al tuyo.

Señor, que me alcance tu favor (Salmo 118, 41a)

Miércoles 28ª Tiempo ordinario   Tomo IV · Salterio 4ª semana

OCTUBRE
14
MIÉRCOLES

San CALIXTO I pp y mr. Beata María Poussepin vg

Papa Francisco: Para ser cristianos coherentes y creíbles, procuremos practicar lo que predicamos sin tener un doble corazón y no nos preocupemos sólo por mostrarnos impecables por fuera, sino cuidemos nuestra vida interior con sinceridad de corazón. (05-11-2023)

En aquel tiempo, dijo el Señor: «¡Ay de vosotros, fariseos, que pagáis el diezmo de la hierbabuena, de la ruda y de toda clase de hortalizas, mientras pasáis por alto el derecho y el amor de Dios! Esto es lo que había que practicar, sin descuidar aquello. ¡Ay de vosotros, fariseos, que os encantan los asientos de honor en las sinagogas y los saludos en las plazas! ¡Ay de vosotros, que sois como tumbas no señaladas, que la gente pisa sin saberlo!». Le replicó un maestro de la Ley: «Maestro, diciendo eso nos ofendes también a nosotros». Y él dijo: «¡Ay de vosotros también, maestros de la Ley, que cargáis a los hombres cargas insoportables, mientras vosotros no tocáis las cargas ni con uno de vuestros dedos!».

Gálatas 5, 18-25; Salmo 1, 1-4.6 • LUCAS 11, 42-46

Señor Jesús, ilumíname para que viva con coherencia tu evangelio, alejado de la hipocresía y la falsedad que tanto daño hacen.

El que te sigue, Señor, tendrá la luz de la vida (Juan 8, 12)

Papa Francisco: Tener la mirada fija en el Hijo de Dios nos hace entender cuánto camino debemos recorrer aún; pero al mismo tiempo nos infunde la alegría de saber que estamos caminando con Él y que no estamos nunca solos. Ánimo, entonces, ¡ánimo! No nos dejemos quitar la alegría de ser discípulos del Señor. «Pero, padre, yo soy pecador, ¿qué puedo hacer?». Déjate mirar por el Señor, abre tu corazón, siente en ti su mirada, su misericordia, y tu corazón será colmado de alegría, de la alegría del perdón, si tú te acercas a pedir el perdón». No nos dejemos robar la esperanza de vivir esta vida junto a Él y con la fuerza de su consuelo. (14-09-2016)

En aquel tiempo, tomó la palabra Jesús y dijo: «Te doy gracias, Padre, Señor del cielo y de la tierra, porque has escondido estas cosas a los sabios y entendidos y se las has revelado a los pequeños. Sí, Padre, así te ha parecido bien. Todo me ha sido entregado por mi Padre, y nadie conoce al Hijo más que el Padre, y nadie conoce al Padre sino el Hijo, y aquel a quien el Hijo se lo quiera revelar. Venid a mí todos los que estáis cansados y agobiados, y yo os aliviaré. Tomad mi yugo sobre vosotros y aprended de mí, que soy manso y humilde de corazón, y encontraréis descanso para vuestras almas. Porque mi yugo es llevadero y mi carga ligera».

Eclesiástico 15, 1-6; Salmo 88, 2-3.6-9.16-19 • MATEO 11, 25-30

Señor Jesús, que santa Teresa me enseña a ser sencillo y a amarte con todo el corazón buscando la unión contigo.

Cantaré eternamente las misericordias del Señor (Salmo 88, 2a)

Viernes 28º Tiempo ordinario   Tomo IV · Salterio 4ª semana

OCTUBRE

16
VIERNES

Santos EDUVIGIS rl, MARGARITA Mª. DE ALACOQUE vg, Longinos NT,
Gerardo Mayela rl. Beata Petra de S. José vg

Papa Francisco: Ante todos estos miedos que son insinuados por el «virus», por la «levadura de la hipocresía farisaica», tenemos que ser confortados por lo que dice Jesús: «Hay un Padre. Existe un Padre que os ama. Hay un Padre que os cuida». Ante la seducción del claroscuro, la seducción de la serpiente, Jesús nos serena: «Tranquilos, el Padre os ama, os defiende. Confiad en Él. No tengáis miedo a estas cosas». Así, Jesús, partiendo del más pequeño en medio de tanta gente, llega al más grande, al Padre que cuida a todos, también a los más pequeños, para que no se enfermen, para que no se contagien con esta enfermedad. Cuando Jesús nos dice esto, nos invita a rezar, nos invita a rezar para no caer en esta actitud farisaica que no es ni luz ni tiniebla, que está siempre a mitad de camino y nunca llegará a la luz de Dios. (16-10-2015)

En aquel tiempo, miles y miles de personas se agolpaban. Jesús empezó a hablar, dirigiéndose primero a sus discípulos: «Cuidado con la levadura de los fariseos, que es la hipocresía, porque nada hay cubierto que no llegue a descubrirse, nada hay escondido que no llegue a saberse. Por eso, lo que digáis en la oscuridad será oído a plena luz, y lo que digáis al oído en las recámaras se pregonará desde la azotea. A vosotros os digo, amigos míos: no tengáis miedo a los que matan el cuerpo, y después de esto no pueden hacer más. Os voy a enseñar a quién tenéis que temer: temed al que, después de la muerte, tiene poder para arrojar a la "gehenna". A ese tenéis que temer, os lo digo yo. ¿No se venden cinco pájaros por dos céntimos? Pues ni de uno solo de ellos se olvida Dios. Más aún, hasta los cabellos de vuestra cabeza están contados. No tengáis miedo: valéis más que muchos pájaros».

Efesios 1, 11-14; Salmo 32, 1-2.4-5.12-13 • LUCAS 12, 1-7

Señor Jesús, que la levadura del amor y de la verdad fermenten mi vida, la hagan fructificar, crecer y madurar.
Dichoso el pueblo que el Señor se escogió como heredad (Salmo 32, 12)

OCTUBRE

17

SÁBADO

Sábado 28º Tiempo ordinario   Tomo IV · Salterio 4ª semana

Santos IGNACIO DE ANTIOQUÍA ob mr, Oseas prof, Rufo y Zósimo mrs,
Ricardo Gwyn mr. Beato Contardo Ferrini cf

Papa Francisco: Esto del rechazo nos debe hacer pensar en nosotros, en las veces en que Jesús nos llama; nos llama a hacer fiesta con Él, a estar cerca de Él, a cambiar de vida. Piensen que busca a sus amigos más íntimos ¡y ellos lo rechazan! Después busca a los enfermos... y van; tal vez alguno lo rechace. Cuántas veces nosotros sentimos la llamada de Jesús para ir con Él, para hacer una obra de caridad, para rezar, para encontrarlo, y nosotros decimos: «Pero, disculpa Señor, estoy atareado, no tengo tiempo. Sí, mañana, no puedo...». Y Jesús permanece allí. (06-11-2018)

En aquel tiempo, dijo Jesús a sus discípulos: «Todo aquel que se declare por mí ante los hombres, también el Hijo del hombre se declarará por él ante los ángeles de Dios, pero si uno me niega ante los hombres, será negado ante los ángeles de Dios. Todo el que diga una palabra contra el Hijo del hombre podrá ser perdonado, pero al que blasfeme contra el Espíritu Santo no se le perdonará. Cuando os conduzcan a las sinagogas, ante los magistrados y las autoridades, no os preocupéis de cómo o con qué razones os defenderéis o de lo que vais a decir, porque el Espíritu Santo os enseñará en aquel momento lo que tenéis que decir».

Efesios 1, 15-23; Salmo 8, 2-7 • LUCAS 12, 8-12

Señor Jesús, cura la dureza que a veces hay en mi corazón y el miedo a ser tu testigo.

Diste a tu Hijo el mando sobre las obras de tus manos (Salmo 8, 7a)

Papa Francisco: Jesús quiere ayudarnos a colocar al «César» y a «Dios» cada uno en su importancia. Al César —es decir, a la política, a las instituciones civiles, a los procesos sociales y económicos— pertenece el cuidado del orden terrenal, y nosotros, que en esta realidad estamos inmersos, debemos restituir a la sociedad lo que nos ofrece a través de nuestra contribución de ciudadanos responsables, prestando atención a lo que se nos confía, promoviendo el derecho y la justicia en el mundo del trabajo, pagando honestamente los impuestos, comprometiéndonos por el bien común y etcétera. Pero, al mismo tiempo, Jesús afirma la realidad fundamental: que a Dios pertenece el hombre, todo hombre y todo ser humano. Y esto significa que nosotros no pertenecemos a ninguna realidad terrenal, a ningún «César» de turno. Somos del Señor y no debemos ser esclavos de ningún poder mundano. En la moneda, por lo tanto, está la imagen del emperador, pero Jesús nos recuerda que en nuestra vida está impresa la imagen de Dios, que nada ni nadie puede ensombrecer. Al César pertenecen las cosas de este mundo, pero el hombre y el mundo mismo pertenecen a Dios: ¡no lo olvidemos! (22-10-2023)

Isaías 45.1.4-6: Esto dice el Señor a su Ungido, a Ciro: «Yo lo he tomado de la mano, para doblegar ante él las naciones y desarmar a los reyes, para abrir ante él las puertas, para que los portales no se cierren. Por mi siervo Jacob, por mi escogido Israel, te llamé por tu nombre, te di un título de honor, aunque no me conocías. Yo soy el Señor y no hay otro; fuera de mí no hay dios. Te pongo el cinturón, aunque no me conoces, para que sepan de Oriente a Occidente que no hay otro fuera de mí. Yo soy el Señor y no hay otro».

Salmo 95, 1-5.7-10: *Aclamad la gloria y el poder del Señor.*

1 Tesalonicenses 1, 1-5b: Pablo, Silvano y Timoteo a la Iglesia de los tesalonicenses, en Dios Padre y en el Señor Jesucristo. A vosotros, gracia y paz. En todo momento damos gracias a Dios por todos vosotros y os tenemos presentes en nuestras oraciones, pues sin cesar recordamos ante Dios, nuestro Padre, la actividad de vuestra fe, el esfuerzo de vuestro amor y la firmeza de vuestra esperanza en Jesucristo nuestro Señor. Bien sabemos, hermanos amados de Dios, que él os ha elegido, pues cuando os anuncié nuestro Evangelio no fue solo palabras, sino también con la fuerza del Espíritu Santo y con plena convicción.

MATEO 22, 15-21: En aquel tiempo, se retiraron los fariseos y llegaron a un acuerdo para comprometer a Jesús con una pregunta. Le enviaron algunos discípulos suyos, con unos herodianos, y le dijeron: «Maestro, sabemos que eres sincero y que enseñas el camino de Dios conforme a la verdad, sin que te importe nadie, porque no te fijas en apariencias. Dinos, pues, qué opinas: ¿es lícito pagar impuesto al César o no?». Comprendiendo su mala voluntad, les dijo Jesús: «¡Hipócritas!, ¿por qué me tentáis? Enseñadme la moneda del impuesto». Le presentaron un denario. Él les preguntó: «¿De quién son esta imagen y esta inscripción?». Le respondieron: «Del César». Entonces les replicó: «Pues dad al César lo que es del César y a Dios lo que es de Dios».

Señor Jesús, que viva la urgencia de la misión y me comprometa más en la obra evangelizadora de la Iglesia para que todos conozcan tu amor y salvación.

Papa Francisco: La codicia es una enfermedad que destruye a las personas, porque el hambre de posesiones es adictiva. Especialmente los que tienen mucho nunca están satisfechos: siempre quieren más, y sólo para ellos mismos. Teniendo esta ambición desenfrenada, eliminamos nuestra libertad. Ya no somos libres, estamos apegados, somos esclavos de los que «paradójicamente» debería haber servido para vivir libres y serenos. En el afán de tener siempre más, servimos al dinero, la codicia es peligrosa en la sociedad, por la codicia, muchos tienen poco, y pocos tienen mucho. (31-07-2022)

En aquel tiempo, dijo uno de entre la gente a Jesús: «Maestro, dile a mi hermano que reparta conmigo la herencia». Él le dijo: «Hombre, ¿quién me ha constituido juez o árbitro entre vosotros?». Y les dijo: «Mirad: guardaos de toda clase de codicia. Pues, aunque uno ande sobrado, su vida no depende de sus bienes». Y les propuso una parábola: «Las tierras de un hombre rico produjeron una gran cosecha. Y empezó a echar cálculos, diciendo: "¿Qué haré? No tengo donde almacenar la cosecha". Y se dijo: "Haré lo siguiente: derribaré los graneros y construiré otros más grandes, y almacenaré allí todo el trigo y mis bienes. Y entonces me diré a mí mismo: alma mía, tienes bienes almacenados para muchos años; descansa, come, bebe, banquetea alegremente". Pero Dios le dijo: "Necio, esta noche te van a reclamar el alma. Y ¿de quién será lo que has preparado?". Así será el que atesora riquezas para sí y no es rico ante Dios».

Efesios 2, 1-10; Salmo 99, 1b-5 • LUCAS 12, 13-21

Señor Jesús, qué necio soy cuando me preocupo demasiado de los bienes materiales; dame sabiduría, ilumíname.
El Señor nos hizo y somos suyos (Salmo 99, 3b)

OCTUBRE

20
MARTES

Martes 29º Tiempo ordinario   Tomo IV · Salterio 1ª semana

Santos Cornelio Centurión NT, Vital ob, Adelina ab, Andrés Calibia mj mr.
Beato Timoteo Giaccardo pb

Papa Francisco: La esperanza es concreta, es cotidiana porque es un encuentro. Y cada vez que nos encontramos con Jesús en la Eucaristía, en la oración, en el Evangelio, en los pobres, en la vida comunitaria, damos un paso más hacia este encuentro definitivo. De ahí la esperanza de que los cristianos tengan la sabiduría de saber cómo regocijarse en los pequeños encuentros de la vida con Jesús, preparándose para esa reunión definitiva. (23-10-2018)

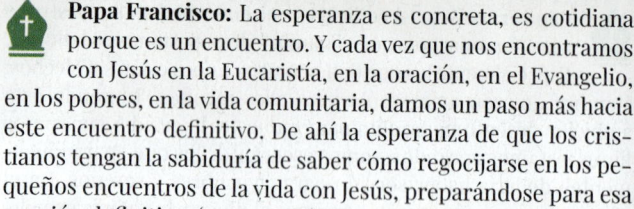

En aquel tiempo, dijo Jesús a sus discípulos: «Tened ceñida vuestra cintura y encendidas las lámparas. Vosotros estad como los hombres que aguardan a que su señor vuelva de la boda, para abrirle apenas venga y llame. Bienaventurados aquellos criados a quienes el señor, al llegar, los encuentre en vela; en verdad os digo que se ceñirá, los hará sentar a la mesa y, acercándose, les irá sirviendo. Y, si llega a la segunda vigilia o a la tercera y los encuentra así, bienaventurados ellos».

Efesios 2, 12-22; Salmo 84, 9-14 • LUCAS 12, 35-38

Señor Jesús, tú eres mi esperanza y mi felicidad; quiero vivir en vela, pendiente de ti como buen criado, como fiel servidor.

El Señor anuncia la paz a su pueblo (Salmo 84, 9bc)

Papa Francisco: La vida cristiana y la misión apostólica necesitan de la espera, madurada en la oración y en la fidelidad cotidiana, para liberarnos del mito de la eficiencia, de la obsesión por la productividad y, sobre todo, de la pretensión de encerrar a Dios en nuestras categorías, porque Él viene siempre de manera imprevisible, en tiempos que no son los nuestros y de formas que no son las que esperamos. (02-02-2024)

En aquel tiempo, dijo Jesús a sus discípulos: «Comprended que si supiera el dueño de casa a qué hora viene el ladrón, velaría y no le dejaría abrir un boquete en casa. Lo mismo vosotros, estad preparados, porque a la hora que menos penséis viene el Hijo del hombre». Pedro le dijo: «Señor, ¿dices esta parábola por nosotros o por todos?». Y el Señor dijo: «¿Quién es el administrador fiel y prudente a quien el señor pondrá al frente de su servidumbre para que reparta la ración de alimento a sus horas? Bienaventurado aquel criado a quien su señor, al llegar, lo encuentre portándose así. En verdad os digo que lo pondrá al frente de todos sus bienes. Pero si aquel criado dijere para sus adentros: "Mi señor tarda en llegar", y empieza a pegarles a los criados y criadas, a comer y beber y emborracharse, vendrá el señor de ese criado el día que no espera y a la hora que no sabe y lo castigará con rigor, y le hará compartir la suerte de los que no son fieles. El criado que, conociendo la voluntad de su señor, no se prepara ni obra de acuerdo con su voluntad, recibirá muchos azotes; pero el que, sin conocerla, ha hecho algo digno de azotes, recibirá menos. Al que mucho se le dio, mucho se le reclamará; al que mucho se le confió, más aún se le pedirá».

Efesios 3, 2-12; Salmo: Isaías 12, 2-6 • LUCAS 12, 39-48

Señor Jesús, no permitas que me aparte de ti; cuando me veas en peligro sal a mi encuentro, que no me pierda.
Sacaréis aguas con gozo de las fuentes del Salvador (Isaías 12, 3)

Papa Francisco: Jesús advierte a sus discípulos que ha llegado el momento de la decisión. Su venida al mundo, en efecto, coincide con el tiempo de las decisiones decisivas: no se puede posponer la opción por el Evangelio. Y para hacer comprender mejor este su llamado, se sirve de la imagen del fuego que Él mismo vino a traer a la tierra. Dice así: «He venido a arrojar un fuego sobre la tierra y ¡cuánto desearía que ya estuviera encendido!». Estas palabras tienen el objetivo de ayudar a los discípulos a abandonar toda actitud de pereza, de apatía, de indiferencia y de cerrazón para acoger el fuego de Dios; ese amor que, como recuerda san Pablo, «ha sido derramado en nuestros corazones por el Espíritu Santo». Porque es el Espíritu Santo quien nos hace amar a Dios y nos hace amar al prójimo; es el Espíritu Santo el que todos tenemos dentro. (18-08-2019)

En aquel tiempo, dijo Jesús a sus discípulos: «He venido a prender fuego a la tierra, ¡y cuánto deseo que ya esté ardiendo! Con un bautismo tengo que ser bautizado, ¡y qué angustia sufro hasta que se cumpla! ¿Pensáis que he venido a traer paz a la tierra? No, sino división. Desde ahora estarán divididos cinco en una casa: tres contra dos y dos contra tres; estarán divididos el padre contra el hijo y el hijo contra el padre, la madre contra la hija y la hija contra la madre, la suegra contra su nuera y la nuera contra la suegra».

Efesios 3,14-21; Salmo 32, 1-2.4-5.11-12.18-19 • LUCAS 12, 49-53

 Señor Jesús, préndeme en el fuego del amor a ti y a tu Palabra y que con ardor dé testimonio de tu Nombre.

La misericordia del Señor llena la tierra (Salmo 32, 5b)

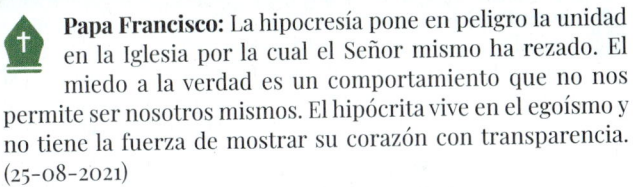

Papa Francisco: La hipocresía pone en peligro la unidad en la Iglesia por la cual el Señor mismo ha rezado. El miedo a la verdad es un comportamiento que no nos permite ser nosotros mismos. El hipócrita vive en el egoísmo y no tiene la fuerza de mostrar su corazón con transparencia. (25-08-2021)

En aquel tiempo, decía Jesús a la gente: «Cuando veis subir una nube por el poniente, decís enseguida: "Va a caer un aguacero", y así sucede. Cuando sopla el sur, decís: "Va a hacer bochorno", y sucede. Hipócritas: si sabéis interpretar el aspecto de la tierra y del cielo, pues ¿cómo no sabéis interpretar el tiempo presente? ¿Cómo no sabéis juzgar vosotros mismos lo que es justo? Por ello, mientras vas con tu adversario al magistrado, haz lo posible en el camino por llegar a un acuerdo con él, no sea que te lleve a la fuerza ante el juez, y el juez te entregue al guardia, y el guardia te meta en la cárcel. Te digo que no saldrás de allí hasta que no pagues la última monedilla».

Efesios 4, 1-6; Salmo 23, 1b-6 • LUCAS 12, 54-59

Señor Jesús, la pereza y la distracción no me ayudan a avanzar en tu camino; sostenme con tu gracia, con la ayuda de tu amor.

Esta es la generación que busca tu rostro, Señor (Salmo 23, 6)

Papa Francisco: La higuera de la parábola que el dueño quiere erradicar representa una existencia estéril, incapaz de dar, incapaz de hacer el bien. Es un símbolo de quien vive para sí mismo, sacio y tranquilo, replegado en su comodidad, incapaz de dirigir su mirada y su corazón a aquellos que están cerca de él en un estado de sufrimiento, pobreza y malestar. A esta actitud de egoísmo y esterilidad espiritual se contrapone el gran amor del viñador por la higuera: hace esperar al dueño, tiene paciencia, sabe esperar, le dedica su tiempo y su trabajo. Promete al dueño que prestará una atención especial a ese árbol desafortunado. Y esta similitud del viñador manifiesta la misericordia de Dios, que nos deja un tiempo para la conversión. Todos necesitamos convertirnos, dar un paso adelante, y la paciencia de Dios, la misericordia, nos acompaña en esto. (24-03-2019)

En aquel momento, se presentaron algunos a contar a Jesús lo de los galileos cuya sangre había mezclado Pilato con la de los sacrificios que ofrecían. Jesús respondió: «¿Pensáis que esos galileos eran más pecadores que los demás galileos, porque han padecido todo esto? Os digo que no; y, si no os convertís, todos pereceréis lo mismo. O aquellos dieciocho sobre los cayó la torre de Siloé y los mató, ¿pensáis que eran más culpables que los demás habitantes de Jerusalén? Os digo que no; y, si no os convertís, todos pereceréis de la misma manera». Y les dijo esta parábola: «Uno tenía una higuera plantada en su viña, y fue a buscar fruto en ella, y no lo encontró. Dijo entonces al viñador: "Ya ves: tres años llevo viniendo a buscar fruto en esta higuera, y no lo encuentro. Córtala. ¿Para qué va a perjudicar el terreno?". Pero el viñador respondió: "Señor, déjala todavía este año; y mientras tanto yo cavaré alrededor y le echaré estiércol, a ver si da fruto en adelante. Si no, la puedes cortar"».
Efesios 4, 7-16; Salmo 121, 1bc-5 • LUCAS 13, 1-9

Señor Jesús, bendita conversión que me acerque más a ti y me una más a tu amor.
Vamos alegres a la casa del Señor (Salmo 121, 1bc)

Papa Francisco: El Evangelio de hoy nos habla del *mayor de los mandamientos* [...] El hecho que el amor al Señor viene antes que nada nos recuerda que *Dios siempre nos precede*, nos anticipa con su infinita ternura, con Su cercanía, con Su misericordia, porque Él siempre está cerca, es tierno y misericordioso. Un niño aprende a amar en el regazo de la mamá y del papá, y nosotros lo hacemos en los brazos de Dios: dice el Salmo, «como un niño tranquilo en el regazo de su madre», así debemos sentirnos en los brazos de Dios. Y allí, absorbemos el cariño del Señor; allí encontramos el amor que nos empuja a donarnos con generosidad. (29-10-2023)

Éxodo 22, 20-26: Esto dice el Señor: «No matarás ni oprimirás al emigrante, pues emigrantes fuisteis vosotros en la tierra de Egipto. No explotarás a viudas ni a huérfanos. Si los explotas y gritan a mí, yo escucharé su clamor, se encenderá mi ira y os mataré a espada; vuestras mujeres quedarán viudas y vuestros hijos huérfanos. Si prestas dinero a uno de mi pueblo, a un pobre que habita contigo, no serás con él un usurero cargándole intereses. Si tomas en prenda el manto de tu prójimo, se lo devolverás antes de ponerse el sol, porque no tiene otro vestido para cubrir su cuerpo, y ¿dónde, si no, se va a acostar? Si grita a mí yo lo escucharé, porque yo soy compasivo».

Salmo 17, 2-4.47.51ab: *Yo te amo, Señor, tú eres mi fortaleza.*

1 Tesalonicenses 1, 5c-10: Hermanos: Sabéis cómo nos comportamos entre vosotros para vuestro bien. Y vosotros seguisteis nuestro ejemplo y el del Señor, acogiendo la palabra en medio de una gran tribulación, con alegría del Espíritu Santo. Así llegasteis a ser un modelo para todos los creyentes de Macedonia y de Acaya. No solo ha resonado la palabra del Señor en Macedonia y en Acaya desde vuestra comunidad, sino que además vuestra fe en Dios se ha difundido por doquier, de modo que nosotros no teníamos necesidad de explicar nada, ya que ellos mismos cuentan los detalles de la visita que os hicimos: cómo, os convertisteis a Dios, abandonando los ídolos, para servir al Dios vivo y verdadero, y vivir aguardando la vuelta de su Hijo Jesús desde el cielo, a quien ha resucitado de entre los muertos y que nos libra del castigo futuro.

MATEO 22, 34-40: En aquel tiempo, los fariseos, al oír que Jesús había hecho callar a los saduceos, se reunieron en un lugar y uno de ellos, un doctor de la ley, le preguntó para ponerlo a prueba: «Maestro, ¿cuál es el mandamiento principal de la Ley?». Él le dijo: «"Amarás al Señor tu Dios con todo tu corazón, con toda tu alma, con toda tu mente". Este mandamiento es el principal y primero. El segundo es semejante a él: "Amarás a tu prójimo como a ti mismo". En estos dos mandamientos se sostiene toda la Ley y los Profetas».

 Señor Jesús, viva yo bien centrado en amarte con todo mi ser y amar al prójimo sin excusas, sin peros, sin tardanza.

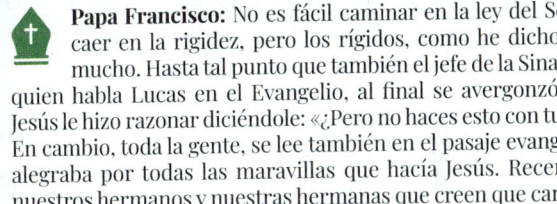

Papa Francisco: No es fácil caminar en la ley del Señor sin caer en la rigidez, pero los rígidos, como he dicho, sufren mucho. Hasta tal punto que también el jefe de la Sinagoga, de quien habla Lucas en el Evangelio, al final se avergonzó porque Jesús le hizo razonar diciéndole: «¿Pero no haces esto con tu asno?». En cambio, toda la gente, se lee también en el pasaje evangélico, se alegraba por todas las maravillas que hacía Jesús. Recemos por nuestros hermanos y nuestras hermanas que creen que caminar en la ley del Señor es convertirse en personas rígidas: que el Señor les haga sentir que Él es padre y que a Él le gusta la misericordia, la ternura, la bondad, la mansedumbre, la humildad. Y que a todos nos enseñe a caminar en la ley del Señor con esta actitud. (24-10-2016)

Un sábado, enseñaba Jesús en una sinagoga. Había una mujer que desde hacía dieciocho años estaba enferma por causa de un espíritu, y andaba encorvada, sin poderse enderezar de ningún modo. Al verla, Jesús la llamó y le dijo: «Mujer, quedas libre de tu enfermedad». Le impuso las manos, y enseguida se puso derecha. Y glorificaba a Dios. Pero el jefe de la sinagoga, indignado porque Jesús había curado en sábado, se puso a decir a la gente: «Hay seis días para trabajar; venid, pues, a que os curen en esos días y no en sábado». Pero el Señor, le respondió y dijo: «Hipócritas: cualquiera de vosotros, ¿no desata en sábado su buey o su burro del pesebre, y los lleva a abrevar? Y a esta, que es hija de Abrahán, y que Satanás ha tenido atada dieciocho años, ¿no era necesario soltarla de tal ligadura en día de sábado?». Al decir estas palabras, sus enemigos quedaron abochornados, y toda la gente se alegraba por todas las maravillas que hacía.

Efesios 4, 32 - 5, 8; Salmo 1, 1-4.6 • LUCAS 13, 10-17

Señor Jesús, gracias por tu compasión y ternura con la que nos sanas y nos salvas.
Seamos imitadores de Dios, como hijos queridos (Efesios 5, 1)

Papa Francisco: Así como la harina es dócil con la levadura y crece, lo mismo ocurre en el reino de Dios: El hombre y la mujer dóciles ante el Espíritu Santo crecen y son don para todos. También la semilla es dócil para ser fecunda, y pierde su entidad de semilla y se convierte en otra cosa, mucho más grande: se transforma. Por este motivo el reino de Dios es como la ley: en camino. Está en camino hacia la esperanza, está en camino hacia la plenitud y, sobre todo, se hace todos los días, con la docilidad ante el Espíritu Santo, que es el que une nuestra pequeña levadura o la pequeña semilla a la fuerza, y los transforma para crecer. (25-10-2016)

En aquel tiempo, decía Jesús: «¿A qué es semejante el reino de Dios o a qué lo compararé? Es semejante a un grano de mostaza que un hombre toma y siembra en su huerto; creció, se hizo un árbol y los pájaros del cielo anidaron en sus ramas». Y dijo de nuevo: «¿A qué compararé el reino de Dios? Es semejante a la levadura que una mujer tomó y metió en tres medidas de harina, hasta que todo fermentó».

Efesios 5, 21-33; Salmo 127, 1bc-5 • LUCAS 13, 18-21

Señor Jesús, que tu Reino fermente la masa del mundo, transforme todo y nosotros estemos dispuestos a trabajar en él y por él.

Dichosos los que temen al Señor (Salmo 127, 1b)

Papa Francisco: El testimonio de los primeros cristianos ilumina también nuestro apostolado en la Iglesia de hoy. Sus experiencias nos muestran que es Dios quien nos elige y nos da la gracia para la misión —que a veces esta misión parece superar nuestras capacidades— y que a ese don gratuito corresponde una respuesta gratuita de nuestra parte. (15-03-2023)

En aquellos días, Jesús salió al monte a orar, y pasó la noche orando a Dios. Cuando se hizo de día, llamó a sus discípulos, escogió de entre ellos a doce, a los que también nombró apóstoles: Simón, al que puso de nombre Pedro, y Andrés, su hermano, Santiago, Juan, Felipe, Bartolomé, Mateo, Tomás, Santiago el de Alfeo, Simón, llamado el Zelote, Judas el de Santiago y Judas Iscariote, que fue el traidor. Después de bajar con ellos, se paró en una llanura, con un grupo grande de discípulos y una gran muchedumbre del pueblo, procedente de toda Judea, de Jerusalén y de la costa de Tiro y de Sidón. Venían a oírlo y a que los curara de sus enfermedades; los atormentados por espíritus inmundos quedaban curados, y la gente trataba de tocarlo, porque salía de él una fuerza que los curaba a todos.

Efesios 2,19-22; Salmo 18, 2-5b; LUCAS 6, 12-19

Señor Jesús, me enseñas la necesidad de la oración que nos une a ti y al Padre y nos da fuerza para la misión que nos encomiendas.

A toda la tierra alcanza su pregón **(Salmo 18, 5a)**

Papa Francisco: Jesús llora sobre Jerusalén. Debemos reflexionar porque este llanto de Jesús merece ser meditado, en silencio. ¡Hay tantos hombres y mujeres, judíos, cristianos, musulmanes, han llorado y siguen llorando por Jerusalén! También a nosotros, a veces, pensar en la Ciudad Santa nos hace llorar, porque es como una madre cuyo corazón no encuentra la paz por el sufrimiento de sus hijos. Es la compasión de Dios por Jerusalén, que debe convertirse en nuestra compasión, más fuerte que cualquier ideología, que cualquier bando. Mayor debe ser siempre el amor a la Ciudad Santa, como a una madre, que merece el respeto y la veneración de todos. (09-03-2023)

En aquel día, se acercaron unos fariseos a decir a Jesús: «Sal y marcha de aquí, porque Herodes quiere matarte». Jesús les dijo: «Id a decirle a ese zorro: "Mira, yo arrojo demonios y realizo curaciones hoy y mañana, y al tercer día mi obra quedará consumada". Pero es necesario que camine hoy y mañana y pasado, porque no cabe que un profeta muera fuera de Jerusalén". ¡Jerusalén, Jerusalén, que matas a los profetas y apedreas a los que se te envían! Cuántas veces he querido reunir a tus hijos, como la gallina reúne a sus polluelos bajo las alas, y no habéis querido. Mirad, vuestra casa va a ser abandonada. Os digo que no me veréis hasta el día en que digáis: "Bendito el que viene en nombre del Señor"».

Efesios 6, 10-20; Salmo 143, 1-2.9-10; LUCAS 13, 31-35

Señor Jesús, con valentía sigues tu camino sin miedo a nadie, confiando en Dios; dame fuerza, ayúdame a superar mis miedos y la incertidumbre que tengo a veces.

¡Bendito el Señor, mi alcázar! (Salmo 143, 1a)

Papa Francisco: En este cambio de época en el que vivimos, nosotros los cristianos estamos especialmente llamados a hacer nuestra la mirada compasiva de Jesús. Cuidemos a quienes sufren y están solos, e incluso marginados y descartados. Con el amor recíproco que Cristo Señor nos da en la oración, sobre todo en la Eucaristía, sanemos las heridas de la soledad y del aislamiento. Cooperemos así a contrarrestar la cultura del individualismo, de la indiferencia, del descarte, y hagamos crecer la cultura de la ternura y de la compasión. (11-02-2024)

 Un sábado, entró Jesús en casa de uno de los principales fariseos para comer, y ellos lo estaban espiando. Había allí, delante de él, un hombre enfermo de hidropesía, y, tomando la palabra, dijo a los maestros de la ley y a los fariseos: «¿Es lícito curar los sábados, o no?». Ellos se quedaron callados. Jesús, tocando al enfermo, lo curó y lo despidió. Y a ellos les dijo: «¿A quién de vosotros se le cae al pozo el asno o el buey y no lo saca enseguida en día de sábado?». Y no pudieron replicar a esto.

Filipenses 1, 1-11; Salmo 110, 1b-6 • LUCAS 14, 1-6

 Señor Jesús, que esté yo también siempre dispuesto al bien, a ayudar a los demás, especialmente a los más necesitados.

Grandes son las obras del Señor (Salmo 110, 2a)

Papa Francisco: El Señor hace maravillas con los pequeños, con quien no se cree grande, sino que da gran espacio a Dios en su vida. El Señor extiende su misericordia sobre quien confía en Él, y enaltece a los humildes. (08-01-2022)

Un sábado, entró Jesús en casa de uno de los principales fariseos para comer, y ellos lo estaban espiando. Notando que los convidados escogían los primeros puestos, les decía una parábola: «Cuando te conviden a una boda, no te sientes en el puesto principal, no sea que hayan convidado a otro de más categoría que tú; y vendrá el que os convidó a ti y al otro y te diga: "Cédele el puesto a este". Entonces, avergonzado, irás a ocupar el último puesto. Al revés, cuando te conviden, vete a sentarte en el último puesto, para que, cuando venga el que te convidó, te diga: "Amigo, sube más arriba". Entonces quedarás muy bien ante todos los comensales. Porque todo el que se enaltece será humillado; y el que se humilla será enaltecido».

Filipenses 1, 18b-26; Salmo 41, 2-3.5cdef • LUCAS 14, 1.7-11

Señor Jesús, moldea mi corazón, cura la notoriedad de mi ego, hazme más capaz para el bien y el servicio.
Mi alma tiene sed del Dios vivo **(Salmo 41, 3a)**

noviembre

A TI, OH DIOS, TE ALABAMOS.
Los ángeles todos, los cielos,
los querubines y serafines te cantan sin cesar.
A ti te ensalza el glorioso coro de los apóstoles,
la multitud admirable de los profetas,
el blanco ejército de los mártires.
Padre de inmensa majestad,
Hijo único, digno de adoración,
Espíritu Santo, Defensor.

NOVIEMBRE

1 DOMINGO

SOLEMNIDAD DE TODOS LOS SANTOS

Papa Francisco: El Padre celestial nos ofrece su santidad, pero no nos la impone. La siembra en nosotros, nos hace gustarla y ver su belleza, pero luego espera nuestra respuesta. Nos deja que sigamos sus buenas inspiraciones, que nos dejemos implicar en sus proyectos, que hagamos nuestros sus sentimientos, poniéndonos, como Él nos enseñó, al servicio de los demás, con una caridad cada vez más universal, abierta y dirigida a todos, al mundo entero. (01-11-2024)

Apocalipsis 7, 2-4.9-14: Yo, Juan, vi a otro ángel que subía del oriente llevando el sello del Dios vivo. Gritó con voz potente a los cuatro ángeles encargados de dañar a la tierra y al mar, diciéndoles: «No dañéis a la tierra ni al mar ni a los árboles hasta que sellemos en la frente a los siervos de nuestro Dios». Oí también el número de los marcados, ciento cuarenta y cuatro mil, de todas las tribus de Israel. Después de esto vi una muchedumbre inmensa, que nadie podría contar, de todas las naciones, razas, pueblos y lenguas, de pie delante del trono y delante del Cordero, vestidos con vestiduras blancas y con palmas en sus manos. Y gritan con voz potente: «¡La victoria es de nuestro Dios, que está sentado en el trono, y del Cordero!». Y todos los ángeles que estaban de pie alrededor del trono y de los ancianos y de los cuatro vivientes cayeron rostro a tierra ante el trono, y adoraron a Dios, diciendo: «Amén. La alabanza y la gloria y la sabiduría y la acción de gracias y el honor y el poder y la fuerza son de nuestro Dios, por los siglos de los siglos. Amén». Y uno de los ancianos me dijo: «Estos que están vestidos con vestiduras blancas, ¿quiénes son y de dónde han venido?». Yo le respondí: «Señor mío, tú lo sabrás». Él me respondió: «Estos son los que vienen de la gran tribulación: han lavado y blanqueado sus vestiduras en la sangre del Cordero».

Salmo 23, 1b-6: *Esta es la generación que busca tu rostro, Señor.*

1 Juan 3, 1-3: Queridos hermanos: Mirad qué amor nos ha tenido el Padre para llamarnos hijos de Dios, pues ¡lo somos! El mundo no nos conoce porque no lo conoció a él. Queridos, ahora somos hijos de Dios y aún no se ha manifestado lo que seremos. Sabemos que, cuando él se manifieste, seremos semejantes a él, porque lo veremos tal cual es. Todo el que tiene esta esperanza en él se purifica a sí mismo, como él es puro.

MATEO 5,1-12a: En aquel tiempo, al ver Jesús el gentío, subió al monte, se sentó, y se acercaron sus discípulos; y, abriendo su boca, les enseñaba diciendo: Bienaventurados los pobres en el espíritu, porque de ellos es el reino de los cielos. Bienaventurados los mansos, porque ellos heredarán la tierra. Bienaventurados los que lloran, porque ellos serán consolados. Bienaventurados los que tienen hambre y sed de la justicia, porque ellos quedarán saciados. Bienaventurados los misericordiosos, porque ellos alcanzarán misericordia. Bienaventurados los limpios de corazón, porque ellos verán a Dios. Bienaventurados los que trabajan por la paz, porque ellos serán llamados hijos de Dios. Bienaventurados los perseguidos por causa de la justicia, porque de ellos es el reino de los cielos. Bienaventurados vosotros cuando os insulten y os persigan y os calumnien de cualquier modo por mi causa. Alegraos y regocijaos, porque vuestra recompensa será grande en el cielo».

 Señor Jesús, renueva en mí el deseo de la santidad, de ser y vivir como tú; hazme dócil a tu Espíritu que me mueve a vivir el programa de las bienaventuranzas.

Papa Francisco: En la visita al cementerio, lugar de descanso de nuestros hermanos y hermanas difuntos, renovamos la fe en Cristo muerto, sepultado y resucitado para nuestra salvación. También los cuerpos mortales despertarán en el último día y aquellos que se durmieron en el Señor se encontrarán con Él en el triunfo sobre la muerte. Con esta certeza, elevemos al Padre nuestra oración unánime de sufragio y de bendición. (02-11-2024)

En aquel tiempo, dijo Jesús a sus discípulos: «Que no se turbe vuestro corazón; creed en Dios y creed también en mí. En la casa de mi Padre hay muchas moradas; si no, os lo habría dicho, porque me voy a prepararos un lugar. Cuando vaya y os prepare un lugar, volveré y os llevaré conmigo, para que donde estoy yo estéis también vosotros. Y adonde yo voy, ya sabéis el camino». Tomás le dice: «Señor, no sabemos adónde vas, ¿cómo podemos saber el camino?». Jesús le responde: «Yo soy el camino, y la verdad, y la vida. Nadie va al Padre, sino por mí».

Lamentaciones 3, 17-26; (Romanos 6, 3-9);
Salmo 129, 1b-8; • JUAN 14, 1-6

Señor Jesús, vencedor de la muerte, tú eres nuestra esperanza; por tu misericordia entrañable conduce a los difuntos a la luz donde tu habitas.

Desde lo hondo a ti grito, Señor (Salmo 129, 1b)

Martes 31º Tiempo ordinario   Tomo IV · Salterio 3ª semana

NOVIEMBRE

3
MARTES

Santos MARTÍN DE PORRES rl, Pedro Almató pb mr, Germán, Silvia mf.
Beato Manuel Lozano Garrido (Lolo) la

Papa Francisco: Los hombres de la parábola —que son un ejemplo de muchos— ponen de relieve un «interés», la búsqueda de una «recompensa». [...] Les asustaba la gratuidad, el hecho de ser uno como los demás. Es el egoísmo, el querer estar en el centro de todo. Cuando se vive en esta dimensión, cuando uno gira alrededor de sí mismo termina por no tener horizontes porque el horizonte es él mismo. Entonces es difícil escuchar la voz de Jesús, la voz de Dios. Y detrás de esta actitud hay otra cosa, aún más profunda: es el miedo a la gratuidad. La gratuidad de Dios, en relación con las experiencias de la vida que nos han hecho sufrir, es tan grande que nos da miedo. (04-11-2014)

En aquel tiempo, uno de los comensales dijo a Jesús: «¡Bienaventurado el que coma en el reino de Dios!». Jesús le contestó: «Un hombre daba un gran banquete y convidó a mucha gente; a la hora del banquete mandó a su criado a avisar a los convidados: "Venid, que ya está preparado". Pero todos empezaron a excusarse. El primero le dijo: "He comprado un campo y tengo que ir a verlo. Dispénsame, por favor". Otro dijo: "He comprado cinco yuntas de bueyes y voy a probarlas. Dispénsame, por favor". Otro dijo: "Me acabo de casar y, por ello, no puedo ir". El criado volvió a contárselo a su señor. Entonces el dueño de casa, indignado, dijo a su criado: "Sal aprisa a las plazas y calles de la ciudad y tráete aquí a los pobres, a los lisiados, a los ciegos y a los cojos". El criado dijo: "Señor, se ha hecho lo que mandaste, y todavía queda sitio". Entonces el señor dijo al criado: "Sal por los caminos y senderos e insísteles hasta que entren y se llene mi casa. Y os digo que ninguno de aquellos convidados probará mi banquete"».

Filipenses 2, 5-11; Salmo 21, 26b-32 • LUCAS 14, 15-24
(Opc. S. Martín de Porres, Filipenses 4, 4-9; Salmo 130, 1-3; • MATEO 22, 34-40)

Señor Jesús, el ejemplo de humildad y caridad de San Martín de Porres, me mueva a servirte en los demás, especialmente en los más necesitados.
El Señor es mi alabanza en la gran asamblea (Salmo 21, 26a)

Papa Francisco: Tomar la cruz. No se trata solo de soportar con paciencia las tribulaciones cotidianas, sino de llevar con fe y responsabilidad esa parte de cansancio, esa parte de sufrimiento que la lucha contra el mal conlleva. La vida de los cristianos es siempre una lucha. La Biblia dice que la vida del creyente es una milicia: luchar contra el espíritu malo, luchar contra el Mal. Así el compromiso de «tomar la cruz» se convierte en participación con Cristo en la salvación del mundo. (30-08-2020)

En aquel tiempo, mucha gente acompañaba a Jesús; él se volvió y les dijo: «Si alguno viene a mí y no pospone a su padre y a su madre, a su mujer y a sus hijos, a sus hermanos y a sus hermanas, e incluso a sí mismo, no puede ser discípulo mío. Quien no carga con su cruz y viene en pos de mí no puede ser discípulo mío. Así, ¿quién de vosotros, si quiere construir una torre, no se sienta primero a calcular los gastos, a ver si tiene para terminarla? No sea que, si echa los cimientos y no puede acabarla, se pongan a burlarse de él los que miran, diciendo: "Este hombre empezó a construir y no ha sido capaz de acabar". ¿O qué rey, si va a dar la batalla a otro rey, no se sienta primero a deliberar si, con diez mil hombres, podrá salir al paso del que le ataca con veinte mil? Y si no, cuando el otro está todavía lejos, envía legados para pedir condiciones de paz. Así pues, todo aquel de entre vosotros que no renuncia a todos sus bienes no puede ser discípulo mío».

Filipenses 2, 12-18; Salmo 26, 1.4.13-14 • LUCAS 14, 25-33

Señor Jesús, seguirte implica la existencia entera, una apuesta decidida por ti que me compromete; que no me falte tu gracia para vivir mi vocación cristiana con fidelidad.

El Señor es mi luz y mi salvación (Salmo 26, 1b)

Jueves 31º Tiempo ordinario · Tomo IV · Salterio 3ª semana

NOVIEMBRE
5
JUEVES

Santos ÁNGELA DE LA CRUZ vg, Bertila ab, Domingo Mâu pb mr,
Guido M. Conforti ob. Beata María Rafols vg

Papa Francisco: El rebaño del Señor está siempre en camino: no se posesiona del Señor, no puede ilusionarse con aprisionarlo en nuestros esquemas y en nuestras estrategias. Al pastor se lo encontrará allí donde está la oveja perdida. Así, pues, al Señor hay que buscarlo allí donde Él quiere encontrarnos, no donde nosotros pretendemos encontrarlo. (04-05-2016)

En aquel tiempo, solían acercarse a Jesús todos los publicanos y los pecadores a escucharlo. Y los fariseos y los escribas murmuraban diciendo: «Ese acoge a los pecadores y come con ellos». Jesús les dijo esta parábola: «¿Quién de vosotros que tiene cien ovejas y pierde una de ellas, no deja las noventa y nueve en el desierto y va tras la descarriada, hasta que la encuentra? Y, cuando la encuentra, se la carga sobre los hombros, muy contento; y, al llegar a casa, reúne a los amigos y a los vecinos para decirles: "¡Alegraos conmigo!, he encontrado la oveja que se me había perdido". Os digo que así también habrá más alegría en el cielo por un solo pecador que se convierta que por noventa y nueve justos que no necesitan convertirse. O ¿qué mujer que tiene diez monedas si se le pierde una, no enciende una lámpara y barre la casa y busca con cuidado, hasta que la encuentra? Y, cuando la encuentra, reúne a las amigas y a las vecinas y les dice: "¡Alegraos conmigo!, he encontrado la moneda que se me había perdido". Os digo que la misma alegría tendrán los ángeles de Dios por un solo pecador que se convierta».

Filipenses 3, 3-8a; Salmo 104, 2-7 • LUCAS 15, 1-10

Señor Jesús, qué grande es tu misericordia, con cuánto amor nos buscas, nos perdonas y nos acoges; que no eche yo en saco roto tanta gracia, tanto don.

Que se alegren los que buscan al Señor (Salmo 104, 3b)

NOVIEMBRE

6
VIERNES

Viernes 31º Tiempo ordinario   Tomo IV · Salterio 3ª semana

Santos PEDRO POVEDA e INOCENCIO CANOURA pbs y co mrs, Severo ob,
Leonardo er, Melanio ob. Beata Josefa Naval vg

Papa Francisco: Jesús nos asegura que siempre estamos a tiempo para sanar el mal hecho con el bien. Quien ha causado lágrimas, haga feliz a alguien; quien ha quitado indebidamente, done a quien está en necesidad. Haciendo así, seremos alabados por el Señor "porque hemos actuado con astucia. (22-09-2019)

En aquel tiempo, decía Jesús a sus discípulos: «Un hombre rico tenía un administrador, a quien acusaron ante él de derrochar sus bienes. Entonces lo llamó y le dijo: "¿Qué es eso que estoy oyendo de ti? Dame cuenta de tu administración, porque en adelante no podrás seguir administrando". El administrador se puso a decir para sí: "¿Qué voy a hacer, pues mi señor me quita la administración? Para cavar no tengo fuerzas; mendigar me da vergüenza. Ya sé lo que voy a hacer para que, cuando me echen de la administración, encuentre quien me reciba en su casa". Fue llamando uno a uno a los deudores de su amo y dijo al primero: "¿Cuánto debes a mi amo?". Este respondió: "Cien barriles de aceite". Él le dijo: "Toma tu recibo; aprisa, siéntate y escribe cincuenta". Luego dijo a otro: "Y tú, ¿cuánto debes?". Él dijo: "Cien fanegas de trigo". Le dice: "Toma tu recibo y escribe ochenta". Y el amo alabó al administrador injusto, porque había actuado con astucia. Ciertamente, los hijos de este mundo son más astutos con su propia gente que los hijos de la luz».

Filipenses 3, 17 - 4, 1; Salmo 121, 1bc-5 • LUCAS 16, 1-8

Señor Jesús, quiero ser sutil y sagaz no para las cosas materiales sino para vivir plenamente tu evangelio, para ser hijo de la luz, testigo y constructor de tu Reino.

Vamos alegres a la casa del Señor (Salmo 121, 1bc)

Sábado 31º Tiempo ordinario · · · Tomo IV · Salterio 3ª semana

NOVIEMBRE

7
SÁBADO

Santos Lázaro cf, Jerón mr, Florencio ob, Jacinto Castañeda y Vicente Lê pbs mrs.
Beato Francisco Palau pb

Papa Francisco: El dinero se convierte en ídolo y tú le das culto. Y por esto Jesús nos dice: no puedes servir al ídolo dinero y al Dios viviente. O el uno o el otro. Los primeros Padres de la Iglesia decían una palabra fuerte: el dinero es el estiércol del diablo. Es así, porque nos hace idólatras y enferma nuestra mente con el orgullo y nos hace maniáticos de cuestiones ociosas y te aleja de la fe. Corrompe. El apóstol Pablo nos dice en cambio que tendamos a la justicia, a la piedad, a la fe, a la caridad, a la paciencia. Contra la vanidad, contra el orgullo se necesita mansedumbre. Es más, éste es el camino de Dios, no el del poder idolátrico que puede darte el dinero. Es el camino de la humildad de Cristo Jesús que siendo rico se hizo pobre para enriquecernos precisamente con su pobreza. (20-09-2013)

En aquel tiempo, decía Jesús a sus discípulos: «Ganaos amigos con el dinero de iniquidad, para que, cuando os falte, os reciban en las moradas eternas. El que es fiel en lo poco, también en lo mucho es fiel; el que es injusto en lo poco, también en lo mucho es injusto. Pues, si no fuisteis fieles en la riqueza injusta, ¿quién os confiará la verdadera? Si no fuisteis fieles en lo ajeno, ¿lo vuestro, quién os lo dará? Ningún siervo puede servir a dos señores, porque, o bien aborrecerá a uno y amará al otro, o bien se dedicará al primero y no hará caso del segundo. No podéis servir a Dios y al dinero». Los fariseos, que eran amigos del dinero, estaban escuchando todo esto y se burlaban de él. Y les dijo: «Vosotros os las dais de justos delante de los hombres, pero Dios conoce vuestros corazones, pues lo que es sublime entre los hombres es abominable ante Dios».

Filipenses 4, 10-19; Salmo 111, 1b-2.5-6.8a.9 • LUCAS 16, 9-15

Señor Jesús, los bienes materiales tientan mi corazón; dame fuerza para no dejarme arrastrar y ensuciar por el poder de las riquezas sino apostar por los bienes de tu Reino.

Dichoso quien teme al Señor (Salmo 111, 1b)

NOVIEMBRE

8
DOMINGO

Domingo 32º Tiempo ordinario   Tomo IV · Salterio 4ª semana
Santos Godofredo ob, Adeodato pp. Beato Juan Duns Escoto pb
DÍA Y COLECTA DE LA IGLESIA DIOCESANA

Papa Francisco: Jesús dice que la sabiduría de la vida está en otra dimensión: en cuidar aquello que no se ve, pero que es más importante, cuidar el corazón. El cuidado de la vida interior. Significa saber detenerse para escuchar el corazón, atender los pensamientos y los sentimientos. ¿Cuántas veces no sabemos lo que pasó dentro de nuestros corazones ese día? ¿Qué pasa dentro de cada uno de nosotros? La sabiduría significa saber dar espacio al silencio, para ser capaces de escuchar a nosotros y a los demás. Significa saber renunciar al tiempo pasado delante de la pantalla del teléfono para mirar la luz en los ojos de los demás, en el propio corazón, en la mirada de Dios hacia nosotros. Significa, no dejarse atrapar por el activismo, sino dedicar tiempo al Señor, a la escucha de su Palabra. (12-11-2023)

Sabiduría 6, 12-16: Radiante e inmarcesible es la sabiduría; la ven con facilidad los que la aman y quienes la buscan la encuentran. Se adelanta en manifestarse a los que la desean. Quien madruga por ella no se cansa, pues la encuentra sentada a su puerta. Meditar sobre ella es prudencia consumada, y quien vela por ella pronto se ve libre de preocupaciones. Pues ella misma va de un lado a otro buscando a los que son dignos de ella; los aborda benigna por los caminos y les sale al encuentro en cada pensamiento.

Salmo 62, 2-8: *Mi alma está sedienta de ti, Señor, Dios mío.*

1 Tesalonicenses 4, 13-18: No queremos que ignoréis, hermanos, la suerte de los difuntos para que no os aflijáis como los que no tienen esperanza. Pues si creemos que Jesús murió y resucitó, de igual modo Dios llevará con él, por medio de Jesús a los que han muerto. Esto es lo que os decimos apoyados en la palabra del Señor: Nosotros, los que quedamos hasta la venida del Señor, no precederemos a los que hayan muerto; pues el mismo Señor, a la voz del arcángel y al son de la trompeta divina, descenderá del cielo, y los muertos en Cristo resucitarán en primer lugar; Después nosotros, los que vivamos, los que quedemos, seremos llevados con ellos entre nubes al encuentro del Señor, por los aires. Y así estaremos siempre con el Señor. Consolaos, pues, mutuamente con estas palabras.

MATEO 25, 1-13: En aquel tiempo, dijo Jesús a sus discípulos esta parábola: «Se parecerá el reino de los cielos a diez vírgenes que tomaron sus lámparas y salieron al encuentro del esposo. Cinco de ellas eran necias y cinco eran prudentes. Las necias, al tomar las lámparas, no se proveyeron de aceite; en cambio, las prudentes se llevaron alcuzas de aceite con las lámparas. El esposo tardaba, les entró sueño a todas y se durmieron. A medianoche se oyó una voz: "¡Que llega el esposo, salid a su encuentro!". Entonces se despertaron todas aquellas vírgenes y se pusieron a preparar sus lámparas. Y las necias dijeron a las prudentes: "Dadnos de vuestro aceite, que se nos apagan las lámparas". Pero las prudentes contestaron: "Por si acaso no hay bastante para vosotras y nosotras, mejor es que vayáis a la tienda y os lo compréis". Mientras iban a comprarlo, llegó el esposo, y las que estaban preparadas entraron con él al banquete de bodas, y se cerró la puerta. Más tarde llegaron también las otras vírgenes, diciendo: "Señor, señor, ábrenos". Pero él respondió: "En verdad os digo que no os conozco". Por tanto, velad, porque no sabéis el día ni la hora».

 Señor Jesús, que camine con paso decidido hacia tu Reino, con la lámpara encendida, la lámpara de la fe y del amor.

NOVIEMBRE

9

LUNES

FIESTA DE LA DEDICACIÓN DE LA BASÍLICA DE LETRÁN

Ntra. Sra. de la Almudena, Santos Isabel de la Trinidad vg, Jorge ob, Ursino ob

Papa Francisco: ¡Ojalá el Señor se regocije al vernos en movimiento, dispuestos a escuchar con el corazón a sus pobres que claman a Él! ¡Que la Madre Iglesia de Roma experimente el consuelo de ver una vez más la obediencia y el coraje de sus hijos, llenos de entusiasmo por este nuevo tiempo de evangelización! Encontrar a los demás, dialogar con ellos, escucharlos con humildad, gratuidad y pobreza de corazón... Os invito a vivir todo esto no como un esfuerzo pesado, sino con ligereza espiritual: en lugar de dejarse atrapar por el ansia de actuar es más importante que ampliéis vuestra percepción para captar la presencia y la acción de Dios en la ciudad. Es una contemplación que nace del amor. (09-11-2019)

Se acercaba la Pascua de los judíos, y Jesús subió a Jerusalén. Y encontró en el templo a los vendedores de bueyes, ovejas y palomas, y a los cambistas sentados; y, haciendo un azote de cordeles, los echó a todos del templo, ovejas y bueyes; y a los cambistas les esparció las monedas y les volcó las mesas; y a los que vendían palomas les dijo: «Quitad esto de aquí; no convirtáis en un mercado la casa de mi Padre». Sus discípulos se acordaron de lo que está escrito: «El celo de tu casa me devora». Entonces intervinieron los judíos y le preguntaron: «¿Qué signos nos muestras para obrar así?». Jesús contestó: «Destruid este templo, y en tres días lo levantaré». Los judíos replicaron: «Cuarenta y seis años ha costado construir este templo, ¿y tú lo vas a levantar en tres días?». Pero él hablaba del templo de su cuerpo. Y, cuando resucitó de entre los muertos, los discípulos se acordaron de que lo había dicho, y creyeron a la Escritura y a la palabra que había dicho Jesús.

Ezequiel 47, 1-2.8-9.12; Salmo 45, 2-3.5.6.8-9 • JUAN 2, 13-22

Señor Jesús, dispón mi corazón como templo de tu Espíritu; arroja de mí todo aquello que me estorba e impide seguirte.

Un río y sus canales alegran la ciudad de Dios, el Altísimo consagra su morada (Salmo 45, 5)

Papa Francisco: En la vida debemos luchar mucho contra las tentaciones que tratan de alejarnos de esta disposición: la pereza que lleva a la comodidad y hace prestar un servicio por la mitad; y la tentación de adueñarnos de la situación, que lleva a la soberbia, al orgullo, a tratar mal a la gente, a sentirse importantes «porque soy cristiano, tengo la salvación». Que el Señor nos dé estas dos grandes gracias: la humildad en el servicio, con el fin de poder decir: somos siervos inútiles, y la esperanza al aguardar la manifestación del Señor que vendrá a nuestro encuentro. (11-11-2014)

En aquel tiempo, dijo el Señor: «¿Quién de vosotros, si tiene un criado labrando o pastoreando, le dice cuando vuelve del campo: "Enseguida, ven y ponte a la mesa"? ¿No le diréis más bien: "Prepárame de cenar, cíñete y sírveme mientras como y bebo, y después comerás y beberás tú"? ¿Acaso tenéis que estar agradecidos al criado porque ha hecho lo mandado? Lo mismo vosotros: cuando hayáis hecho todo lo que se os ha mandado, decid: "Somos siervos inútiles, hemos hecho lo que teníamos que hacer"».

Tito 2, 1-8.11-14; Salmo 36, 3-4.18.23.27.29 • LUCAS 17, 7-10

Señor Jesús, quiero llevar adelante lo que tú me pides con espíritu de servicio y entrega.
El Señor es quien salva a los justos (Salmo 36, 39a)

Papa Francisco: Jesús se conmueve, no permanece indiferente, toca con su mano para levantar y curar. La misma Biblia es iluminadora en este sentido: no nos deja un manual de buenas palabras o un recetario de sentimientos, sino que nos muestra rostros, encuentros e historias concretas [...] Cristo va más allá, cuando en el Calvario asume todo el mal del mundo, ejemplo supremo de esta cercanía al ser humano. (11-04-2024)

Una vez, yendo Jesús camino de Jerusalén, pasaba entre Samaría y Galilea. Cuando iba a entrar en una ciudad, vinieron a su encuentro diez hombres leprosos, que se pararon a lo lejos y a gritos le decían: «Jesús, maestro, ten compasión de nosotros». Al verlos, les dijo: «Id a presentaros a los sacerdotes». Y sucedió que, mientras iban de camino, quedaron limpios. Uno de ellos, viendo que estaba curado, se volvió alabando a Dios a grandes gritos y se postró a los pies de Jesús, rostro en tierra, dándole gracias. Este era un samaritano. Jesús tomó la palabra y dijo: «¿No han quedado limpios los diez?; los otros nueve, ¿dónde están? ¿No ha habido quien volviera a dar gloria a Dios más que este extranjero?». Y le dijo: «Levántate, vete; tu fe te ha salvado».

Tito 3, 1-7; Salmo 22, 1b-6 • LUCAS 17, 11-19

 Señor Jesús, hoy mi oración es acción de gracias por tu amor, por los dones que me otorgas, por tu presencia en mi vida, por llamarme a vivir en comunión contigo.

El Señor es mi pastor, nada me falta (Salmo 22, 1b)

Papa Francisco: Todos nosotros estamos llamados en este camino del Reino de Dios: es una vocación, es una gracia, es un don, es gratuito, no se compra, es una gracia que Dios nos da. Y todos nosotros los bautizados tenemos dentro el Espíritu Santo. ¿Cómo es mi relación con el Espíritu Santo, el que hace crecer en mí el Reino de Dios? Una buena pregunta para hacernos hoy todos nosotros: ¿Yo creo, verdaderamente creo que el Reino de Dios está en medio de nosotros? (01-11-2017)

En aquel tiempo, los fariseos preguntaron a Jesús: «¿Cuándo va a llegar el reino de Dios?». Jesús les contestó: «El reino de Dios no viene aparatosamente, ni dirán: "Está aquí" o "Está allí"; porque mirad, el reino de Dios está en medio de vosotros». Dijo a sus discípulos: «Vendrán días en que desearéis ver un solo día del Hijo del hombre, y no lo veréis. Entonces se os dirá "Está aquí" o "Está allí"; no vayáis ni corráis detrás, pues como el fulgor del relámpago brilla de un extremo a otro del cielo, así será el Hijo del hombre en su día. Pero primero es necesario que padezca mucho y sea reprobado por esta generación».

Filemón 7-20; Salmo 145, 6c-10 • LUCAS 17, 20-25

Señor Jesús, tu Reino se va abriendo paso en nuestra historia con sencillez sin estridencias; estoy dispuesto a colaborar contigo en su construcción.

Dichoso a quien auxilia el Dios de Jacob (Salmo 145, 5a)

NOVIEMBRE

13
VIERNES

Viernes 32º Tiempo ordinario   Tomo IV · Salterio 4ª semana

Santos LEANDRO ob, Diego de Alcalá rl, Eugenio ob, Agustina vg.
Ntra. Sra. de Los Treinta y Tres

Papa Francisco: La Iglesia, que es madre, quiere que cada uno de nosotros piense en la propia muerte. Todos nosotros estamos acostumbrados a la normalidad de la vida: horarios, obligaciones, trabajo, momentos de descanso... Y pensamos que será siempre así. Pero un día llegará la llamada de Jesús que nos dirá: «¡Ven!». Para algunos esta llamada será inesperada, para otros después de una larga enfermedad, no lo sabemos. ¡Pero la llamada llegará! Y será una sorpresa. Y después vendrá la otra sorpresa del Señor: la vida eterna. (01-11-2017)

En aquel tiempo, dijo Jesús a sus discípulos: «Como sucedió en los días de Noé, así será también en los días del Hijo del hombre: comían, bebían, se casaban los hombres y las mujeres tomaban esposo, hasta el día en que Noé entró en el arca; entonces llegó el diluvio y acabó con todos. Asimismo, como sucedió en los días de Lot: comían, bebían, compraban, vendían, sembraban, construían; pero el día que Lot salió de Sodoma, llovió fuego y azufre del cielo y acabó con todos. Así sucederá el día que se revele el Hijo del hombre. Aquel día, el que esté en la azotea y tenga sus cosas en casa, que no baje a recogerlas; igualmente, el que esté en el campo, que no vuelva atrás. Acordaos de la mujer de Lot. El que pretenda guardar su vida la perderá; y el que la pierda la recobrará. Os digo que aquella noche estarán dos juntos: a uno se lo llevarán y al otro lo dejarán; estarán dos moliendo juntas: a una se la llevarán y a la otra la dejarán». Ellos le preguntaron: «¿Dónde, Señor?». Él le dijo: «Donde está el cadáver, allí se reunirán los buitres».

2 Juan 4-9; Salmo 118, 1.2.10.11.17.18 • LUCAS 17, 26-37

Señor Jesús, quiero estar más atento a los signos de tu presencia; ayúdame para que no me distraiga y pierda la ruta.

Dichoso el que camina en la ley del Señor (Salmo 118, 1b)

Papa Francisco: De esta parábola Jesús saca una doble conclusión: si la viuda logra convencer al juez deshonesto con sus peticiones insistentes, cuánto más Dios, que es Padre bueno y justo, «hará justicia a sus elegidos, que están clamando a Él día y noche»; y además no «les hará esperar mucho tiempo», sino que actuará «con prontitud». Por esto Jesús exhorta a rezar «sin desfallecer». Todos experimentamos momentos de cansancio y de desaliento, sobre todo cuando nuestra oración parece ineficaz. Pero Jesús nos asegura: a diferencia del juez deshonesto, Dios escucha con prontitud a sus hijos, si bien esto no significa que lo haga en los tiempos y en las formas que nosotros quisiéramos. (25-05-2016)

En aquel tiempo, Jesús dijo a sus discípulos una parábola para enseñarles que es necesario orar siempre sin desfallecer. «Había un juez en una ciudad que ni temía a Dios ni le importaban los hombres. En aquella ciudad había una viuda que solía ir a decirle: "Hazme justicia frente a mi adversario". Por algún tiempo se estuvo negando, pero después se dijo a sí mismo: "Aunque ni temo a Dios ni me importan los hombres, como esta viuda me está molestando, le voy a hacer justicia, no sea que siga viniendo a cada momento a importunarme"». Y el Señor añadió: «Fijaos en lo que dice el juez injusto; pues Dios, ¿no hará justicia a sus elegidos que claman ante él día y noche?; ¿o les dará largas? Os digo que les hará justicia sin tardar. Pero, cuando venga el Hijo del hombre, ¿encontrará esta fe en la tierra?».

3 Juan 5-8; Salmo 111, 1b-6 • LUCAS 18, 1-8

Señor Jesús, quiero orar con la confianza de saber que el Padre siempre me escucha, que me atiende y sabe lo que de verdad me hace falta.

Dichoso quien teme al Señor (111, 1b)

NOVIEMBRE

15
DOMINGO

Domingo 33º Tiempo ordinario   Tomo IV · Salterio 1ª semana

Santos ALBERTO MAGNO ob dc, Marino y Aniano mrs, Leopoldo cf,
Roque y Alfonso pbs mrs

JORNADA MUNDIAL DE LOS POBRES

Papa Francisco: Hermanos y hermanas, esta es la disyuntiva que tenemos delante de Dios: miedo o confianza. O tienes miedo delante de Dios o tienes confianza en el Señor. Y nosotros, como los protagonistas de la parábola, —todos nosotros— hemos recibido unos talentos, todos, más valiosos que el dinero. Pero mucho de cómo los invertimos depende de la confianza en el Señor, que nos libera el corazón, nos hace ser activos y creativos en el bien. No olvidemos esto: la confianza libera, siempre, el miedo paraliza. (19-11-2023)

Proverbios 31, 10-13.19-20.30-31: Una mujer fuerte, ¿quién la hallará?, supera en valor a las perlas. Su marido se fía de ella, pues no le faltan riquezas. Le trae ganancias, no pérdidas, todos los días de su vida. Busca la lana y lino, los trabaja con la destreza de sus manos. Aplica sus manos al huso, con sus dedos sostiene la rueca. Abre sus manos al necesitado y tiende sus brazos al pobre. Engañosa es la gracia, fugaz la hermosura; la que teme al Señor merece alabanza. Cantadle por el éxito de su trabajo, que sus obras la alaben en público.

Salmo 127, 1bc-5: *Dichoso el que teme al Señor.*

1 Tesalonicenses 5, 1-6: En lo referente al tiempo y a las circunstancias, hermanos, no necesitáis que os escriba, pues vosotros sabéis perfectamente que el Día del Señor llegará como un ladrón en la noche. Cuando estén diciendo: «Paz y seguridad», entonces, de improviso, les sobrevendrá la ruina, como los dolores de parto a la que está encinta, y no podrán escapar. Pero vosotros, hermanos, no vivís en tinieblas, de forma que ese día os sorprenda como un ladrón; porque todos sois hijos de la luz e hijos del día; no somos de la noche ni de las tinieblas. Así, pues, no nos entreguemos al sueño como los demás, sino estemos en vela y vivamos sobriamente.

MATEO 25, 14-30: En aquel tiempo, dijo Jesús a sus discípulos esta parábola: «Un hombre, al irse de viaje, llamó a sus siervos y los dejó al cargo de sus bienes: a uno le dejó cinco talentos, a otro dos, a otro uno, a cada cual según su capacidad; luego se marchó. El que recibió cinco talentos fue enseguida a negociar con ellos y ganó otros cinco. El que recibió dos hizo lo mismo y ganó otros dos. En cambio, el que recibió uno fue a hacer un hoyo en la tierra y escondió el dinero de su señor. Al cabo de mucho tiempo viene el señor de aquellos siervos y se pone a ajustar las cuentas con ellos. Se acercó el que había recibido cinco talentos y le presentó otros cinco, diciendo: "Señor, cinco talentos me dejaste; mira, he ganado otros cinco". Su señor le dijo: "¡Bien, siervo bueno y fiel!; como has sido fiel en lo poco, te daré un cargo importante; entra en el gozo de tu señor". Se acercó luego el que había recibido dos talentos y dijo: "Señor, dos talentos me dejaste; mira, he ganado otros dos". Su señor le dijo: "¡Bien, siervo bueno y fiel!; como has sido fiel en lo poco, te daré un cargo importante; entra en el gozo de tu señor". Se acercó también el que había recibido un talento y dijo: "Señor, sabía que eres exigente, que siegas donde no siembras y recoges donde no esparces, tuve miedo y fui a esconder mi talento bajo tierra. Aquí tienes lo tuyo". El señor le respondió: "Eres un siervo negligente y holgazán. ¿Con que sabías que siego donde no siembro y recojo donde no esparzo? Pues debías haber puesto mi dinero en el banco, para que, al volver yo, pudiera recoger lo mío con los intereses. Quitadle el talento y dádselo al que tiene diez. Porque al que tiene se le dará y le sobrará, pero al que no tiene, se le quitará hasta lo que tiene. Y a ese siervo inútil echadlo fuera, a las tinieblas; allí será el llanto y el rechinar de dientes"».

Señor Jesús, que viva en la generosidad de la entrega, en la generosidad de hacer fructificar los talentos recibidos en beneficio de los demás, en la generosidad de atender a los más necesitados.

Papa Francisco: Jesús derrama su misericordia sobre todos aquellos con los que se encuentra: los llama, hace que se acerquen a Él, los reúne, los cura y los ilumina, creando un pueblo nuevo que celebra las maravillas de su amor misericordioso. Dejémonos también nosotros llamar por Jesús, y dejémonos curar por Jesús, perdonar por Jesús, y sigamos alabando a Dios. (15-06-2016)

Cuando se acercaba Jesús a Jericó, había un ciego sentado al borde del camino, pidiendo limosna. Al oír que pasaba gente, preguntaba qué era aquello; y le informaron: «Pasa Jesús el Nazareno». Entonces empezó a gritar: «¡Jesús, hijo de David, ten compasión de mí!». Los que iban delante le regañaban para que se callara, pero él gritaba más fuerte: «¡Hijo de David, ten compasión de mí!». Jesús se paró y mandó que se lo trajeran. Cuando estuvo cerca, le preguntó: «¿Qué quieres que haga por ti?». Él dijo: «Señor, que recobre la vista». Jesús le dijo: «Recobra la vista, tu fe te ha salvado». Y enseguida recobró la vista y lo seguía, glorificando a Dios. Y todo el pueblo, al ver esto, alabó a Dios.

Apocalipsis 1, 1-4; 2,1-5a; Salmo 1, 1-4.6 • LUCAS 18, 35-43

Señor Jesús, yo también te digo hoy «ten compasión de mí», pasa por mi vida, cura mi ceguera, fortalece mi fe.

Al vencedor le daré a comer del árbol de la vida (Apocalipsis 2, 7b)

Papa Francisco: Zaqueo descubre de Jesús que es posible amar gratuitamente: hasta entonces era tacaño, y ahora se vuelve generoso; le gustaba acopiar, y ahora se regocija en el compartir. Encontrándose con el Amor, descubriendo que es amado a pesar de sus pecados, se vuelve capaz de amar a los demás, haciendo del dinero un signo de solidaridad y de comunión. (03-11-2019)

En aquel tiempo, Jesús entró en Jericó e iba atravesando la ciudad. En esto, un hombre llamado Zaqueo, jefe de publicanos y rico, trataba de ver quién era Jesús, pero no lo lograba a causa del gentío, porque era pequeño de estatura. Corriendo más adelante, se subió a un sicómoro para verlo, porque tenía que pasar por allí. Jesús, al llegar a aquel sitio, levantó los ojos y dijo: «Zaqueo, date prisa y baja, porque es necesario que hoy me quede en tu casa». Él se dio prisa en bajar y lo recibió muy contento. Al ver esto, todos murmuraban, diciendo: «Ha entrado a hospedarse en casa de un pecador». Pero Zaqueo, de pie, dijo al Señor: «Mira, Señor, la mitad de mis bienes se la doy a los pobres; y si he defraudado a alguno, le restituyo cuatro veces más». Jesús le dijo: «Hoy ha sido la salvación de esta casa, pues también este es hijo de Abrahán. Porque el Hijo del hombre ha venido a buscar y a salvar lo que estaba perdido».

Apocalipsis 3, 1-6.14-22; Salmo 14, 2-5 • LUCAS 19, 1-10

Señor Jesús, entra en mi casa, en mi corazón, llénalo de la alegría de tu presencia y transfórmame con tu amor.
Al vencedor le concederé sentarse conmigo en mi trono
(Apocalipsis 3, 21a)

NOVIEMBRE

18
MIÉRCOLES

Miércoles 33º Tiempo ordinario — Tomo IV · Salterio 1ª semana

DEDICACIÓN DE LAS BASÍLICAS DE LOS SANTOS PEDRO Y PABLO. San Román mr.
Ntra. Sra. de la Divina Providencia

Papa Francisco: Cualquier ambiente, también el más lejano e impracticable, puede convertirse en un lugar donde hacer rendir los talentos. No existen situaciones o lugares excluidos a la presencia y al testimonio cristiano. (16-11-2014)

En aquel tiempo, Jesús dijo una parábola, porque estaba cerca de Jerusalén y ellos pensaban que el reino de Dios iba a manifestarse enseguida. Dijo, pues: «Un hombre noble se marchó a un país lejano para conseguirse el título de rey, y volver después. Llamó a diez siervos suyos y les repartió diez minas de oro, diciéndoles: "Negociad mientras vuelvo". Pero sus conciudadanos lo aborrecían y enviaron tras de él una embajada diciendo: "No queremos que este llegue a reinar sobre nosotros". Cuando regresó de conseguir el título real, mandó llamar a su presencia a los siervos a quienes había dado el dinero, para enterarse de lo que había ganado cada uno. El primero se presentó y dijo: "Señor, tu mina ha producido diez". Él le dijo: "Muy bien, siervo bueno; ya que has sido fiel en lo pequeño, recibe el gobierno de diez ciudades". El segundo llegó y dijo: "Tu mina, señor, ha rendido cinco". A ese le dijo también: "Pues toma tú el mando de cinco ciudades". El otro llegó y dijo: "Señor, aquí está tu mina; la he tenido guardada en un pañuelo, porque tenía miedo, pues eres un hombre exigente, que retiras lo que no has depositado y siegas lo que no has sembrado". Él le dijo: "Por tu boca te juzgo, siervo malo. ¿Conque sabías que soy exigente, que retiro lo que no he depositado y siego lo que no he sembrado? Pues, ¿por qué no pusiste mi dinero en el banco? Al volver yo, lo habría cobrado con los intereses". Entonces dijo a los presentes: "Quitadle a este la mina y dádsela al que tiene diez minas". Le dijeron: "Señor, ya tiene diez minas". Os digo: "Al que tiene se le dará, pero al que no tiene se le quitará hasta lo que tiene. Y en cuanto a esos enemigos míos, que no querían que llegase a reinar sobre ellos, traedlos acá y degolladlos en mi presencia"». Dicho esto, caminaba delante de ellos, subiendo hacia Jerusalén.

Apocalipsis 4, 1-11; Salmo 150, 1b-6a • LUCAS 19, 11-28
(Dedicación de las Basílicas de los santos Pedro y Pablo: Hechos 28, 11-16.30-31; Salmo 97, 1 – 6; • MATEO 14, 22-33)

Señor Jesús, mi vida fructifique desde el amor y el servicio a los demás; cura mi egoísmo y falta de generosidad.

Santo, Santo, Santo es el Señor Dios, el todopoderoso (Apocalipsis 4, 8b)

Papa Francisco: Jesús sigue llamando a la puerta de cada uno de nosotros y de su Iglesia, de los pastores de la Iglesia. Y si la puerta de nuestro corazón, de la Iglesia, de los pastores no se abre, el Señor llora, también hoy, como lo hizo sobre Jerusalén. Jesús contempla la ciudad y llora porque no abre la puerta, porque tiene miedo a sus sorpresas, porque está demasiado satisfecha de sí misma. Pensemos en nosotros: ¿cómo estamos en este momento ante Dios? (20-11-2014)

En aquel tiempo, al acercarse Jesús a Jerusalén y ver la ciudad, lloró sobre ella mientras decía: «¡Si reconocieras tú también en este día lo que conduce a la paz! Pero ahora está escondido a tus ojos. Pues vendrán días sobre ti en que tus enemigos te rodearán de trincheras, te sitiarán, apretarán el cerco de todos los lados, te arrasarán con tus hijos dentro, y no dejarán piedra sobre piedra. Porque no reconociste el tiempo de tu visita».

Apocalipsis 5, 1-10; Salmo 149, 1bc-6a.9b • LUCAS 19, 41-44

Señor Jesús, con tu perdón y misericordia ablanda mi corazón y muévelo siempre a conversión.

Has hecho de nosotros para nuestro Dios un reino de sacerdotes (Apocalipsis 5, 10)

NOVIEMBRE

20

VIERNES

Viernes 33º Tiempo ordinario

Tomo IV · Salterio 1ª semana

Santos Crispín ob mr, Edmundo re mr, Francisco J. Cân ct mr. Beata Ángela y co mrs

Papa Francisco: En el Evangelio se leen palabras muy fuertes y se dice que los jefes de los sacerdotes, los escribas y los jefes del pueblo buscaban acabar con Él. Lo mismo había pasado en tiempos de Judas Macabeo. ¿Por qué? No sabían qué hacer, porque todo el pueblo estaba pendiente de Él, escuchándolo. La fuerza de Jesús, por lo tanto, era su palabra, su testimonio, su amor. Y donde está Jesús, no hay sitio para la mundanidad, no hay sitio para la corrupción. (20-11-2015)

En aquel tiempo, Jesús entró en el templo y se puso a echar a los vendedores, diciéndoles: «Escrito está: "Mi casa será casa de oración"; pero vosotros la habéis hecho una "cueva de bandidos"». Todos los días enseñaba en el templo. Por su parte los sumos sacerdotes, los escribas y los principales del pueblo buscaban acabar con él, pero no sabían qué hacer, porque todo el pueblo estaba pendiente de él, escuchándolo.

Apocalipsis 10, 8-11; Salmo 118, 14.24.72.103.111.131 • LUCAS 19, 45-48

Señor Jesús, yo también quiero estar pendiente de ti y escucharte, acogiendo tu palabra, dejándome guiar por ella.

¡Qué dulce al paladar tu promesa, Señor! (Salmo 118, 103a)

Mi casa será casa de oración

Sábado 33º Tiempo ordinario   Tomo IV · Salterio 1ª semana

NOVIEMBRE

21

SÁBADO

PRESENTACIÓN DE LA BIENAVENTURADA VIRGEN MARÍA. Santos Gelasio I pp,
Mauro ob, Rufo NT, Ntra. Sra. de la Paz

 Papa Francisco: La vida subsiste donde hay vínculo, comunión, fraternidad; y es una vida más fuerte que la muerte cuando se construye sobre relaciones verdaderas y lazos de fidelidad. Por el contrario, no hay vida cuando pretendemos pertenecer sólo a nosotros mismos y vivir como islas: en estas actitudes prevalece la muerte. Es egoísmo. Si vivo para mí mismo, estoy sembrando la muerte en mi corazón. (10-11-2019)

 En aquel tiempo, se acercaron algunos saduceos, los que dicen que no hay resurrección, y preguntaron a Jesús: «Maestro, Moisés nos dejó escrito: "Si a uno se le muere su hermano, dejando mujer, pero sin hijos, que tome la mujer como esposa y dé descendencia a su hermano". Pues bien, había siete hermanos: el primero se casó y murió sin hijos. Y el segundo y el tercero se casaron con ella, y así los siete, y murieron sin dejar hijos. Por último, también murió la mujer. Cuando llegue la resurrección, ¿de cuál de ellos será la mujer? Porque los siete la tuvieron como mujer». Jesús les dijo: «En este mundo, los hombres se casan y las mujeres toman esposo, pero los que sean juzgados dignos de tomar parte en el mundo futuro y en la resurrección de entre los muertos no se casarán ni ellas serán dadas en matrimonio. Pues ya no pueden morir, ya que son como ángeles y son hijos de Dios, porque son hijos de la resurrección. Y que los muertos resucitan, lo indicó el mismo Moisés en el episodio de la zarza, cuando llama al Señor: "Dios de Abrahán, Dios de Isaac, Dios de Jacob". No es Dios de muertos, sino de vivos: porque para él todos están vivos». Intervinieron unos escribas: «Bien dicho, Maestro». Y ya no se atrevían a hacerle más preguntas.

**Apocalipsis 11,4-12; Salmo 143,1-2.9-10 • LUCAS 20, 27-40
(o de la Presentación de la bienaventurada Virgen María: Zacarías 2, 14-17;
Salmo: Lucas 1, 46b-55; • MATEO 12, 46-50)**

 Señor Jesús, como María, quiero ofrecerme a ti, estar disponible para ti, servirte a ti, creyendo en ti, esperando en ti, amándote.
¡Bendito el Señor, mi alcázar! (Salmo 143, 1a)

Papa Francisco: El Evangelio de hoy nos dice que uno es «bienaventurado» si responde a estas pobrezas con amor, con servicio: no apartándose, sino dando de comer y de beber, vistiendo, acogiendo, visitando, en una palabra, estando cerca de los necesitados. Y esto porque Jesús, nuestro Rey que se llama a sí mismo Hijo del Hombre, tiene sus hermanas y hermanos predilectos en las mujeres y hombres más frágiles. Su «sala real» está instalada donde hay quienes sufren y necesitan ayuda. Esta es la «corte» de nuestro Rey. Y el estilo con el que sus amigos, los que tienen a Jesús por Señor, están llamados a distinguirse es su propio estilo: compasión, misericordia, ternura. Estas ennoblecen el corazón y descienden como aceite sobre las heridas de cuantos están heridos por la vida. (26-11-2023)

Ezequiel 34, 11-12.15-17: Esto dice el Señor Dios: «Yo mismo buscaré mi rebaño y lo cuidaré. Como cuida un pastor de su grey dispersa, así cuidaré yo de mi rebaño y lo liberaré, sacándolo de los lugares por donde se había dispersado un día de oscuros nubarrones. Yo mismo apacentaré mis ovejas y las haré reposar —Oráculo del Señor Dios—. Buscaré la oveja perdida, recogeré a la descarriada; vendaré a las heridas; fortaleceré a la enferma; pero a la que está fuerte y robusta la guardaré: la apacentaré con justicia». En cuanto a vosotros, mi rebaño, esto dice el Señor Dios: «Yo voy a juzgar entre oveja y oveja, entre carnero y macho cabrío».

Salmo 22, 1b-6: *El Señor es mi pastor, nada me falta.*

1 Corintios 15, 20-26.28: Hermanos: Cristo ha resucitado de entre los muertos y es primicia de los que han muerto. Si por un hombre vino la muerte, por un hombre vino la resurrección. Pues lo mismo que en Adán mueren todos, así en Cristo todos serán vivificados. Pero cada uno en su puesto: primero Cristo como primicia; después todos los que son de Cristo, en su venida; después el final, cuando

Cristo entregue el reino a Dios Padre, cuando haya aniquilado todo principado, poder y fuerza. Pues Cristo tiene que reinar hasta que ponga a todos sus enemigos bajo sus pies. El último enemigo en ser destruido será la muerte. Y, cuando le haya sometido todo, entonces también el mismo hijo se someterá al que se lo había sometido todo. Así Dios será todo en todos.

MATEO 25, 31-46: En aquel tiempo, dijo Jesús a sus discípulos: «Cuando venga en su gloria el Hijo del hombre, y todos los ángeles con él, se sentará en el trono de su gloria y serán reunidas ante él todas las naciones. Él separará a unos de otros, como un pastor separa las ovejas de las cabras. Y pondrá las ovejas a su derecha y las cabras a su izquierda. Entonces dirá el rey a los de su derecha: "Venid vosotros, benditos de mi Padre; heredad el reino preparado para vosotros desde la creación del mundo. Porque tuve hambre y me disteis de comer, tuve sed y me disteis de beber, fui forastero y me hospedasteis, estuve desnudo y me vestisteis, enfermo y me visitasteis, en la cárcel y vinisteis a verme". Entonces los justos le contestarán: "Señor, ¿cuándo te vimos con hambre y te alimentamos, o con sed y te dimos de beber?; ¿cuándo te vimos forastero y te hospedamos, o desnudo y te vestimos?; ¿cuándo te vimos enfermo o en la cárcel y fuimos a verte?". Y el rey les dirá: "En verdad os digo que cada vez que lo hicisteis con uno de estos, mis hermanos más pequeños, conmigo lo hicisteis". Entonces dirá a los de su izquierda: "Apartaos de mí, malditos, id al fuego eterno preparado para el diablo y sus ángeles. Porque tuve hambre y no me disteis de comer, tuve sed y no me disteis de beber, fui forastero y no me hospedasteis, estuve desnudo y no me vestisteis, enfermo y en la cárcel y no me visitasteis". Entonces también estos contestarán: "Señor, ¿cuándo te vimos con hambre o con sed, o forastero o desnudo, o enfermo o en la cárcel, y no te asistimos?". Él replicará: "En verdad os digo: lo que no lo hicisteis con uno de estos, los más pequeños, tampoco lo hicisteis conmigo". Y estos irán al castigo eterno, y los justos a la vida eterna».

 Señor Jesús, rey del Universo, juez misericordioso; que mi vida se consuma en el amor, en la misericordia que es camino seguro hacia la Vida, hacia tu Reino glorioso.

NOVIEMBRE

23
LUNES

Lunes 34º Tiempo ordinario

Tomo IV · Salterio 2ª semana

Santos CLEMENTE I pp, COLUMBANO ab, Lucrecia mr. Beato Miguel A. Pro pb mr

 Papa Francisco: Jesús, hoy, nos dice también a nosotros que el metro para juzgar no es la cantidad, sino la plenitud. Hay una diferencia entre cantidad y plenitud. Tú puedes tener tanto dinero, pero ser una persona vacía. No hay plenitud en tu corazón. Pensad esta semana en la diferencia que hay entre cantidad y plenitud. No es cosa de billetera, sino de corazón. Hay diferencia entre billetera y corazón... Hay enfermedades cardíacas que hacen que el corazón se baje hasta la billetera... ¡Y esto no va bien! Amar a Dios «con todo el corazón» significa confiar en Él, en su providencia, y servirlo en los hermanos más pobres, sin esperar nada a cambio. (08-11-2015)

 En aquel tiempo, Jesús, alzando los ojos, vio a unos ricos que echaban donativos en el tesoro del templo; vio también una viuda pobre que echaba dos monedillas, y dijo: «En verdad os digo que esa pobre viuda ha echado más que todos, porque todos esos han contribuido a los donativos con lo que les sobra, pero ella, que pasa necesidad, ha echado todo lo que tenía para vivir».

Apocalipsis 14, 1-3.4b-5; Salmo 23, 1b-6 • LUCAS 21, 1-4

Señor Jesús, que la ayuda que debo prestar a los demás no sea de sobras sino expresión de la entrega de la vida, como me pides tú.

Esta es la generación que busca tu rostro, Señor (Salmo 23, 6)

Papa Francisco: Si cada uno de nosotros es fiel al Señor, cuando venga la muerte, diremos: «hermana muerte, ven». No nos asusta. Y también el día del juicio miraremos al Señor y podremos decir: «Señor tengo muchos pecados, pero he tratado de ser fiel». Y ya que el Señor es bueno no tendremos miedo. (22-11-2016)

En aquel tiempo, como algunos hablaban del templo, de lo bellamente adornado que estaba con piedra de calidad y exvotos, Jesús les dijo: «Esto que contempláis, llegarán días en que no quedará piedra sobre piedra que no sea destruida». Ellos le preguntaron: «Maestro, ¿cuándo va a ser eso?, ¿y cuál será la señal de que todo eso está para suceder?». Él dijo: «Mirad que nadie os engañe. Porque muchos vendrán en mi nombre, diciendo: "Yo soy", o bien: "Está llegando el tiempo"; no vayáis tras ellos. Cuando oigáis noticias de guerras y de revoluciones, no tengáis pánico. Porque eso tiene que ocurrir primero, pero el fin no será enseguida». Entonces les decía: «Se alzará pueblo contra pueblo y reino contra reino, habrá grandes terremotos, y en diversos países, hambres y pestes. Habrá también fenómenos espantosos y grandes signos en el cielo».

Apocalipsis 14, 14-19; Salmo 95, 10-13 • LUCAS 21, 5-11

Señor Jesús, en medio de las dificultades presentes que no pierda la confianza y la esperanza en ti.
Llega el Señor a regir la tierra (Salmo 95, 13b)

Papa Francisco: La Iglesia es perseguida desde sus primeros días. Pero, ¿hasta cuándo lo será? Con certeza, hasta hoy. Así, pues, hoy muchos cristianos, tal vez más que en los primeros tiempos, son perseguidos, asesinados, expulsados, despojados sólo por ser cristianos. [...] No hay cristianismo sin persecución. Hagamos memoria de la última de las bienaventuranzas: cuando os llevarán a las sinagogas, os perseguirán, os insultarán: este es el destino del cristiano. Hoy, ante este hecho que sucede en el mundo, con el silencio cómplice de muchas potencias que podrían detenerlo, estamos ante este destino cristiano: ir por el mismo camino de Jesús. (07-09-2015)

En aquel tiempo, dijo Jesús a sus discípulos: «Os echarán mano, os perseguirán, entregándoos a las sinagogas y a las cárceles, y haciéndoos comparecer ante reyes y gobernadores, por causa de mi nombre. Esto os servirá de ocasión para dar testimonio. Por ello, meteos bien en la cabeza que no tenéis que preparar vuestra defensa, porque yo os daré palabras y sabiduría a las que no podrá hacer frente ni contradecir ningún adversario vuestro. Y hasta vuestros padres, y parientes, y hermanos, y amigos os entregarán, y matarán a algunos de vosotros, y todos os odiarán a causa de mi nombre. Pero ni un cabello de vuestra cabeza perecerá; con vuestra perseverancia salvaréis vuestras almas».

Apocalipsis 15, 1-4; Salmo 97, 1-3ab.7-9 • LUCAS 21, 12-19

Señor Jesús, hoy quiero orar por los cristianos perseguidos a causa de la fe para que sean fortalecidos y confortados por tu Espíritu Santo.

Grandes y admirables son tus obras, Señor, Dios omnipotente (Apocalipsis 15, 3b)

Jueves 34º Tiempo ordinario   Tomo IV · Salterio 2ª semana

Santos Juan Berchmans rl, Delfina re, Conrado ob, Leonardo pb,
Tomás Dinh y Domingo Nguyên pbs mrs. Beato Santiago Alberione

NOVIEMBRE
26
JUEVES

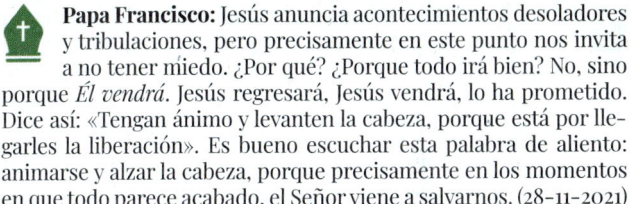

Papa Francisco: Jesús anuncia acontecimientos desoladores y tribulaciones, pero precisamente en este punto nos invita a no tener miedo. ¿Por qué? ¿Porque todo irá bien? No, sino porque *Él vendrá*. Jesús regresará, Jesús vendrá, lo ha prometido. Dice así: «Tengan ánimo y levanten la cabeza, porque está por llegarles la liberación». Es bueno escuchar esta palabra de aliento: animarse y alzar la cabeza, porque precisamente en los momentos en que todo parece acabado, el Señor viene a salvarnos. (28-11-2021)

En aquel tiempo, dijo Jesús a sus discípulos: «Cuando veáis a Jerusalén sitiada por ejércitos, sabed que entonces está cerca su destrucción. Entonces, los que estén en Judea, que huyan a los montes; los que estén en medio de Jerusalén, que se alejen; los que estén en los campos, que no entren en ella; porque estos son "días de venganza" para que se cumpla todo lo que está escrito. ¡Ay de las que estén encintas o criando en aquellos días! Porque habrá una gran calamidad en esta tierra y un castigo para este pueblo. "Caerán a filo de espada", los llevarán cautivos "a todas las naciones," y "Jerusalén será pisoteada por los gentiles", hasta que alcancen su plenitud los tiempos de los gentiles. Habrá signos en el sol y la luna y las estrellas, y en la tierra angustia de las gentes, enloquecidas por el estruendo del mar y el oleaje, desfalleciendo los hombres por el miedo y la ansiedad ante lo que se le viene encima al mundo, pues las potencias del cielo serán sacudidas. Entonces verán al Hijo del hombre venir en una nube, con gran poder y gloria. Cuando empiece a suceder esto, levantaos, alzad la cabeza: se acerca vuestra liberación».

Apocalipsis 18, 1-2.21 - 23; 19,1-3. 9a; Salmo 99, 1b-5 • LUCAS 21, 20-28

Señor Jesús, guías la historia y tú tienes la última palabra de todo, tú eres nuestra meta y destino, contigo vivo seguro. *Bienaventurados los invitados al banquete de bodas del Cordero* (Apocalipsis 19, 9a)

NOVIEMBRE

27
VIERNES

Viernes 34º Tiempo ordinario

Tomo IV · Salterio 2ª semana

Ntra. Sra. de la Medalla Milagrosa. Santos Facundo y Primitivo mrs, Sigfrido ob, Bilgilda vg. Beato Ramón Llull mr

 Papa Francisco: Hagamos espacio dentro de nosotros a la Palabra de Dios. Leamos algún versículo de la Biblia cada día. Comencemos por el Evangelio; mantengámoslo abierto en casa, en la mesita de noche, llevémoslo en nuestro bolsillo o en el bolso, veámoslo en la pantalla del teléfono, dejemos que nos inspire diariamente. Descubriremos que Dios está cerca de nosotros, que ilumina nuestra oscuridad y que nos guía con amor a lo largo de nuestra vida. (26-01-2020)

 En aquel tiempo, dijo Jesús a sus discípulos una parábola: «Fijaos en la higuera y en todos los demás árboles: cuando veis que ya echan brotes, conocéis por vosotros mismos que ya está llegando el verano. Igualmente vosotros, cuando veáis que suceden estas cosas, sabed que está cerca el reino de Dios. En verdad os digo que no pasará esta generación sin que todo suceda. El cielo y la tierra pasarán, pero mis palabras no pasarán».

Apocalipsis 20, 1-4.11 - 21, 2; Salmo: 83, 3-6a. 8a • LUCAS 21, 29-33

Señor Jesús, tú que todo lo renuevas con tu amor, llena de esperanza nuestras vidas y afiánzanos en ti.
He aquí la morada de Dios entre los hombres (Salmo: Apocalipsis 21, 3b)

...mis palabras no pasarán

Papa Francisco: Podemos vencer la fatiga del cuerpo con la fuerza del Espíritu de Dios. Y cuando no podamos superar esto, debemos decirle al Espíritu Santo: Ayúdanos. Ven, ven Espíritu Santo. Ayúdame: quiero encontrar a Jesús, quiero estar atento, despierto. Pedirle al Espíritu Santo que nos saque de esta somnolencia que nos impide rezar. (28-03-2023)

En aquel tiempo, dijo Jesús a sus discípulos: «Tened cuidado de vosotros, no sea que se emboten vuestros corazones con juergas, borracheras y las inquietudes de la vida, y se os eche encima de repente aquel día; porque caerá como un lazo sobre todos los habitantes de la tierra. Estad, pues, despiertos en todo tiempo, pidiendo que podáis escapar de todo lo que está por suceder y manteneros en pie ante el Hijo del hombre».

Apocalipsis 22, 1-7; Salmo 94, 1-7c • LUCAS 21, 34-36

Señor Jesús, ilumíname para que mi mente no esté embotada y distraída sino despierta y atenta a tu presencia actual, a tu acción en medio de nosotros, a tu venida futura. *Maranatá. ¡Ven, Señor Jesús!* (1 Corintios 16, 22b y Apocalipsis 22, 20c)

Cuidad que no se os emboten
vuestros corazones...

NOVIEMBRE

29 DOMINGO

Domingo 1º de Adviento   Tomo I · Salterio 1ª semana

Santos Saturnino mr, Iluminada vg, Francisco A. Fasani pb.
Beato Bernardo F. de Hoyos pb

NUEVO AÑO LITÚRGICO · CICLO "B"
TIEMPO DE ADVIENTO: TOMO I de la LITURGIA DE LAS HORAS

 Papa Francisco: Queridos hermanos, hoy nos hace bien preguntarnos cómo podemos preparar un corazón acogedor para el Señor. Podemos hacerlo acercándonos a su Perdón, a su Palabra, a su Mesa, encontrando espacio para la oración, acogiéndolo en los necesitados. Cultivemos su espera sin distraernos con tantas cosas inútiles y sin quejarnos todo el tiempo, sino manteniendo el corazón vigilante, es decir, ansioso de Él, despierto y preparado, impaciente por encontrarlo. Que la Virgen María, mujer de la espera, nos ayude a acoger a su Hijo que viene. (03-12-2023)

Isaías 63, 16c-17.19c; 64, 2b-7: Tú, Señor, eres nuestro padre, tu nombre de siempre es «nuestro Libertador». ¿Por qué nos extravías, Señor, de tus caminos, y endureces nuestro corazón para que no te tema? Vuélvete por amor a tus siervos y a las tribus de tu heredad. ¡Ojalá rasgases el cielo y descendieses! En tu presencia se estremecerían las montañas. "descendiste, y las montañas se estremecieron". Jamás se oyó ni se escuchó, ni ojo vio un Dios, fuera de ti, que hiciera tanto por quien espera en él. Sales al encuentro de quien practica con alegría la justicia y, andando en tus caminos, se acuerda de ti. He aquí que tú estabas airado y nosotros hemos pecado. Pero en los caminos de antiguo seremos salvados. Todos éramos impuros, nuestra justicia era un vestido manchado; todos nos marchitábamos como hojas, nuestras culpas nos arrebatan como el viento. Nadie invocaba tu nombre, nadie salía del letargo para adherirse a ti; pues nos ocultabas tu rostro y nos entregabas al poder de nuestra culpa. Y, sin embargo, Señor, tú eres nuestro padre, nosotros la arcilla y tú nuestro alfarero: todos somos obra de tu mano.

Salmo 79, 2-3.15-16.18-19: *Oh, Dios, restáuranos, que brille tu rostro y nos salve*

1 Corintios 1, 3-9: Hermanos: a vosotros, gracia y paz de parte de Dios, nuestro Padre, y del Señor Jesucristo. Doy gracias a mi Dios continuamente por vosotros, por la gracia que Dios os ha dado en Cristo Jesús; pues en él habéis sido enriquecidos en todo: en toda palabra y en toda ciencia; porque en vosotros se ha probado el testimonio de Cristo, de modo que no carecéis de ningún don gratuito, mientras aguardáis la manifestación de nuestro Señor Jesucristo. Él os mantendrá firmes hasta el final, para que seáis irreprensibles el día de nuestro Señor Jesucristo. Fiel es Dios, el cual os llamó a la comunión con su Hijo, Jesucristo nuestro Señor.

MARCOS 13, 33-37: En aquel tiempo, dijo Jesús a sus discípulos: «Estad atentos, vigilad: pues no sabéis cuándo es el momento. Es igual que un hombre que se fue de viaje, y dejó su casa y dio a cada uno de sus criados su tarea, encargando al portero que velara. Velad entonces, pues no sabéis cuándo vendrá el señor de la casa, si al atardecer, o a medianoche, o al canto del gallo, o al amanecer: no sea que venga inesperadamente y os encuentre dormidos. Lo que os digo a vosotros, lo digo a todos: ¡Velad!».

 Señor Jesús, este nuevo Adviento que comenzamos nos reafirme en la esperanza de tu venida y acreciente el deseo de encontrarnos contigo.

Papa Francisco: Así hace el Señor con nosotros, nos busca donde estamos, nos ama como somos y con paciencia acompaña nuestros pasos. Como a aquellos pescadores, nos espera en la orilla de la vida. Con su Palabra quiere hacernos cambiar de rumbo, para que dejemos de ir tirando y vayamos mar adentro en pos de Él. Por esto, queridos hermanos y hermanas, no renunciemos a la Palabra de Dios. Es la carta de amor escrita para nosotros por Aquel que nos conoce como nadie más. Leyéndola, sentimos nuevamente su voz, vislumbramos su rostro, recibimos su Espíritu. La Palabra nos acerca a Dios; no la tengamos lejos. Llevémosla siempre con nosotros, en el bolsillo, en el teléfono; démosle un sitio digno en nuestras casas. (24-01-2021)

En aquel tiempo, paseando Jesús junto al mar de Galilea, vio a dos hermanos, a Simón, llamado Pedro, y a Andrés, que estaban echando la red en el mar, pues eran pescadores. Les dijo: «Venid en pos de mí y os haré pescadores de hombres». Inmediatamente dejaron las redes y lo siguieron. Y, pasando adelante, vio a otros dos hermanos, a Santiago, hijo de Zebedeo, y a Juan, su hermano, que estaban en la barca repasando las redes con Zebedeo, su padre, y los llamó. Inmediatamente dejaron la barca y a su padre y lo siguieron.

Romanos 10, 9-18; Salmo 18, 2-5b • MATEO 4, 18-22

Señor Jesús, la intercesión de tu apóstol san Andrés me ayude a seguirte con prontitud e inmediatez, confiando plenamente en ti.

A toda la tierra alcanza su pregón (Salmo 18, 5a)

diciembre

El sueño como un pájaro crecía
de luz a luz borrando la mirada;
tranquila y por los ángeles llevada,
la nieve entre las alas descendía.
El cielo deshojaba su alegría,
mira la luz el niño, ensimismada,
con la tímida sangre desatada
del corazón, la Virgen sonreía.

(De cómo estaba la luz, Luis Rosales)

DICIEMBRE

1

MARTES

Martes 1º de Adviento   Tomo I · Salterio 1ª semana

Santos Nahún prof, Florencia vg, Eligio ob, Edmundo, Radulfo y Alejandro pbs mrs,
Carlos de Foucauld pb. Beatos Juan de Vercelli pb

 Papa Francisco: Los cristianos, como todos los creyentes, bendicen a Dios por el don de la vida. Vivir es ante todo haber recibido la vida. Todos nacemos porque alguien ha deseado para nosotros la vida. Y esto es solo la primera de una larga serie de deudas que contraemos viviendo. Deudas de reconocimiento. En nuestra existencia, más de una persona nos ha mirado con ojos puros, gratuitamente. A menudo se trata de educadores, catequistas, personas que han desempeñado su rol más allá de la medida pedida por el deber. Y han hecho surgir en nosotros la gratitud. También la amistad es un don del que estar siempre agradecidos. Este «gracias» que debemos decir continuamente, este gracias que el cristiano comparte con todos, se dilata en el encuentro con Jesús. (30-12-2020)

En aquella hora Jesús se llenó de la alegría en el Espíritu Santo y dijo: «Te doy gracias, Padre, Señor del cielo y de la tierra, porque has escondido estas cosas a los sabios y entendidos, y las has revelado a los pequeños. Sí, Padre, porque así te ha parecido bien. Todo me ha sido entregado por mi Padre, y nadie conoce quién es el Hijo sino el Padre; ni quién es el Padre, sino el Hijo, y aquel a quien el Hijo se lo quiere revelar». Y, volviéndose a sus discípulos, les dijo aparte: «¡Bienaventurados los ojos que ven lo que vosotros veis! Porque os digo que muchos profetas y reyes quisieron ver lo que vosotros veis, y no lo vieron; y oír lo que vosotros oís, y no lo oyeron».

Isaías 11, 1-10; Salmo 71, 1-2.7-8.12-13.17 • LUCAS 10, 21-24

 Señor Jesús, te doy gracias con todo mi corazón porque me llenas de esperanza, das sentido nuevo a mi vida, me ayudas, me confortas y me amas.

En sus días florezca la justicia y la paz abunde eternamente
(Salmo 71, 7)

Miércoles 1º de Adviento   Tomo I · Salterio 1ª semana

DICIEMBRE
2
MIÉRCOLES

Santos Habacuc prof, Bibiana mr.
Beatos Mª. Ángela Astorch ab, Juan de Ruusbroeck pb

Papa Francisco: Nosotros tratamos de acumular y aumentar lo que tenemos; Jesús, en cambio, pide dar, disminuir. Nos encanta añadir, nos gustan las adiciones; a Jesús le gustan las sustracciones, quitar algo para dárselo a los demás. Queremos multiplicar para nosotros; Jesús aprecia cuando dividimos con los demás, cuando compartimos. (25-07-2021)

En aquel tiempo, Jesús se dirigió al mar de Galilea, subió al monte y se sentó en él. Acudió a él mucha gente llevando tullidos, ciegos, lisiados, sordomudos y muchos otros; los ponían a sus pies, y él los curaba. La gente se admiraba al ver hablar a los mudos, sanos a los lisiados, andar a los tullidos y con vista a los ciegos, y daban gloria al Dios de Israel. Jesús llamó a sus discípulos y les dijo: «Siento compasión de la gente, porque llevan ya tres días conmigo y no tienen qué comer. Y no quiero despedirlos en ayunas, no sea que desfallezcan en el camino». Los discípulos le dijeron: «¿De dónde vamos a sacar en un despoblado panes suficientes para saciar a tanta gente?». Jesús les dijo: «¿Cuántos panes tenéis?». Ellos contestaron: «Siete y algunos peces». Él mandó que la gente se sentara en el suelo. Tomó los siete panes y los peces, pronunció la acción de gracias, los partió y los fue dando a los discípulos, y los discípulos a la gente. Comieron todos hasta saciarse y recogieron las sobras: siete canastos llenos.

Isaías 25, 6-10a; Salmo 22, 1b-6 • MATEO 15, 29-37

Señor Jesús, eres el alimento que nutre nuestra vida; tu Palabra y tu Eucaristía nos fortalecen y nos transforman. *Habitaré en la casa del Señor por años sin término* (Salmo 22, 6cd)

Papa Francisco: Hoy se habla de la fuerza de un cristiano y de la debilidad; de la roca y de la arena. En efecto, el cristiano es fuerte cuando no solo dice que lo es, sino cuando vive su vida como cristiano, cuando pone en práctica la doctrina cristiana, las palabras de Dios, los mandamientos, las bienaventuranzas. El punto central es, de hecho, poner en práctica. En cambio, existen cristianos de apariencia solamente: personas que se maquillan de cristianos y en el momento de la prueba tienen solamente el maquillaje. Por ello no es suficiente decir «soy cristiano, Señor» para serlo verdaderamente. Es Jesus mismo quien dice que no basta repetir «!Señor! !Señor!» para entrar en su reino. Se necesita cumplir la voluntad del Padre y poner en práctica la Palabra. (04-12-2014)

En aquel tiempo, dijo Jesús a sus discípulos: «No todo el que me dice "Señor, Señor" entrará en el reino de los cielos, sino el que hace la voluntad de mi Padre que está en los cielos. El que escucha estas palabras mías y las pone en práctica se parece a aquel hombre prudente que edificó su casa sobre roca. Cayó la lluvia, se desbordaron los ríos, soplaron los vientos y descargaron contra la casa; pero no se hundió, porque estaba cimentada sobre roca. El que escucha estas palabras mías y no las pone en práctica se parece a aquel hombre necio que edificó su casa sobre arena. Cayó la lluvia, se desbordaron los ríos, soplaron los vientos y rompieron contra la casa, y se derrumbó. Y su ruina fue grande».

Isaías 26, 1-6; Salmo 117, 1.8-9.19-21.25-27a • MATEO 7, 21.24-27

Señor Jesús, en este Adviento quiero estar más atento a la escucha de tu Palabra para cumplir tu voluntad.

Bendito el que viene en nombre del Señor (Salmo 117, 26a)

Papa Francisco: Jesús nos enseña a rezar. Nosotros, habitualmente presentamos al Señor nuestra petición una, dos o tres veces, pero no con mucha fuerza: y luego me canso de pedirlo y me olvido de pedirlo. En cambio, los ciegos de los que habla Mateo en el pasaje evangélico gritaban y no se cansaban de gritar. En efecto, Jesús nos dice: ¡pedid! Pero también nos dice: ¡llamad a la puerta! Y quien llama a la puerta hace ruido, incomoda, molesta. (06-12-2013)

En aquel tiempo, dos ciegos seguían a Jesús, gritando: «Ten compasión de nosotros, hijo de David». Al llegar a la casa se le acercaron los ciegos, y Jesús les dijo: «¿Creéis que puedo hacerlo?». Contestaron: «Sí, Señor». Entonces les tocó los ojos, diciendo: «Que os suceda conforme a vuestra fe». Y se les abrieron los ojos. Jesús les ordenó severamente: «¡Cuidado con que lo sepa alguien!». Pero ellos, al salir, hablaron de él por toda la comarca.

Isaías 29, 17-24; Salmo 26, 1.4.13-14 • MATEO 9, 27-31

Señor Jesús, yo también creo que puedes curarme, cambiarme, transformarme; gracias por tu amor y compasión. *El Señor es mi luz y mi salvación* (Salmo 26, 1b)

Ten compasión de nosotros, hijo de David

DICIEMBRE

5

SÁBADO

Sábado 1º de Adviento   Tomo I · Salterio 1ª semana

Santos Sabas ab, Juan Almond pb mr, Crispina mf mr. Beato Felipe Rinaldi pb

Papa Francisco: Cuando nos alejamos de Jesús y de su amor, nos perdemos y la existencia se transforma en desilusión e insatisfacción. Con Jesús al lado, se puede proceder con seguridad, se pueden superar las pruebas, avanzar en el amor hacia Dios y hacia el prójimo. Jesús se hizo don para los demás, convirtiéndose así en modelo de amor y de servicio para cada uno de nosotros. (22-07-2018)

En aquel tiempo, Jesús recorría todas las ciudades y aldeas, enseñando en sus sinagogas, proclamando el evangelio del reino y curando toda enfermedad y toda dolencia. Al ver a las muchedumbres, se compadecía de ellas, porque estaban extenuadas y abandonadas, «como ovejas que no tienen pastor». Entonces dice a sus discípulos: «La mies es abundante, pero los trabajadores son pocos; rogad, pues, al Señor de la mies que mande trabajadores a su mies». Llamó a sus doce discípulos y les dio autoridad para expulsar espíritus inmundos y curar toda enfermedad y toda dolencia. A estos doce los envió Jesús con estas instrucciones: «Id a las ovejas descarriadas de Israel. Id y proclamad que ha llegado el reino de los cielos. Curad enfermos, resucitad muertos, limpiad leprosos, arrojad demonios. Gratis habéis recibido, dad gratis».

Isaías 30, 19-21. 23-26; Salmo 146, 1bc-6
MATEO 9, 35 - 10, 1-5a.6-8

Señor Jesús, tú eres el Buen Pastor, quiero dejarme guiar por ti; bajo tu cayado mi vida encuentra ruta y meta.
Dichosos los que esperan en el Señor (Isaías 30,18)

Papa Francisco: Para proceder en el camino de la vida es necesario despojarse del «de más», porque vivir bien no quiere decir llenarse de cosas inútiles, sino liberarse de lo superfluo, para excavar en profundidad dentro de uno mismo, para captar lo que es verdaderamente importante ante Dios. Solo si, a través del silencio y la oración hacemos espacio a Jesús, que es la Palabra del Padre, sabremos liberarnos de la contaminación de las palabras vanas y de la palabrería. El silencio y la sobriedad —en las palabras, en el uso de las cosas, de los medios y de las redes— no son solo «adornos» o virtudes, son elementos esenciales de la vida cristiana. (10-12-2023)

Isaías 40,1-5.9-11: Consolad, consolad a mi pueblo, dice vuestro Dios; hablad al corazón de Jerusalén, gritadle: que se ha cumplido su servicio, y está pagado su crimen, pues de la mano del Señor ha recibido doble paga por sus pecados. Una voz grita: «En el desierto preparadle un camino al Señor; allanad en la estepa una calzada para nuestro Dios; que los valles se levanten, que los montes y colinas se abajen, que lo torcido se enderece y lo escabroso se iguale. Se revelará la gloria del Señor, y la verán todos juntos —ha hablado la boca del Señor—». Súbete a un monte elevado, heraldo de Sion; alza con fuerza la voz, heraldo de Jerusalén, álzala, no temas, di a las ciudades de Judá: aquí está vuestro Dios. Mirad, el Señor Dios llega con poder y con su brazo manda. Mirad, viene con él su salario, y su recompensa lo precede. Como un pastor apacienta el rebaño, reúne con su brazo los corderos y los lleva sobre el pecho; cuida él mismo a las ovejas que crían».

Salmo 84, 9abc-14: *Muéstranos, Señor, tu misericordia y danos tu salvación.*

2 Pedro 3, 8-14: No olvidéis una cosa, queridos míos, que para el Señor, un día es como mil años y mil años, como un día. El Señor no retrasa su promesa, como piensan algunos, sino que tiene paciencia con vosotros, porque no quiere que nadie se pierda sino que todos accedan a la conversión. Pero el Día del Señor llegará como un ladrón. Entonces los cielos desaparecerán estrepitosamente, los elementos se disolverán abrasados y la tierra con cuantas obras hay en ella quedará al descubierto. Puesto que todas estas cosas van a disolverse de este modo, ¡qué santa y piadosa debe ser vuestra conducta, mientras esperáis y apresuráis la llegada del Día de Dios! Ese día los cielos se disolverán incendiados y los elementos se derretirán abrasados. Pero nosotros, según su promesa, esperamos unos cielos nuevos y una tierra nueva, en los que habite la justicia. Por eso, queridos míos, mientras esperáis estos acontecimientos, procurad que Dios os encuentre en paz con él, intachables e irreprochables.

MARCOS 1, 1-8: Comienzo del Evangelio de Jesucristo, Hijo de Dios. Como está escrito en el Profeta Isaías: «Yo envío a mi mensajero delante de ti, el cual preparará tu camino; voz del que grita en el desierto: «Preparad el camino del Señor, enderezad sus senderos»; se presentó Juan en el desierto bautizando y predicando un bautismo de conversión para el perdón de los pecados. Acudía a él toda la región de Judea y toda la gente de Jerusalén. Él los bautizaba en el río Jordán y confesaban sus pecados. Juan iba vestido de piel de camello, con una correa de cuero a la cintura y se alimentaba de saltamontes y miel silvestre. Y proclamaba: «Detrás de mí viene el que es más fuerte que yo, y no merezco agacharme para desatarle la correa de sus sandalias. Yo os he bautizado con agua, pero él os bautizará con Espíritu Santo».

 Señor Jesús, Juan Bautista nos exhorta a prepararte el camino, a estar bien dispuestos para tu venida, a acogerte con el corazón de par en par; gracias por renovar tu presencia entre nosotros.

Papa Francisco: Lo que hacía Jesús no era solamente un cambio de lo feo a lo bonito, de lo malo a lo bueno: Jesús hizo una transformación. Efectivamente no es un problema de embellecer, no es un problema de maquillaje, de cosmético. En realidad, el Señor ha cambiado todo desde dentro, ha cambiado con una re-creación: Dios había creado el mundo; el hombre ha caído en el pecado; viene Jesús a re-crear el mundo. He aquí el mensaje del Evangelio que se ve claro: antes de curar a ese hombre, Jesús perdona sus pecados. (05-12-2016)

Un día, estaba Jesús enseñando, y estaban sentados unos fariseos y maestros de la ley, venidos de todas las aldeas de Galilea, Judea y Jerusalén. Y el poder del Señor estaba con él para realizar curaciones. En esto, llegaron unos hombres que traían en una camilla a un hombre paralítico y trataban de introducirlo y colocarlo delante de él. No encontrando por donde introducirlo, a causa del gentío, subieron a la azotea, lo descolgaron con la camilla a través de las tejas, y lo pusieron en medio, delante de Jesús. Él, viendo la fe de ellos, dijo: «Hombre, tus pecados están perdonados». Entonces se pusieron a pensar los escribas y los fariseos: «¿Quién es este que dice blasfemias? ¿Quién puede perdonar pecados sino solo Dios?». Pero Jesús, conociendo sus pensamientos, respondió y les dijo: «¿Qué pensáis en vuestros corazones? ¿Qué es más fácil, decir: "Tus pecados te son perdonados", o decir: "Levántate y echa a andar"? Pues, para que veáis que el Hijo del hombre tiene poder en la tierra para perdonar pecados —dijo al paralítico—: "A ti te lo digo, ponte en pie, toma tu camilla y vete a tu casa"». Y, al punto, levantándose a la vista de ellos, tomó la camilla donde había estado tendido y se marchó a su casa dando gloria a Dios. El asombro se apoderó de todos y daban gloria a Dios. Y, llenos de temor, decían: «Hoy hemos visto maravillas».

Isaías 35, 1-10; Salmo 84, 9abc-14 • LUCAS 5, 17-26

Señor Jesús, que en este Adviento madure mi fe para que se fortalezca mi esperanza.

He aquí nuestro Dios; viene en persona y nos salvará (Isaías 35, 4e)

DICIEMBRE

8
MARTES

SOLEMNIDAD DE LA INMACULADA CONCEPCIÓN
DE LA BIENAVENTURADA VIRGEN MARÍA, PATRONA DE ESPAÑA

Ntra. Sra. de Caacupé, Santa Narcisa de Jesús vg

Papa Francisco: La fidelidad en las cosas simples. [...] Una joven que, precisamente gracias a su sencillez, ha conservado puro el Corazón Inmaculado con el que, por gracia de Dios, fue concebida. Esto también es importante, porque para acoger los grandes dones de Dios es fundamental atesorar los más cotidianos y menos llamativos. Precisamente a través de la fidelidad cotidiana al bien, la Virgen permitió que creciera en ella el don de Dios; de este modo, se ejercitó para responder al Señor, para decirle «sí» con toda su vida. (08-12-2023)

En aquel tiempo, el ángel Gabriel fue enviado por Dios a una ciudad de Galilea llamada Nazaret, a una virgen desposada con un hombre llamado José, de la casa de David; el nombre de la virgen era María. El ángel, entrando en su presencia, dijo: «Alégrate, llena de gracia, el Señor está contigo». Ella se turbó grandemente ante estas palabras y se preguntaba qué saludo era aquel. El ángel le dijo: «No temas, María, porque has encontrado gracia ante Dios. Concebirás en tu vientre y darás a luz un hijo, y le pondrás por nombre Jesús. Será grande, se llamará Hijo del Altísimo, el Señor Dios le dará el trono de David, su padre; reinará sobre la casa de Jacob para siempre, y su reino no tendrá fin». Y María dijo al ángel: «¿Cómo será eso, pues no conozco varón?». El ángel le contestó: «El Espíritu Santo vendrá sobre ti, y la fuerza del Altísimo te cubrirá con su sombra; por eso el Santo que va a nacer será llamado Hijo de Dios. También tu pariente Isabel ha concebido un hijo en su vejez, y ya está de seis meses la que llamaban estéril, "porque para Dios nada hay imposible"». María contestó: «He aquí la esclava del Señor; hágase en mí según tu palabra». Y el ángel se retiró.

Génesis 3, 9-15.20; Salmo 97, 1bcde-4; Efesios 1, 3-6.11-12 • LUCAS 1, 26-38

Señor Jesús, que la Virgen Inmaculada me enseñe a decirte siempre «sí», con alma limpia y corazón generoso.

Cantad al Señor un cántico nuevo, porque ha hecho maravillas (Salmo 97,1bc)

Papa Francisco: «Aprended de mí y encontraréis la paz». El Señor no reserva estas palabras sólo a los apóstoles o a algunos de sus amigos, sino a todos los que están cansados y agobiados. Él sabe lo difícil que puede ser la vida y que hay muchas cosas que nos oprimen el corazón: muchas decepciones, diferentes heridas del pasado, cargas que llevamos e injusticias que soportamos, muchas incertidumbres y preocupaciones. Frente a todo esto Jesús nos dice: «Venid a mí y aprended de mí». Se trata de una invitación a moverse, a no quedarse parados, congelados y asustados delante de la vida, y a encomendarse a Él. Parece fácil, pero en los momentos oscuros viene natural encerrarse dentro de uno mismo. Sin embargo, Jesús quiere sacarnos, por eso nos dice «Ven». La salida está en la relación, en el alzar la mirada hacia Aquel que nos ama verdaderamente. Pero, no basta con salir de uno mismo, sino que es necesario saber dónde ir, dado que hay tantos objetivos engañosos que prometen un futuro mejor, sin embargo, nos dejan en la soledad de antes. Por esto, el Señor indica dónde ir: «Venid a mí». (05-08-2022)

En aquel tiempo, Jesús tomó la palabra y dijo: «Venid a mí todos los que estáis cansados y agobiados, y yo os aliviaré. Tomad mi yugo sobre vosotros y aprended de mí, que soy manso y humilde de corazón, y encontraréis descanso para vuestras almas. Porque mi yugo es llevadero y mi carga ligera».

Isaías 40, 25-31; Salmo 102, 1bc-4.8.10 • MATEO 11, 28-30

Señor Jesús, quiero tu yugo que es descanso y consuelo, confianza en tu amor, vivir tu evangelio que me libera y me hace feliz.

Bendice, alma mía, al Señor (Salmo 102, 1b)

Papa Francisco: Juan Bautista nos enseña, en primer lugar, que no podemos salvarnos a nosotros mismos: sólo en Dios encontramos la luz de la vida. En segundo lugar, que cada uno de nosotros, con el servicio, la coherencia, la humildad, con el testimonio de vida —siempre con la gracia de Dios— puede ser una lámpara que brilla y ayuda a los demás a encontrar el camino para encontrarse con Jesús. (17-12-2023)

En aquel tiempo, Jesús dijo al gentío: «En verdad os digo que no ha nacido de mujer uno más grande que Juan el Bautista; aunque el más pequeño en el reino de los cielos es más grande que él. Desde los días de Juan el Bautista hasta ahora el reino de los cielos sufre violencia y los violentos lo arrebatan. Los Profetas y la Ley han profetizado hasta que vino Juan; él es Elías, el que tenía que venir, con tal que queráis admitirlo. El que tenga oídos que oiga».

Isaías 41, 13-20; Salmo 144, 1bc.9-13ab • MATEO 11, 11-15

Señor Jesús, qué importante el papel del Bautista como precursor tuyo; que yo aprenda de él a servirte y serte fiel.

El Señor es clemente y misericordioso, lento a la cólera y rico en piedad (Salmo 144, 8)

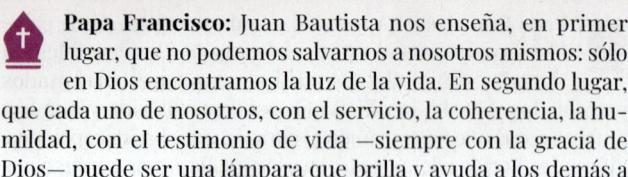

No ha nacido de mujer uno más grande que Juan

Papa Francisco: Jesús, cuando habla de esta actitud dice: «¿Quién os entiende a vosotros? Sois como esos niños en la plaza: hemos tocado la flauta, y no habéis bailado; os hemos cantado lamentaciones, y no habéis llorado. Entonces, ¿nada os satisface?». El problema no era la salvación, la liberación, porque todos la querían; el problema era el estilo de Dios: no gustaba el sonido de Dios para bailar; no gustaban las lamentaciones de Dios para llorar. Entonces, ¿qué querían? Querían obrar según su pensamiento, elegir el propio camino de salvación. Pero ese camino no conducía a nada. (24-03-2015)

En aquel tiempo, dijo Jesús al gentío: «¿A quién compararé esta generación? Se asemeja a unos niños sentados en la plaza, que gritan diciendo: "Hemos tocado la flauta, y no habéis bailado; hemos entonado lamentaciones, y no habéis llorado". Porque vino Juan, que ni comía ni bebía, y dicen: "Tiene un demonio". Vino el Hijo del hombre, que come y bebe, y dicen: "Ahí tenéis a un comilón y borracho, amigo de publicanos y pecadores". Pero la sabiduría se ha acreditado por sus obras».

Isaías 48, 17-19; Salmo 1, 1-3.6 • MATEO 11, 16-19

Señor Jesús, no hay cosa peor que la indiferencia; ayúdame a vivir mi vocación cristiana con empeño e ilusión, con entrega y decisión.

El que te sigue, Señor, tendrá la luz de la vida (cf. Juan 8, 12)

Papa Francisco: Hoy, como ayer, Santa María de Guadalupe quiere encontrarse con nosotros, como un día lo hizo con Juan Diego en el cerrito del Tepeyac. Quiere quedarse con nosotros. Nos suplica que le permitamos ser nuestra madre, que abramos nuestra vida a su Hijo Jesús y acojamos su mensaje para aprender a amar como Él. (12-12-2022)

Cuando bajaban del monte, los discípulos preguntaron a Jesús: «¿Por qué dicen los escribas que primero tiene que venir Elías?». Él les contestó: «Elías vendrá y lo renovará todo. Pero os digo que Elías ya ha venido, y no lo reconocieron, sino que han hecho con él lo que han querido. Así también el Hijo del hombre va a padecer a manos de ellos». Entonces entendieron los discípulos que se refería a Juan el Bautista.

Eclesiástico 48, 1-4.9-11b; Salmo 79, 2ac.3b.15-16.18-19

MATEO 17, 10-13

Señor Jesús, perdona las veces que no considero tu presencia en mi vida y no te espero con amor.

Oh Dios, restáuranos, que brille tu rostro y nos salve (Salmo 79, 4)

Elías ya ha venido y no lo reconocieron

Domingo 3º de Adviento

GAUDETE

Santos LUCÍA vg mr, Otilia ab, Autberto ob. Beato Antonio Gras pb

Tomo I · Salterio 3ª semana

DICIEMBRE

13

DOMINGO

Papa Francisco: Hermanos y hermanas, el ejemplo de Juan Bautista nos enseña al menos dos cosas. En primer lugar, que nosotros, solos, no podemos salvarnos: sólo en Dios encontramos la *luz* de la vida. Y, en segundo lugar, que cada uno de nosotros, con el servicio, la coherencia, la humildad; con el testimonio de vida —y siempre con la gracia de Dios— puede ser una lámpara que brilla y ayudar a los demás a encontrar el camino para encontrarse con Jesús. Por eso nos preguntamos: ¿cómo puedo yo, en los ambientes en los que vivo, no un día lejano, sino ya ahora, en esta Navidad, ser un *testigo de luz*, un testigo de Cristo? (17-12-2023)

Isaías 61, 1-2a.10-11: El Espíritu del Señor, Dios, está sobre mí, porque el Señor me ha ungido. Me ha enviado para dar la buena noticia a los pobres, para curar los corazones desgarrados, para proclamar la amnistía a los cautivos, y a los prisioneros la libertad; para proclamar un año de gracia del Señor. Desbordo de gozo con el Señor, y me alegro con mi Dios: porque me ha puesto un traje de salvación, y me ha envuelto con un manto de justicia, como novio que se pone la corona, o novia que se adorna con sus joyas. Como el suelo echa sus brotes, como un jardín hace brotar sus semillas, así el Señor hará brotar la justicia y los himnos, ante todos los pueblos.

Salmo: Lucas 1, 46b-50.53-54: *Me alegro con mi Dios.*

1 Tesalonicenses 5, 16-24: Hermanos: Estad siempre alegres. Sed constantes en orar. Dad gracias en toda ocasión: esta es la voluntad de Dios en Cristo Jesús respecto de vosotros. No apaguéis el espíritu, no despreciéis las profecías; examinadlo todo y quedaos con lo bueno. Guardaos de toda clase de mal. Que el mismo Dios de la paz os santifique totalmente, y que todo vuestro espíritu, alma y cuerpo se mantenga sin reproche hasta la venida de nuestro Señor Jesucristo. El que os llama es fiel, y él lo realizará.

JUAN 1, 6-8.19-28: Surgió un hombre enviado por Dios, que se llamaba Juan: este venía como testigo, para dar testimonio de la luz, para que todos creyeran por medio de él. No era él la luz, sino el que daba testimonio de la luz. Y este es el testimonio de Juan, cuando los judíos enviaron desde Jerusalén sacerdotes y levitas a que le preguntaran: «¿Tú quién eres?». Él confesó y no negó; confesó: «Yo no soy el Mesías». Le preguntaron: «¿Entonces, qué? ¿Eres tú Elías?». Él dijo: «No lo soy». «¿Eres tú el Profeta?». Respondió: «No». Y le dijeron: «¿Quién eres, para que podamos dar una respuesta a los que nos han enviado? ¿Qué dices de ti mismo?». Él contestó: «Yo soy la voz que grita en el desierto: "Allanad el camino del Señor", como dijo el profeta Isaías». Entre los enviados había fariseos y le preguntaron: «¿Entonces, ¿por qué bautizas si tú no eres el Mesías, ni Elías, ni el Profeta?». Juan les respondió: «Yo bautizo con agua; en medio de vosotros hay uno que no conocéis, el que viene detrás de mí, y al que no soy digno de desatar la correa de la sandalia». Esto pasaba en Betania, en la otra orilla del Jordán, donde Juan estaba bautizando.

 Señor Jesús, la cercanía de tu venida llene de alegría mi corazón; te necesito, te espero, deseo que estés conmigo. Gracias. Bendito seas.

Papa Francisco: Pido al Señor la gracia de que nuestro corazón sea sencillo, luminoso con la verdad que Él nos da, y podamos así ser amables, capaces de perdonar, comprensivos con los demás, de corazón grande con la gente, misericordiosos. Jamás condenar. Si tú tienes ganas de condenar, condénate a ti mismo. Al contrario, hay que pedir al Señor la gracia de que nos dé esta luz interior, que nos convenza que la roca es sólo Él y no tantas historias que hacemos como cosas importantes; y que Él nos acompañe por el camino, que Él nos ensanche el corazón, para que puedan entrar los problemas de tanta gente, y que Él nos dé la gracia de sentirnos pecadores. (15-12-2014)

En aquel tiempo, Jesús llegó al templo y, mientras enseñaba, se le acercaron los sumos sacerdotes y los ancianos del pueblo para preguntarle: «¿Con qué autoridad haces esto? ¿Quién te ha dado semejante autoridad?». Jesús les replicó: «Os voy a hacer yo también una pregunta; si me la contestáis, os diré yo también con qué autoridad hago esto. El bautismo de Juan ¿de dónde venía, del cielo o de los hombres?». Ellos se pusieron a deliberar: «Si decimos "del cielo", nos dirá: "¿Por qué no le habéis creído?". Si le decimos "de los hombres", tememos a la gente; porque todos tienen a Juan por profeta». Y respondieron a Jesús: «No sabemos». Él, por su parte, les dijo: «Pues tampoco yo os digo con qué autoridad hago esto».

Números 24, 2-7.15. 17a; Salmo 24, 4-9 • MATEO 21, 23-27

Señor Jesús, cura toda hipocresía y doblez en mi corazón, quiero ser más sencillo y confiar más en ti, mi Dios.
Señor, instrúyeme en tus sendas **(Salmo 24,4b)**

Papa Francisco: ¡Pensar en la paciencia de Dios es maravilloso! Cómo el Señor nos espera siempre; siempre junto a nosotros para ayudarnos; pero respeta nuestra libertad. Y espera ansiosamente nuestro «sí», para acogernos nuevamente entre sus brazos paternos y colmarnos de su misericordia sin límites. La fe en Dios pide renovar cada día la elección del bien respecto al mal, la elección de la verdad respecto a la mentira, la elección del amor del prójimo respecto al egoísmo. Quien se convierte a esta elección, después de haber experimentado el pecado, encontrará los primeros lugares en el Reino de los cielos, donde hay más alegría por un solo pecador que se convierte que por noventa y nueve justos. (27-09-2020)

En aquel tiempo, dijo Jesús a los sumos sacerdotes y a los ancianos del pueblo: «¿Qué os parece? Un hombre tenía dos hijos. Se acercó al primero y le dijo: "Hijo, ve hoy a trabajar en la viña". Él le contestó: "No quiero". Pero después se arrepintió y fue. Se acercó al segundo y le dijo lo mismo. Él le contestó: "Voy, señor". Pero no fue. ¿Quién de los dos cumplió la voluntad de su padre?». Contestaron: «El primero». Jesús les dijo: «En verdad os digo que los publicanos y las prostitutas van por delante de vosotros en el Reino de Dios. Porque vino Juan a vosotros enseñándoos el camino de la justicia y no le creísteis; en cambio, los publicanos y prostitutas le creyeron. Y, aun después de ver esto, vosotros no os arrepentisteis ni le creísteis».

Sofonías 3,1-2.9-13; Salmo 33, 2-3.6-7.17-19.23 • MATEO 21, 28-32

Señor Jesús, necesito conversión, me arrepiento de buscar solo mi voluntad, quiero escucharte, quiero estar más dispuesto a cumplir tu voluntad. Ayúdame.

El afligido invocó al Señor, y él lo escuchó (Salmo 33, 7ab)

Papa Francisco: El Adviento es un tiempo de gracia para quitarnos las máscaras —que cada uno tiene— y ponernos en fila con los humildes; para liberarnos de la presunción de creernos autosuficientes, para ir a confesar nuestros pecados, aquellos escondidos, y recibir el perdón de Dios, para pedir perdón a los que hemos ofendido. Así comienza una nueva vida. (04-12-2022)

En aquel tiempo, Juan, llamando a dos de sus discípulos, los envió al Señor diciendo: «¿Eres tú el que ha de venir, o tenemos que esperar a otro?». Los hombres se presentaron ante él y le dijeron: «Juan el Bautista nos ha mandado a ti para decirte: «¿Eres tú el que ha de venir, o tenemos que esperar a otro?». En aquella hora Jesús curó a muchos de enfermedades, achaques y malos espíritus, y a muchos ciegos les otorgó la vista. Y respondiendo, les dijo: «Id a anunciar a Juan lo que habéis visto y oído: los ciegos ven, los cojos andan, los leprosos quedan limpios y los sordos oyen, los muertos resucitan, los pobres son evangelizados. Y ¡bienaventurado el que no se escandalice de mí!».

Isaías 45, 6c-8.18.21b-25; Salmo 84, 9abc.10-14 • LUCAS 7, 19-23

Señor Jesús, tú eres el Mesías esperado y verdadero; vienes a liberar, a redimir, a salvar. Gracias por tu amor. *Cielos, destilad desde lo alto al Justo, las nubes lo derramen* (Isaías 45, 8)

Papa Francisco: Jesús es hijo de David, sí, pero también es hijo de mujeres extranjeras, llamado a ser luz para las naciones y Salvador del mundo. A través de ellas, el mundo de los gentiles entra en la genealogía de Jesús, manifestando su misión universal. (18-12-2024)

Libro del origen de Jesucristo, hijo de David, hijo de Abrahán. Abrahán engendró a Isaac, Isaac engendró a Jacob, Jacob engendró a Judá y a sus hermanos. Judá engendró, de Tamar, a Fares y a Zará, Fares engendró a Esrón, Esrón engendró a Arán, Arán engendró a Aminadab, Aminadab engendró a Naasón, Naasón engendró a Salmón, Salmón engendró, de Rajab, a Booz, Booz engendró, de Rut, a Obed; Obed engendró a Jesé, Jesé engendró a David, el rey. David, de la mujer de Urías, engendró a Salomón, Salomón engendró a Roboam, Roboam engendró a Abías, Abías engendró a Asaf, Asaf engendró a Josafat, Josafat engendró a Jorán, Jorán engendró a Ozías, Ozías engendró a Joatán, Joatán engendró a Acaz, Acaz engendró a Ezequías, Ezequías engendró a Manasés, Manasés engendró a Amós, Amós engendró a Josías; Josías engendró a Jeconías y a sus hermanos, cuando el destierro de Babilonia. Después del destierro de Babilonia, Jeconías engendró a Salatiel, Salatiel engendró a Zorobabel, Zorobabel engendró a Abiud, Abiud engendró a Eliaquín, Eliaquín engendró a Azor, Azor engendró a Sadoc, Sadoc engendró a Aquín, Aquín engendró a Eliud, Eliud engendró a Eleazar, Eleazar engendró a Matán, Matán engendró a Jacob; y Jacob engendró a José, el esposo de María, de la cual nació Jesús, llamado Cristo. Así, las generaciones desde Abrahán hasta David fueron en total catorce; desde David hasta la deportación a Babilonia, catorce; y desde la deportación a Babilonia hasta el Cristo, catorce.

Génesis 49,1-2.8-10; Salmo 71, 1-4ab.7-8.17; MATEO 1, 1-17

Señor Jesús, esperamos tu venida, tráenos la paz, visítanos con tu salvación, renueva tu amor en cada uno de nosotros. *En sus días florezca la justicia y la paz abunde eternamente.* (Salmo 71, cf. 7)

FERIA MAYOR

Ntra. Sra. de la O (Expectación, Esperanza, Macarena). Santos Malaquías prof, Pablo Nguyên y co cts mrs

DICIEMBRE

18

VIERNES

Papa Francisco: José confía totalmente en Dios, obedece las palabras del Ángel y se lleva a María con él. Fue precisamente esta confianza inquebrantable en Dios la que le permitió aceptar una situación humanamente difícil y, en cierto sentido, incomprensible. José entiende, en la fe, que el niño nacido en el seno de María no es su hijo, sino el Hijo de Dios, y él, José, será su guardián, asumiendo plenamente su paternidad terrenal. El ejemplo de este hombre gentil y sabio nos exhorta a levantar la vista, a mirar más allá. Se trata de recuperar la sorprendente lógica de Dios que, lejos de pequeños o grandes cálculos, está hecha de apertura hacia nuevos horizontes, hacia Cristo y Su Palabra. (22-12-2019)

La generación de Jesucristo fue de esta manera: María, su madre, estaba desposada con José y, antes de vivir juntos, resultó que ella esperaba un hijo por obra del Espíritu Santo. José, su esposo, como era justo y no quería difamarla, decidió repudiarla en privado. Pero, apenas había tomado esta resolución, se le apareció en sueños un ángel del Señor que le dijo: «José, hijo de David, no temas acoger a María, tu mujer, porque la criatura que hay en ella viene del Espíritu Santo. Dará a luz un hijo y tú le pondrás por nombre Jesús, porque él salvará a su pueblo de sus pecados». Todo esto sucedió para que se cumpliese lo que había dicho el Señor por medio del profeta: «Mirad: la virgen concebirá y dará a luz un hijo y le pondrá por nombre Enmanuel, que significa "Dios-con-nosotros"». Cuando José se despertó, hizo lo que le había mandado el ángel del Señor y acogió a su mujer.

Jeremías 23, 5-8; Salmo 71, 1-2.12-13.18-19 • MATEO 1, 18-24

Señor Jesús, el ejemplo de San José me ayude a vivir en la fidelidad a tu palabra que siempre me guía, me orienta y me ayuda a entender.

En sus días florezca la justicia, y la paz abunde eternamente (Salmo 71, cf. 7)

Papa Francisco: Recemos hoy por nuestra madre Iglesia, por la gran esterilidad en el pueblo de Dios: esterilidad de egoísmos, de poder. Porque la Iglesia es estéril cuando cree que puede hacer todo, adueñarse de las conciencias de la gente, ir por el camino de los fariseos, de los saduceos, por el camino de la hipocresía. Por eso se necesita rezar. (19-12-2014)

En los días de Herodes, rey de Judea, había un sacerdote de nombre Zacarías, del turno de Abías, casado con una descendiente de Aarón, cuyo nombre era Isabel. Los dos eran justos ante Dios, y caminaban sin falta según los mandamientos y leyes del Señor. No tenían hijos, porque Isabel era estéril, y los dos eran de edad avanzada. Una vez que Zacarías oficiaba delante de Dios en el grupo de su turno, según la costumbre de los sacerdotes, le tocó en suerte a él entrar en el santuario del Señor a ofrecer el incienso; la muchedumbre del pueblo estaba fuera rezando durante la ofrenda del incienso. Y se le apareció el ángel del Señor, de pie a la derecha del altar del incienso. Al verlo, Zacarías se sobresaltó y quedó sobrecogido de temor. Pero el ángel le dijo: «No temas, Zacarías, porque tu ruego ha sido escuchado: tu mujer Isabel te dará un hijo, y le pondrás por nombre Juan. Te llenarás de alegría y gozo, y muchos se alegrarán de su nacimiento. Pues será grande a los ojos del Señor: no beberá vino ni licor; estará lleno del Espíritu Santo ya en el vientre materno, y convertirá muchos hijos de Israel al Señor, su Dios. Irá delante del Señor, con el espíritu y poder de Elías, "para convertir los corazones de los padres hacia los hijos", y a los desobedientes, a la sensatez de los justos, para preparar al Señor un pueblo bien dispuesto». Zacarías replicó al ángel: «¿Cómo estaré seguro de eso? Porque yo soy viejo, y mi mujer es de edad avanzada». Respondiendo el ángel le dijo: «Yo soy Gabriel, que sirvo en presencia de Dios; he sido enviado para hablarte y comunicarte esta buena noticia. Pero te quedarás mudo, sin poder hablar, hasta el día en que esto suceda, porque no has dado fe a mis palabras, que se cumplirán en su momento oportuno». El pueblo, que estaba aguardando a Zacarías, se sorprendía de que tardase tanto en el santuario. Al salir no podía hablarles, y ellos comprendieron que había tenido una visión en el santuario. Él les hablaba por señas, porque seguía mudo. Al cumplirse los días de su servicio en el templo volvió a casa. Días después concibió Isabel, su mujer, y estuvo sin salir de casa cinco meses, diciendo: «Esto es lo que ha hecho por mí el Señor, cuando se ha fijado en mí para quitar mi oprobio ante la gente».

Jueces 13, 2-7.24-25a; Salmo 70, 3-6ab.16-17 • LUCAS 1, 5-25

Señor Jesús, a veces dudo y me cuesta creer; concédeme tu gracia que me ilumine y me ayude a renovar la fe.
Que se llene mi boca de tu alabanza, y así cantaré tu gloria (Salmo 70, cf. 8a)

Papa Francisco: Esta, hermanas y hermanos, es nuestra esperanza. Dios es el Emanuel, el «Dios con nosotros». El infinitamente grande se hizo pequeño; la luz divina brilló entre las tinieblas del mundo, la gloria del cielo se asomó a la tierra. ¿Cómo? En la pequeñez de un Niño. Y si Dios viene, aun cuando nuestro corazón se asemeja a un pobre pesebre, entonces podemos decir: la esperanza no ha muerto, la esperanza está viva, y envuelve nuestra vida para siempre. La esperanza no defrauda. (24-12-2024)

2 Samuel 7, 1-5.8b-12. 14a.16: Cuando el rey David se asentó en su casa, y el Señor le hubo dado reposo de todos sus enemigos de alrededor, dijo al profeta Natán: «Mira, yo habito en una casa de cedro, mientras el arca de Dios habita en una tienda». Natán dijo al rey: «Ve y haz lo que desea tu corazón, pues el Señor está contigo». Aquella noche vino esta palabra del Señor a Natán: «Ve y habla a mi siervo David: "Así dice el Señor: ¿Tú me vas a construir una casa para morada mía? Yo te tomé del pastizal, de andar tras el rebaño, para que fueras jefe de mi pueblo Israel. He estado a tu lado por donde quiera que has ido, he suprimido a todos tus enemigos ante ti y te he hecho tan famoso como los grandes de la tierra. Dispondré un lugar para mi pueblo Israel y lo plantaré para que resida en él sin que lo inquieten, ni le hagan más daño los malvados, como antaño, cuando nombraba jueces sobre mi pueblo Israel. A ti te he dado reposo de todos tus enemigos. Pues bien, el Señor te anuncia que te va a edificar una casa. En efecto, cuando se cumplan tus días y reposes con tus padres, yo suscitaré descendencia tuya después de ti. Al que salga de tus entrañas le afirmaré su reino. Yo seré para él un padre y el será para mí un hijo. Tu casa y tu reino se mantendrán siempre firme ante mí, tu trono durará para siempre"».

Salmo 88, 2-5.27.29: *Cantaré eternamente tus misericordias Señor.*

Romanos 16, 25-27: Hermanos: Al que puede consolidaros según mi Evangelio y el mensaje de Jesucristo que proclamo, conforme a la revelación del misterio mantenido en secreto durante los siglos eternos y manifestado ahora mediante las escrituras proféticas, dado a conocer según disposición del Dios eterno para que todas las gentes llegaran a la obediencia de la fe; a Dios, único sabio, por Jesucristo, la gloria por los siglos de los siglos. Amén.

LUCAS 1, 26-38: En aquel tiempo, el ángel Gabriel fue enviado por Dios a una ciudad de Galilea llamada Nazaret, a una virgen desposada con un hombre llamado José, de la casa de David: el nombre de la virgen era María. El ángel, entrando en su presencia, dijo: «Alégrate, llena de gracia, el Señor está contigo». Ella se turbó grandemente ante estas palabras y se preguntaba qué saludo era aquel. El ángel le dijo: «No temas, María, porque has encontrado gracia ante Dios. Concebirás en tu vientre y darás a luz un hijo, y le pondrás por nombre Jesús. Será grande, se llamará Hijo del Altísimo, el Señor Dios le dará el trono de David, su padre; reinará sobre la casa de Jacob para siempre, y su reino no tendrá fin». Y María dijo al ángel: «¿Cómo será eso, pues no conozco varón?». El ángel le contestó: «El Espíritu Santo vendrá sobre ti, y la fuerza del Altísimo te cubrirá con su sombra; por eso el Santo que va a nacer será llamado Hijo de Dios. También tu pariente Isabel ha concebido un hijo en su vejez, y ya está de seis meses la que llamaban estéril, "porque para Dios nada hay imposible"». María contestó: «He aquí la esclava del Señor; hágase en mí según tu palabra». Y el ángel se retiró.

 Señor Jesús, con María la Virgen te digo «sí», me fijo en Ella, tu «humilde esclava», me fijo en su amor, en su sencillez, en su fe valiente. Gracias por dármela como madre y modelo.

Papa Francisco: La Madre del Señor es modelo de los jóvenes en movimiento, no inmóviles frente al espejo contemplando su propia imagen o «atrapados» en las redes. Ella estaba totalmente orientada hacia el exterior. Es la mujer pascual, en permanente estado de éxodo, de salida de sí misma hacia el gran Otro que es Dios y hacia los demás, los hermanos y las hermanas, especialmente los más necesitados, como lo fue su prima Isabel. (15-08-2022)

En aquellos días, María se levantó y se puso en camino de prisa hacia la montaña, a una ciudad de Judá; entró en casa de Zacarías y saludó a Isabel. Aconteció que, en cuanto Isabel oyó el saludo de María, saltó la criatura en su vientre. Se llenó Isabel de Espíritu Santo y, levantando la voz, exclamó: «¡Bendita tú entre las mujeres, y bendito el fruto de tu vientre! ¿Quién soy yo para que me visite la madre de mi Señor? Pues, en cuanto tu saludo llegó a mis oídos, la criatura saltó de alegría en mi vientre. Bienaventurada la que ha creído, porque lo que le ha dicho el Señor se cumplirá».

Cantar 2, 8-14; Salmo 32, 2-3.11-12.20-21 • LUCAS 1, 39-45

Señor Jesús, seré dichoso si acojo tu palabra y si me fío de ti. Quiero creer, quiero decir que «sí».

Aclamad, justos, al Señor, cantadle un cántico nuevo **(Salmo 32, 1a.3a)**

Papa Francisco: Que la Virgen María nos obtenga la gracia de vivir una Navidad extrovertida, pero no dispersa, extrovertida: en el centro no está nuestro «Yo», sino el Tú de Jesús y tú de los hermanos, especialmente aquellos que necesitan ayuda. Entonces dejaremos espacio al amor que, también hoy, quiere hacerse carne y venir a vivir entre nosotros. (23-12-2018)

En aquel tiempo, María dijo: «Proclama mi alma la grandeza del Señor, "se alegra mi espíritu en Dios, mi salvador; porque ha mirado la humildad de su esclava". Desde ahora me felicitarán todas las generaciones, porque el Poderoso ha hecho obras grandes en mí: "su nombre es santo, y su misericordia llega a sus fieles de generación en generación". Él hace proezas con su brazo: dispersa a los soberbios de corazón, "derriba del trono a los poderosos y enaltece a los humildes, a los hambrientos los colma de bienes y a los ricos los despide vacíos. Auxilia a Israel, su siervo, acordándose de la misericordia" —como lo había prometido a nuestros padres— en favor de Abrahán y su descendencia por siempre». María se quedó con Isabel unos tres meses y volvió a su casa.

1 Samuel 1, 24-28; Salmo: 1 Samuel 2, 1.4-8abcd • LUCAS 1, 46-56

Señor Jesús, con María proclamo tu misericordia de generación en generación, alabo tu bondad y tus maravillas, tu amor por nosotros que nunca se acaba.

Mi corazón se regocija en el Señor, mi Salvador (1 Samuel 2, cf. 1a)

FERIA MAYOR

Santos JUAN DE KETY pb, Ivón ob, Juan Stone pb mr, Mª. Margarita mf rl.
Beatos Nicolás Factor pb, Antonio Galvão de França pb

DICIEMBRE

23

MIÉRCOLES

Papa Francisco: La página evangélica del día anuncia el nacimiento y luego se detiene en el momento de la imposición del nombre al niño. Isabel elige un nombre extraño a la tradición familiar y dice: «Se llamará Juan», don gratuito y también inesperado, porque Juan significa «Dios ha hecho la gracia». Y este niño será heraldo, testigo de la gracia de Dios para los pobres que esperan con humilde fe su salvación. Zacarías confirma de forma inesperada la elección de ese nombre, escribiéndolo en una tablilla —porque estaba mudo— «y al punto se abrió su boca y su lengua y hablaba bendiciendo a Dios». Todo el evento del nacimiento de Juan Bautista está rodeado por un alegre sentido de asombro, de sorpresa, de gratitud. Asombro, sorpresa, gratitud. La gente fue invadida por un santo temor a Dios «y en toda la montaña de Judea se comentaban todas estas cosas». (24-06-2018).

A Isabel se le cumplió el tiempo del parto y dio a luz un hijo. Se enteraron sus vecinos y parientes de que el Señor le había hecho una gran misericordia, y se alegraban con ella. A los ocho días vinieron a circuncidar al niño, y querían llamarlo Zacarías, como su padre; pero la madre intervino diciendo: «¡No! Se va a llamar Juan». Y le dijeron: «Ninguno de tus parientes se llama así». Entonces preguntaban por señas al padre cómo quería que se llamase. Él pidió una tablilla y escribió: «Juan es su nombre». Y todos se quedaron maravillados. Inmediatamente se le soltó la boca y la lengua, y empezó a hablar bendiciendo a Dios. Los vecinos quedaron sobrecogidos, y se comentaban todos estos hechos por toda la montaña de Judea. Y todos los que los oían reflexionaban diciendo: «Pues ¿qué será este niño?». Porque la mano del Señor estaba con él.

Malaquías 3, 1-4.23-24; Salmo 24, 4-5a. 8-10.14 • LUCAS 1, 57-66

Señor Jesús, salvador prometido, Mesías del amor y de la entrega, quiero acogerte, quiero servirte, quiero seguirte, te espero con ardor.

Levantaos, alzad la cabeza: se acerca vuestra liberación (Lucas 21, 28)

Papa Francisco: Cuando anunciamos al Señor, el Señor viene a nosotros. A veces pensamos que la manera de estar cerca de Dios es tenerlo estrechamente junto a nosotros; porque después, si nos exponemos y hablamos de esto, llegan los juicios, las críticas, tal vez no sabemos responder a ciertas preguntas o provocaciones y entonces es mejor no hablar de esto y cerrarse: no, esto no es bueno. En cambio, el Señor viene cuando lo anunciamos. Tú siempre encuentras al Señor en el camino del anuncio. (10-04-2023)

En aquel tiempo, Zacarías, padre de Juan, se llenó de Espíritu Santo y profetizó diciendo: «"Bendito sea el Señor, Dios de Israel", porque ha visitado y "redimido a su pueblo", suscitándonos una fuerza de salvación en la casa de David, su siervo, según lo había predicho desde antiguo por boca de sus santos profetas. Es la salvación que nos libra de nuestros enemigos y de la mano de todos los que nos odian; realizando la "misericordia que tuvo con nuestros padres, recordando su santa alianza" y el "juramento que juró a nuestro padre Abrahán", para concedernos que, libres de temor, arrancados de la mano de los enemigos, le sirvamos con santidad y justicia, en su presencia, todos nuestros días. Y a ti, niño, te llamarán profeta del Altísimo, porque irás delante "del Señor a preparar sus caminos, anunciando a su pueblo la salvación por el perdón de sus pecados. Por la entrañable misericordia de nuestro Dios, nos visitará el sol que nace de lo alto, para iluminar a los que viven en tinieblas y en sombra de muerte, para guiar nuestros pasos por el camino de la paz».

2 Samuel 7, 1-5.8b-12. 14a.16; Salmo 88, 2-5.27.29 • LUCAS 1, 67-79

Señor Jesús, sol que nace de lo alto, bendito seas; brilla en mi vida, renueva tu luz en mí, destruye la oscuridad en mi corazón.

Cantaré eternamente tus misericordias, Señor (Salmo 88, cf. 2a)

TIEMPO DE NAVIDAD

MISA DE MEDIANOCHE

Papa Francisco: Miremos, por tanto, al «Dios vivo y verdadero»; a Él, que está más allá de todo cálculo humano y, sin embargo, se deja censar por nuestros cómputos; a Él, que revoluciona la historia habitándola; a Él, que nos respeta hasta el punto de permitirnos rechazarlo; a Él, que borra el pecado cargándolo sobre sí, que no quita el dolor, sino que lo transforma; que no elimina los problemas de nuestra vida, sino que da a nuestras vidas una esperanza más grande que los problemas. Desea tanto abrazar nuestra existencia que, siendo infinito, por nosotros se hace finito; siendo grande, se hace pequeño; siendo justo, vive nuestras injusticias. Hermanos y hermanas, este es el asombro de la Navidad: no una mezcla de afectos melosos y de consuelos mundanos, sino la inaudita ternura de Dios que salva el mundo encarnándose. Miremos al Niño, miremos su cuna, contemplemos el pesebre, que los ángeles llaman la «señal». Es, en efecto, el signo que revela el rostro de Dios, que es compasión y misericordia, omnipotente siempre y sólo en el amor. Se hace cercano, tierno y compasivo, este es el modo de ser de Dios: cercanía, compasión, ternura. (24-12-2023)

Isaías 9, 1-6: El pueblo que caminaba en tinieblas vio una luz grande; habitaba en tierra y sombras de muerte, y una luz les brilló. Acreciste la alegría, aumentaste el gozo; se gozan en tu presencia, como gozan al segar, como se alegran al repartirse el botín. Porque la vara del opresor, el yugo de su carga, el bastón de su hombro, los quebrantaste como el día de

Madián. Porque la bota que pisa con estrépito y la túnica empapada de sangre serán combustible, pasto del fuego. Porque un niño nos ha nacido, un hijo se nos ha dado: lleva a hombros el principado, y es su nombre: «Maravilla de Consejero, Dios fuerte, Padre de eternidad, Príncipe de la paz». Para dilatar el principado, con una paz sin límites, sobre el trono de David y sobre su reino. Para sostenerlo y consolidarlo con la justicia y el derecho, desde ahora y por siempre. El celo del Señor del universo lo realizará.

Salmo 95,1-3.11-13: *Hoy nos ha nacido un Salvador: el Mesías, el Señor.*

Tito 2,11-14: Querido hermano: Se ha manifestado la gracia de Dios, que trae la salvación para todos los hombres, enseñándonos a que, renunciando a la impiedad y a los deseos mundanos, llevemos ya desde ahora una vida sobria, justa y piadosa, aguardando la dicha que esperamos y la manifestación de la gloria del gran Dios y Salvador nuestro, Jesucristo, el cual se entregó por nosotros para rescatarnos de toda iniquidad, y purificar para sí un pueblo de su propiedad, dedicado enteramente a las buenas obras.

LUCAS 2, 1-14: Sucedió en aquellos días que salió un decreto del emperador Augusto, ordenando que se empadronase todo el Imperio. Este primer empadronamiento se hizo siendo Cirino gobernador de Siria. Y todos iban a empadronarse, cada cual a su ciudad. También José, por ser de la casa y familia de David, subió desde la ciudad de Nazaret, en Galilea, a la ciudad de David, que se llama Belén, en Judea, para empadronarse con su esposa María, que estaba encinta. Y sucedió que, mientras estaban allí, le llegó a ella el tiempo del parto y dio a luz a su hijo primogénito, lo envolvió en pañales y lo recostó en un pesebre, porque no había sitio para ellos en la posada. En aquella misma región había unos pastores que pasaban la noche al aire libre, velando por turno su rebaño. De repente un ángel del Señor se les presentó; la gloria del Señor los envolvió de claridad, y se llenaron de gran temor. El ángel les dijo: «No temáis, os anuncio una buena noticia que será de gran alegría para todo el pueblo: hoy, en la ciudad de David, os ha nacido un Salvador, el Mesías, el Señor. Y aquí tenéis la señal: encontraréis un niño envuelto en pañales y acostado en un pesebre». De pronto, en torno al ángel, apareció una legión del ejército celestial, que alababa a Dios, diciendo: «Gloria a Dios en el cielo, y en la tierra paz a los hombres de buena voluntad».

MISA DEL DÍA

Isaías 52, 7-10: Qué hermosos son sobre los montes los pies del mensajero que proclama la paz, que anuncia la buena noticia, que pregona la justicia, que dice a Sion: «¡Tu Dios reina!». Escucha: tus vigías gritan, cantan a coro, porque ven cara a cara al Señor, que vuelve a Sion. Romped a cantar a coro, ruinas de Jerusalén, porque el Señor ha consolado a su pueblo, ha rescatado a Jerusalén. Ha descubierto el Señor su santo brazo a los ojos de todas las naciones, y verán los confines de la tierra la salvación de nuestro Dios.

Salmo 97, 1-6: *Los confines de la tierra han contemplado la salvación de nuestro Dios.*

Hebreos 1, 1-6: En muchas ocasiones y de muchas maneras habló Dios antiguamente a los padres por los profetas. En esta etapa final, nos ha hablado por el Hijo, al que ha nombrado heredero de todo, y por medio del cual ha realizado los siglos. Él es reflejo de su gloria, impronta de su ser. Él sostiene el universo con su palabra poderosa. Y, habiendo realizado la purificación de los pecados, está sentado a la derecha de la Majestad en las alturas; tanto más encumbrado sobre los ángeles, cuanto más sublime es el nombre que ha heredado. Pues, ¿a qué ángel dijo jamás: "Hijo mío eres tú, yo te he engendrado hoy"; y en otro lugar: "Yo seré para él un padre y él será para mí un hijo"? Asimismo, cuando introduce en el mundo al primogénito, dice: "Adórenlo todos los ángeles de Dios".

JUAN 1, 1-5.9-14: En el principio existía el Verbo, y el Verbo estaba junto a Dios, y el Verbo era Dios. Él estaba en el principio junto a Dios. Por medio de él se hizo todo, y sin él no se hizo nada de cuanto se ha hecho. En él estaba la vida, y la vida era la luz de los hombres. Y la luz brilla en la tiniebla, y la tiniebla no lo recibió. El Verbo era la luz verdadera, que alumbra a todo hombre, viniendo al mundo. En el mundo estaba; el mundo se hizo por medio de él, y el mundo no lo conoció. Vino a su casa y los suyos no lo recibieron. Pero a cuantos lo recibieron, les dio poder de ser hijos de Dios, a los que creen en su nombre. Estos no han nacido de sangre, ni de deseo de carne, ni de deseo de varón, sino que han nacido de Dios. Y el Verbo se hizo carne y habitó entre nosotros, y hemos contemplado su gloria: gloria como del Unigénito del Padre, lleno de gracia y de verdad.

Señor Jesús, gracias por tu nacimiento en «la humildad de nuestra carne», gracias por poner tu tienda entre nosotros, gracias porque vienes a llenar de amor y de esperanza nuestras vidas.

Papa Francisco: Saulo y Esteban, el perseguidor y el perseguido. Entre ellos parece haber un muro impenetrable, tan duro como el fundamentalismo del joven fariseo y como las piedras arrojadas al condenado a muerte. Sin embargo, más allá de las apariencias, hay algo más fuerte que los une: a través del testimonio de Esteban, de hecho, el Señor ya está preparando en el corazón de Saulo, sin que él lo sepa, la conversión que lo llevará a ser un gran apóstol. Esteban, su servicio, su oración y la fe que proclama, su valentía y especialmente su perdón a punto de morir, no son en vano. Se decía, en los tiempos de las persecuciones —y aún hoy es justo decirlo— «la sangre de los mártires semilla de cristianos». Parecen terminar en la nada, pero en realidad su sacrificio siembra una semilla que, a contracorriente de las piedras, se planta, de manera oculta, en el pecho de su peor rival. (26-12-2023)

En aquel tiempo, dijo Jesús a sus discípulos: «¡Cuidado con la gente!, porque os entregarán a los tribunales, os azotarán en las sinagogas y os harán comparecer ante gobernadores y reyes, por mi causa, para dar testimonio ante ellos y ante los gentiles. Cuando os entreguen, no os preocupéis de lo que vais a decir o de cómo lo diréis: en aquel momento se os sugerirá lo que tenéis que decir, porque no seréis vosotros los que habléis, sino que el Espíritu de vuestro Padre hablará por vosotros. El hermano entregará al hermano a la muerte, el padre al hijo; se rebelarán los hijos contra sus padres y los matarán. Y seréis odiados por todos a causa de mi nombre; pero el que persevere hasta el final se salvará».

Hechos 6, 8-10; 7, 54-59; Salmo 30, 3cd-4.6.8ab.16b-17 • MATEO 10, 17-22

Señor Jesús, sin miedo y sin dudar sea yo testigo de tu palabra con la fuerza y entrega del protomártir San Esteban.
A tus manos, Señor, encomiendo mi espíritu (Salmo 30, 6a)

Papa Francisco: La capacidad de asombro es un secreto para llevarse bien en familia. No hay que acostumbrarse a las cosas habituales. Sobre todo, hay que saber asombrarse de Dios, que nos acompaña. Y después, asombrarse en familia. Pienso que es bueno en la pareja saber asombrarse también del propio cónyuge, por ejemplo, tomándolo de la mano y mirándolo a los ojos por la noche durante unos instantes, con ternura: el asombro te lleva a la ternura, siempre. Es hermosa la ternura en el matrimonio. Y luego maravillarse del milagro de la vida, de los niños, encontrando tiempo para jugar con ellos y para escucharlos. (31-12-2023)

Eclesiástico 3,2-6.12-14: El Señor honra más al padre que a los hijos y afirma el derecho de la madre sobre ellos. El que honra a su padre expía sus pecados, y quien respeta a su madre es como quien acumula tesoros. Quien honra a su padre se alegrará de sus hijos y cuando rece, será escuchado. Quien respeta a su padre tendrá larga vida, y quien honra a su madre, obedece al Señor. Hijo, cuida de tu padre en su vejez y durante su vida no le causes tristeza. Aunque pierda el juicio, sé indulgente con él y no lo desprecies aun estando tú en pleno vigor. Porque la compasión hacia el padre no será olvidada, y te servirá para reparar tus pecados.

Salmo 127, 1bc-5: *Dichosos los que temen al Señor, y siguen sus caminos.*

Colosenses 3, 12-21: Hermanos: Como elegidos de Dios, santos y amados, revestíos de compasión entrañable, bondad, humildad, mansedumbre, paciencia. Sobrellevaos mutuamente y perdonaos, cuando alguno tenga quejas contra otro. El Señor os ha perdonado: haced vosotros lo mismo. Y por encima de todo esto, el amor, que es el vínculo de la unidad perfecta. Que la paz de Cristo reine en vuestro corazón: a ella habéis sido convocados, en un solo cuerpo. Sed también agradecidos. La Palabra de Cristo habite entre vosotros en toda su riqueza; enseñaos unos a otros con toda sabiduría; exhortaos mutuamente. Cantad a Dios, dando gracias de corazón, con salmos, himnos y cánticos inspirados. Y todo lo que de palabra o de obra realicéis, sea todo en nombre de Jesús, dando gracias a Dios Padre por medio de él. Mujeres, sed sumisas a vuestros maridos, como conviene en el Señor. Maridos, amad a vuestras mujeres, y no seáis ásperos con ellas. Hijos, obedeced a vuestros padres en todo, que eso agrada al Señor. Padres, no exasperéis a vuestros hijos, no sea que pierdan el ánimo.

LUCAS 2, 22-40: Cuando se cumplieron los días de su purificación, según la ley de Moisés, los padres de Jesús lo llevaron a Jerusalén, para presentarlo al Señor, de acuerdo con lo escrito en la ley del Señor: «Todo varón primogénito será consagrado al Señor», y para entregar la oblación, como dice la ley del Señor: «un par de tórtolas o dos pichones». Había entonces en Jerusalén un hombre llamado Simeón, hombre justo y piadoso, que aguardaba el consuelo de Israel; y el Espíritu Santo estaba con él. Le había sido revelado por el Espíritu Santo que no vería la muerte antes de ver al Mesías del Señor. Impulsado por el Espíritu, fue al templo. Y cuando entraban con el niño Jesús sus padres para cumplir con él lo acostumbrado según la ley, Simeón lo tomó en brazos y bendijo a Dios diciendo: «Ahora, Señor, según tu promesa, puedes dejar a tu siervo irse en paz. Porque mis ojos han visto a tu Salvador, a quien has presentado ante todos los pueblos: luz para alumbrar a las naciones y gloria de tu pueblo Israel». Su padre y su madre estaban admirados por lo que se decía del niño. Simeón los bendijo y dijo a María, su madre: «Este ha sido puesto para que muchos en Israel caigan y se levanten; y será como un signo de contradicción —y a ti misma una espada te traspasará el alma—, para que se pongan de manifiesto los pensamientos de muchos corazones». Había también una profetisa, Ana, hija de Fanuel, de la tribu de Aser, ya muy avanzada en años. De joven había vivido siete años casada, y luego viuda hasta los ochenta y cuatro; no se apartaba del templo, sirviendo a Dios con ayunos y oraciones noche y día. Presentándose en aquel momento, alababa también a Dios y hablaba del niño a todos los que aguardaban la liberación de Jerusalén. Y, cuando cumplieron todo lo que prescribía la ley del Señor, Jesús y sus padres volvieron a Galilea, a su ciudad de Nazaret. El niño, por su parte, iba creciendo y robusteciéndose, lleno de sabiduría; y la gracia de Dios estaba con él.

 Señor Jesús, ayuda a las familias cristianas para que vivan el ejemplo de la Sagrada Familia y que tu Iglesia crezca como «hogar» para todos en medio del mundo.

Papa Francisco: La santidad es un camino, un camino que hay que recorrer juntos, ayudándonos unos a otros, unidos a esos excelentes compañeros de ruta que son los santos. Ellos son nuestros hermanos y nuestras hermanas mayores, con los que siempre podemos contar: los santos nos sostienen y, cuando en la ruta erramos el camino, con su presencia silenciosa nunca dejan de corregirnos; son amigos sinceros, en los que podemos confiar, porque ellos desean nuestro bien. En sus vidas encontramos un ejemplo, de sus oraciones recibimos ayuda y amistad, y con ellos nos enlazamos en un vínculo de amor fraternal. La santidad es un camino, es un don. Entonces, podemos preguntarnos: ¿recuerdo que he recibido el don del Espíritu Santo, que me llama a la santidad y me ayuda a llegar a ella? ¿Le doy las gracias al Espíritu Santo por esto, por el don de la santidad? (01-11-2023)

Cuando se retiraron los magos, el ángel del Señor se apareció en sueños a José y le dijo: «Levántate, toma al niño y a su madre y huye a Egipto; quédate allí hasta que yo te avise, porque Herodes va a buscar al niño para matarlo». José se levantó, tomó al niño y a su madre, de noche, se fue a Egipto y se quedó hasta la muerte de Herodes para que se cumpliese lo que dijo el Señor por medio del profeta: «De Egipto llamé a mi hijo». Al verse burlado por los magos, Herodes montó en cólera y mandó matar a todos los niños de dos años para abajo, en Belén y sus alrededores, calculando el tiempo por lo que había averiguado de los magos. Entonces se cumplió lo dicho por medio del profeta Jeremías: «Un grito se oye en Ramá, llanto y lamentos grandes; es Raquel que llora por sus hijos, y rehúsa el consuelo, porque ya no viven».

1 Juan 1, 5 - 2, 2; Salmo 123, 2-5.7c-8 • MATEO 2, 13-18

Señor Jesús, recordamos a los inocentes de hoy, tantos niños víctimas del horror, de la guerra, del egoísmo, de la violencia. *Hemos salvado la vida, como un pájaro, de la trampa del cazador* (Salmo 123, 7ab)

Papa Francisco: Simeón, orando a Dios, dice: «Mis ojos han visto tu salvación, preparada por ti ante todos los pueblos». Esto siempre nos deja asombrados: ¡la salvación universal concentrada en uno solo! Sí, porque en Jesús habita toda la plenitud de Dios, de su Amor. Y he aquí el segundo aspecto de Jesús, «luz para iluminar a las naciones». Como el sol que nace sobre el mundo, este niño lo redimirá de las tinieblas del mal, del dolor y de la muerte. ¡Cuánta necesidad tenemos, también hoy, de esta luz! (02-02-2025)

Cuando se cumplieron los días de su purificación, según la ley de Moisés, los padres de Jesús lo llevaron a Jerusalén, para presentarlo al Señor, de acuerdo con lo escrito en la ley del Señor: «Todo varón primogénito será consagrado al Señor», y para entregar la oblación, como dice la ley del Señor: «un par de tórtolas o dos pichones». Había entonces en Jerusalén un hombre llamado Simeón, hombre justo y piadoso, que aguardaba el consuelo de Israel; y el Espíritu Santo estaba con él. Le había sido revelado por el Espíritu Santo que no vería la muerte antes de ver al Mesías del Señor. Impulsado por el Espíritu, fue al templo. Y cuando entraban con el niño Jesús sus padres para cumplir con él lo acostumbrado según la ley, Simeón lo tomó en brazos y bendijo a Dios diciendo: «Ahora, Señor, según tu promesa, puedes dejar a tu siervo irse en paz. Porque mis ojos "han visto a tu Salvador", a quien has presentado ante todos los pueblos: "luz para alumbrar a las naciones" y gloria de tu pueblo Israel». Su padre y su madre estaban admirados por lo que se decía del niño. Simeón los bendijo y dijo a María, su madre: «Este ha sido puesto para que muchos en Israel caigan y se levanten; y será como un signo de contradicción —y a ti misma una espada te traspasará el alma—, para que se pongan de manifiesto los pensamientos de muchos corazones».

1 Juan 2, 3-11; Salmo 95, 1-3.5b-6 • LUCAS 2, 22-35

Señor Jesús, eres luz para todos los pueblos, eres la Palabra divina que ha venido a iluminar y a salvar.

Alégrese el cielo, goce la tierra (Salmo 95, 11a)

Papa Francisco: Jesús estaba siendo preparado, y en ese período iba profundizando su relación con el Padre y con los demás. San Juan Pablo II explicaba que no crecía sólo físicamente, sino que «se dio también en Jesús un crecimiento espiritual», porque «la plenitud de gracia en Jesús era relativa a la edad: había siempre plenitud, pero una plenitud creciente con el crecer de la edad». Con estos datos evangélicos podemos decir que, en su etapa de joven, Jesús se fue «formando», se fue preparando para cumplir el proyecto que el Padre tenía. Su adolescencia y su juventud lo orientaron a esa misión suprema. (*Christus Vivit*, 26-27)

En aquel tiempo, había una profetisa, Ana, hija de Fanuel, de la tribu de Aser, ya muy avanzada en años. De joven había vivido siete años casada, y luego viuda hasta los ochenta y cuatro; no se apartaba del templo, sirviendo a Dios con ayunos y oraciones noche y día. Presentándose en aquel momento, alababa también a Dios y hablaba del niño a todos los que aguardaban la liberación de Jerusalén. Y, cuando cumplieron todo lo que prescribía la ley del Señor, Jesús y sus padres volvieron a Galilea, a su ciudad de Nazaret. El niño, por su parte, iba creciendo y robusteciéndose, lleno de sabiduría; y la gracia de Dios estaba con él.

1 Juan 2, 12-17; Salmo 95, 7-10 • LUCAS 2, 36-40

Señor Jesús, te pido por todos los niños para que encuentren en la Iglesia un espacio de crecimiento y desarrollo en la fe que les permita conocerte y seguirte.

Alégrese el cielo, goce la tierra (Salmo 95, 11a)

Papa Francisco: Dios se hizo carne para decirnos, decirte que te ama precisamente allí, que nos ama precisamente allí, en nuestras fragilidades, en tus fragilidades; precisamente allí donde nosotros más nos avergonzamos, donde más te avergüenzas. Es audaz: la decisión de Dios es audaz: se hizo carne precisamente allí, donde nosotros tantas veces nos avergonzamos; entra en nuestra vergüenza para hacerse hermano nuestro, para compartir el camino de la vida. (03-01-2021)

En el principio existía el Verbo, y el Verbo estaba junto a Dios, y el Verbo era Dios. Él estaba en el principio junto a Dios. Por medio de él se hizo todo, y sin él no se hizo nada de cuanto ha hecho. En él estaba la vida, y la vida era la luz de los hombres. Y la luz brilla en la tiniebla, y la tiniebla no lo recibió. Surgió un hombre enviado por Dios, que se llamaba Juan: este venía como testigo, para dar testimonio de la luz, para que todos creyeran por medio de él. No era él la luz, sino el que daba testimonio de la luz. El Verbo era la luz verdadera, que alumbra a todo hombre, viniendo al mundo. En el mundo estaba; el mundo se hizo por medio de él, y el mundo no lo conoció. Vino a su casa, y los suyos no lo recibieron. Pero a cuantos lo recibieron, les dio poder de ser hijos de Dios, a los que creen en su nombre. Estos no han nacido de sangre, ni de deseo de carne, ni de deseo de varón, sino que han nacido de Dios. Y el Verbo se hizo carne y habitó entre nosotros, y hemos contemplado su gloria: gloria como del Unigénito del Padre, lleno de gracia y de verdad. Juan da testimonio de él y grita diciendo: «Este es de quien dije: el que viene detrás de mí se ha puesto delante de mí, porque existía antes que yo». Pues de su plenitud todos hemos recibido, gracia tras gracia. Porque la ley se dio por medio de Moisés, la gracia y la verdad nos han llegado por medio de Jesucristo. A Dios nadie lo ha visto jamás: Dios unigénito, que está en el seno del Padre, es quien lo ha dado a conocer.

1 Juan 2, 18-21; Salmo 95, 1-2.11-13 • JUAN 1, 1-18

 Señor Jesús, al terminar este año, te doy gracias por tantos dones y beneficios, por tu presencia y por tu amor. Bendito seas por todos los siglos.

Alégrese el cielo, goce la tierra (Salmo 95, 11a)

DOCE VIDAS DE JESÚS

Colección de obras clásicas de la exégesis y de la teología sobre Jesucristo. Formato 13,50 x 20,50 cm.

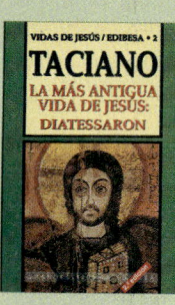

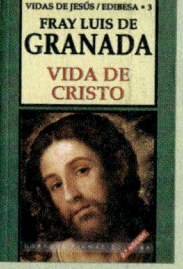

Vida de Jesucristo según el Evangelio (2ª ed.). Obra clásica de la exégesis. Joseph Mª. Lagrange, O.P. XI + 54 p. 17,45 €

La más antigua vida de Jesús: Diatessaron (3ª ed.). Los cuatro Evangelios en un solo relato del siglo II. Taciano. 260 p. 12€

Vida de Cristo (2ª ed.). Fray Luis de Granada, O.P. 36 P. 13,25 €

Jesucristo (2ª ed.). Léonce de Grandmaison, S.J. 644 p. Cristología clásica. 21 €

Vida de Jesús según los Evangelios sinópticos (2ª ed.). José Salguero, O.P. 356 p. 13,85 €

Nuestro Señor Jesucristo según los Evangelios (2ª ed.). Louis Claude Fillion, 448 p. 14,45 €

Memorias de un reportero en los tiempos de Cristo (2ª ed.). Carlos Mª de Heredia, S.J. 1.010 p. 23,45 € Texto novelado, fiel al Evangelio

Vida de nuestro Señor Jesucristo (2ª ed.). Remigio Vilariño Ugarte, S.J. 654 p. 21 €

La vida de Jesús en el país y pueblo de Israel (2ª ed.). Franz Michel William. 494 p. 17,45 €

Vida de Jesús. François Mauriac. 224 p. 10,50 € Joya literaria del novelista francés.

Historia de Cristo (3ª ed.). Gioveni Papini. 384 p. Su obra cumbre. 14,45 €

Vida de Jesucristo (2ª ed.). Giuseppe Ricciotti. 590 p. 19,25 €

Colección completa: 179 €

ÍNDICE DE SANTOS, BEATOS Y CELEBRACIONES

Los beatos llevan asterisco (*) después del nombre

Celso ob 1/4
Cesárea ab12/1
Cesáreo cf 25/2
Cesáreo de Arlés ob 27/8
Ciriaca vd 21/8
Ciriaco mr 18/6
Ciriaco Mª Sancha* ob 25/2
Ciriaco y co mrs 8/8
Ciriaco Elías pb 3/1
Cirilo de Alejandría ob dc 27/6
Cirilo de Jerusalén ob dc 18/3
Cirilo mj y Metodio ob 14/2
Cirilo ob 22/7
Ciro ob mr 7/1
Ciro y Juan mrs 31/1
Clara de Montefalco vg 17/8
Clara vg 11/8
Claudina Thévenet vg 3/2
Claudio mr 30/10
Claudio de la Colombière pb 15/2
Clemente I pp 23/11
Clemente M. Hofbauer pb 15/3
Cleofás NT 25/9
Cleto pp 26/4
Clodoaldo pb 7/9
Clotilde re 3/6
Coleta Boylet vg 6/3
Columba ab 9/6
Columba vg mr 17/9
Columba vg mr 31/12
Columbano ab 23/11
Conrado ob 26/4
Conrado Confalonieri er 19/2
Conrado de Parzham rl 21/4
Consolación Nª Sª de la, 4/9
Contardo Ferrini cf 17/10
Conversión de S. Pablo ap 25/1
Copacabana Nª Sª de, 2/2
Cornelio Centurión NT 20/10
Cornelio y Cipriano mrs 16/9
Coro Nª Sª del, 8/9
Coromoto Nª Sª de, 11/9
Cosme y Damián mrs 26/9
Covadonga, Nª Sª 8/9
Crisanto y Daria mrs 25/10
Crisógono mr 24/11

Crispín ob mr 20/11
Crispina mf mr 5/12
Cristina vg mr 24/7
Cristóbal Magallanes y co mrs 21/5
Cristóbal mr 25/7
Cristóbal, Antonio y Juan mrs 23/9
Cuadrado mr 26/3
Cucufate mr 25/7
Cunegunda em 3/3

Dalmacio Moner* pb 24/9
Dámaso I pp 11/12
Damián ob 12/4
Damián de Molokai pb 15/4
Daniel pb 11/12
Daniel Brottier* pb 28/2
Daniel Comboni ob 10/10
David re prof 29/12
David ob 1/3
David Galván pb mr 30/1
David Lewis pb mr 27/8
David Uribe pb mr 12/4
Dedicación Basíl. Letrán 9/11
Dedicación Basílica de Santa María
        la Mayor 5/8
Dedicación Basílicas de los Santos
        Pedro y Pablo 18/11
Deícola ab 18/1
Delfín ob 24/12
Delfina re 26/11
Deogracias ob 5/1
Desamparados, Nª Sª 2º Sáb/5
Desiderio ob 23/5
Diana* vg 8/6
Diego de Alcalá rl 13/11
Diego J. de Cádiz* pb 24/3
Diego Ventaja Milán ob 31/8
Dimas (Buen Ladrón) NT 25/3
Dionisio ob 9/10
Dionisio pp 26/12
Dionisio Aeropagita NT 3/10
Dionisio de Corinto ob 8/4
Divina Providencia, Nª Sª 18/11
Dolores Nª Sª de los, 15/9
Domingo Barberi* pb 27/8
Domingo Câm pb mr 11/3

Domingo de Guzmán pb 8/8
Domingo de la Calzada pb 12/5
Domingo Mâu ob mr 5/11
Domingo de Silos ab 20/12
Domingo Henares ob mr 25/6
Domingo Ngôn pf mr 22/5
Domingo Nguyên y co mrs 17/6
Domingo Nguyên pb mr 26/11
Domingo Sâvio cf 6/5
Domingo Trach pb mr 18/9
Domingo Tuóc pb 7/4
Domingo y Gregorio* pbs 26/4
Dominguito del Val mr 31/8
Donato ob 7/8
Dorotea vg mr 6/2
Doroteo ob mr5/6
Drósida mr 14/12

Edeltrudis ab 23/6
Edilburga ab 7/7
Edmundo ob 16/11
Edmundo re mr 20/11
Edmundo, Radulfo y Alejandro pbs mrs
        1/12
Eduardo re 18/3
Eduviges rl 16/10
Efrén di dc 9/6
Eladio ob 8/5
Elena em 18/8
Elena vd 31/7
Elena Guerra* vg 11/4
Eleuterio ob 24/2
Elías prof 20/7
Elías y co mrs 16/2
Elías, Pablo e Isidoro mrs 17/4
Eligio ob 1/12
Eliseo prof 14/6
Emerenciana mr 23/1
Emérita mr 22/9
Emeterio y Celedonio mrs 3/3
Emilia de Vialar vg 24/8
Emiliana vg 5/1
Emiliano ob 11/9
Emma vd 29/6
Enedina mr 14/5
Engracia y co mrs 16/4

Enrique em 13/7
Enrique de Ossó pb 27/1
Enrique Seuze* pb 25/1
Epafras NT 19/7
Epafrodito NT 22/3
Epifanía del Señor 6/1
Erasmo ob mr 2/6
Eric re 18/5
Ernesto ab mr 07/11
Escolástica vg 10/2
Esdras AT 13/7
Estanislao de Kostka rl 15/8
Estanislao ob mr 11/4
Esteban protomártir 26/12
Esteban ab 13/2
Esteban er 8/2
Esteban mj mr 28/11
Esteban de Hungría re 16/8
Esteban Harding ab 28/3
Estíbaliz, Nª Sª 12/9
Etelberto cf 24/2
Eufemia mr 16/9
Eufrasio ob 14/1
Eufrasio ob mr 15/5
Eufronio ob 3/8
Eugenio I pp 2/6
Eugenio ob 13/11
Eugenio ob 23/8
Eugenio de Mazenod ob 21/5
Eulalia de Barcelona vg mr 12/2
Eulalia de Mérida vg mr 10/12
Eulogio ob 13/6
Eulogio de Córdoba pb mr 9/1
Eusebia ab 16/3
Eusebia vg 30/9
Eusebia Palomino* vg 10/2
Eusebio ob 18/4
Eusebio ob 2/8
Eusebio pp 17/8
Eustasio ob 29/3
Eustoquia ab 20/1
Eutimio el Grande 20/1
Eutiquio ab 23/5
Eutiquio ob 6/4
Evaristo pp 27/10
Everardo mj 16/12

Evodio ob 8/10
Exaltación de la Santa Cruz 14/9
Ezequiel prof 23/7
Ezequiel Moreno ob 19/8

Fabián pp y Sebastián mrs 20/1
Fabio mr 31/7
Fabiola vd 27/12
Facundo y Primitivo mrs 27/11
Fara ab 7/12
Fátima, Nª Sª 13/5
Faustino Míguez* pb 8/3
Faustino y Jovita mrs 15/2
Fausto mr 8/9
Fausto, Jenaro y Marcial mrs 13/10
Fe mr 6/10
Federico ob 18/7
Federico Ozanam* cf 8/9
Feliciano mr 29/10
Feliciano ob 24/1
Felícisima mr 26/5
Felipe ap 3/5
Felipe mr 10/7
Felipe* pb mr 7/2
Felipe Benizi pb 22/8
Felipe de Sevilla di mr 3/5
Felipe el Diácono NT 11/10
Felipe Neri pb 26/5
Felipe Rinaldi* pb 5/12
Félix mr 10/7
Félix mr 1/8
Félix ob 8/3
Félix I pp 30/12
Félix III pp 1/3
Félix IV pp 12/10
Félix de Cantalice rl 18/5
Félix de Nola pb 14/1
Félix de Sevilla di mr 2/5
Félix de Valois pb 4/11
Félix y Adauto mrs 30/8
Félix y Régula mrs 11/9
Fermín ob 11/10
Fermín ob 18/8
Fermín ob 7/7
Fermín pb mr 25/9
Fernando III re 30/5

Fidel de Sigmaringa pb mr 24/4
Fidel mr 28/10
Filemón NT 22/11
Filipina Duchesne rl 17/11
Flavia Domitila mr 7/5
Flavio mr 7/5
Flora y María vgs mrs 24/11
Florencia vg 1/12
Florencio mr 13/10
Florencio ob 7/11
Florentina de Cartagena vg ab 20/6
Florentino Asensio* ob mr 9/8
Florián mr 4/5
Fortunato ob 14/6
Fortunato pb 1/6
Franca ab 25/4
Francisca J. Cabrini vg 22/12
Francisca Romana rl 9/3
Francisco de Asís rl 4/10
Francisco A. Fasani pb 29/11
Francisco Caracciolo pb 4/6
Francisco Castelló* lc mr 28/9
Francisco Coll pb 19/5
Francisco de Borja pb 3/10
Francisco de Jerónimo pb 11/5
Francisco de Paula er 2/4
Francisco de Posadas* pb 20/9
Francisco de Sales ob dc 24/1
Francisco Fdez. de Capillas y co mrs 15/1
Francisco Faà de Bruno* pb 27/3
Francisco Gárate* rl 10/9
Francisco Gil de Fréderic pb mr 23/1
Francisco J. Cân cf mr 20/11
Francisco Javier pb 3/12
Francisco Laval ob 5/5
Francisco Palau* pb 7/11
Francisco Regis pb mr 18/2
Francisco Serrano ob y co mrs 28/10
Francisco Solano pb 14/7
Francisco y Jacinta de Fátima 20/2
Franco er 5/6
Froilán ob 5/10
Fructuoso ob 20/1
Frutos, Valentín y Engracia mrs 25/10
Fuencisla Nª Sª de la, 25/9
Fuensanta, Nª Sª Dom. post. 8/9

Fulgencio de Ruspe ob 1/1
Fulgencio ob 16/

Gabino mr 30/5
Gabriel arcángel 29/9
Gabriel de la Dolorosa rl 27/2
Gala vd 6/4
Gaspar del Búfalo pb 28/12
Gaudioso ob 27/10
Gedeón AT 26/9
Gelasio I pp 21/11
Gema Galgani vg 16/5
Genoveva vg 3/1
Genoveva Torres vg 4/1
Georgia vg 15/2
Gerardo ab 3/10
Gerardo ob 23/4
Gerardo ob 29/5
Gerardo ob 30/10
Gerardo Mayela rl 16/10
Gerardo Sagredo ob mr 24/9
Germán mr 3/11
Germán ab 21/2
Germán ob 12/5
Germán ob 30/10
Germán de París ob 28/5
Germán José pb 7/4
Germana vg 15/6
Germánico mr 19/1
Gertrudis de Bravante ab 17/3
Gertrudis vg 16/11
Gervasio mr 19/6
Gil ab 1/9
Gil de Asís* rl 23/4
Gil de Santarem* pb 16/5
Gilberto pb 4/2
Ginés mr 25/8
Gisela* vd rl 7/5
Godofredo ob 8/11
Gondulfo mr 16/7
Gonzalo pb 10/1
Gracia Nª Sª de 8/9
Gregorio ob 19/12
Gregorio Barbarigo ob 18/6
Gregorio de Elvira ob 24/4
Gregorio de Nisa ob 10/1

Gregorio III pp 10/12
Gregorio Magno pp dc 3/9
Gregorio VII pp 25/5
Grimoaldo mr 16/7
Guadalupe Nª Sª de (España) 6/9
Guadalupe Nª Sª de (México) 12/12
Guadalupe Ortiz de Landázuri la 18/5
Gualterio (Walter) cf 22/7
Gudena mr 27/6
Guerrico* ab 19/8
Guido cf 12/9
Guido M. Conforti ob 5/11
Guido ob 2/6
Guillermo ab 6/4
Guillermo er 10/2
Guillermo mj 28/5
Guillermo ob 10/1
Guillermo ob 8/6
Guillermo J. Chaminade* pb 22/1
Guillermo Tempier ob 29/3
Gumersindo pb mr 13/1
Gúntram re 28/3

Habacuc prof 2/12
Heliodoro ob 3/7
Heraclio y Pablo mrs 17/5
Heriberto ob 16/3
Hermenegildo mr 13/4
Hermes mr 28/8
Hermes mr 30/12
Hermes NT 9/5
Hesperio y Zoes es e hijos mrs 2/5
Higinio pp 11/1
Hilario pp 29/02
Hilacio ob dc 13/1
Hilarión de Gaza ab 21/10
Hilda ab 17/11
Hildegarda de Bingen vg dc 17/9
Honorato ob 29/10
Honorato ob 8/2
Honorato ob, Berardo y co mrs 16/1
Honorina vg mr 27/2
Honorio ob 30/9
Hormisdas pp 6/8
Hortensia de Aquitania mr 11/01
Hugo ab 29/4

Hugo ob 1/4
Hugo ob 17/11
Hugo ob 9/4
Hugo rl 8/10

Ignacio de Antioquía ob mr 17/10
Ignacio C. Delgado ob mr 12/7
Ignacio de Loyola pb 31/7
Ildefonso arz. 23/1
Iluminada vg 29/11
Imelda* vg 12/5
Indalecio ob mr 15/5
Inés vg mr 21/1
Inés de Asís vg 19/11
Inés de Montepulciano vg 20/4
Inés de Poitiers ab 13/5
Inés de Praga vg 6/3
Iogrid* vd rl 2/9
Inmaculada Concepción de María 8/12
Inocencio I pp 12/3
Inocencio V* pp 23/6
Inocencio XI* pp 12/8
Inocentes, Santos mrs 28/12
Íñigo ab 1/6
Irene vg mr 5/4
Ireneo ob 6/4
Ireneo de Lyon ob mr 28/6
Isaac mj 11/4
Isabel es NT 23/9
Isabel Ana Seton mf 4/1
Isabel Canori* mf 4/2
Isabel de Hungría re mf 17/11
Isabel de la Trinidad vg 9/11
Isabel de Portugal re 4/7
Isaías prof 9/5
Isidoro ob dc 26/4
Isidro Labrador es 15/5
Isquirión mr 22/12
Israel pb 12/12
Itamar ob 10/6
Ivón ob 23/12
Ivón pb 19/5

Jacinta Mariscotti vg 30/1
Jacinto mr 17/7
Jacinto mr 4/8

Jacinto Castañeda mr 7/11
Jacinto de Polonia pb 17/8
Jacinto María Cormier* pb 21/5
Jacobo el Confesor mr 21/3
Jacobo de Varazze* ob 13/7
Jenaro ob mr 19/9
Jeremías prof 1/5
Jerón mr 7/11
Jerón y co mrs 14/12
Jerónimo pb dc 30/9
Jerónimo Emiliani pb 8/2
Jerónimo Hermosilla ob mr 31/10
Jesús, Stmo. Nombre de 3/1
Jesús Méndez pb mr 5/2
Joaquín Royo pb mr 29/10
Joaquín y Ana es 26/7
Joaquina de Vedruna rl 22/5
Job AT 10/5
Joel prof 19/10
Jonás prof 21/9
Jordán de Sajonia* pb 13/2
Jorge mj 24/8
Jorge mr 23/4
Jorge ob 9/11
Jorge de Antioquía ob 19/4
Jorge Preca pb 26/7
Josafat ob mr 12/11
José, esposo de María 19/3
José Obrero 1/5
José Allamano* pb 16/2
José Aparicio* y 232 mrs 22/9
José Benito Cottolengo pb 30/4
José Benito Dusmet* ob 4/4
José Cafasso pb 23/6
José Cebula* pb mr 28/4
José Dang Dinh pb mr 21/8
José de Anchieta pb 9/6
José de Arimatea NT 31/8
José de Calasanz pb 25/8
José de Cupertino pb 18/9
José de Yermo pb 20/9
José Fernández pb mr 24/7
José G. del Rosario Brochero pb 16/3
José Gérard* pb 29/5
José Girotti* pb mr 1/4
José Isabel Flores pb mr 21/6

José Mañanet pb 16/12
José Mª Díaz Sanjurjo ob mr 20/7
José Mª Muro* y co mrs 30/7
José Mª Robles pb mr 26/6
José Mª Rubio pb 4/5
José Moscati cf 12/4
José Olallo Valdés* rl 8/3
José Oriol pb 23/3
José Pignatelli pb 14/11
José Sánchez del Río mr 10/2
Josefa Naval* vg 6/11
Josefina Bakhita vg 8/2
Josemaría Escrivá pb 26/6
Josué AT 1/9
Juan ap ev 27/12
Juan Almond pb mr 5/12
Juan Bautista, Martirio 29/8
Juan Bautista, Natividad 24/6
Juan B. de la Concepción pb 14/2
Juan B. de la Salle pb 7/4
Juan Berchmans rl 26/11
Juan Bosco pb 31/1
Juan Bretton* pf mr 1/4
Juan Carlos Cornay pb mr 20/9
Juan Casiano pb 23/7
Juan Clímaco ab 30/3
Juan Crisóstomo ob dc 13/9
Juan Damasceno pb dc 4/12
Juan de Ávila pb dc 10/5
Juan de Brébeuf e Isaac Jogues pbs mrs 19/10
Juan de Britto pb mr 4/2
Juan de Capistrano pb 23/10
Juan de Colonia pb y co mrs 9/7
Juan de Dios rl 8/3
Juan de Fiésole (Fra Angelico)* pb 18/2
Juan de Kety pb 23/12
Juan de la Cruz pb dc 14/12
Juan de Mata pb 17/12
Juan de Mateola ab 20/6
Juan de Ribera ob 14/1
Juan de Ruusbroeck* pb 2/12
Juan de Sahagún pb 12/6
Juan de Vercelli* pb 1/12
Juan del Castillo pb mr 17/11
Juan Diego cf 9/12

Juan Dominici* ob 10/6
Juan Duns Escoto pb 8/11
Juan E. Newman ob 13/10
Juan Eudes pb 19/8
Juan F. Regis pb 31/12
Juan Fisher ob mr 22/6
Juan Grande rl 3/6
Juan Gualdalberto ab 12/7
Juan I pp 18/5
Juan J. de la Cruz pb 5/3
Juan Jones y Juan Wall pbs y mrs 12/7
Juan José Lateste* pb 10/3
Juan Kemble pb mr 22/8
Juan Leonardo pb 8/10
Juan Macías rl 16/9
Juan Mª Vianney pb 4/8
Juan Nepomuceno pb mr 20/3
Juan Nep. Neumann ob 5/1
Juan Nep. Zegrí* 17/3
Juan Ogilvie pb mr 10/3
Juan Pablo II pp 22/10
Juan Sarkander pb mr 17/3
Juan Stone pb mr 23/12
Juan Taumaturgo ob 4/12
Juan XXIII pp 11/10
Juan y Pablo mrs 26/6
Juan Yi pf mr 21/1
Juana Antida Thouret vg 24/8
Juana Beretta Molla mf 28/4
Juana de Arco vg 30/5
Juana de Aza* mf 2/8
Juana de Lestonnac rl 15/5
Juana de Portugal* mj 12/5
Juana Delanoue vg 17/8
Juana F. de Chantal rl 12/8
Juana Isabel vg 26/8
Juana Jugan vg 30/8
Juana María Condesa* vg 16/1
Juana mujer de Cusa NT 24/5
Judas Tadeo ap 28/10
Julia Billiart vg 8/4
Julia Rodzninska vg mr 20/2
Julián mr 16/3
Julián 27/1
Julián mr 28/8
Julián pr mr 13/9

Julián de Cuenca ob 28/1
Julián de Toledo ob 6/3
Juliana vd 7/2
Juliana vg 5/4
Juliana vg mr 16/2
Juliana de Falconieri vg 19/6
Julio Álvarez pb mr 12/4
Julio I pp 12/4
Julita mr 16/6
Julita mr 30/7
Junípero Serra pb 26/8
Justa y Eredina mrs 14/5
Justa y Rufina vgs mrs 17/7
Justina vg mr 7/10
Justino mr 1/6
Justino Orona y Atilano Cruz pbs mrs 1/7
Justo de Urgel ob 28/5
Justo y Pastor mrs 6/8
Juvenal ob 3/5

Ladislao re 30/6
Lamberto mr 19/6
Lamberto ob 14/4
Lamberto ob 17/9
Landelino mj 21/9
Landerico ob 10/6
Landrada ab 8/7
Laura Montoya vg 21/10
Laura Vicuña* vg 22/1
Lázaro cf 7/11
Lázaro ob 14/3
Lea vd 22/3
Leandro ob 13/11
Leocadia vg mr 9/12
Leocricia vg mr 15/3
León Magno pp dc 10/11
León ob 20/2
León II pp 3/7
León III pp 12/6
León IX pp 19/4
Leonardo er 6/11
Leonardo pb 26/11
Leonardo Murialdo pb 30/3
Leónidas mr 22/4
Leopoldo cf 15/11
Leopoldo de Alpandeire* 9/2

Leovigildo y Cristóbal mjs mrs 20/8
Lesmes ab 30/1
Liberata y Faustina vgs mrs 19/1
Liberato y co mrs 2/7
Liborio ob 9/4
Lidia NT 20/5
Lino pp 23/9
Llanos Nª Sª de, 8/9
Lluc Nª Sª de, 12/9
Longinos NT 16/10
Lorenzo di mr 10/8
Lorenzo ob 2/2
Lorenzo de Brindis pb dc 21/7
Lorenzo Justiniano ob 8/1
Lorenzo O'Toole ob 14/11
Lorenzo Ruiz y co mrs 28/9
Loreto Nª Sª de, 10/12
Lourdes Nª Sª de, 11/2
Lucas ev 18/10
Lucía Filippini rl 25/3
Lucía Kim y co mrs 26/9
Lucía vg mr 13/12
Lucía Wang-Cheng y co mrs 28/6
Lucía Yi vg mr 19/2
Luciano pb mr 7/1
Luciano y Marciano mrs 26/10
Lucio Cireneo NT 6/5
Lucio er 3/12
Lucio pp 5/3
Lucio y co mrs 23/5
Lucrecia mr 23/11
Ludivina vg 14/4
Ludolfo ob 29/3
Luis ob 19/8
Luis Batis y Manuel Morales mrs 15/8
Luis Bertrán pb 9/10
Luis Gonzaga rl 21/6
Luis Guanella pb 24/10
Luis IX de Francia re 25/8
Luis Mª. G. de Montfort pb 28/4
Luis Orione pb 12/3
Luis Scrosoppi pb3/4
Luis Stepinac* ob 10/2
Luis Urbano* pb mr 25/8
Luis Versiglia y Calixto mrs 25/2
Luis y Celia Martin es pf 12/07

Luisa de Marillac vd 9/5
Luján Nª Sª de, 8/5
Lupercio mr 30/10
Lutgarda vg 16/6
Luz, Nª Sª de la, 1/6

Macario ab 19/1
Macario ob 10/3
Macedonio y Patricia es e hija 13/03
Modesta mrs 13/3
Macrina mf mr 14/1
Macrina vg 19/7
Madelberta ab 7/9
Mafalda* 1/5
Magdalena de Canosa vg 10/4
Magdalena Sofia vg 25/5
Magín mr 19/8
Malaquías prof 18/12
Mamerto ob 11/5
Manés de Guzmán* pb 18/8
Manuel Enmanuel 1/1
Manuel mr 26/3
Manuel Domingo y Sol* pb 29/1
Manuel González ob 4/1
Manuel Lozano (Lolo)* 3/11
Mar Nª Sª del, 8/9
Marana y Cira vgs 28/2
Maravillas de Jesús vg 11/12
Marcela vd 31/1
Marcelina vg 17/7
Marcelino mr 13/9
Marcelino mr 18/6
Marcelino ob 20/4
Marcelino ob 9/1
Marcelino y Pedro mrs 2/6
Marcelino Champagnat pb 6/6
Marcelo ab 29/12
Marcelo mr 4/9
Marcelo mr 7/10
Marcelo ob mr 14/8
Marcelo pp 16/1
Marcelo mr 30/10
Marcelo Spinola* ob 19/1
Marcial ob 30/6
Marciana vg mr 11/7
Marcos ev 25/4

Marcos mr 18/6
Marcos ob 23/10
Margarita vd 5/8
Margarita Clitherow mf mr 25/3
Margarita de Cortona rl 22/2
Margarita de Escocia re mf 16/11
Margarita de Hungría vg 18/1
Margarita M. L. de Maturana* 23/7
Margarita Mª Alacoque vg 16/10
Margarita Ward mr 30/8
Margarito Flores pb mr 12/11
María, Dulcísimo Nombre 12/9
María Madre de Dios 1/1
María Ángela Astorch* ab 2/12
María Auxiliadora 24/5
María C. de Rosa vg 15/12
María Cleofé NT 24/4
María de Cervelló vg 19/9
María de Jesús mf rl 11/10
María de la Cabeza es 9/9
María de la Encarnación mf rl 18/4
María de la Encarnación Guyart vd rl 30/4
María de la Purísima vg 18/9
María Dominica Mazzarello rl 14/5
María Egipcíaca er 1/4
María Emilia de Rodat vg 19/9
María Eufrasia Pelletier vg 24/4
María Eugenia Milleret vg 10/3
María Faustina Kowalska vg 5/10
María Francisca vg 6/10
María Goretti vg mr 6/7
María Guadalupe G. vg 24/6
María Josefa de S. I.* vg 21/1
María Josefa del C. J. vg 18/5
María Magdalena de Pazzi vg 25/5
María Magdalena NT 22/7
María Margarita mf rl 23/12
María Micaela vg 15/6
María Pilar* mj y co mrs 24/7
María Pilar Izquierdo* vg 27/7
María Poussepin* vg 14/10
María Rafols* vg 5/11
María Rosa Molas vg 11/6
María Salomé NT 24/4
María Soledad Torres vg 11/10
María Virgen Reina 22/8

Mariana de Jesús Paredes vg 26/5
Mariano de Euse* pb 14/7
Mariano Mullerat Soldevila mr 13/8
Mariano y Santiago mrs 6/5
Marina de Omura vg mr 11/11
Marina vg mr 20/7
Marino di er 4/9
Marino y Aniano mrs 15/11
Mario ab 27/1
Mario ob 31/12
Marta NT 29/7
Marta mf 5/7
Marta vg mr 19/4
Martín er 3/8
Martín I pp 13/4
Martín Cid ab 7/10
Martín de Braga ob 20/3
Martín de Porres rl 3/11
Martín de Tours ob 11/11
Martina de Roma mr 30/1
Martiniano ob 29/12
Martino de León ob 12/1
Mártires de Abitinia 12/2
Mártires de Alejandría 28/2
Mártires de Otranto (800) 14/8
Mártires del siglo XX en España 6/11
Mateo Alonso y co mrs 24/11
Mateo ap ev 21/9
Mateo Correa pb mr 6/2
Mateo Elías del Socorro Nieves* pb mr 10/3
Matías ap 14/5
Matías Mulumba mr 30/5
Matilde re 14/3
Matilde vg 19/11
Matilde Téllez* 30/5
Matrona mr 25/3
Maura vg 21/9
Mauricio y co mrs 22/9
Mauro mr 10/12
Mauro ob 21/11
Mauro y Plácido mjs 5/10
Maximiano mr 21/8
Maximiano ob 22/2
Maximiliano mr 12/3
Maximiliano ob 12/10

Maximiliano Mª Kolbe pb mr 14/8
Maximino cf 8/6
Maximino ob 29/5
Maximino pb 15/12
Máximo mr 19/11
Máximo ob 5/5
Máximo ob 9/4
Máximo de Turín ob 25/6
Máximo el Confesor ab 13/8
Medalla Milagrosa, Nª Sª 27/11
Medardo ob 8/6
Melania es 31/12
Melanio ob 6/11
Melquisedec AT 26/8
Merced, Nª Sª de la, 24/9
Mercedes de Jesús vg 12/6
Metodio ob 14/6
Metodio ob 20/6
Miguel arcángel 29/9
Miguel A. Pro* pb mr 23/11
Miguel de la Mora pb mr 7/8
Miguel de los Santos pb 10/4
Miguel Febres rl 9/2
Milburga ab 23/2
Millán de la Cogolla pb 12/11
Miltíades pp 10/1
Miqueas prof 21/12
Modesta ab 4/11
Modesto ob 17/12
Modesto ob 24/2
Moisés AT 4/9
Moisés pb 25/11
Monegunda er 2/7
Mónica mrf 27/8
Montserrat Nª Sª de, 27/4

Nahúm prof 1/12
Narcisa de Jesús vg 8/12
Narciso ob 29/10
Natalia de Córdoba mr 27/7
Natividad de Juan Bautista 24/6
Natividad de María 8/9
Natividad del Señor 25/12
Nazaria Ign. March vg 6/7
Nereo y Aquiles mrs 12/5
Néstor ob mr 25/2

Nicasio mr 1/7
Niceto ob 2/4
Niceto ob 5/5
Nicodemo NT 31/8
Nicolás de Bari ob 6/12
Nicolás de Flüe pf er 21/3
Nicolás de Tolentino pb 10/9
Nicolás Factor* pb 23/12
Nicomedes mr 15/9
Nieves Nª Sª de las, 5/8
Nilo ab 12/11
Nilo ab 26/9
Noé Mawaggali mr 31/5
Norberto ob 6/6
Notburga vg 14/9
Nunilo y Alodia vgs mrs 22/10
Nuño Alvares rl 1/4
Nuria Nª Sª de, 8/9

O, Nª Sª de la 18/12
Odón ob 7/7
Olegario ob 6/3
Olga mf 11/7
Olimpia vd mr 25/7
Olivia vg 3/6
Onesíforo NT 6/9
Onésimo NT 15/2
Onofre er 12/6
Oportuna ab 22/4
Orestes mr 10/11
Orosia vg mr 25/6
Óscar ob 3/2
Óscar A. Romero ob mr 24/3
Oseas prof 17/10
Osvaldo ob 28/2
Otilia ab 13/12

Pablo ap 29/6
Pablo de la Cruz ob 19/10
Pablo Hong ct y co mrs 1/2
Pablo I pp 28/6
Pablo VI pp 29/5
Pablo Ke Tingzhu mr 8/8
Pablo Miki y co mrs 6/2
Pablo Nguyên y co cts mrs 18/12

Pablo y Hermógenes mrs 17/4
Pablo y Tata es y 4 hijos mrs 25/9
Paciano ob 9/3
Pacomio ab 9/5
Paladio ob 6/7
Paloma, Virgen de la 15/8
Pancracio mr 12/5
Pancracio ob mr 8/7
Papias ob 22/2
Pascual I pp 11/2
Pascual Bailón rl 17/5
Patricio ob 17/3
Paula mr 18/6
Paula vd 26/1
Paula Frassinetti vg 11/6
Paula Montal vg 26/2
Paulina mr 6/6
Paulina rl 14/3
Paz Nª Sª de la, 21/11
Pedro ap 29/6
Pedro ob 3/8
Pedro ob 4/4
Pedro y co mrs 7/6
Pedro Almató pb mr 3/11
Pedro Bautista pb mr 5/2
Pedro Canisio pb dc 21/12
Pedro Chanel pb mr 28/4
Pedro Claver pb 9/9
Pedro Claverie* ob mr 1/8
Pedro Crisólogo ob y dc 30/7
Pedro Damián ob 21/2
Pedro de Alcántara pb 19/10
Pedro de Arbués pb mr 17/9
Pedro de Betancur rl 25/4
Pedro de Mezonzo ob 10/9
Pedro de Osma ob 2/8
Pedro de Verona pb mr 4/6
Pedro Ermengol rl 27/4
Pedro Fournier pb 9/12
Pedro González (San Telmo)* pb 14/4
Pedro Fabro pb 2/8
Pedro J. Eymard pb 2/8
Pedro Jorge Frassati* la 4/7
Pedro Maldonado pb mr 11/2
Pedro Mártir Sans ob mr 26/5

Pedro Nguyên Tu y co mrs 5/9
Pedro Nguyên Van Luu pb mr 7/4
Pedro Nolasco rl 6/5
Pedro Palatino mr 24/2
Pedro Pascual ob mr 6/12
Pedro Regalado pb 13/5
Pedro Tarrés* y co mrs 31/8
Pedro Tomás ob 6/1
Pedro y Águeda Yi mrs 25/11
Pelagia vg mr 8/10
Pelayo mr 26/6
Peligros Nª Sª de los, 8/2
Perfecto pb mr 18/4
Perpetua y Felicidad mrs 7/3
Perpetuo Socorro Nª Sª del, 27/6
Petra de S. José* vg 16/10
Petronila vg mr 31/5
Petronio ob 4/10
Piedad de la Cruz* vg 26/2
Pilar Nª Sª del, 12/10
Pino Nª Sª del, 8/9
Pío de Pietrelcina pb 23/9
Pío I pp 11/7
Pío V pp 30/4
Pío X pp 21/8
Pío IX* pp 7/2
Platón ab 4/4
Policarpo ob mr 23/2
Pompeyo ob 14/12
Pompilio M. Pirrotti pb 15/7
Ponciano e Hipólito mrs 13/8
Porfirio ob 26/2
Práxedes vg mr 21/7
Presentación de Nª Sª 21/11
Presentación del Señor 2/2
Prisca de Roma 18/1
Proclo ob 24/10
Próculo mr 1/6
Próspero de Aquitania es mj 25/6
Protasio mr 19/6
Proto y Jacinto mrs 11/9
Protomártires de Roma 30/6
Puig, Ntra. Sra. del 1/9
Pulino de Nola ob 22/6
Purificación de María 2/2

Quintín mr 31/10
Quintín mr 4/10
Quirico mr 16/6
Quiteria vg 22/5

Rabano Mauro ob 4/2
Radegunda re 13/8
Radolfo ob 21/6
Rafael arcángel 29/9
Rafael Arnaiz mj 27/4
Rafael Guízar ob 6/6
Rafael J. Kalinowski pb 19/11
Rafaela María vg 18/5
Rafaela Ybarra* mr 23/2
Raimundo de Capua* pb 5/10
Raimundo de Peñafort pb 7/1
Raimundo Gayrard es 3/7
Rainaldo ob 9/2
Rainiero ob 30/12
Rainiero ob mr 4/8
Raimundo de Fitero ab 1/2
Ramón de Roda ob 21/6
Ramón Llull* mr 27/11
Ramón Nonato rl 31/8
Ramón Peiró* pb mr 21/8
Rebeca de Himlaya vg 23/3
Regina mr 7/9
Reinilda mr 16/7
Remigio ob 13/1
Reparada vg mr 8/10
Reyes, Virgen de los 15/8
Ricarda re rl 18/9
Ricardo Gwyn mr 17/10
Ricardo ob 9/6
Ricardo pf 7/2
Ricardo Pampuri rl 1/5
Ricardo Wych ob 3/4
Rita de Casia vl rl 22/5
Rita, Dolores y Francisca* vgs mrs 20/7
Roberto ab 17/4
Roberto ab 7/6
Roberto Belarmino ob dc 17/9
Roberto Southwell pb mr 21/2
Rocío, Virgen lunes después pentecostés
Rodrigo Aguilar pb mr 28/10
Rodrigo y Salomón mrs 13/3

Rogelio mj 16/9
Rogelio ob 30/12
Román ab 28/2
Román di mr 1/10
Román mr 18/11
Román mr 9/8
Román ob 6/10
Román Adame pr mr 1/4
Romualdo ab 19/6
Rómulo ob 6/7
Roque cf 16/8
Roque y Alfonso pbs mrs 15/11
Rosa de Lima vg 23/8
Rosalía vg 4/9
Rosalina rl 17/1
Rosario Nª Sª del, 7/10
Rosario de Chiquinquirá Nª Sª del, 9/7
Rosendo ob ab 1/3
Rufina mr 10/7
Rufino ob 11/8
Rufo NT 21/11
Rufo ob 14/11
Rufo y Zósimo mrs 17/10
Rumoldo er mr 24/6
Ruperto ob 27/3

Sabas ab 5/12
Sabás Reyes pb mr 13/4
Sabina mr 29/8
Sabino mr 13/3
Sabino ob 11/12
Sabino ob 9/2
Sabino ob mr 7/12
Sabino mr 26/3
Sadoc* y co mrs 2/6
Sadot ob y co mrs 18/2
Salvador de Horta rl 18/3
Salvador Lara y David Roldán mrs 15/8
Samuel prof 20/8
Sancho mr 5/6
Sandalio mr 3/9
Santiago el Mayor ap 25/7
Santiago el Menor ap 3/5
Santiago Alberione* 26/11
Santiago Gapp* pb mr 13/8
Sarbelio Makhluf pb 24/7

Saturio er 2/10
Saturnino mr 29/11
Sebastián A. rl 25/2
Sebastián Calvo* y co mrs 12/8
Secundino María* y co mrs 13/8
Secundino mr 20/4
Segismundo re 1/5
Segunda mr 10/7
Segundo ob 1/5
Serafín rl 12/10
Serapio mr 14/11
Sergio pp 8/9
Severino ab 8/1
Severino ob 21/10
Severo ob 1/2
Severo ob 6/11
Siete Fundadores Servitas 17/2
Sigfrido ob 15/2
Sigfrido ob 27/11
Silas NT 13/7
Silvano ob 10/2
Silvano y co mrs 4/5
Silverio pp mr 20/06
Silvestre I pp 31/12
Silvino ob 17/2
Silvia mf 3/11
Silvio ob 31/5
Simeón Berneux y co mrs 7/3
Simeón Estilita pr er 24/5
Simeón ob mr 27/4
Simeón y Ana NT 3/2
Simón de Rojas pb 28/9
Simón Phan pf mr 12/12
Simón Stock pb 16/5
Simón ap 28/10
Simplicio pf ob 24/6
Sinforiano mr 22/8
Siro ob 29/6
Siro ob 9/12
Sisebuto ab 15/3
Sixto I pp 3/4
Sixto II pp 7/8
Sixto III pp 19/8
Sixto ob 1/9
Sofía 18/9
Sofonías prof 3/12

Sofronio ob 11/3
Solongia vg mr 10/5
Sotera vg mr 11/2
Sotero y Cayo pps 22/4
Suitbert ob 1/3
Sulpicio ob 17/1
Susana mr 11/8

Tarsicia vg mr 15/1
Tarsicio mr 15/8
Tarsila vg 24/12
Telmo pb (B. Pedro González) 14/4
Telquilda ab 10/10
Temístocles mr 21/12
Teodora vg mr 2/4
Teodorico pb 1/7
Teodoro mj 27/12
Teodoro mr 17/2
Teodoro ob 16/8
Teodoro ob 22/4
Teodoro ob 7/4
Teodoro y Pausilipo mrs 15/4
Teodoro Estudita ab 11/11
Teodosia mj mr 18/7
Teodosio er 11/1
Teodosio mr 26/3
Teódota mf 2/9
Teófilo ob 13/10
Teófilo ob 5/3
Terencio y co mrs 10/4
Teresa de Jesús vg dc 15/10
Teresa del Niño Jesús vg dc 1/10
Teresa B. de la Cruz vg mr 9/8
Teresa de Calcuta 5/9
Teresa de J. de los Andes vg 13/7
Teresa de J. Jornet vg 26/8
Teresa de Portugal re 17/6
Teresa M. Redi vg 7/3
Timoteo y Tito obs 26/1
Timoteo Giaccardo* pb 19/10
Timoteo y Maura mrs 3/5
Tíquico NT 29/4
Todos los Fieles Difuntos 2/11
Todos los Santos 1/11
Tomás ap 3/7

Tomás Becket ob mr 29/12
Tomás de Aquino pb dc 28/1
Tomás de Cori pb 11/1
Tomás de Villanueva ob 10/10
Tomás Dinh pb mr 26/11
Tomás Garnet pb mr 23/6
Tomás Moro pf mrs 22/6
Torcuato ob mr 15/5
Toribio de Astorga ob 16/4
Toribio de Mogrovejo ob 23/3
Toribio Romo pb mr 25/2
Toro Nª Sª del, 8/5
Transfiguración del Señor 6/8
Traslación de Sto. Domingo 24/5
Troadio mr 2/3
Trófimo ob 29/12
Tuscana vd rl 14/7

Umbelina* ab 12/2
Urbano I pp 19/5
Urbano ob 7/12
Urbano V pp 19/12
Urbano y co mrs 5/9
Ursicino er 20/12
Ursino ob 9/11
Úrsula vg mr 21/10

Valentín mr 14/2
Valentín de Berriochoa ob mr 4/7
Valeriano mr 15/9
Valeriano ob 15/12
Valerio di mr 23/10
Valero ob 29/1
Valvanera, Nª Sª Dom. post. 8/9
Venancio ab 13/10
Venancio Fortunato ob 14/12
Venancio ob mr 1/4
Venidlo rl 13/8
Veremundo ab 8/3
Verísimo, Máxima y Julia mrs 1/10
Verónica Giuliani ab 9/7
Verónica* vg 13/1
Viator cf 21/10
Viator er 5/8
Vicenta Mª López Vicuña vg 25/5

Vicente mr 22/1
Vicente ob 1/9
Vicente* y co mrs 26/7
Vicente de León ab 11/3
Vicente de Lérins pb mj 24/5
Vicente de Paúl pb 27/9
Vicente Ferrer pb 5/4
Vicente Lê pb mr 7/11
Vicente Palloti pb 22/1
Vicente, Sabina y Cristeta mrs 27/10
Víctor er 26/2
Víctor er 29/8
Víctor mr 10/3
Víctor mr 12/4
Víctor mr 17/5
Víctor mr 21/7
Víctor mr 8/5
Victoria mr 10/7
Victoria mr 17/11
Victoria Díez* vg mr 12/8
Victoria Rasoamanarivo* es 21/8
Victorio mr 30/10
Visia y Sofía mrs 12/4
Visitación de la Virgen María 31/5
Vital mr 14/2
Vital mr 28/4
Vital ob 20/10
Vital y Agrícola mrs 4/11
Víto mr 15/6
Vladimiro re 15/7

Waldo ob 31/1
Walter ab 4/6
Wenceslao mr 28/9

Zacarías e Isabel es 23/9
Zacarías prof 6/9
Zedislava de Lemberk mf 4/1
Zenón mr 2/9
Zenón ob 26/12
Zita vg 27/4
Zoilo mr 27/6
Zósimo ob 30/3
Zósimo pp 26/12

Para SEMANA SANTA

Predicación del autor en la parroquia de san José de Madrid, el Viernes Santo de 1956, que fue retransmitida para toda España por Radio Nacional.

Royo Marín nos hace revivir, como si fuéramos testigos directos, de los sucesos de la Pasión de Jesucristo.

10,00 €

Sacramento de la CONFIRMACIÓN

21 meditaciones y reflexiones sobre el sacramento de la confirmación.

Ya sea que te estés preparando para recibir la confirmación o simplemente busques conocer más profundamente tu fe, este libro te acompañará en cada paso del camino.

12,00 €

POESÍA

A través de distintos versículos de los cuatro evangelistas, la autora reflexiona, poema a poema, sobre el mensaje de Jesús. Un libro que intenta dar voz a los sentimientos que el corazón experimenta cuando escuchamos la palabra de Dios.

12,00 €

ORACIONES Y VIDA CRISTIANA

ORACIONES MÁS COMUNES •

1. SEÑAL DE LA CRUZ

Por la señal + de la Santa Cruz, de nuestros + enemigos líbranos, Señor + Dios nuestro. En el nombre del Padre, y del Hijo + y del Espíritu Santo. Amén.

2. PADRENUESTRO

Padre nuestro, que estás en el cielo, santificado sea tu nombre, venga a nosotros tu reino, hágase tu voluntad en la tierra como en el cielo. Danos hoy nuestro pan de cada día, perdona nuestras ofensas como también nosotros perdonamos a los que nos ofenden, no nos dejes caer en la tentación, y líbranos del mal. Amén. (Este Amén se suprime en la misa.)

3. AVEMARÍA

Dios te salve, María, llena eres de gracia, el Señor es contigo. Bendita tú eres entre todas las mujeres y bendito es el fruto de tu vientre, Jesús. Santa María, Madre de Dios, ruega por nosotros, pecadores, ahora y en la hora de nuestra muerte. Amén.

4. GLORIA

Gloria al Padre, y al Hijo, y al Espíritu Santo. Como era en el principio, ahora y siempre, por los siglos de los siglos. Amén.

5. ACTO DE CONTRICIÓN

Señor mío Jesucristo, Dios y hombre verdadero, Creador y Redentor mío: por ser tú quién eres, Bondad Infinita, y porque te amo sobre todas las cosas, me pesa de todo corazón haberte ofendido; propongo firmemente nunca más pecar, apartarme de todas las ocasiones de ofenderte; confesarme, y cumplir la penitencia que me fuere impuesta. Te ofrezco mi vida, obras y trabajos, en satisfacción de todos mis pecados; y así como te lo suplico, así confío en tu bondad y misericordia infinita que me los perdonarás por los merecimientos de tu sangre, pasión, muerte y resurrección; y me darás gracia para enmendarme, y para perseverar en tu santo servicio hasta la muerte. Amén.

6. COMUNIÓN ESPIRITUAL

Creo, Jesús mío, que estás presente en el Santísimo Sacramento del Altar; te amo sobre todas las cosas y deseo recibirte dentro de mi alma. Mas, no pudiendo hacerlo ahora sacramentalmente, ven espiritualmente a mi corazón. No permitas, Jesús mío, que jamás me aparte y separe de ti. Así sea.

7. INVOCACIÓN AL ESPÍRITU SANTO

Ven, Espíritu Santo, llena los corazones de tus fieles y enciende en ellos el fuego de tu amor.

V. Envía, Señor, tu Espíritu y habrá una nueva creación.

R. Y renovarás la faz de la tierra.

Oración: Oh Dios, que has iluminado los corazones de tus fieles con la luz del Espíritu Santo; haznos dóciles a sus inspiraciones para gustar siempre el bien y gozar de su consuelo. Por Cristo nuestro Señor. Amén.

8. SALVE

Dios te salve, Reina y Madre de misericordia, vida, dulzura y esperanza nuestra, Dios te salve. A ti llamamos los desterrados hijos de Eva; a ti suspiramos, gimiendo y llorando, en este valle de lágrimas. Ea, pues, Señora, abogada nuestra, vuelve a nosotros esos tus ojos misericordiosos, y, después de este destierro, muéstranos a Jesús, fruto bendito de tu vientre. ¡Oh clementísima, oh piadosa, oh dulce Virgen María! Ruega por nosotros, santa Madre de Dios, para que seamos dignos de alcanzar las promesas de nuestro Señor Jesucristo. Amén.

9. CÁNTICO DE LA VIRGEN MARÍA (MAGNIFICAT)

Proclama mi alma la grandeza del Señor, se alegra mi espíritu en Dios, mi salvador; porque ha mirado la humildad de su esclava. Desde ahora me felicitarán todas las generaciones, porque el Poderoso ha hecho obras grandes por mí: su nombre es santo, y su misericordia llega a sus fieles de generación en generación. Él hace proezas con su brazo: dispersa a los soberbios de corazón, derriba del trono a los poderosos y enaltece a los humildes, a los hambrientos los colma de bienes y a los ricos los despide vacíos. Auxilia a Israel, su siervo, acordándose de la misericordia —como lo había prometido a nuestros padres— en favor de Abrahán y su descendencia por siempre.

10. BAJO TU AMPARO

Bajo tu amparo nos acogemos, Santa Madre de Dios: No desprecies nuestras súplicas en las necesidades, mas líbranos siempre de todos los peligros. ¡Oh Virgen gloriosa y bendita!

11. "ACORDAOS" (San Bernardo)

Acuérdate, oh piadosísima Virgen María, que jamás se ha oído decir que ninguno de los que han acudido a tu protección, implorando tu asistencia y reclamando tu socorro, haya sido abandonado de ti. Animado con esta confianza, a ti también acudo, ¡oh Madre, Virgen de las vírgenes! Y, aunque gimiendo bajo el peso de mis pecados, me atrevo a comparecer ante tu presencia soberana. No desoigas mis súplicas, ¡oh Madre de Dios!, antes bien, inclina a ellas tus oídos y dígnate atenderlas favorablemente. Amén.

12. BENDITA SEA TU PUREZA

Bendita sea tu pureza /y eternamente lo sea, /pues todo un Dios se recrea /en tan graciosa belleza. /A ti, celestial princesa, /Virgen sagrada María, /te ofrezco en este día /alma, vida y corazón, mírame con compasión, /no me dejes, Madre mía.

13. HAZ DE MÍ INSTRUMENTO DE TU PAZ (San Francisco)

Señor, haz de mí un instrumento de tu paz: donde haya odio, ponga yo amor; donde haya ofensa, ponga yo perdón; donde haya discordia, ponga yo armonía; donde haya error, ponga yo verdad; donde haya duda, ponga yo la fe; donde haya desesperación, ponga yo esperanza; donde haya tinieblas, ponga yo la luz; donde haya tristeza, ponga yo alegría. Que no me empeñe tanto: en ser consolado, como en consolar; en ser comprendido, como en comprender; en ser amado, como en amar. Porque dando, se recibe; olvidándose de sí, se encuentra; perdonando, se es perdonado; muriendo, se resucita a la Vida.

14. ACTO DE AMOR A CRISTO CRUCIFICADO

No me mueve, mi Dios, para quererte,
el cielo que me tienes prometido,
ni me mueve el infierno tan temido
para dejar por eso de ofenderte.
Tú me mueves, Señor,
muéveme el verte
clavado en esa cruz y escarnecido,
muéveme el ver tu cuerpo tan herido,
muévenme tus afrentas y tu muerte.
Muéveme, en fin, tu amor de tal manera,
que, aunque no hubiera cielo, yo te amara,
y, aunque no hubiera infierno, te temiera.
No me tienes que dar por que te quiera;
porque, aunque lo que espero no esperara,
lo mismo que te quiero, te quisiera.

15. ME PONGO EN TUS MANOS (P. Foucauld)

Padre, me pongo en tus manos, haz de
mí lo que quieras: sea lo que sea, te doy
las gracias. Estoy dispuesto a todo, lo
acepto todo, con tal de que tu voluntad
se cumpla en mí y en todas tus criaturas.
No deseo nada más, Padre. Te confío
mi alma, te la doy con todo el amor de
que soy capaz, porque te amo y necesito
darme, ponerme en tus manos sin medida, con una infinita confianza, porque
tú eres mi Padre.

16. MÍRAME, AMADO Y BUEN JESÚS

Mírame, ¡mi amado y buen Jesús!, postrado en tu divina presencia. Te ruego
con el mayor fervor que imprimas en
mi corazón vivos sentimientos de fe,
esperanza y caridad, verdadero dolor
de mis pecados y propósito de jamás
ofenderte. Mientras, yo, con el mayor
afecto y compasión de que soy capaz,
voy considerando tus cinco llagas y tengo presente lo que dijo de ti el santo
Profeta David: "Han taladrado mis manos

y mis pies y se pueden contar todos mis
huesos" (Salmo 22,17).

17. VISITA AL SANTÍSIMO

Se repite cinco veces: Bendito y alabado
sea el Santísimo Sacramento del Altar.
Sea por siempre bendito y alabado. Padrenuestro... Avemaría... Gloria al Padre...
Y una sexta vez, por las intenciones del Papa.
Dios mío, que estás aquí presente, yo te
adoro con toda humildad, quiero amarte
con todo mi corazón y concluir este día
y toda mi vida en tu servicio. Amén.

18. OFRECIMIENTO DIARIO POR LA HUMANIDAD

Dios, Padre nuestro, yo te ofrezco toda mi
jornada, mis oraciones, pensamientos,
afectos y deseos, palabras, obras, alegrías
y sufrimientos, en unión con tu Hijo Jesucristo, que sigue ofreciéndose a ti en la
Eucaristía, por la salvación del mundo.
Que el Espíritu Santo que guio a Jesús, sea
mi guía y mi fuerza en este día, para que
pueda ser testigo de tu amor. Con María,
la Madre del Señor y de la Iglesia, te pido
especialmente por las intenciones del Papa
y de nuestros obispos para este mes.

19. OFRECIMIENTO A LA VIRGEN MARÍA

¡Oh Señora mía! ¡Oh Madre mía!
Yo me ofrezco enteramente a ti. Y, en
prueba de mi filial afecto, te consagro
en este día mis ojos, mis oídos, mi lengua, mi corazón: en una palabra, todo
mi ser. Ya que soy todo tuyo, Madre de
bondad, guárdame y defiéndeme como
cosa y posesión tuya. Amén.

20. OFRECIMIENTO AL SEÑOR

Toma, Señor, y recibe toda mi libertad,
mi memoria, mi entendimiento y toda

mi voluntad, todo mi haber y mi poseer. Tú me lo diste, a ti, Señor, lo torno. Todo es tuyo. Dispón de todo según tu voluntad. Dame tu amor y tu gracia, que esta me basta.

LA JORNADA DEL BUEN CRISTIANO

AL LEVANTARSE *(Hacer la señal de la Cruz)*

Yo te adoro, Señor y Padre mío, y te amo con todo mi corazón. Te doy gracias por haberme creado y hecho cristiano y por el nuevo día que me regalas. Te ofrezco las acciones de este día: haz que sean según tu voluntad y para mayor gloria tuya. Líbrame del pecado y de todo mal.

Que tu gracia esté siempre conmigo y con todos los que yo quiero. Amén.

(Rezar un Padrenuestro y tres Avemarías).

Puede hacerse el «Ofrecimiento diario por la humanidad» y el «Ofrecimiento a la Virgen María» (núms. 18 y 19).

AL MEDIODÍA

Ángelus

El Ángel del Señor anunció a María;
Y concibió por obra del Espíritu Santo.
Dios te salve, María...
Aquí está la esclava del Señor;
Hágase en mí según tu palabra.
Dios te salve, María...
Y el Hijo de Dios se hizo hombre;
Y habitó entre nosotros.
Dios te salve, María...
V. Ruega por nosotros, Santa Madre de Dios.
R. Para que seamos dignos de las promesas de Cristo.
Oración: Derrama, Señor, tu gracia en nuestros corazones, para que, habiendo conocido por el anuncio del Ángel la encarnación de tu Hijo Jesucristo, por los méritos de su pasión y de su cruz, y con la intercesión de la Virgen María, lleguemos a la gloria de la resurrección. Por el mismo Jesucristo, nuestro Señor. Amén.

Regina Coeli

(En tiempo pascual, en lugar del Ángelus se recita esta oración)

Reina del cielo, alégrate, aleluya; porque el Señor, a quien mereciste llevar en tu seno, aleluya; ha resucitado, según su palabra, aleluya. Ruega a Dios por nosotros, aleluya.
V. Gózate y alégrate, Virgen María, aleluya.
R. Porque verdaderamente ha resucitado el Señor, aleluya.
Oración: ¡Oh Dios, que por la resurrección de tu Hijo, nuestro Señor Jesucristo, te has dignado alegrar al mundo! Concédenos, te rogamos, que por la intercesión de su Madre, la Virgen María, alcancemos los gozos de la vida eterna. Por el mismo Jesucristo, nuestro Señor. Amén.

BENDICIÓN DE LA MESA Y ACCIÓN DE GRACIAS

1. Bendice, Señor, los alimentos que vamos a tomar: que nos den fuerzas para hacer el bien a los demás.
2. Te bendecimos, Señor, por estos alimentos recibidos de tu infinita bondad. Da pan a los que tienen hambre, y hambre de ti a los que tenemos pan. Por Cristo nuestro Señor. Amén.

* * *

1. Te damos gracias, Padre de bondad, por el alimento que nos regalas y por todos tus beneficios: a ti, que vives y reinas por los siglos de los siglos. Amén.
2. Dios, que nos ha dado para hoy, nos dé para mañana: su gracia y su bendición, salud para el cuerpo y salvación para el alma. Amén.

AL ACOSTARSE

Te adoro, Señor y Padre mío, y te amo con todo mi corazón. Te doy gracias por haberme creado y hecho cristiano y por haberme conservado en este día. Guárdame en el descanso y líbrame de todos los peligros. Perdona los males que hoy he cometido y acepta el bien que he hecho.

Sálvame, Señor, despierto, y protégeme mientras duermo, para que viva con Cristo y descanse en paz. Amén.

* * *

Jesús, José y María, os doy el corazón y el alma mía.

Jesús, José y María, asistidme en mi última agonía.

Jesús, José y María, descanse con vosotros en paz el alma mía.

(Rezo de un Padrenuestro y tres Avemarías).

PRECES ESPECIALES

POR LOS ENFERMOS

En la enfermedad del cristiano se cumple especialmente lo que dijo Jesús: «El que quiera seguirme, que tome su cruz y me siga» (Mc 8,34). Es muy conveniente que el Crucifijo esté presente y visible para el enfermo, a fin de que se sienta unido a los dolores del Señor y encuentre en Cristo y en María el consuelo que tanto necesita. También, según las circunstancias, se le puede ayudar a rezar el rosario (por ejemplo, con el CD "El Rosario/20" o el Rosario electrónico) u otras oraciones. Y animarle a pedir que cada día se lleven la Comunión.

Ante una operación delicada y una situación terminal

Es importantísimo llamar a la parroquia o al capellán para que le administre el Sacramento de la Unción de los Enfermos, sin esperar a última hora. Habrá que advertir al enfermo que es el "sacramento de los enfermos", no la "extremaunción de los moribundos".

POR LOS MORIBUNDOS

Ayudar a bien morir es seguramente la más importante obra de caridad que se puede hacer a un ser querido o conocido. Cuando aparecen los síntomas de una muerte inminente, conviene que el moribundo escuche la

Recomendación de su alma

Querido hermano/a, te entrego a Dios, y, como criatura suya, te pongo en sus manos, pues es tu Creador, el que te formó del polvo de la tierra. Que al dejar esta vida, salgan a tu encuentro la Virgen María y todos los ángeles y santos.

Que Cristo, que sufrió muerte de cruz por ti, te conceda la verdadera libertad. Que Cristo, Hijo de Dios vivo, te aloje en su paraíso. Que Cristo, buen Pastor, te cuente entre sus queridas ovejas. Que te perdone todos los pecados y te agregue al número de sus elegidos. Que puedas contemplar cara a cara a tu Redentor y gozar de la visión de Dios por los siglos de los siglos. Amén.

Cuando, acabada la recomendación del alma, haya síntomas de muerte inminente, se le puede dar a besar el Crucifijo y decir, haciéndole la señal de la cruz en la frente:

Que el Padre, el Hijo y el Espíritu Santo estén contigo, te infundan esperanza y te conduzcan a la paz de su reino celestial, por los siglos de los siglos. Amén.

PRECES POR EL DIFUNTO

En el momento de expirar

Al cerrarle los ojos, rezar esta oración:

Concede, Señor, a nuestro/a hermano/a **N.**, cuyos ojos no verán más la luz de este mundo, contemplar eternamente tu belleza y gozar de tu presencia, por los siglos de los siglos. Amén.

Otras preces por el difunto

A continuación, después de hacerle la señal de la cruz en la frente, se rezan estas preces, que también pueden repetirse en distintos momentos del velatorio y entierro:

V. Este primer mundo ha pasado definitivamente para nuestro/a hermano/a **N.** Pidamos al Señor que nos conceda gozar ahora del cielo nuevo y de la tierra nueva que Él ha dispuesto para sus elegidos. **Venid en su ayuda**, santos de Dios; salid a su encuentro, ángeles del Señor. *Todos. **Recibid su alma y presentadla ante el Altísimo.***

V. Cristo, que te llamó, te reciba, y los ángeles te conduzcan al regazo de Abrahán. *Todos. **Recibid su alma y presentadla ante el Altísimo.***

V. Dale, Señor el descanso eterno, y brille para él (ella) la luz perpetua. *Todos. **Recibid su alma y presentadla ante el Altísimo.***

V. Hacia ti, Señor, levantamos nuestros ojos; contempla, Señor, nuestra fe en este momento de prueba y concede a **N.** el descanso eterno. Oremos con la oración que Cristo nos enseñó y el Avemaría a nuestra Madre, para que interceda por nuestro/a hermano/a **N.**

Padre nuestro... Dios te salve, María...

V. Dale, Señor, el descanso eterno.

*Todos. **Y brille para él (ella) la luz perpetua.***

V. Descanse en paz.

Todos. Amén.

Otro formulario de preces en el velatorio y en el cementerio

V. Oremos por nuestro/a hermano/a **N.**, que ha dejado este mundo. Que Cristo, que sufrió la muerte de cruz por él/ella, le conceda la felicidad verdadera.

*Todos. **Te lo pedimos, Señor.***

V. Que Cristo, el Hijo de Dios vivo, lo/a reciba en su paraíso.

*Todos. **Te lo pedimos, Señor.***

V. Que le perdone todos sus pecados y lo/a agregue al número de los elegidos.

*Todos. **Te lo pedimos, Señor.***

V. Que pueda contemplar cara a cara a su Redentor y gozar de la visión de su Señor por toda la eternidad.

*Todos. **Te lo pedimos, Señor.***

V. Te pedimos, Señor, que tu siervo/a **N.**, que ha muerto ya para este mundo, viva ahora para ti y que tu amor misericordioso borre los pecados que cometió por fragilidad humana. Por Jesucristo nuestro Señor.

Todos. Amén.

Recemos el *Padre nuestro*, la oración que Cristo nos enseñó, y el Avemaría a nuestra Madre, para que interceda por nuestro/a hermano/a **N.**

Padre nuestro... Dios te salve, María...

V. Dale, Señor, el descanso eterno.

*Todos. **Y brille para él/ella la luz perpetua.***

V. Descanse en paz.

Todos. Amén.

POR LAS ALMAS DEL PURGATORIO

"Los que mueren en la gracia y en la amistad de Dios, pero imperfectamente purificados, aunque están seguros de su eterna salvación, sufren después de la muerte una purificación, a fin de obtener la santidad necesaria para entrar en la alegría del cielo. La Iglesia llama purgatorio a esta purificación final de los elegidos. Desde los primeros tiempos, la Iglesia ha honrado la memoria de los difuntos y ha ofrecido sufragios en su favor, en particular el sacrificio eucarístico, para que, una vez purificados, puedan llegar a la visión beatífica de Dios". *(Catecismo de la Iglesia Católica 1031-1032).*

Ya el Antiguo Testamento recomienda la ayuda espiritual que los vivos podemos prestar a las almas del purgatorio. Leemos en el segundo libro de los Macabeos (12,43-46): *Judas Macabeo recogió dos mil dracmas de plata y las envió a Jerusalén para que ofreciesen un sacrificio de expiación. Obró con gran rectitud y nobleza, pensando en la resurrección. Si no hubiera esperado la resurrección de los que habían caído [en la batalla], habría sido inútil y ridículo rezar por los muertos. Pero, considerando que a los que habían muerto piadosamente les estaba reservado un magnífico premio, la idea era piadosa y santa. Por eso, encargó un sacrificio de expiación por los muertos, para que fueran liberados del pecado.*

Se atribuye a Jacinto Verdaguer esta afirmación certera: ***"Las flores se secan, las lágrimas se evaporan, la oración llega al cielo".***

Lo único valioso que podemos hacer por nuestros difuntos y por todas las almas del purgatorio, además de lo que dice el Catecismo, es rezar, ofrecer la santa misa por ellos. Aquí añadimos algunas oraciones por las almas del purgatorio.

Oración de santa Gertrudis

Santa Gertrudis la Grande (1256-1301), monja alemana de Turingia, recibió del Señor esta oración por las almas del purgatorio, muy eficaz para la liberación de las benditas almas del purgatorio:

"Eterno Padre, yo te ofrezco la preciosísima Sangre de tu divino Hijo Jesús, en unión con todas las misas celebradas hoy en todo el mundo, por todas las benditas almas del purgatorio".

Se puede añadir:

Y por los pecadores del mundo, de la Iglesia universal, de mi familia y de mi comunidad (parroquial, religiosa, cristiana). Amén

Oraciones de la Liturgia

• Acuérdate, Señor, de tus hijos *(nombres de familiares y conocidos difuntos)* que me han precedido con el signo de la fe y duermen ya el sueño de la paz. A ellos y a cuantos descansan en Cristo, concédeles el lugar del consuelo, de la luz y de la paz.

• A mis familiares y conocidos difuntos y a cuantos murieron en tu amistad recíbelos en tu reino, donde esperamos gozar todos juntos de la plenitud eterna de tu gloria. Por Cristo, Señor nuestro, por quien concedes al mundo todos los bienes.

• Dios misericordioso y eterno, vida de los mortales y gozo de los santos, escucha mi oración por todas las benditas almas del purgatorio; líbralas de las cadenas de la muerte y admítelas en las alegrías eternas de tu reino.

• Oh Dios, que resucitaste a tu Hijo para que, venciendo la muerte entrara en tu reino, escucha mi oración por las benditas almas del purgatorio. Que los difuntos que fueron en este mundo miembros de tu Iglesia peregrina, superada su condición mortal puedan participar con todos los santos en la asamblea de la Iglesia celestial y contemplarte cara a cara por toda la eternidad.

• Presta oídos, Señor Jesús, a la oración con la que imploro tu misericordia en favor de las benditas almas del purgatorio. Tú que hiciste, a quienes ya han muerto, miembros de tu Iglesia durante su vida mortal, llévalos contigo a la patria de la luz, para que ahora participen de la ciudadanía de los santos, contigo y con tu Madre María, que nos diste por Madre desde la Cruz.

Dales, Señor, el descanso eterno.
Y brille para ellos la luz perpetua.
Que todos los fieles difuntos, por la misericordia de Dios, descansen en paz.
Amén.

(¿Cómo agradecerán las benditas almas del purgatorio nuestra oración a Dios por ellos, cuando lleguen al cielo gracias a nuestra oración? – Ayudándonos con su santa intercesión en presencia de Dios, Padre misericordioso, Hijo que nos salva, y Espíritu Santo que nos alienta en nuestro caminar hacia la Patria)

LOS SACRAMENTOS

Los sacramentos son siete:
El primero, Bautismo.
El segundo, Confirmación.
El tercero, Penitencia.
El cuarto, Eucaristía.
El quinto, Unción de los enfermos.
El sexto, Orden Sacerdotal.

El séptimo, Matrimonio.
El Bautismo y la Confirmación, *sacramentos de la iniciación cristiana, suelen recibirse de niño y de joven, una sola vez. La* Penitencia *(confesión) y la* Eucaristía *(comunión) deben recibirse con frecuencia. El* Matrimonio *y el* Orden Sacerdotal *sirven a la edificación y salvación de los demás, por medio de los cónyuges cristianos y de los ministros sagrados. La* Unción de los enfermos *reconforta a los atribulados por la enfermedad.*

LA PENITENCIA
Para celebrar bien este sacramento es necesario:
- el examen de conciencia, *para poner toda tu vida a la luz del Evangelio;*
- el dolor de los pecados (contrición), *por haber ofendido a Dios;*
- el propósito de la enmienda, *porque quieres cambiar de vida, convertirte, con la gracia de Dios;*
- la confesión de los pecados al sacerdote: *exponer todos los pecados con sencillez y sinceridad;*
- la satisfacción: *cumplir la penitencia, reparar el daño causado al prójimo, restituir lo robado (bienes, fama...).*

Examen de conciencia
Es necesario confesar los pecados graves, o «mortales», que son los que tienen como objeto una materia grave (contra los Mandamientos), se cometen con pleno conocimiento y consentimiento deliberado. Sin embargo, para una más profunda y progresiva conversión, será bueno que también te arrepientas y confieses tus pecados veniales. A continuación, tienes un cuestionario para ayudarte a examinar tu conciencia.

Primer Mandamiento: ¿Tengo a Dios por encima de todo y trato de aumentar mi fe y mi amor a Dios? ¿He admitido en serio dudas contra las verdades de la fe?, etc.

Segundo Mandamiento: ¿He blasfemado? ¿He pronunciado palabras injuriosas contra Dios, la Virgen María, los santos o las cosas sagradas, incluso delante de otros?, etc.

Tercer Mandamiento (y Mandamientos de la Iglesia): ¿He santificado el domingo, asistiendo consciente y devotamente a la celebración de la Eucaristía y guardando el descanso sagrado?, etc. ¿Cumplo los mandamientos de la Iglesia?

Cuarto Mandamiento: ¿Honro a mis padres con el amor, el respeto y la obediencia debidos, o los maltrato y hago sufrir con mi conducta? ¿Ayudo a mis padres en sus necesidades, enfermedad, ancianidad?, etc.

Quinto Mandamiento: ¿Tengo odio, rencor o enemistad con alguien? ¿He escandalizado a otros, induciéndolos al mal? ¿He causado algún mal físico a otros? ¿He quitado la vida a alguien, en todos los sentidos? ¿He abortado o colaborado en aborto o eutanasia? ¿He conducido imprudentemente el coche o la moto? ¿He tomado drogas, o alcohol en exceso?

Sexto y noveno Mandamientos: ¿Me he entretenido en pensamientos, deseos o recuerdos impuros? ¿He cometido —o deseado— alguna acción impura: solo o con otros, de distinto o del mismo sexo, parientes, consagrados, menores de edad? ¿Me he puesto en peligro con diversiones, lecturas, espectáculos, páginas indecentes de internet? ¿Tengo amistades peligrosas? ¿Guardo la debida castidad en el noviazgo o en el matrimonio?, etc.

Séptimo y décimo Mandamientos: ¿He robado alguna cosa o cantidad de dinero? ¿Lo he devuelto? ¿Cumplo fielmente mis deberes sociales: impuestos, seguros, votaciones, etc.?

Octavo Mandamiento: ¿He mentido? ¿He reparado el daño derivado de mis mentiras? ¿He criticado a otros, descubriendo faltas graves? ¿He calumniado a otros atribuyéndoles algo que es falso? ¿He reparado o estoy dispuesto a reparar esa calumnia?, etc.

LA EUCARISTÍA, LA SANTA MISA

Todos los domingos y fiestas de precepto debes participar en la celebración de la Eucaristía, la Santa Misa, y procura comulgar. Si has cometido algún pecado, confiésate. Y celebra el domingo, día del Señor, en unión con todos los cristianos del mundo. Para participar activamente en la celebración, lee y aprende las oraciones y respuestas que hay a continuación.

Saludo inicial

SACERDOTE: En el nombre del Padre, y del Hijo y del Espíritu Santo.

TODOS: *Amén.*

S: La gracia de nuestro Señor Jesucristo, el amor del Padre y la comunión del Espíritu Santo estén con vosotros.

T: *Y con tu espíritu.*

Acto penitencial

S: Para celebrar dignamente estos sagrados misterios, reconozcamos nuestros pecados.

T: *Yo confieso ante Dios todopoderoso y ante vosotros, hermanos, que he pecado mucho de pensamiento, palabra,* obra y omisión. *Por mi culpa, por mi culpa, por mi gran culpa.*

Por eso ruego a Santa María, siempre Virgen, a los ángeles, a los santos y a vosotros, hermanos, que intercedáis por mí ante Dios, nuestro Señor.

S: Dios todopoderoso tenga misericordia de nosotros, perdone nuestros pecados y nos lleve a la vida eterna.

T: *Amén.*

S: Señor, ten piedad.

T: *Señor, ten piedad.*

S: Cristo, ten piedad.

T: *Cristo, ten piedad.*

S: Señor, ten piedad.

T: *Señor, ten piedad.*

Gloria

Gloria a Dios en el cielo, y en la tierra paz a los hombres que ama el Señor. Por tu inmensa gloria te alabamos, te bendecimos, te adoramos, te glorificamos, te damos gracias. Señor Dios, Rey celestial, Dios Padre todopoderoso. Señor Hijo único, Jesucristo, Señor Dios, Cordero de Dios, Hijo del Padre; Tú que quitas el pecado del mundo, ten piedad de nosotros; Tú que quitas el pecado del mundo, atiende nuestra súplica; Tú que estás sentado a la derecha del Padre, ten piedad de nosotros.

Porque solo tú eres Santo, solo tú Señor, solo tú Altísimo Jesucristo.

Con el Espíritu Santo, en la gloria de Dios Padre. Amén.

Final de la oración

S: Por Jesucristo... que vive y reina por los siglos de los siglos (otras oraciones: Por Jesucristo nuestro Señor).

T: *Amén.*

Final de las lecturas

Lector: Palabra de Dios.

T: *Te alabamos, Señor.*

Evangelio

S: El Señor esté con vosotros.

T: *Y con tu espíritu.*

S: Lectura del Santo Evangelio, según san...

T: *Gloria a ti, Señor.*

S (final): Palabra del Señor.

T: *Gloria a ti, Señor Jesús.*

Profesión de fe (Credo apostólico)

Creo en Dios, Padre todopoderoso, Creador del cielo y de la tierra.

Creo en Jesucristo, su único Hijo, nuestro Señor, que fue concebido por obra y gracia del Espíritu Santo, nació de Santa María Virgen, padeció bajo el poder de Poncio Pilato, fue crucificado, muerto y sepultado, descendió a los infiernos, al tercer día resucitó de entre los muertos, subió a los cielos y está sentado a la derecha de Dios, Padre todopoderoso. Desde allí ha de venir a juzgar a vivos y muertos.

Creo en el Espíritu Santo, la santa Iglesia católica, la comunión de los santos, el perdón de los pecados, la resurrección de la carne y la vida eterna. Amén.

Presentación de las ofrendas

S: (Pan) Bendito seas, Señor... será para nosotros pan de vida.

T: *Bendito seas por siempre, Señor.*

S: (Vino) Bendito seas, Señor... será para nosotros bebida de salvación.

T: *Bendito seas por siempre, Señor.*

S: Orad, hermanos, para que este sacrificio, mío y vuestro, sea agradable a Dios, Padre todopoderoso.

T: *El Señor reciba de tus manos este sacrificio para alabanza y gloria de su* nombre, para nuestro bien y el de toda su santa Iglesia.

Plegaria Eucarística. Prefacio

S: El Señor esté con vosotros.

T: *Y con tu espíritu.*

S: Levantemos el corazón.

T: *Lo tenemos levantado hacia el Señor.*

S: Demos gracias al Señor nuestro Dios.

T: *Es justo y necesario.*

S: (recita el Prefacio)

T: *Santo, Santo, Santo es el Señor, Dios del universo. Llenos están los cielos y la tierra de tu gloria. Hosanna en el cielo. Bendito el que viene en nombre del Señor. Hosanna en el cielo.*

S: *Santo eres en verdad, Señor, fuente de toda santidad; por eso te pedimos que santifiques estos dones con la efusión de tu Espíritu, de manera que se conviertan para nosotros en el Cuerpo y + la Sangre de Jesucristo, nuestro Señor.*

El cual, cuando iba a ser entregado a su pasión, voluntariamente aceptada, tomó pan, dándote gracias, lo partió y lo dio a sus discípulos, diciendo: TOMAD Y COMED TODOS DE ÉL, PORQUE ESTO ES MI CUERPO, QUE SERÁ ENTREGADO POR VOSOTROS. Del mismo modo, acabada la cena, tomó el cáliz, y, dándote gracias de nuevo, lo pasó a sus discípulos, diciendo: TOMAD Y BEBED TODOS DE ÉL, PORQUE ESTE ES EL CÁLIZ DE MI SANGRE, SANGRE DE LA ALIANZA NUEVA Y ETERNA QUE SERÁ DERRAMADA POR VOSOTROS Y POR MUCHOS PARA EL PERDÓN DE LOS PECADOS. HACED ESTO EN CONMEMORACIÓN MÍA.

Después de la Consagración

S: Este es el Sacramento de nuestra fe.

T: *Anunciamos tu muerte, proclamamos tu Resurrección.*
¡Ven, Señor Jesús!

Final de la Plegaria Eucarística

S: Por Cristo... todo honor y toda gloria, por los siglos de los siglos.

T: *AMÉN.*

Rito de la Comunión

—Rezo del Padrenuestro...

S: Líbranos... esperamos la venida gloriosa de nuestro Salvador Jesucristo.

T: *Tuyo es el reino, tuyo el poder y la gloria, por siempre, Señor.*

Rito de la Paz

S: Señor Jesucristo... tú que vives y reinas por los siglos de los siglos.

T: *Amén*

S: La paz del Señor esté siempre con vosotros.

T: *Y con tu espíritu.*

S: Daos fraternalmente la paz.

(se da la paz a los más cercanos, diciendo: La paz sea contigo).

T: *Cordero de Dios, que quitas el pecado del mundo, ten piedad de nosotros (dos veces). Cordero de Dios, que quitas el pecado del mundo, danos la paz.*

Comunión

S: Este es el Cordero... invitados a la Cena del Señor.

T: *Señor, no soy digno de que entres en mi casa, pero una palabra tuya bastará para sanarme.*

S: El Cuerpo de Cristo.

COMULGANTE: *Amén.*

Rito de despedida

S: El Señor esté con vosotros.

T: *Y con tu espíritu.*

S: La bendición de Dios... descienda sobre vosotros.

T: *Amén.*
S: Podéis ir en paz.
T: *Demos gracias a Dios*

PARA ANTES DE LA COMUNIÓN

Oración de santo Tomás de Aquino

Omnipotente y eterno Dios: llego al sacramento de tu Hijo unigénito, como enfermo al médico de la vida, como manchado a la fuente de la misericordia, como ciego a la luz de la eterna claridad, como pobre al Señor de cielos y tierra, como desvalido al Rey de la gloria. Por eso, Señor, ruego a tu infinita bondad y misericordia, que tengas a bien sanar mi enfermedad, limpiar mis manchas, alumbrar mi ceguera, enriquecer mi pobreza y vestir mi desnudez. Así podré recibir al Rey de los Ángeles y Señor de los señores, con tanta reverencia y humildad, con tanta contrición y ternura, con tanta pureza y fe, con tal propósito e intención, cual conviene a la salud de mi alma. Concédeme, te ruego, recibir no solo el Sacramento del Cuerpo y la Sangre del Señor, sino también la gracia y virtud de este Sacramento. Concédeme, Dios mío benignísimo, recibir de tal manera el Cuerpo que tu Hijo unigénito tomó de la Virgen María, que merezca ser incorporado a su Cuerpo Místico y contado entre sus miembros. Concédeme, Padre amantísimo, lograr yo contemplar un día cara a cara, por toda la eternidad, a este tu amadísimo Hijo, a quien ahora, en mi vida mortal, me propongo recibir encubierto bajo el velo del Sacramento. Te lo pido en nombre de tu Hijo Jesucristo, el cual vive y reina contigo en la unidad del Espíritu Santo, por los siglos de los siglos. Amén.

PARA DESPUÉS DE LA COMUNIÓN

Alma de Cristo

Alma de Cristo, santifícame.
Cuerpo de Cristo, sálvame.
Sangre de Cristo, embriágame.
Agua del costado de Cristo, lávame.
Pasión de Cristo, confórtame.
¡Oh buen Jesús!, óyeme.
Dentro de tus llagas escóndeme.
No permitas que me aparte de ti. Del maligno enemigo, defiéndeme. En la hora de mi muerte, llámame, y mándame ir a ti, para que con tus santos te alabe por los siglos de los siglos. Amén.

A Jesús Crucificado

Mírame, ¡oh mi amado y buen Jesús!, postrado en tu divina presencia. Te ruego, con el mayor fervor, que imprimas en mi corazón los sentimientos de fe, esperanza y caridad, verdadero dolor de los pecados y propósito firme de jamás ofenderte. Mientras, yo, con gran amor y compasión, voy considerando tus cinco llagas, comenzando por aquello que dijo el profeta David:
Han taladrado mis manos y mis pies, y se pueden contar todos mis huesos.

SANTO ROSARIO

(Después del enunciado de cada Misterio que se ha de meditar, se reza un Padrenuestro, diez Avemarías y el Gloria).

Misterios gozosos (lunes y sábados)

1º La Encarnación del Hijo de Dios.
2º La Visitación de la Virgen María a su prima Santa Isabel.
3º El Nacimiento del Hijo de Dios.
4º La Presentación del Niño Jesús en el Templo.
5º El Niño Jesús, perdido y hallado en el Templo.

Misterios luminosos *(jueves)*

1º El Bautismo del Señor en el Jordán.
2º La revelación de Jesús en las bodas de Caná.
3º El anuncio del Reino de Dios, invitación a la conversión.
4º La Transfiguración del Señor.
5º La institución de la Eucaristía.

Misterios dolorosos *(martes y viernes)*

1º La Oración de Jesús en el Huerto.
2º Los azotes que padeció el Señor, atado a la columna.
3º La coronación de espinas.
4º Jesús con la Cruz a cuestas.
5º La Crucifixión y Muerte del Señor.

Misterios gloriosos *(miércoles y domingos)*

1º La Resurrección del Señor.
2º La Ascensión del Señor a los cielos.
3º La venida del Espíritu Santo.
4º La Asunción de la Virgen María en cuerpo y alma a los cielos.
5º La Coronación de Nuestra Señora como Reina de cielos y tierra.

LETANÍAS DE NUESTRA SEÑORA

Señor, ten piedad.
R. *(Se repite lo mismo).*
Cristo, ten piedad. R.
Señor, ten piedad. R.
Cristo, óyenos. R.
Cristo, escúchanos. R.
Dios, Padre celestial.
R. *Ten misericordia de nosotros.*
Dios, Hijo Redentor del mundo.
R. *Ten misericordia de nosotros.*
Dios, Espíritu Santo. R.
Trinidad Santa, un solo Dios. R.
(A partir de aquí, se responde: **Ruega por nosotros**)
Santa María,
Santa Madre de Dios,
Santa Virgen de las vírgenes,
Madre de Cristo,
Madre de la Iglesia,
Madre de la misericordia,
Madre de la divina gracia,
Madre de la esperanza,
Madre purísima,
Madre castísima,
Madre y virgen,
Madre santa,
Madre inmaculada,
Madre amable,
Madre admirable,
Madre del buen consejo,
Madre del Creador,
Madre del Salvador,
Virgen prudentísima,
Virgen digna de veneración,
Virgen digna de alabanza,
Virgen poderosa,
Virgen clemente,
Virgen fiel,
Ideal de santidad,
Morada de la sabiduría,
Causa de nuestra alegría,
Templo del Espíritu Santo,
Honor de los pueblos,
Modelo de entrega a Dios,
Rosa escogida,
Fuerte como la torre de David,
Hermosa como torre de marfil,
Casa de oro,
Arca de la Nueva Alianza,
Puerta del Cielo,
Estrella de la mañana,
Salud de los enfermos,
Refugio de los pecadores,
Consuelo de los migrantes,
Consoladora de los afligidos,
Auxilio de los cristianos,
Reina de los Ángeles,
Reina de los Patriarcas,
Reina de los Profetas,

Reina de los Apóstoles,
Reina de los Mártires,
Reina de los que viven su fe,
Reina de las Vírgenes,
Reina de todos los Santos,
Reina concebida sin pecado original,
Reina elevada al cielo,
Reina del Santo Rosario,
Reina de la familia,
Reina de la paz,

Cordero de Dios, que quitas el pecado del mundo.
R. *Perdónanos, Señor.*
Cordero de Dios, que quitas el pecado del mundo.
R. *Escúchanos, Señor.*
Cordero de Dios, que quitas el pecado del mundo.
R. *Ten misericordia de nosotros.*
V. Ruega por nosotros, Santa Madre de Dios.
R. *Para que seamos dignos de las promesas de Cristo.*

Oremos: Te pedimos, Señor, que nosotros, tus siervos, gocemos siempre de salud de alma y cuerpo, y por la intercesión de santa María, la Virgen, líbranos de las tristezas de este mundo y concédenos las alegrías del cielo. Por Jesucristo nuestro Señor. Amén.
Ave María Purísima. Sin pecado concebida.

VÍA CRUCIS

Al comenzar cada Estación, se reza:
V: Te adoramos, Cristo, y te bendecimos.
R: *Porque por tu Santa Cruz redimiste al mundo.*
Y se termina con esta invocación:
Jesús, pequé: ten piedad y misericordia de mí.

Y termina la Estación con
1ª estación: Jesús es condenado a muerte.
2ª Jesús carga con la Cruz.
3ª Jesús cae bajo el peso de la Cruz.
4ª Jesús se encuentra con su Santísima Madre.
5ª El Cireneo ayuda a Jesús a llevar la Cruz.
6ª La Verónica limpia el rostro de Jesús.
7ª Jesús cae en tierra por segunda vez.
8ª Jesús consuela a las hijas de Jerusalén.
9ª Jesús cae por tercera vez.
10ª Jesús es despojado de sus vestiduras.
11ª Jesús es clavado en la Cruz.
12ª Jesús muere en la Cruz.
13ª Jesús es bajado de la Cruz y puesto en brazos de su Madre.
14ª Jesús es puesto en el sepulcro.

CONOCIMIENTOS CRISTIANOS BÁSICOS

1. Los diez Mandamientos de la Ley de Dios
1º Amarás a Dios sobre todas las cosas.
2º No tomarás el nombre de Dios en vano.
3º Santificarás las fiestas.
4º Honrarás a tu padre y a tu madre.
5º No matarás.
6º No cometerás actos impuros.
7º No robarás.
8º No dirás falsos testimonios ni mentirás.
9º No consentirás pensamientos ni deseos impuros.
10º No codiciarás los bienes ajenos.
Estos diez Mandamientos se resumen en dos: Amarás a Dios sobre todas las cosas, y al prójimo como Jesús te ha amado y te ama.

2. Las ocho Bienaventuranzas
1ª Bienaventurados los pobres en el espíritu, porque de ellos es el reino de los

cielos. 2ª Bienaventurados los mansos, porque ellos heredarán la tierra.

3ª Bienaventurados los que lloran, porque ellos serán consolados.

4ª Bienaventurados los que tienen hambre y sed de la justicia, porque ellos quedarán saciados.

5ª Bienaventurados los misericordiosos, porque ellos alcanzarán misericordia.

6ª Bienaventurados los limpios de corazón, porque ellos verán a Dios.

7ª Bienaventurados los que trabajan por la paz, porque ellos serán llamados hijos de Dios.

8ª Bienaventurados los perseguidos por causa de la justicia, porque de ellos es el reino de los cielos.

Bienaventurados vosotros cuando os insulten y os persigan y os calumnien de cualquier modo por mi causa. Alegraos y regocijaos, porque vuestra recompensa será grande en el cielo (Mt 5, 3-12).

3. Los siete dones del Espíritu Santo

Don de sabiduría.
Don de inteligencia.
Don de consejo.
Don de fortaleza.
Don de ciencia.
Don de piedad.
Don de temor de Dios.

4. Los doce frutos del Espíritu Santo

Caridad, gozo, paz, paciencia, longanimidad, bondad, benignidad, mansedumbre, fidelidad, modestia, continencia y castidad.

5. Las siete virtudes

Teologales: fe, esperanza y caridad.
Cardinales: prudencia, justicia, fortaleza y templanza.

7. Las catorce obras de misericordia

Siete espirituales:
1ª Enseñar al que no sabe.
2ª Dar buen consejo al que lo necesita.
3ª Corregir al que yerra.
4ª Perdonar las injurias.
5ª Consolar al triste.
6ª Sufrir con paciencia los defectos del prójimo.
7ª Rogar a Dios por vivos y difuntos.

Siete corporales:
1ª Visitar y cuidar a los enfermos.
2ª Dar de comer al hambriento.
3ª Dar de beber al sediento.
4ª Dar posada al peregrino.
5ª Vestir al desnudo.
6ª Redimir al cautivo.
7ª Enterrar a los muertos.

8. Los siete pecados capitales

1º Soberbia (contra la humildad).
2º Avaricia (contra la largueza).
3º Lujuria (contra la castidad).
4º Ira (contra la paciencia).
5º Gula (contra la templanza).
6º Envidia (contra la caridad).
7º Pereza (contra la diligencia).

9. Los cinco mandamientos de la Iglesia

1º Participar en la misa entera todos los domingos y demás fiestas de precepto, y no realizar trabajos serviles.

2º Confesar, al menos una vez al año, los pecados graves de que se tenga conciencia. 3º Recibir el sacramento de la Eucaristía al menos por Pascua.

4º Abstenerse de comer carne, y ayunar en los días establecidos por la Iglesia (ayuno y abstinencia: el miércoles de ceniza y el viernes santo; abstinencia: los viernes de cuaresma).

5º Ayudar a las necesidades de la Iglesia.

ORACIÓN A SAN JOSÉ

Salve, custodio del Redentor y esposo de la Virgen María. A ti Dios confió a su Hijo, en ti María depositó su confianza, contigo Cristo se forjó como hombre. Oh, bienaventurado José, muéstrate padre también a nosotros y guíanos en el camino de la vida. Concédenos gracia, misericordia y valentía, y defiéndenos de todo mal. Amén.

BIBLIOTECA BÁSICA CRISTIANA

EDIBESA le ofrece su fondo editorial de LIBROS, AUDIOLIBROS, MÚSICA y PELÍCULAS para su propia formación cristiana, para evangelizar y hacer regalos de provecho. Consulte las novedades mes a mes en www.edibesa.com

BIBLIA. EVANGELIO

LA BIBLIA PARA LEER

La Biblia de la familia 1.400 p. + CD-ROM interactivo. Texto completo. 21,5x28,5 cm. Color. Cartoné. Canto Dorado. Un gran regalo para bodas. 45 €

La Biblia. Leer. Pensar. Orar... Cada día. 1310 p. 13,50 x 21 cm. Traducción interconfesional. Con método de la Lectio Divina 10 €

San Pablo, Hechos y Cartas. 222 p. Texto completo. 2,20 €

San Pablo. Testimonio y doctrina. Texto de las Cartas por orden temático 230 p. 8,25 €

LA BIBLIA PARA ESCUCHAR

42 CD + 4 libros: 139 €/USB: 139 €

1. Antiguo Testamento 1. Textos selectos de Pentateuco, Históricos, Narraciones, Sapienciales, Profetas. Libro: 934 p. 15,75 €. Libro+17CD: 65€/USB: 65 €

2. Antiguo Testamento 2. Los Salmos. 150 salmos. Libro: 322 p. 7,50 €. Libro + 4 CD: 19 €/USB: 19 €

3. Nuevo Testamento 1. Los Cuatro Evangelios. Texto íntegro. Libro: 508 p. 6,75 €. Libro+10 CD: 45 €/USB: 45 €

4. Nuevo Testamento 2. Hechos, Cartas, Apocalipsis. Texto íntegro. Libro: 646 p. 9,50 €. Libro + 11 CD: 49€ / USB: 49€

BIBLIAS PARA NIÑOS

Mi primera Biblia. Para niños a partir de 3 años. 26 p. cartón. 16x15,5 cm. Color. Cartoné acolchado. 9,50 €

La Biblia de los niños. A partir de 5 años. 142 p. 21,5x24 cm. Color. Ilustrada. Cartoné. 17,00 €

La Biblia de los pequeños. Antiguo y Nuevo Testamento para los niños. 200 p. Cartoné. Color + CD. 24x34 cm. 22,50 €

La Biblia, mi amiga. 320 p. 14x20,5 cm. Color. Ilustrada. Cartoné. 50 relatos para niños mayores y preadolescentes. Primera Comunión. 18 €

Jesús nos cuenta. Las parábolas del Evangelio. 128 p. Ilustradas y adaptadas para los más pequeños. 24x34 cm. 17,25 € Color. Cartoné.

EL EVANGELIO PARA LEER

El Evangelio para nuestros mayores. 500 p. 13,25 €. Letra grande. Bicolor. Reflexión-oración diaria de José A. Martínez Puche, O.P.

El Evangelio. Oraciones y vida cristiana. 218 p. 1,25 €. Texto de los cuatro Evangelios para cada día del año con oraciones cristianas. J. A. Martínez Puche.

El Evangelio. Recuerdo de mi Primera Comunión. 218 p. 3 €. Texto evangélico para cada día. Oraciones y vida cristiana. Para regalar a todos los niños.

El Evangelio. Recuerdo de mi Confirmación. 218 p. 1,25 €. Texto evangélico para cada día. Oraciones y vida cristiana. Para regalar a todos los confirmandos.

El Evangelio (para cada día del año). 186 p.

Texto de los cuatro Evangelios para cada día del año. Rústica. 1 €. Cartoné. 3 €

El Evangelio para cada día. Y vocabulario evangélico popular. 326 p. 5,25 €. Texto evangélico para cada día. Índices de textos, onomástico y numérico. Santoral.

El Evangelio en crucigramas. Textos de los evangelios concordados con pasatiempos (4ª ed.) 614 p. 15 €

Ejercicios y pasatiempos de "El Evangelio en crucigramas" (2ª ed.). 310 p. 4 €. Sólo los pasatiempos del libro anterior.

Evangelio de los Hebreos. Vida de Jesús, según los Evangelios y escritos apócrifos. Pseudo Leví Hispano. 276 p. 8,50 €

EL EVANGELIO PARA ESCUCHAR

Los Evangelios. Vida y doctrina de Jesucristo en los Cuatro Evangelios. Textos seleccionados. Libro: 100 p. 2,75 €. Libro+ 1 CD: 9 € seleccionados por J. A. Martínez Puche.

Las Palabras de Jesús. Todo lo que dijo el Señor (extraído de los Cuatro Evangelios por J. A. Martínez Puche.). Libro: 264 p. 5,50 €. Libro + 4 CD: 29 €

PARA COMPRENDER LA BIBLIA

Libros de exégesis, estudios, comentarios bíblicos y reflexión espiritual sobre la Palabra de Dios.

Comprender las Escrituras. Curso completo para el estudio de la Biblia Scott Hahn. 550 p. Color Rústica. 21,50x28 cm. 45 €.

La Biblia, comentada por ella misma. Jesús Cantera. 368 p. 11,50 €

EL ANTIGUO TESTAMENTO

El Pentateuco. Historia y sentido (2ª ed.). A.-Á. García. 292 p. 15 €

Moisés, contado por los sabios. E. Fleg. 246 p. Escritos de los sabios de Israel. 12,50 €

Comentario al Cantar de los Cantares. J-F. Rey. 212 p. 12 € Cantar de los Cantares. Resonancias bíblicas. E. Jiménez. 314 p. 15,25 €

Introducción al estudio de los Salmos. J. G. Trapiello. 232 p. 12 €

EL NUEVO TESTAMENTO

Palabras de Cristo. El mensaje del Evangelio de Mateo. Mons. P. Mori. 168 p. 11 €

Hágase en mí. Comentario espiritual a San Mateo, en 24 charlas. Ch. Villarroel. 312 p. + CD (56 charlas). 11,25 €

Cristo, mi justicia. En Cristo estamos salvados. Comentario y vivencia de Romanos 1-8. Chus Villarroel. 374 p. 12,50 €

Comentario al Evangelio según San Juan. Santo Tomás de Aquino. Del Tomo I al VIII: 7,50 €; Tomos IX y X: 10 €. **Tomo I.** Cap. 1. 264 p. **Tomo II.** Cap. 2, 3 y 4. 256 p. **Tomo III.** Cap. 5 y 6. 256 p. **Tomo IV.** Cap. 7 y 8. 224 p. **Tomo V.** Cap. 9 y 10. 188 p. **Tomo VI.** Cap. 11 y 12. 208 p. **Tomo VII.** Cap. 13 y 14. 214 p. **Tomo VIII.** Cap. 15, 16 y 17. 252 p. **Tomo IX.** Cap. 18 y 19, 140 p. y **Tomo X.** Capítulos 20 y 21, 236 p. Precio de la colección de 10 tomos: 60 €

Pasión de Nuestro Señor Jesucristo. F. Fdez. Ramos. 240 p. 20 €

Pasión y muerte del Señor. Mons. Celso Morga. 252 p. 7,50 €

El Evangelio leído con humor. S. Gil del Muro. 176 p. 8,25 €

Claves para leer los evangelios sinópticos (2ª ed.). Gerardo Sánchez. 276 p. 14 €

La revolución de la misericordia. Comentario a la parábola del hijo pródigo y el relato de la mujer pecadora. Mons. Francisco Cerro. 136 p. 9,50 €

El evangelio de la misericordia. J. Peraire. 160 p. 10,50 €

La familia, hogar de la misericordia. J-R. Flecha. 160 p. 10,50 €

DIOS

Misterio trinitario. Dios, desde el silencio y la cercanía (2ª ed.). S. Fuster. 298 p. 15 €

Eucaristía y Trinidad para el siglo XXI. Doce catequesis (2ª ed.). Sebastián Fuster. 180 p. 3,75 €

Para encontrar a Dios. Vida teogloal. M. Gelabert. 292 p. Las virtudes teologales. 15 €

Vivencias de gratuidad. Dios me salva (3ª ed.). Chus Villarroel. 366 p. 10 €

Historia de la salvación. Historia de amor de Dios al hombre. Emiliano Jiménez. 342 p. 16,25 €

Más que Padre. El Dios de cada día (2ª ed.) Rafael de Andrés. 386 p. 11,50 €. 500 textos sobre Dios.

JESUCRISTO

Las credenciales de Jesús. Perfil humano y mensaje divino. J. Álvarez. 276 p. Presentación de Jesús para creyentes y no creyentes. 14,50 €

El Señor de la Historia. Manifestaciones extraordinarias de Jesucristo. D. Pajariño. 372 p. Recorrido histórico de apariciones de Jesús. 18 €

Jesús. Volver a los comienzos. F.J. Sáez de Maturana. 1144 p. Cartoné. Una obra completa sobre Jesús. Presentación: J.A. Pagola. 29,80 €

Jesús de Nazaret. A. Hari. 228 p. Cartoné. Color. 18,5x23.5 cm. 18 €. Los niños conocen a Jesús a través de diez temas.

Un hombre llamado Jesús. L. Ruegenberg (ilust.), G. Wieghaus (Texto). 46 p. Color. Cartoné. 23,5x31 cm. 13,75 €. Jesús visto a través de los ojos de dos niños, que están presentes en las principales escenas de su vida, según el Evangelio de Lucas.

Jesucristo, revelación del misterio del hombre. Ensayo de Antropología Teológica (4ª ed.). Martín Gelabert. 268 p. 15 € Jesucristo en sus misterios. Columba Marmion. 344 p. 10,50 €

El lado humano de Jesús de Nazaret. J. Salvador. 438 p. 12,50 €

Emaús. Era necesaria la pasión y la glorificación de Cristo. I. Domínguez. 156 p. 5,75 €

Mi Cristo roto. Guion literario. R. Cué. 160 p. Meditaciones cuaresmales en TVE. 4,50 €

Mi Cristo roto, de casa en casa (3ª ed.). Ramón Cué. 196 p. Segunda parte de Mi Cristo Roto. 5,50 €

La Sábana Santa de Turín. Su autenticidad (10ª ed.). J. Loring. 254 p. 9,50 € Jesús, el dinero y los negocios. J. Salvador. 256 p. 10,50 €

Jesucristo. Todo un Hombre, todo un Dios. J. Álvarez. 288 p. 8,75 €

Jesús, siempre y más. Mil opiniones sobre Cristo (2ª ed.). R. de Andrés. 526 p. 11,50 €

La Cristiada. Vida de Jesús, N.S. (1611). F. Diego de Hojeda. 528 p. Edición facsímil de 1896, bicolor, con dibujos originales. 41 €

Las Siete Palabras de Nuestro Señor Jesucristo en la Cruz. Fr. Antonio Royo Marín. 108 p. 10 €

COLECCIÓN LAS DOCE VIDAS DE JESÚS

Colección de obras clásicas de la exégesis y de la teología sobre Jesucristo. Formato 13,50 x 20,50 cm. Colección completa 179 €

Vida de Jesucristo según el Evangelio (2ª ed.). J. M. Lagrange, O.P. XII + 544 p. Obra clásica de la exégesis. 17,45 €

La más antigua vida de Jesús: Diatessaron (3ª ed.). Taciano. 270 p. 12 €. Los cuatro Evangelios en un solo relato del siglo II.

Vida de Cristo (2ª ed.) Fray Luis de Granada, O.P. 366 p. 13,25 €

Jesucristo (2ª ed.). L. Grandmaison. 644 p. 21 €. Cristología clásica.

Vida de Jesús según los Evangelios sinópticos (2ª ed.) J. Salguero, O.P 356 p. 13,85 €.

Nuestro Señor Jesucristo según los Evangelios (2ª ed.) L.C. Fillion. 448 p. 14,45 €

Memorias de un reportero de los tiempos de

Cristo (2ª ed.) Carlos Mª de Heredia, S.J. 1.010 p. 23,45 €. Texto novelado, fiel al Evangelio.

Vida de Nuestro Señor Jesucristo (2ª ed.) Remigio Vilariño, S.J. 654 p. 21 €

Vida de Jesús. François Mauriac 224 p. 10,50 €. Joya literaria del novelista francés.

Historia de Cristo (3ª ed.) Giovanni Papini. 384 p. 14,45 €. Su obra cumbre.

Vida de Jesucristo (2ª ed.) Giovanni Ricciotti. 596 p. 19,25 €

Vida de Jesús en el país y pueblo de Israel. Franz Michele William. 494 p. 17,45 €

LA VIRGEN MARÍA. EL SANTO ROSARIO

COLECCIÓN BIBLIOTECA MARIANA

Colección de grandes clásicos sobre la Virgen María. Formato 14 x 17 cm.

María en la Biblia y en los Padres de la Iglesia (3ª ed.) J. R. Flecha, K. Stock, J. A. M. Puche. 392 p. 13,25 €

Documentos pontificios marianos (3ª ed.) J. A. M. Puche, J. Gil. 510 p. Diecinueve siglos de Magisterio. 16,50 €

San Bernardo de Claraval y san Alberto Magno hablan de María. Homilías marianas. Marial (2ª ed.) D. Yáñez, J. Álvarez, J. A. M. Puche. 322 p. 11,30 €

San Luis Mª G. de Montfort y san Alfonso hablan de María (3ª ed.). San Luis: Tratado de la verdadera devoción a la Santísima Virgen. El secreto de María. San Alfonso: Las glorias de María, La salve. Las virtudes de María. 490 p. 17,25 €

Antología mariana. 100 autores hablan de María (3ª ed.) J. A. M. Puche, R. de Andrés. 422 p. 14,90 €

María en la literatura y en el arte (2ª ed.) Fray Luis de Granada (Vida de María). Poetas, pintores y escultores honran a la Virgen. 382 p. Color. 19,50 €

El Año Mariano. Cada día con María (2ª ed.) J. A. M. Puche. 688 p. Liturgia, teología, historia, piedad. Apéndice: El Rosario. El Escapulario del Carmen. 23,50 €

María, Madre de la Hispanidad (7ª ed.) Vírgenes patronas de España y América. J. A. Martínez Puche, O.P., R. del Olmo. 636 p.+84 en color. 24,50 €

Enciclopedia de la Virgen. J. A. M. Puche, O.P., I. H. de la Mota, R. del Olmo, O.S.A. 1950 p. 59,50 €

Biblioteca Mariana. Colección completa + Enciclopedia de la Virgen 179 €

COLECCIÓN LA SIERVA DEL SEÑOR

María y la renovación carismática. Vicente Martínez - Blat. 152 p. 10 €

María, madre del Redentor. E. Jiménez. 328 p. 15,75 €. María, en su virginidad fiel y fecunda, nos muestra el verdadero camino de la fe.

El Evangelio de María. G. Blanquière 152 p. 12,75 €

La hija de Joaquín. Comprensión de la humanidad de María. C. Paradinas. 128 p. 8 €

Vida de la Virgen María. R. L. Melús. 226 p. 13,75 €

La Virgen María. Historia. Teología. Devoción. J.Á. Maestro. 220 p. 9 €

El misterio de Guadalupe. Ramiro Ribas. 272 p. 11,50 €. María ayuda a extender la fe y combatir el mal.

Secretos de Fátima. G. Górny, J. Rosikon. El Mayor enigma del siglo XX en un libro completamente ilustrado. Imprescindible para conocer la historia y mensajes de Fátima. 400 p. 29 €.

Y además...

Imitación de María. T. de Kempis. 144 p. 6,80 €

La Iglesia habla de María. 50 años de documentos marianos pontificios. AA.VV. 418 p. 15 documentos, desde Pío XII a Juan Pablo II. 5,75 €

María. Un itinerario dogmático. D. Cerbelaud. 384 p. 25 €

María, la Madre del Señor, en el Nuevo Testamento. Klemens Stock. 184 p. 9 €.

Vida de María. Vida y misterio de la Santísima Virgen. Fray Luis de Granada. 108 p. 5,50 €

El libro de la Inmaculada. Doctrina, historia, poesía y arte. J. A. M. Puche. 208 p. 10,25 €

Mariam de Judá. Vida de María. Jaime Colomina. 278 p. 11,75 €

Queridos hijos. Testimonios sobre Medjugorje. M. Danelon. 400 p. 14,50 €

El Avemaría. L. L. de las Heras. 82 p. 5,25 €. Estudio bíblico y espiritual del Avemaría.

Virgen de Guadalupe, Señora del Tepeyac (2ª ed.). J. A. Montes. 70 p. Historia de las apariciones y actualidad. 4,75 €

Memorias de María, memorias de Juan. La vida de Jesús contada por la Madre y el Discípulo. S. Valero. 252 p. 11,45 €

Fátima, ternura y misericordia, por Mons. Francisco Cerro. 2ª ed. ampliada y al día. 196 p. 10,75 €

Adorar con María. M-B. Angot. 146 p. La oración con María y oraciones de adoración, por la fundadora de Casas de Adoración. 5,25 €

LIBROS SOBRE EL ROSARIO

Rosarios para las fiestas del Señor. Sor Marie. 168 p. Veinticuatro rosarios originales para todo el año litúrgico. 10 €

Para rezar el Rosario. A. González. 104 p. Libro básico para rezar el Rosario. Por qué, cómo y diversas formas de hacerlo. 5 €

El Rosario meditado. Una reflexión del Evangelio para cada Avemaría (8ª ed.). P. Meseguer. 48 p. Color. Los 20 misterios. 1,50 €

El Rosario de la Virgen María (6ª ed.). Carta apostólica. Juan Pablo II. 46 p. 2,50 €

El Rosario de Juan Pablo II. Los 20 misterios comentados por el Papa. (12ª ed.). J. A. M. Puche. 48 p. Color. 1,50 €

El libro del Rosario. Historia, doctrina, práctica, diccionario. J. A. M. Puche. 304 p. Cartoné. 12,50 €

Rosario Bíblico. Comentario y meditaciones de los veinte misterios. Salvador Muñoz Iglesias. 178 p. 5 €

El Rosario de María. Palabra de Dios para la contemplación de los 20 Misterios. J. A. M. Puche. Desplegable 7,5 x 21,5 cm., a todo color (100 unidades). 10 €

El Rosario de la Virgen. Hoja bicolor plastificada de bolsillo (100 unidades). 7 €

El Rosario, oración de un corazón en vela. Mis conversaciones con Maciej, que no lo reza. Emilio Cárdenas. 130 p. 5,25 €

La Virgen del Rosario y santo Domingo en el arte. D. Iturgaiz. 144 p.+ 24 láminas color. Cartoné. 11,50 €

PARA REZAR EL ROSARIO

Rosario con san Juan Pablo II. Comentario y rezo de los 20 Misterios, letanías y Salve. 2 CD + Libro 88 p. 16 €

Sant Rosari. En catalán: 4 €

El Rosario/20. Comentario y rezo de los 20 Misterios. J.A.M. Puche. 2 CD: 13 €.

Santo Rosario/20. Los 20 Misterios con comentario de san Josemaría Escrivá. 2 CD + folleto: 18,50 €. 2 casetes: 8 €

El Rosario del Papa. Juan Pablo II comenta y reza los 15 Misterios. Letanías, Ángelus y Salve. 2 CD: 14 €.

Rosario con Juan Pablo II. Reflexiones y rezo por el Papa de los 15 Misterios. Letanías y Salve. 1 casete. 5 €

El Rosario del Papa (electrónico). Rosario Juan Pablo II. Aparato electrónico con los 20 misterios del Rosario, automatizados para cada día de la semana. Con auriculares 49 €.

PALABRAS DE ORO
CLÁSICOS DE ESPIRITUALIDAD

Imitación de Cristo (6ª ed.). Tomás de Kempis. 456 p. Traducción de Fray Luis de Granada. 11,75 €

Tratado del Amor de Dios (3ª ed.). S. Francisco de Sales. 952 p. 17,50 €

Credo, Padrenuestro. Avemaría. Exposición y comentarios. Santo Tomás de Aquino. 240 p. 12,15 €

El arte de aprovechar nuestras faltas según san Francisco de Sales. J. Tissot. 216 p. 11,75 €

Guía de pecadores. Fray Luis de Granada. 784 p. 19,75 €

A los catequistas y catecúmenos. San Agustín. 320 p. 12,50 €

Libro de la vida. Santa Teresa. 516 p. 17,50 €

Relatos de un peregrino ruso. Anónimo. 112 p. El gran libro de la espiritualidad del Oriente cristiano. 5 €

Confesiones. San Agustín. 448 p. Texto íntegro. 7,75 €

Tratados espirituales de San Vicente Ferrer. De la vida espiritual, Sobre las tentaciones de la fe, Vida de Cristo en la Misa. San Vicente Ferrer. 168 p. 5,50 €

El alma de todo apostolado. J. B. Chautard. 240 p. 8,90 €

COLECCIÓN ESPIRITUALIDAD
DE LOS PADRES DE LA IGLESIA

Nueve libros de divulgación patrística, preparados por las Benedictinas de la Abadía argentina de Santa Escolástica, con selección de textos por temas. Formato 12 x 18 cm. Cada libro 5 €. Colección completa: 37,50 €

La Virgen María. Padres de la Iglesia. 132 p.

El Bautismo. Padres de la Iglesia. 128 p.

El tiempo de Cuaresma. Padres de la Iglesia. 126 p.

Felices los pobres. Padres de la Iglesia. 112 p. Sobre la pobreza.

El misterio de la Navidad. Padres de la Iglesia. 96 p.

La conversión. Padres de la Iglesia. 104 p. La unidad de la Iglesia. Padres de la Iglesia. 88 p.

Dios y el César. Padres de la Iglesia. 144 p. Sobre las relaciones Iglesia-Estado.

La oración. Padres de la Iglesia. 136 p.

COLECCIÓN EL PAN DE CADA DÍA

Colección de libros de espiritualidad para la reflexión y la meditación breve de cada día. Formato 11 x 14 cm.

1. Los cinco minutos de Dios (34ª ed.). Alfonso Milagro. 402 p. 8 € Pensamiento bíblico y reflexión para cada día del año.

2. El Evangelio para cada día. Y vocabulario evangélico popular. J. A. M. Puche. 326 p. 5,25 € Texto evangélico para cada día. Índices de textos, onomástico y numérico. Santoral.

3. Silencios en alta voz. A. Barriales. 406 p. 8,75 € Reflexiones para cada día del año emitidas en la COPE.

5. El poder del amor cambia tu vida. E. Gómez Navarro. 200 p. 16 € Textos sobre el amor inspirados en la Carta de San Pablo a los Corintios.

6. Palabras de sabiduría. José Román Flecha. 428 p. 20€

7. Oración, un diálogo en plenitud. E. Gómez Navarro. 240p. 16 €

8. Perdernos en Dios. María del Pilar Galán. 112 p. 12 €

PARA LOS MOMENTOS DIFÍCILES

¿Para qué sufrir? Sentido del dolor humano, a la luz de la fe en Cristo. Á. Mª Rojas. 140 p. 10 €

Crecer desde el sufrimiento. 319 p. 10,75 €

¿Por qué a mí? A. Grün. 154 p. El misterio del dolor y la justicia de Dios. 10,50 €

COLECCIÓN AGUA VIVA
PARA MEDITAR Y REFLEXIONAR

Colección de escritos de espiritualidad, meditación y reflexión cristiana. Formato 15 x 21 cm. Serie Minor 12x18 cm.

1. La vida como oblación por los sacerdotes. Pensamientos de la Madre María del Carmen. 152 p. 6 €

2. Autorretrato de Santa Gema Galgani. 184 p. 7,50 €

3. Autorretrato de Edith Stein. 148 p. 7 €

4. Teología y espiritualidad de la santa Juana. Una mujer predicadora. I. García. 386 p. 14 €

5. Las enseñanzas espirituales del Maestro Gracián. Amigo y director espiritual de santa Teresa. V. Martínez-Blat O.C.D. 288 p. 11 €

6. La predicación de san Antonio de Padua. Exposición sistemática. L. Pérez O.F.M. 416 p. 15,90 €

7. Nacimiento e infancia de Jesús. Ana Catalina Emmerick. 232 p. 14 €

8. Pasión y Resurrección de Jesús. A. C. Emmerick. 338 p. 13,50 €

9. Vida de la Virgen María, los Apóstoles, los Mártires y los Santos. A.C. Emmerick. 252 p. 11 €

10. San Juan Crisóstomo. Pensamiento espiritual. J. Álvarez. 208 p. 10 €

11. Cartas de santa Gema Galgani. A su director espiritual, P. Germán de San Estanislao, pasionista. P. García M. 352 p. 13,50 €

12. Pier Giorgio Frassati. Arturo José Otero García. 186 p. 16,00 €

13. ¿Originales o fotocopias? Calor Acutis, Giorgio Maria Carbone. 160 p. 14 €

14. Transmitir la fe de nuestro hijo Carlo Acutis. Antonia Salzano, Andrea Acutis, Giorgio Maria Carbone. 168 p.

Y además...

Meditaciones y devociones. Beato J. H. Newman. 332 p. Escritos de la etapa católica del cardenal. 7,50 €

El pozo y los charcos. G. K. Chesterton. 288 p. 7,25 €

Escritos esenciales. Una confianza muy sencilla. Roger de Taizé. 208 p. Antología de Marcello Fidanzio. 11,75 €

Santa Faustina y la Divina Misericordia. R. Iaria. 264 p. Escritos de santa Faustina Kowalska. 6 €

Encuentros con Merton. Reflexiones espirituales. H. Nouwen. 112 p. Introducción a su vida y pensamiento. 9,50 €

Guía de la vida interior. J. Otón. 232 p. Un seglar escribe para el cristiano actual. 7,75 €

Aquí en la tierra como en el cielo. Los novísimos, asunto de esta vida. Atilano Aláiz. 230 p. 8,75 €

Síntesis de espiritualidad católica. J. Rivera, J. Mª Iraburu. 432 p. 9 €

La tierra del Maestro. Ejercicios espirituales en los santos lugares (2ª ed.). Francisco Mª López Melús. 314 p. 10,50 €

El Apostolado de la Oración. Ascuas o cenizas, en 66 preguntas y respuestas. D. Muñoz. 146 p. 2,50 €

Corazón de Cristo. Belleza que salva al mundo. Mons. Francisco Cerro. 78 p. 5 € Cartas de un ángel a su sobrino. Janusz Pyda. 126 p. 6,40 €

Armonía interior. Un camino posible (9ª ed.). Anselm Grün. 150 p. Cómo lograr la paz espiritual. 11 €

Sanación del alma. Sanar las heridas de la infancia. Impulsos espirituales. Anselm Grün. 222 p. 15,30 €

COLECCIÓN LUX FIDEI

Ángeles y demonios. Criaturas celestiales. Santiago Cantera. 280 p. 13,50 €

El Dios que viene. G. Blanco, J. Carballo, M. Santos (eds) 228 p. 16 €

Lo humano que viene. G. Blanco, J. Carballo, M. Santos (eds). 136 p. 15 €

Palabra de Dios en lenguaje humano. Jesús Espeja y Jesús Díaz Sariego. 208p. 16€.

Seducidos por la Sabiduría. Vivir honestamente, estudiar y enseñar. Javier Carballo. 256 p. 19 €.
Teología ¿para qué? Martín Gelabert. 122 p. 15€.
El diálogo como categoría teológica. Alexis González de León. 164 p. 16 €

El Evangelio en una sociedad laica. Jesús Espeja, Jesús Díaz Sariego. 148 p. 16 €
El terror es el alma de la gratitud. Ricardo Aldana. 80 p. 16 €

FRASES, PENSAMIENTOS Y PEQUEÑOS LIBROS

COLECCIÓN UN PENSAMIENTO PARA CADA DÍA

Colección de pensamientos o reflexiones del personaje para cada uno de los días del año... Formato 10x14,5 cm.

1. Los Salmos. 192 p. 4 € / 2. Salomón y los sabios de Israel. 160 p. 4 € / 3. S. Pablo. 216 p. 5 € / 4. S. Agustín. 160 p. 4 € / 5. Padres de la Iglesia 1. 170 p. 4 € / 6. Sto. Tomás de Aquino. 192 p. 4,50 € / 7. Sta. Catalina de Siena. 192 p. 4,50 € / 8. S. Ignacio de Loyola. 160 p. 4 € / 9. Sta. Teresa. 160 p. 4 € / 10. S. Juan de la Cruz. 158 p. 4 € / 11. S. Juan de Ávila. 164 p. 4 € / 12. Fray Luis de Granada. 204 p. 4,50 € / 13. S. Francisco de Sales. 160 p. 4 € / 14. El cura de Ars. 128 p. 4 € / 15. Sta. Teresita del Niño Jesús. 184 p. 4,50 € / 16. S. Juan Bosco. 128 p. 3,50 € / 17. S. Claudio de la Colombière. 144 p. 3,70 € / 18. Sta. Faustina Kowalska. 194 p. 4 € / 19. Sta. Genoveva Torres. 160 p. 4 € / 20. Sta. Ángela de la Cruz. 160 p. 4 € / 21. Sta. Maravillas de Jesús. 160 p. 4 € 22. El Padre Pío. 144 p. 3,50 € / 23. Madre Teresa de Calcuta. 168 p. 4 € 24. S. Juan Pablo II. 158 p. 4 € / 25. Padres de la Iglesia / 2. 170 p. 4 € / 26. Sta. Margarita Mª Alacoque. 136 p. 3,50 € / 27. S. Francisco Javier. 132 p. 4 € / 28. S. Rafael Arnaiz Barón. 168 p. 5,50 € / 29. S. Josemaría Escrivá de Balaguer. 192 p. 4€ / 30. Roger de Taizé. 192 p. 4 € / 31. Medjugorje. Mensaje de Ntra. Sra. de la Paz. 256 p. 5,50 € / 32. S. Pedro Julián Eymard. S. Aylwin. 160 p. 5 € / 33. Bta. Esperanza de Jesús / C. Caballero. 176 p. 4 € / 34. Sto. Tomás Moro. 184 p. 5 € / 35. Sta. Gema Galgani. 140 p. 5,50€ / 36. S. Felipe Neri. 108 p. 5 € / 37. S. Alberto Hurtado. 144 p. 5 € / 38. Bto. Carlos de Foucauld. 148 p. 5,50 € / 39. S. Antonio de Padua. 140 p. 5,50 € / 40. S. Vicente de Paúl. 140 p. 5,50 € / 41. S. Manuel González. 140 p. 6,50€ / 42. S. John Henry Newman. 158 p. 7€ / 43. Sta. Juana F. Chantal. 160 p. 6,50€ / 44. Edith Stein. 164 p. 6,50€ / 45. Stos. Padres Hispanos. 144 p. 8€

COLECCIÓN PEQUEÑAS HISTORIAS DE SANTIDAD

Libritos divulgativos a todo color. Formato 8,50 x 12 cm. 34 p. [1,44] 1,50 € cada uno. Colección Completa 12,50 €

San Juan Bautista, predicador San Pedro, Apóstol
San Juan Bosco
Santa María Goretti
San José, esposo de María
San Agustín, obispo
Beato Juan XXIII
Santiago el Mayor, Apóstol
San Pablo, Apóstol

FRASES Y RECOPILACIONES

Tu palabra me da vida. (2ª ed.). 1000 pensamientos de la Biblia. J. Sainz. 240 p. 4 €
Al dictado de Dios. 1400 pensamientos a la escucha del Señor. Mª L. Vila. 264 p. 6,50 €
Mil pensamientos para vivir mejor (2ª ed.). Á. Rodríguez (recopilador). 220 p. 5,15 €

Gracias. Meditar con Teresa y Juan Pablo II. G. Schindler (Recopilación). 78 p. Cartoné. Textos selectos de la Madre Teresa de Calcuta y Juan Pablo II. 6,75 €

COLECCIÓN EL MENSAJE DE...

Colección de libritos a todo color, cartoné. 48 p. 10,5x15 cm. Autor: Luis Glinka. 4,50 € cada uno.

El mensaje de Jesús
El mensaje de san Agustín
El mensaje de Francisco de Asís El mensaje de Teresa de Ávila
El mensaje de Juan de la Cruz

IGLESIA. ECUMENISMO. PAPAS

IGLESIA. ECLESIOLOGÍA

Atlas histórico de la caridad. Juan Mª Laboa. 240 p. Recorrido histórico por el desarrollo del ejercicio de la caridad en la Iglesia, en sus muchas formas, instituciones y personajes más señalados. 28,50 €

El sentido de la Iglesia. La Iglesia del Señor. Romano Guardini. 188 p. 8,30 €

Esta es tu Iglesia. Perspectivas desde la fe. J. Álvarez. 244 p. 9 €

Esta es nuestra fe. Símbolos de la fe, Teología, Magisterio. Jesús Álvarez. 278 p. 11,30 €

Mi querida Iglesia, santa y pecadora. M. Purroy. 164 p. 4,50 €

La Iglesia necesita santos. Santidad, experiencia de Dios. G. Aparicio. 264 p. 8,90 €

DIÁLOGO INTERRELIGIOSO. ECUMENISMO

Convivencia y Diálogo. Benedicto XVI y los musulmanes. Mons. C. Amigo. 168 p. 7,50 €

Hemos roto la Cruz. Manual de ecumenismo para el pueblo cristiano. J. Álvarez. 228 p. 9 €

Las religiones del mundo. Historia, fe y moral en las religiones. J. Álvarez. 352 p. 11,25 €

MOVIMIENTOS DE LA IGLESIA

La Parroquia y el Camino Neocatecumenal (2ª ed.). J. Higueras. 144 p. 7,75 €

Legio Mariae. Manual oficial de la Legión de María. Legión de María. 468 p. 8,50 €

El alma de la Legión de María. D. Castañón. 110 p. 5,25 €

María y la Renovación Carismática. 152 p. 10 € V. Martínez - Blat

PAPAS

Francisco, nuevo Papa. J. Fernández.128 p. Crónica de la transición de Benedicto XVI a Francisco. Primeros días de pontificado. 9,50 €

Enviados a hacer el bien. J. M. Bergoglio (Francisco). 144 p. Mensajes para sacerdotes y agentes de pastoral. 11,50 €

Europa, identidad y misión. Aportación de Juan Pablo II a la construcción de Europa. B. Gazapo, E. Cambón. 408 p. 17,50 €

Juan Pablo II, ¡Santo súbito! Un nuevo Pentecostés. A. J. González. 378 p. 6,50 €

Benedicto XVI/Ratzinger habla de Juan Pablo II/Wojtyla. Mª E. Schindler. 112 p. Color, ilustrado. 17x24 cm. 13,75 €

El Papa Benedicto XVI. Sucesor de Pedro. M. Collins. 118 p. 14x21 cm. 5,75 €. Biografía completa.

ANTOLOGÍAS DE DOCUMENTOS

Encíclicas de Pablo VI. J. A. M. Puche. [ed.]. 510 p. 22,50 €. Sus seis encíclicas más la Exhortación "Evangelii nuntiandi". Índice onomástico y de materias.

Encíclicas de San Juan Pablo II (7ª ed.). J. A. M. Puche. [ed.]. 1876 p. 30 €. Las 14 encíclicas. Con abundantes y prácticos índices. Padre, Hijo y Espíritu Santo. Encíclicas sobre Dios. Juan Pablo II. 438 p. 5,25 €. *Redemptor hominis, Dominum et vivificantem, Dives in misericordia y Tertio millennio adveniente.*

Exhortaciones Apostólicas de San Juan Pablo II y la "Evangelii nuntiandi", de Pablo VI. J. A. M. Puche [ed.]. 1296 p. 33 €. Con abundantes y prácticos Índices.

Dios Padre. Vocabulario de Juan Pablo II sobre el Padre. Encíclica "Dives in misericordia". J. A. M. Puche. 222 p. 6 €

La Nueva Evangelización. Enseñanzas del San Juan Pablo II. Aportaciones de Benedicto XVI. J. A. M. Puche. 142 p. 9,20 €

Sacerdotes para nuestro tiempo. Juan Pablo II y Benedicto XVI hablan sobre el sacerdocio. J. A. M. Puche. 382 p. 13,50 €

La Misericordia. 100 textos del Papa Francisco. J.A. M. Puche [Ed.].196 p. 10 €

COLECCIÓN ENSEÑANZAS DE BENEDICTO XVI

Colección preparada por José A. Martínez Puche, O.P. y J. Gil Aguilar, O. Carm. Formato 15,50x21 cm. Cartoné. Recoge todas las intervenciones del Papa a lo largo del año. Cada tomo ofrece un diccionario completo de temas y nombres.

Tomo 1: 2005. 570 p. 19,50 €
Tomo 2: 2006. 1.030 p. 35 €
Tomo 3: 2007. 1.270 p. 43 €

Tomo 4: 2008. 1.022 p. 35 €
Tomo 5: 2009. 970 p. 32 €
Tomo 6: 2010. 942 p. 33 €
Tomo 7: 2011. 1.000 p. 32 €
Tomo 8: 2012. 928 p. 31 €
Los 8 tomos: 260,50 €. ¡¡OFERTA: 175 €!!

COLECCIÓN ENSEÑANZAS DEL PAPA FRANCISCO

Diccionario primero del papa Francisco. 2013. 816 p. 31 €

Diccionario segundo del papa Francisco. 2014. 904 p. 39 €

Diccionario tercero del papa Francisco. 2015. 1032 p. 35 €

ENCÍCLICAS Y OTROS DOCUMENTOS

Lumen fidei. Encíclica sobre la fe. Francisco. 84 p. 2,30 €

La alegría del Evangelio. Evangelii Gaudium. Francisco. 224 p. 3,50 €

Laudato si'. Francisco. 192 p. 2,50 €

La alegría del amor. Francisco. 240 p. 3,60 €

Laudate Deum. Francisco. 46 p. 1,90 €

Dilexit Nos. Francisco. 144 p. 5 €

Alegraos y Regocijaos. Francisco. 128 p. 2,90 €

Vive Cristo, esperanza nuestra. Francisco. 192 p. 3,40 €

C'Est la Confiance. Francisco. 42 p. 1,90 €. Sobre el amor misericordioso y Santa Teresa del Niño Jesús

Querida Amazonia. Francisco. 96 p. 2,30 €. Fratelli Tutti. Sobre la fraternidad y la amistad social. 218 p. 3,40 €

Caminar desde Cristo (6ª ed.). El compromiso de la vida consagrada. 64 p. 3,75 €.

Las personas consagradas y su misión en la escuela. C. Educación Católica. 48 p. 2,50 €. Reflexiones y orientaciones.

Ecclesia de Eucharistia. Juan Pablo II. 80 p. 2,50 €. Encíclica sobre la Eucaristía.

El sacramento de la redención (3ª ed.). C. Culto Divino. 70 p. 2,50 € Instrucción sobre la celebración de la Eucaristía.

Quédate con nosotros (6ª ed.). Juan Pablo II. 32 p. 1,25 €. Carta Apostólica sobre la Eucaristía.

El Día del Señor. Carta Apostólica "Dies Domini" sobre la santificación del domingo. Juan Pablo II. 96 p. 2,75 €

Fides et ratio (2ª ed.). Encíclica sobre las relaciones entre fe y razón. Juan Pablo II. 194 p. 4 €. Con índices de materias, onomástico y de citas bíblicas.

Evangelium vitae (2ª ed.). Encíclica sobre el valor y el carácter inviolable de la vida humana. Juan Pablo II. 252 p. 5,50 €. Apéndice: Instrucción "Donum vitae". Con índices.

Reconciliatio et paenitentia. Exhortación Apostólica sobre la reconciliación y la penitencia. Juan Pablo II. 162 p. 4 €

Salvados por la esperanza. Benedicto XVI. 64 p. 2 €. Encíclica sobre la esperanza cristiana.

Dios es amor (7ª ed.). Benedicto XVI. 80 p. 2,25 €. Encíclica sobre el amor cristiano.

El Sacramento de la caridad. Benedicto XVI. 120 p. 2,50 €. Exhortación Apostólica sobre la Eucaristía.

La Palabra del Señor. Exhortación Apostólica Verbum Domini. Benedicto XVI. 204 p. 2,90 €

Caritas in veritate. Benedicto XVI. 120 p. 2,50 €. Encíclica sobre la caridad en la verdad.

Enseñanzas del Papa en la JMJ 2011 Madrid. Benedicto XVI. 144 p. 2,20 €. Todas las Intervenciones y el Viacrucis.

DICCIONARIOS

Obras bien preparadas, elegantes, en cartoné, exhaustivas en contenidos. Necesarias para toda buena biblioteca.

Diccionario bíblico ilustrado. N. Molina. 688 p. Color. Cartoné. 20x27 cm. 26,50 €.

Diccionario abreviado del cristianismo. J Álvarez, J. A. M. Puche. 494 p. Más de tres mil voces. 19,50 €.

Diccionario social de los Padres de la Iglesia. Restituto Sierra. 420 p. 17,50 €.

Diccionario doctrinal de san Agustín. P. J. Lasanta, R. del Olmo. 968 p. 29,50 €.

Diccionario teológico de santo Tomás. Textos de la "Suma" por orden alfabético J. A. M. Puche. 892 p. 28,75 €

Diccionario de santa Teresa de Jesús. Jesús Martí B. 884 p. 28,50 €. Semblanza, biografía, textos y complemento teológico.

Diccionario teológico-espiritual de san Juan de Ávila. P.J. Lasanta. 552 p. 15 €.

Diccionario de espiritualidad de santa Teresita. La doctrina de Teresa del Niño Jesús en un millar de textos. V. Martínez-Blat. 368 p. 11,50 €

Diccionario de Pablo VI. P. J. Lasanta. 870 p. 32 €.

Diccionario social y moral de Juan Pablo II. P.J. Lasanta. 734 p. 2.210 textos. 23,50 €.

Diccionario de teología y espiritualidad de Juan Pablo II. P.J. Lasanta. 1268 p. 32 €.

Diccionario de valores. De Juan Pablo II a los jóvenes del mundo. R. Cuadrado. 524 p. 9,80 €.

Doctrina social de la Iglesia. Diccionario de textos de Benedicto XVI. J.A.M. Puche. 266 p. 6,50 €.

SÍNTESIS DE LA FE. CATECISMOS

En el nombre del Señor. Síntesis de la fe y vida cristianas. E. Carretón. 200 p. 9 €

La fe cristiana explicada. Introducción al cristianismo. Scott Hahn. 616 p. 39 €

Catecismo del Pueblo de Dios. Creer, vivir, amar y orar con Jesús. Diego Muñoz. 124 p. 5,50 €

El cristiano ante el judaísmo y el islam. C. de Francisco. 102 p. 5,50 €

Compendio del nuevo Catecismo. Con notas pastorales y ejemplos. Mons. J. A. Flores. 510 p. (2ª ed.). 10,75 €

Vive tu fe (4ª ed.). Esquema Guía para estudiar el Catecismo de la Iglesia Católica. L. Caram. 388 p. 96 fichas de trabajo con preguntas y pasatiempos. 13,25 €

Enseñanzas del Nuevo Catecismo. Mons. J. A. Flores. 222 p. 4,75 €

Para salvarte. Jorge Loring. 1.004 p. Enciclopedia del católico. (58ª ed.) 18 €

La escuela de Jesús. Lo fundamental de la vida cristiana en 25 catequesis. D. Muñoz. 224 p. 6,50 €

Catecismo popular de Dios, uno y trino. Dios Padre, Jesús, Espíritu Santo. Diego Muñoz. 248 p. 6,75 €

Catecismo popular de la Eucaristía. Diego Muñoz. 92 p. 2,75 €

Catecismo popular de la Penitencia. Diego Muñoz. 96 p. 5,50 €

LA FE EN IMÁGENES

¡Oh noche realmente gloriosa! M. Coghe. 168 p. La vigilia Pascual y los símbolos de la Pascua. 15 €

El Credo en imágenes. J. A. Rodríguez. 144 p. El mejor regalo para el día de la Confirmación 17 €

El Padrenuestro en imágenes. J. A. Rodríguez. Reflexiones y meditaciones en torno al padrenuestro a través de imágenes. 188 p. 17 €

SANTOS, BEATOS Y TESTIGOS

COLECCIÓN NUEVO AÑO CRISTIANO

Enciclopedia de doce libros, uno por mes. Dirigida por José A. Martínez Puche, O.P. Contiene: liturgia, santoral -santos, beatos, venerables, siervos de Dios- jornadas eclesiales y tiempos litúrgicos. Encuadernación: cartoné y rústica. Formato 13,50 x 20,50 cm. Los precios indicados son para la encuadernación en rústica; para la de cartoné hay que sumar 2 € más. Colección completa: Rústica: 179 €. Cartoné: 198 €

1. Enero (5ª ed.). 634 p. 20,25 € / **2. Febrero** (4ª ed.). 490 p. 15,65 € / **3. Marzo** (5ª ed.). 422 p. 13,50 € / **4. Abril** (4ª ed.). 475 p. 14 € / **5. Mayo** (4ª ed.). 590 p. 18,50 € / **6. Junio** (4ª ed.). 570 p. 17,50 € / **7. Julio** (4ª ed.). 678 p. 21 € / **8. Agosto** (4ª ed.). 756 p. 23,75 € / **9. Septiembre** (4ª ed.). 662 p. 20,45 € / **10. Octubre** (5ª ed.). 654 p. 20,30 € / **11. Noviembre** (4ª ed.). 584 p. 18,25 € / **12. Diciembre** (4ª ed.). 634 p. 20,25 €

COLECCIÓN VIDAS Y SEMBLANZAS

Biografías y vidas ejemplares de santos, beatos y buenos cristianos. Formato 15x21 cm. Serie Minor: 12x18 cm

1. Santa Brígida de Suecia. J. Álvarez. 148 p. 8 €

2. Vida de san Romualdo, abad. San Pedro Damián, J-F. Rey. 92 p. 7 €

3. Balduino. el rey que supo amar. J. Mª Salaverri. 128 p. 7,50 €

6. Hildegarda de Bingen. Profetisa y doctora para el tercer milenio. P. Dumoulin. 274 p.18 €. Biografía e introducción a la obra de la cuarta "Doctora de la Iglesia"

7. San Bernardo. El Medievo en su plenitud. Santiago Cantera Montenegro O.S.B. Prior del Valle de los Caídos. 158 p. 10 €

8. Domingo Barberi. Apóstol del ecumenismo. Autobiografía del beato que recibió en la Iglesia católica al cardenal Newman. P. García. 88 p. 7 €

9. San Juan XXIII. Una vida con sabor a Evangelio. F. Javier Sáez de Maturana. 408 p. 19 €

Florecillas de San Francisco de Asís. A. Nucifora. 256 p. 5,50 €

San Francisco de Sales y la Orden de la Visitación de María. Una escuela de perfección cristiana. P. Fernández. 222 p. 11 €

Ignacio de Loyola. Tras el rastro de Jesús. W. Hewet. 224 p. Guía y complemento de CD de igual título. 7,75 €

San Martín de Porres. La vida de "Fray Escoba" (10ª ed.). S. Velasco. 390 p. 7,75 €

San Pedro de Alcántara (1499-1999). B. Jiménez. 104 p. 3 €

El Padre Pío, la Madre Teresa. Memorias de un colaborador médico de ambos. F. di Raimondo. 214 p., fotos en color. 10,50 €

Padre Pío. A. Pandiscia. 192 p. 7,90 €

San Rafael Arnaiz Barón. Vida y mensaje del Hermano Rafael (2ª ed.). A. Mª Martín. 280 p. Cartoné. 14,50 €

San Raimundo de Peñafort. F. Valls. 246 p. 13,50 €

San Tarsicio (2ª ed.). El mártir de la Eucaristía. I. Domínguez. 108 p. 5,25 €

Santa

Santa Catalina de Siena. C. Miglioranza. 168 p. 6,50 €

Santa Juana de Arco. La vida por la misión. T. Resusta. 104 p. 7,25 € Teresa de Jesús. J. Rouco. 250 p. 11,45€. La santa a través de sus cartas.

Vida de la Madre Teresa de Jesús. Fundadora de las Descalzas y Descalzos Carmelitas. F. de la Ribera. 688 p. Cartoné. La primera y más completa vida de Santa Teresa. 21,30 €

Santa Catalina de Siena (Leyenda Maior). Beato Raimundo de Capua. 524 p. 35 €

Santo

Santo Domingo de Guzmán. Escritos de sus contemporáneos. Vito T. Gómez. (Ed.). 1198 p. 35 €

Santo Domingo y su Orden. H. Lacordaire. 218 p. (2ª ed.). La Vida de Santo Domingo y otros escritos del autor. 9 €

Historia de Santo Domingo. H. M. Vicaire. 974 p. La más prestigiosa biografía de Domingo de Guzmán. 25,50 €

Dones, carismas y frutos de Santo Domingo de Guzmán. 420 p. 18 €

Santo Tomás de Aquino. Biografía documentada de un hombre bueno, inteligente, verdaderamente grande. R. Spiazzi. 418 p. Cartoné. 16,50 €

Santo Domingo: Misión cumplida. 800 años dando vida en abundancia. 382 p. 22 €

El carisma de Santo Domingo. 800 años después. 56 p. 5 €

Domingo de Guzmán. Entre el silencio y la palabra. 160 p. 12 €

Domingo de Caleruega. Las palabras del santo. 120 p. 12 €

Tomás de Aquino. El Santo, el Maestro. A. Lobato, J.A. M. Puche. 148 p. 3,75 €

Los modos de orar de Sto. Domingo de Guzmán. Félix Hernández Mariano. 46 p. 18€

Santos y Beatos

Evangelio de una santa. Teresa de Calcuta. P. Arribas. 220 p. 8,75 €

Madre Teresa de Calcuta. J. Córdova (dibujos). 32 p. Color. 1,50 €

A la sombra de la Madre Teresa. P. Jara, voluntario, testigo de las últimas semanas de M. Teresa. 288 p. 11,75 €

Pedro Jorge Frassati. El joven cristiano ejemplo para hoy. C. Casalegno. 500 p. 12,50 €

Autobiografía de Ana Catalina Emmerick. 160 p. 9,50 €

Colectivos

EL AÑO DOMINICANO. 514 santos y beatos de la Orden de Predicadores. J.A. Martínez Puche (Director). 1.408 p. color, cartoné. 75 €.

Los frutos de la siembra de Madre Maravillas. Catorce carmelitas ejemplares. B. Jiménez. 116 p. 5,25 €

Otros

Ana de San Bartolomé. Compañera inseparable de Teresa de Jesús. B. Yuste. 106 p. 5,75 €

A la escucha del Cardenal Congar. Juan Bosch. 282 p. 11,45 €. Estudio de la vida y obra del teólogo dominico precursor del Vaticano II.

Eckhart, Tauler y Susón. Vida y doctrina del Maestro y de sus dos mejores discípulos. Brian Farrelly. 358 p. Los grandes místicos dominicos alemanes. 11,45 €

Amaneció de noche. Despedida de Narciso Yepes (4ª ed.). M. Szumlakowska de Yepes. 294 p. Cartoné. Últimos años del músico. 17,50 €

Pilina. La niña cristiana del siglo XX para los niños del siglo XXI. T. Resusta. 138 p. 6,50 €

La voz que aún resuena. Síntesis de la vida de José Luis Gago de Val. J. A. Solórzano, Salus Mateos. 244 p. 18,00 €

COLECCIÓN TESTIMONIO

Secretos. 15 mujeres se confiesan. J.J. Montes. C. López Schlichting. 144 p. 2ª ed. 10 €

Ángelo. Testimonio de fe de un joven con cáncer. D. Mondrone. 174 p. 7,50 €. Con prólogo del P. Mario Pezzi.

Sobre la marcha. Un tetrapléjico que ama la vida (3ª ed.). 11,50 €. Luis de Moya. 212 p.

El día que me encontré con Dios. Testimonios de vida y conversión. 12 €. J.J. Montes. 216 p.

MÁRTIRES

El martirio de Cristo y de los cristianos. J. Mª Iraburu. 156 p. 4,25 €

Mártires de ayer y de hoy. Héroes del amor a Cristo. O. y R. Mª López Melús. 320 p. Cartoné. 15,50 €

Mártires españoles (1934-1939). Beatificaciones y canonizaciones. J. López Teulón. 292 p. Cartoné. (2ª ed.) 15,90 €

El hábito y la cruz (2ª ed.). Religiosas asesinadas en la Guerra Civil Española. G. Rodríguez. 614 p. Cartoné. Datos de 296 mártires. 19,75 €

Mártires dominicos españoles. 92 mártires de la persecución religiosa de 1936. J. A. M. Puche (Coord.). 296 p. 15,50 €

Mártires de Toledo. Trece clérigos diocesanos, testigos de Cristo en la España de 1936. J. L. Teulón. 442 p. Cartoné. 18,50 €

Mártires de Ciudad Real. El obispo Narciso Estenaga y diez de sus diocesanos. F. del Campo Real. 212 p. Cartoné. 13,50 €

Mártires franciscanos de Castilla (1936-1938). 73 testigos de Cristo para el siglo XXI. M. Rincón. 260 p. Cartoné. 14,25 €

El arcipreste mártir de Talavera. Vida, obra y martirio del beato Saturnino Ortega (+ 1936). P. Arganda. 162 p. Cartoné. 12,50 €

Toledo 1936, ciudad mártir. Persecución y martirio. J. L Teulón. 310 p. Cartoné. 19,50 €

Mártires de Motril. Y persecución religiosa en la archidiócesis de Granada (1931-1936). T. Calvo. 536 p. Cartoné. 24,75 €

El mártir de cada día 1: enero-junio. J. L. Teulón. 964 p. Cartoné. Breve reseña biográfica para cada día del año de un mártir de la guerra española 1936-1939. 28,50 €

El mártir de cada día 2: julio-diciembre. J. L. Teulón. 942 p. Cartoné. 28,50 €

Bajo un manto de estrellas. Marco histórico y guion de la película del mismo título sobre el martirio de los dominicos de Almagro. J. A. M. Puche. 96 p. 5 €

Martirio en el corazón de la Mancha. Francisco del Campo Real. 208p. Cartoné. 14,75 €

COLECCIÓN CAMINO DE DAMASCO

Colección de grandes convertidos en la historia del cristianismo. Formato 13,50 x 20,50 cm. (Col. Completa: 7 libros). 65 €

San Pablo y convertidos de la Biblia (2ª ed.). J. R. Flecha. 270 p. 14 €

San Agustín y convertidos de la era patrística. R. del Olmo. 360 p. 13,75 €

San Francisco y convertidos de la Edad Media. L. Pérez. 176 p. 8 €

San Ignacio, Santa Teresa y convertidos del siglo XVII. I. Iglesias, S. Ros. 218 p. 9 €

Cardenal Newman y convertidos de los siglos XVIII y XIX. P. Langa. 224 p. 9,25 €

Carlos de Foucauld y convertidos del siglo XX. J. L. Vázquez, J. Peraire. 296 p. 13 €

Edith Stein y convertidos de los siglos XX y XXI. J. Peraire, J. A. M. Puche. 420 p. 14,50 €

COLECCIÓN SANTOS AMIGOS DE DIOS

Colección de libros biográficos de santos, beatos y otras personalidades cristianas. Formato 14x20 cm.

1. San Pablo. Cuenta su vida. Expone su doctrina. L.L. de las Heras, J. A. M. Puche. 172 p. 6,50 €

2. San Judas Tadeo. El apóstol de la misericordia de Cristo. J. L. Teulón. 288 p. 15 €

3. Santa Mónica. Cuenta su vida en 50 car-tas a las madres y mujeres de hoy. 336 p. 16 €

4. San Agustín. R. del Olmo. 160 p. 6,50 €

5. San Juan Crisóstomo. J. Álvarez. 188 p. 7,20 €

6. San Francisco de Asís. J. Pérez. 230 p. 8,30 €

7. San Ignacio de Loyola. Del Íñigo en busca de Dios al Ignacio compañero de Jesús. Ignacio Iglesias, S. I. 190 p. 7,20 €

8. Beato Carlos de Foucauld. J. L. Vázquez. 120 p. 5,80 €

9. Santa Rita de Casia. Esposa. Madre. Viuda. Religiosa. J. Álvarez. 208 p. 8,20 €

10. Jóvenes testigos de Cristo. Ejemplos de vida y fe en nuestro tiempo. J. Mª Montiu, J. A. M. Puche. (Coords.) 358 p. 11,20 €

11. San Juan Pablo II. Habla la historia. Habla el pueblo de Dios. Habla Benedicto XVI. J. L. Teulón, J. A. M. Puche. 344 p. 11,20 €

12. Madre María de la Purísima. La fuerza heroica del amor. Teodoro León. 248 p. 8,70 €

13. Beato Leopoldo de Alpandeire. El gemido de un pobre evangélico. Alfonso Ramírez. 308 p. 9,50 €

14. Saturnino López Novoa. Fundador de las Hermanitas de los Ancianos Desamparados. Mons. J. J. Asenjo. 304 p. 9,50 €

15. Beato Juan E. Newman. El Cardenal del Movimiento de Oxford. Pedro Langa. 262 p. 9 €

16. San Josemaría Escrivá de Balaguer. M. Dolz. 400 p. 10,20 €

17. Santa Rosa de Lima. V. Forcada, 198 p. 13,00 €

18. Frassati. Pedro Jorge: joven, deportista, un cristiano para nuestros días. Aristónico Montero. 200 p. 5,90 €

19. Manuel Díaz Martínez. Se inmoló por los sacerdotes (1918-1947). Vida y escritos. E. Vera. 256 p. (2ª ed.). 12,50 €

20. Santo Domingo de Guzmán. Fundador de los dominicos. Chus Villarroel. 296 p. 9 €

21. San José. Así pudo ser su vida. F. Álvarez. 460 p. 19,50 €

22. Madre Rosario Vilallonga Lacave. Fundadora de la Institución Benéfica del Sagrado Corazón. 1911-1991. B. Medina, C. Hernández - Carrillo. 608 p. 19,50 €

23. Fray Jesús de la Cruz. Franciscano. Vida oculta de un místico. A. Muñoz. 432 p. 17,50 €

24. San Juan de Ávila. Doctor de la Iglesia. Jorge L. Teulón. 296 p. 8,80 €

25. Los Santos Padres. Vida y obra de los Padres de la Iglesia. J. Álvarez. 408 p. 12.30 €

26. Beato Juan José Lataste. Fundador de las Dominicas de Betania, apóstoles de la mujer maginada. E. Marie. 256 p. 10.50 €

27. Santo Domingo de Guzmán. Vida, ejemplaridad y legado. Vito T. Gómez. 352 p. 11,50 €

SAN JUAN DE ÁVILA

Vida del Padre Maestro Juan de Ávila. Y las partes que ha de tener un predicador del evangelio. Fray Luis de Granada. 174 p. 5,75 €

San Juan de Ávila. Tomo I. Sacerdote y Maestro de espíritu. Pensamientos y sentencias. San Juan de Ávila. 282 p. 12,75 €. A sacerdotes, religiosos y seglares.

San Juan de Ávila. Tomo II. Sacerdote, Maestro del Pueblo de Dios. Pensamientos y sentencias. San Juan de Ávila. 304 p. Año litúrgico. Espíritu Santo, Stmo. Sacramento. María. Santos. 13 € También: **Diccionario teológico-espiritual de san Juan de Ávila /San Juan de Ávila. Doctor de la Iglesia.**

SANTA MARAVILLAS DE JESÚS

Si Tú le dejas... Vida de Santa Maravillas de Jesús (5ª ed.). Carmelitas Descalzas 550 p. 13,25 €

Nuestra Dulcísima Madre. La Virgen María en la vida y escritos de Santa Maravillas de Jesús (2ª ed.). R. Mª López Melús. 326 p. 11,50 €

Vida mística de la Madre Maravillas de Jesús. Su alma. (2ª ed.). Baldomero Jiménez. 270 p. 11,50

Cartas de la Madre Maravillas. Antología epistolar de Santa Maravillas de Jesús (2ª ed.). 518 p. Cartoné. 18 €

Mis recuerdos de la Madre Maravillas. M. Dolores de Jesús. 316 p. Cartoné. 13,50 € Maravillas de Jesús. Una "maravilla" de naturaleza y gracia. Mª C. López. 114 p. 4,75 €

Santa Maravillas. Naturalidad en lo sobrenatural. Influjos configurantes en su fisonomía espiritual. Alberto J. González Chaves. 652 p. Cartoné. 22,50 €

Madre Maravillas, una llama que arde y enciende. Selección de artículos sobre la Santa. 1920 y 1974-2003. Carmelitas Descalzas 296 p. 12,80 €

SANTA TERESA DE LISIEUX

Historia de un alma. Santa Teresita del Niño Jesús. Ed. Bolsillo: 334 p. 4 €

Historia póstuma de Santa Teresa de Lisieux. Las páginas más bellas sobre su vida y doctrina. V. Martínez - Blat. 366 p. Cientos de testimonios sobre la santa. 11,75 €

Santa Teresita, día a día. Biografía íntima de Santa Teresita de Lisieux. V. Martínez - Blat. 216 p. 9,50 €

Los padres de Santa Teresita. Beatos Celia y Luis Martín. A. y H. Quantin. 144 p. 7,50 €

Diccionario de espiritualidad de Santa Teresita. V. Martínez - Blat. 368 p. 11,50 €

BEATO MANUEL LOZANO GARRIDO "LOLO"

Las estrellas se ven de noche. Diario Póstumo. 332 p. 5,75 €

Dios habla todos los días. Diario de un inválido. (4ª ed.) 260 p. 5,75 €

El árbol desnudo. Novela autobiográfica. 264 p. 5,75 €

Las golondrinas nunca saben la hora. 282 p. 5,75 €

Cuentos en "La" sostenido. 180 p. 5,75 €

El sillón de ruedas (2ª ed.). 344 p. 5,75 €

Cartas con la señal de la cruz. La utilidad... de lo inútil. 284 p. 5,75 €

Mesa redonda con Dios (2ª ed.). 250 p. 5,75 €

Reportajes desde la cumbre (2ª ed.). 350 p. 5,75 €

Bien venido, amor. 178 p. Mil pensamientos. 1,85 €

La alegría vivida en el dolor. Vida y virtudes de Manuel Lozano Garrido, inválido y ciego, periodista y escritor. Rafael Higueras. 270 p. 5,75 €

Lolo, un cristiano. Semblanza espiritual de Manuel Lozano Garrido. P. Cámara. 172 p. 2,50 €

LITURGIA. SACRAMENTOS

Introducción a la liturgia. P. Fernández. 314 p. 18 €

Celebrar, un reto apasionante. Bases para una comprensión de la liturgia. J. M. Bernal. 456 p. 23,50 €

Los sacramentos de la Iglesia a tu alcance. P. J. Lasanta. 182 p. 9 €

Las tres grandes catequesis bautismales. Samaritana, ciego de nacimiento, resurrección de Lázaro. A. Pardo. 92 p. 3,75 €

Celebrar desde el corazón. Una invitación a saborear la liturgia. Francisco J. Sáez de Maturana. 532 p. 21,95 €

Confirmamos la fe. Un regalo para tu confirmación. Víctor Manuel Fernández. 96 P. 12 €

PENITENCIA

Arte de confesión. Ramón Llull. 94 p. 3,15 €

El sacramento de la penitencia. Teología del pecado y del perdón. P. Fernández. 352 p. 18,50 €

La alegría del perdón. 2000 años de doctrina sobre el Sacramento de la Penitencia. J. Atienza. 290 p. 11,45 €

EUCARISTÍA

La Eucaristía del Nuevo Testamento (2ª ed.). J. L. Espinel. 304 p. 15 €

Preparación para la celebración de la Santa Misa. R. Guardini. 144 p. 7,50 € Eucaristía. Misterio, vida y fraternidad. El "Obispo del Sagrario", testigo. Mons. R. Palmero. 124 p. 5,50 €

Jesús en la Eucaristía. ¿Comprendéis lo que he hecho con vosotros? A. J. González. 378 p. 12,50 €

De la Eucaristía a la Trinidad (2ª ed.). V. M. Bernadot, O.P. 230 p. 5,15 €

Dar la propia vida. De la Eucaristía a la vida. Mons. Pierre Claverie. 128 p. 6,40 €

El Misal de Pablo VI. De "decir Misa" a "celebrar la Eucaristía". AA.VV. 316 p. 11,45 €. Evaluación y propuestas por especialistas.

MATRIMONIO. FAMILIA

El amor humano. Su sentido y su alcance. A. López Quintás. 352 p. 12,50 €. Ética y amor.

No tienen vino. Espiritualidad matrimonial y familiar. Mons. F. Cerro. 70 p. 6,75 €

El matrimonio en Cristo. J. Mªraburu.144p. 4,25 €

Amor y vida. Acerca del Matrimonio Cristiano. F. García. 304 p. 11,45 €

Familia, vida y sociedad. Textos socia-les católicos. M-J. Núñez. 346 p. 11,75 €

La familia cristiana. Iglesia doméstica. Atilano Aláiz, 346 p. 11,50 €

SACERDOCIO

Celibato por el Reino de Dios. Formación y vivencia. A-L. Crespo. 236 p. 13,75 €

Los sacerdotes en el corazón de san Juan Pablo II. S. Fernández. 382 p. 18 €

En cada Iglesia designaban presbíteros. El clero diocesano secular: vocación, misión, espiritualidad. A. Hiraldo. 470 p. 22,50 €

Discípulos y pastores. Seguir a Jesús en el camino. Antonio Hiraldo Velasco. 300 p. 19 €

El sacerdote en el pueblo de Dios. J-R. Flecha. 120 p. 8,75 €

Sacramento del Orden. Estudio teológico. Vida y santidad del sacerdote ordenado. P. Fernández. 276 p. 20 €

Hombres de Dios. Tú puedes ser sacerdote. J. Álvarez. 158 p. 6 €

Sugerencias sacerdotales. Baldomero Jiménez. 190 p. 603 pensamientos. 5,15 €

Sacerdotes para nuestro tiempo. Juan Pablo II y Benedicto XVI hablan sobre el sacerdocio. J. A. M. Puche. 382 p. 13,50 €

VIDA CONSAGRADA

La Vida consagrada a la luz del kerigma. Gerardo Sánchez. 192 p. 8 €

La Santa Regla. San Benito de Nursia. 122 p. 4,75 €

La vida religiosa. Exposición teológico-jurídica. José J. Fernández Castaño. 181 p. 10,50 €

Espiritualidad de la vida religiosa y sus razones teológicas. P. Fernández. 336 p. 16,75 €

Religiosos para la Nueva Evangelización. Religiosas y religiosos, testigos de Jesús. P. J. Lasanta. 304 p. 11,45 €.

Proceso de maduración personal. Madurez humana y vida consagrada. E. J. Ferreras. 278 p. 9,75 €

El seguimiento de Jesús en la vida consagrada. E. J. Ferreras. 272 p. 9,75 €

Pensando en Dios. Experimentar a Dios para ser sus testigos. Chus Villarroel. 252 p. 8,75 €

MORAL. DERECHOS HUMANOS

MORAL. ÉTICA

Compendio de Teología Moral. Moral católica para el siglo XXI. G. Cappelluti. 200 p. 5,50 €

Moral de convicciones, moral de principios. Una introducción a la ética desde las ciencias humanas. E. Pérez-Delgado, O.P. 290 p. 15 €

Impacto de la religión en el pensamiento moral de los jóvenes. El punto de vista psicológico y otros puntos de vista. E. Pérez-Delgado, O.P. 252 p. 20 €

Síntesis de la moral católica. Preguntas y respuestas. Dominicos de Bolonia. 142 p. 4,50 €

Divorcio, aborto, natalidad y educación. ¿Cuatro batallas perdidas? L. Riesgo. 290 p. 9 €

De la utopía a la política económica. Para una ética de las políticas económicas. J. A. Chaves. 280 p. 15 €

Tras la justicia. Introducción a una filosofía política. R. Larrañeta. 236 p. 12 €

La conciencia, a examen. I. Domínguez. 208 p. Doctrina y pastoral. 6,50 €

Ética informática y ética e internet. D. G. Johnson. 256 p. 21 €

El desafío ético de la información. N. Blázquez. 354 p. 18,50 €

Ecología, compromiso cristiano. Pedro Jesús Lasanta. 228 p. 15 €.

Covid-19 Dios e Iglesia: Una lectura creyente de la pandemia. Cardenal Felipe Arizmendi. 240 p. 16 €.

DERECHOS HUMANOS

Teoría de los derechos humanos. Conocer para practicar. A. Osuna. 254 p.14,50 €

Los derechos humanos. Ámbitos y desarrollo. A. Osuna. 340 p. 19 € Dignidad y aventura humana. A. Lobato. 274 p. 13,50 €

Nuestro arquetipo humano. Trazos de su razón soberana. E. Chávarri. 282 p. 14 €

Francisco de Vitoria y su "Relección sobre los Indios". Los derechos de los hombres y de los pueblos. R. Hernández. 185 p. 9 €

COLECCIÓN BUEN PASTOR

Libros para la reflexión y la práctica pastoral dirigidos a los diversos agentes de pastoral. Formato 12x19 cm. Serie Materiales 17x24 cm

1. La nueva parroquia evangelizadora. Renovación interior y creatividad pastoral. J. Álvarez. 304 p. 12 €

2. El amor: un nombre, un rostro. En camino con los jóvenes. Giovanni Marini. 172 p. 10 €

3. ¿Nos casamos o nos vamos a vivir juntos? P. Mª Reyes. 112 p. 9 €

4. El matrimonio, camino eucarístico. É. y D. Lemaître. 102 p. 9,25 €

5. Preguntas candentes sobre Dios. Para encontrar y progresar en la fe. Respuesta a 57 preguntas que recogen las inquietudes actuales sobre Dios, la fe y la vida cristiana. E. Pastore. 228 p. 12,50 €

6. Atreverse a vivir el amor. El reto de vivir de verdad el amor en pareja. G. Blaquière. 228 p. 12,50 €

7. Propuesta pastoral del Papa Francisco. Desde la "Evangelii Gaudium". Antonio Danoz. 136 p. 7,50 €

Serie MATERIALES

Catequesis familiares con el CIC. 35 temas para fortalecer la fe de los padres. S. Fernández. 126 p. 7,50 €

Jóvenes felices, jóvenes con valores. R. Cuadrado. 256 p. 9 €

COLECCIÓN BUEN SAMARITANO

Libros para ayudarse y ayudar a tener una vida feliz y de calidad. Comprenden la persona humana en su triple dimensión: corporal, psicológica y espiritual. Formato 12 x 18 cm.

1. Cuídate, quiérete, Tú escribes tu historia. C.F. Martín. 160 p. 12,50 €

2. Vivir la angustia de otra manera. Aproximación médica, psicológica, espiritual. L. Masquin. 106 p. 11,75 €

3. La mejor brújula para la vida. Casildo F. Martínez. 134 p. 12 €

4. Combatir los pensamientos negativos. J. Pralong. 130 p. 12 €

5. Para acabar con la culpabilidad. J. Pralong. 146 p. 12,80 €

6. Vencer los miedos y afrontar el futuro. J. Pralong. 160 p. 12 €

7. Dime que me quieres. 36 formas de amar. Ch. Prince. 80 p. 9 €

8. Cómo ser un buen padre. O. Belleil. 288 p. 14,50 €

COLECCIÓN CAMINOS DE SANTIDAD

Libros de recopilación de materiales para facilitar el camino de la felicidad y caminar hacia Dios. Muy útiles para la catequesis, la predicación y la pastoral en todos los ambientes. Hnos. López Melús (Rafael y Justo). Formato 13,50 x 20,50 cm. 9 € cada libro.

Tomo I. Decálogos que dirigen. 396 p.

II. Semillas que dan vida. 366 p.

III. Destellos que iluminan. 336 p.

IV. Bienaventuranzas que bendicen. 336 p.

V. Ejemplos que edifican. 384 p.

COLECCIÓN CICLO LITÚRGICO

Libros de utilidad pastoral en los tiempos litúrgicos. Formato 12 x 18 cm.

1. Adviento y Navidad con los Santos Padres. A. González. 104 p. 7 €

2. Cuaresma con los Santos Padres. A. González. 100 p. 7 €

3. Vivir el Adviento en el ciclo B. Una reflexión y oración para cada día al ritmo de las lecturas litúrgicas. Monjas Trinitarias de Suesa 120 p. 7 €

4. Vivir la Cuaresma en el ciclo B. M. T. de Suesa 106 p. 7 €

5. Festivos de Cuaresma a Pascua. Ciclo B. Evangelio, Comentario. Oración. Reflexión. S. Moranchel. 200 p. 8,75 €

6. El camino del Adviento. A. Danoz. 180 p. 9,50 €

7. El camino de la Cuaresma. A. Danoz. 176 p. 9,50 €

HOMILÍAS

Libros de homilías o textos que pueden ayudar a prepararlas.

1. Los cuentos de mis homilías. Ciclos A, B, C. A. Illescas. 510 p. 4ª ed. Un cuento para cada domingo del año como recurso para comenzar la homilía. 16 €

2. Reflexiones evangélicas para los días de diario 1. Leonardo García Martín. OFM. Una breve homilía para cada día de Adviento, Navidad, Cuaresma y Pascua. 282 p. 14,50 €

3. Reflexiones evangélicas para los días de diario 2. Tiempo Ordinario 436 p. 16,75 €

4. Palabras de vida. Ciclos A, B, C. J-R. Flecha. 688 p. 20,25 €

6. Dios con nosotros. Ciclo A. J-R. Flecha. 292 p. 11 €

7. Hijo de Dios. Ciclo B. J-R. Flecha. 316 p. 11 €

8. Despertar con Dios. Ciclo B. Á. Galindo. 208 p. 11,45 €

9. Despertar con Dios. Ciclo C. Á. Galindo. 236 p. 11,45 €

10. Homilías para exequias. Gerardo Sánchez. 184 p. 7,75 €

11. Palabra de Vida. Evangelio y breve reflexión para meditar. Domingos del año. **Ciclo A.** Jesús Espeja. 176 p. 14 €.

12. Palabra de Vida. Evangelio y breve reflexión para meditar. Domingos del año. **Ciclo B.** Jesús Espeja. 184 p. 14 €.

13. Palabra de Vida. Evangelio y breve reflexión para meditar. Domingos del año. **Ciclo C.** Jesús Espeja. 186 p. 14 €

14. La eternidad en lo efímero. Jesús Espeja. 164 p. 15€.

LIBROS PARA NIÑOS

Colección preparada por Mª E. Schindler y C. Ramos 24 p. Color. Cartoné. 5 € cada uno.

El libro de los ositos para mi Primera Comunión.
El libro de los ositos para rezar. Oraciones para los más chiquitos.
El libro de los ositos. Mi angelito de la guarda. Descubre a mis amigos los ángeles.
El libro de los ositos. Rezamos a Mamá María. Descubre a mi Madre del Cielo.
El libro de los ositos para aprender las virtudes. María, mi mamá del cielo.

COLECCIÓN HABLANDO CON MI PAPÁ DEL CIELO

Libros con forma de mano 13,5 x 16 cm., con oraciones elementales para los niños más pequeños. Cartoné. Color. 12 p. 6,50 € cada uno.

Oraciones diarias.
Oraciones de alabanza.
Oraciones para las comidas.
Oraciones para dormir.

VIDAS DE SANTOS EN CÓMIC

Libros a todo color. 40 páginas. Formato 22 x 28 cm. Con textos de Miguel Ángel Requena y dibujos de Pilarín Bayés. 5,75 € cada uno.

Santo Domingo de Guzmán. / **San Vicente Ferrer.** / **El Santo de la Escoba. San Martín de** Porres (3ª ed.). / **Santa Gema.** / **El Buen papa Juan. Beato Juan XXIII.**
Josemaría Escrivá. La santidad en la vida corriente (2ª ed.). Pedro y Pilu de la Herrán. Edición en catalán. 5,75 €

El santo Hermano Rafael cuenta su vida a los niños. C. Aspas (Texto). M. Jiménez (Dibujos). 86 p. Bicolor. 6,50 €

JUEGOS

Juegos para la familia, catequesis y clases de religión.

YOBEL. El juego del peregrino. De 2 a 25 jugadores. Caja, tablero, fichas, dados y 200 tarjetas con mil preguntas de cultura religiosa sobre Biblia, Historia de la Iglesia, María, los santos y doctrina cristiana. 39 €.

¡ADELANTE! Juego de la Nueva Evangelización. Juego para la familia, catequesis y clases de religión con 330 preguntas. Caja, tablero, fichas, dados y seis barajas con nombres de santos para aprender cultura religiosa sobre la fe, sacramentos, vida de Cristo, oración, liturgia e historia sagrada. 39 €.

ORACIÓN. PIEDAD POPULAR

TU ROSTRO BUSCARÉ

Colección de libros sobre la oración (Formatos 13x21 cm.) y de oraciones (Formato 12x18 cm.)

1. 33 días para consagrarse a Jesús por María. Consagración personal. Consagración del mundo. F. Breynaert. 132 p. 12 €

2. Oraciones sálmicas. 4 series de oraciones. F. Rafael de Pascual (Ed.) Monje Cisterciense. 226 p. 13,75 €

3. La Palabra en la vida diaria. Saber orar cada día. Guía de oración para todas las semanas y días del año a partir de la Biblia. T. Rodríguez. 72 p. 4,50 €

4. Orar con la Lectio Divina. El beso de Dios a su pueblo creyente. B. Olivera. 96 p. 6,50 €

5. Orar con santa Maravillas. Carmelitas Descalzas de la Aldehuela. 100 p. 2ª ed. 5 €

6. Buenos días, Ángel de mi Guarda. Doctrina y devocionario angélico. R. Mª López Melús. 136 p. 8 €

7. Oraciones y devociones. Oracional completo en español y latín. Principalmente para sacerdotes y para todos. J. Socías. 622 p. 16 €

8. Así oraba y nos propone orar santa Teresa. Los cuatro grados de oración de santa Teresa comentados y presentados para los fieles de hoy. J. M. Ballester. 252 p. 11,50 €

10. Reflexiono y rezo en mi enfermedad. Reflexiones y oraciones para cada día y Devocionario apropiado. R. Cuadrado, A. Glez. 164 p. 7,50 €

11. Ante ti, Señor. Con mi vida en la oración eucarística. Meditaciones y oraciones para los momentos de oración ante el Santísimo. V. Viguera. 272 p. 10,50 €

12. Orar con el Evangelio de Lucas. A. Danoz. 304 p. 10,75 €

13. Adoraciones eucarísticas 1. Con las obras de misericordia espirituales. PP. Sacramentinos. 108 p. 6,75 €

16. Adoraciones eucarísticas 2. Eucaristía, banquete de misericordia. 100 p. 6,75 €

19. Adoraciones eucarísticas 3. Para el tiempo de Adviento y Navidad. PP. Sacramentinos. 90 p. 9,50 €

20. Rezar, orar, contemplar. Fr. Julián de Cos. 132 p. 12 €

21. Adoraciones eucarísticas 4. La alegría del amor en oración por la familia. 90 p. 10 €

22. Adoraciones eucarísticas 5. Con José hasta Jesús. 96 p. 11 €

23. Adoraciones eucarísticas 6. Para los tiempos de Cuaresma y Pascua. 92 p. 11 €

24. Adoraciones eucarísticas 7. Adviento y Navidad. 148 p. 11€

Y además...

Orar con san Benito. P. Minteguía. 80 p. 5,50 €

Caminando en el tiempo. Salmos para la vida. F. Clemente. 102 p. (2ª ed.). 5,50 €

Nueva oración de los fieles (I y II). L. Caram. 18 X 27 cm. Tomo I: Festivos. 408 p. 21 €. Tomo II: Ferial. 544 p. 24 €.

Oraciones y vida cristiana (7ª ed.). J. A. M. Puche. 32 p. Oraciones comunes, sacramentos y "minicatecismo". 0,75 €

Vida en plenitud. Orar en la tercera edad. M. Prieto. 286 p. 10,75 €

Al Dios desconocido. Oraciones al Espíritu Santo. R. de Andrés. 268 p. 9,50 €

Laudes y Vísperas. El Oficio Divino en un formulario para cada día entre semana y cuatro para los domingos. Libro + 4 CD: 29 €

PIEDAD POPULAR

Materiales para las diversas manifestaciones de la piedad popular: celebraciones, viacrucis, meses especiales, novenas...

Celebraciones

Vivencias de Eucaristía. 10 celebraciones eucarísticas vivas fuera de la misa. R. Cuadrado. 100 p. 3,50 €

Viacrucis

De la cruz a la luz. 20 viacrucis. J-R. Flecha. 206 p. 8,75 €

Vía-Crucis Vía-Passionis. Cuatro vía-crucis y meditación sobre el rostro de Cristo. P. Gª Macho. 72 p. 6 €

Vía Crucis nuevo. El itinerario de la crucifixión. Salvador Muñoz. 70 p. 4 €

Vía Crucis bíblico. De la Palabra de Dios a la vida del hombre. J. A. M. Puche. 74 p. 3,75 €. Libro + 1 CD. 9,50 €

Meses

Mes de mayo a María. R. Mª L. Melús. 120 p. 9 €

Un mes con la Madre de Jesús. Conocer y amar a María. M-M. Breynaert. 168 p. 10 €

Corazón vivo. El Corazón de Cristo, fuente de vida. Mons. Francisco Cerro, arzobispo de Toledo. 78 p. 30 reflexiones para el mes de junio. (2ª ed.). 5,50 €

Novenas

Novena a la Virgen del Carmen. R. Mª L. Melús. 60 p. 4 €

Novenas a san Josemaría Escrivá de Balaguer. E. Fernández. 88 p. 5 €

Novenas a santa Maravillas. Carmelitas Descalzas de la Aldehuela. 94 p. 5 €

Novena y oraciones a san Antonio de Padua. L. Pérez. 100 p. 7,50 €

Novenas a la Virgen del Rosario. R. Cuadrado. 96 p. 5 €

Novena y devociones a la Divina Misericordia. A. González. 100 p. 7 €

Novenas y oraciones a san Juan Bosco. V. Viguera. 96 p. 6 €

Consagración a la Inmaculada. Santiago Conde Gallego. 104 p. 8 €

LIBROS VARIOS

Cuentos y fábulas. Para los niños y niñas que asisten a las escuelas. 132 cuentos y fábulas: el ser humano, los animales, la naturaleza y los objetos. A. Molina. 256 p. Color. 19,50 €

La voz que aún resuena. José Luis Gago de Val. Biografía. J. A. Solórzano y Salus Mateos. 244 p. 18 €

JOSÉ MARÍA PEMÁN

Colección de escritos originales del autor, obras religiosas y de temática general. Formato 14 x 21,50 cm. Colección preparada por J. A. Martínez Puche.

Los testigos de Jesús. Personajes y santos. 174 p. 9 €

A la luz del misterio. Y otros escritos sobre Dios, la Iglesia, el hombre, la vida. 374 p. 13,25 €

El "Séneca" y sus puntos de vista. Artículos de sabiduría popular. 192 p. 9 €.

Mis mejores artículos. 326 p. 13,25 €

De las letras y las artes. El mundo de las letras. Escritores y artistas de ayer y de hoy. 396 p. 15 €

Mis almuerzos con gente importante. 228 p. 10,50 €

Mis encuentros con Franco. 176 p. 9 €

El "Séneca" en televisión. 224 p. 10,50 €

Teatro selecto. Cuando las Cortes de Cádiz, La casa, Edipo, y cuatro obras más. 580 p. 18,75 €

Andalucía. 458 p. 17,45 €. La eternamente vencedora, Barrio de Santa Cruz, Señorita del mar, y otros temas andaluces.

Apuntes autobiográficos. 222 p. 10,50 €

JOSÉ LUIS MARTÍN DESCALZO

Antologías de textos publicados en diversos medios, principalmente en el programa de RTVE "Pueblo de Dios". Textos recopilados y ordenados por J.A. Martínez Puche.

María de Nazaret. 160 p. Sobre la Virgen. 10 €

Yo amo a la Iglesia (2ª ed.). 290 p. Sobre la Iglesia. 11,75 €

Para mí la vida es Cristo. El sacerdote habla a sus hermanos. (3ª ed.). 300 p. 11,75 €. Sobre la vida cristiana.

Relatos de un cura joven 1. Al filo de la Palabra. 196 p. 9 €. Antología de folletos de tema bíblico.

Relatos de un cura joven, 2. Cristianos para nuestro tiempo. 204 p. Antología de folletos sobre la vida cristiana. 9 €

ARTE

En teoría, es arte. Una introducción a la estética. S. J. Castro. 276 p. 16 € Guía de las Cartujas de España. L. Doeijo. 248 p. con ilustraciones. 11x21 cm. 8,50 €

Los santos y los patronos. Cómo reconocerlos en el arte y en las imágenes populares. Fernando y Gioia Lanzi. 264 p. Cartoné. Color. 300 ilustraciones. Formato: 22x27,5 cm. 25 €.

JOSÉ A. MARTÍNEZ PUCHE

El año dominicano, de José A. Martínez Puche. 514 santos y beatos de la Orden de Predicadores. 1.408 págs. todo color, cartoné. 75 €.

AUDIOLIBROS. TEXTOS SONORIZADOS

LOS SANTOS Y SUS ESCRITOS (extractos selectos de Teresa Uriburu y J. A. M. Puche)

Libro de la Vida. Santa Teresa. 104 p. + 2 CD. 16 €

Para Vos nací. Santa Teresa. Poesías y Exclamaciones. 72 p. + 2 CD. 16 €

Camino de perfección. Santa Teresa. 120 p. 2 CD. 16 €

Confesiones. San Agustín. Libro: 135 p. 3,50 €. Libro + 2 CD: 16 €

Cántico espiritual. San Juan de la Cruz. Libro: 228 p. 5,50 €. Libro + 4 CD: 29 €

Diario del alma. Juan XXIII. Libro: 82 p. 2,75 € Libro + 1 CD: 9 €

Historia de un alma. Santa Teresita del Niño Jesús. Libro 140 p.+ 2 CD. 16 €.

Vida de Cristo. Fray Luis de Granada. Libro: 106 p. 2,75 € Libro + 2 CD: 16 €

Hermano Rafael. Escritos selectos. Rafael Arnáiz. Libro: 160 p. 3,75 € Libro + 2 CD: 16 €

San Rafael. Monje trapense. Rafael Arnaiz. 12 CD. 35 €

Santa Margarita María y el Corazón de Dios. Santa Margarita Mª Alacoque. Vida y mensaje. Libro: 78 p. 2,75 €. Libro + 2 CD: 16 €

San Pablo cuenta su vida. L. L. de las Heras. Libro: 156 p. 5 € Libro + 2 CD: 16 €

Santa Maravillas de Jesús. Vida y mensaje. J. Onrubia. Libro: 72 p. 2,50 € Libro + 1 CD: 9 €

San Francisco de Sales. M. Salesas. Semblanza biográfica. Libro: 76 p. 1,75 €. Libro+1 CD: 9 €

Santa Teresa (de Jesús). Pancracio Celdrán. Biografía dramatizada. Libro: 60 p. 1,75 €. Libro + 1 CD: 9 €

Santa Juana Jugan. P. Milcent. Libro+2 CD: 16 €

Fátima. Historia. Secreto. Mensaje. Hna. Lucía. Libro: 90 p. 3,50 €.

Historia de una escoba (san Martín de Porres). A. Sánchez. Libro: 64 p. 3,70 €. Libro+1 CD: 9 €

LITERATURA (EXTRACTOS SELECTOS)

El ingenioso hidalgo Don Quijote de la Mancha. M. de Cervantes. Libro + 4 CD: 29 €

Cantar de Mío Cid. Anónimo. Libro + 1 CD: 9 €

Lazarillo de Tormes. Anónimo. Libro + 1 CD: 9 €

La vida es sueño. P. Calderón de la Barca. Libro + 1 CD:9 € **Fuenteovejuna.** F. Lope de Vega. Libro + 1 CD:9 €

El divino impaciente. J. M. Pemán. Libro+2CD:16€

Joyas de la palabra I y II. Antología de poemas espirituales. AA.VV. 2 CD: 12,50 € cada uno.

HISTORIA. SEMBLANZAS

Isabel la Católica. T. Uriburu. Libro + 1 CD: 9 € Libro, 68 p. 1.75 €

CHARLAS. DRAMATIZACIONES

No os pido más que le miréis. Jesucristo a través de los ojos de santa Teresa de Jesús. M. Olga Mª del Redentor.72 p. 2 CD (67+68 min.).16 €

Darnos del todo al Todo sin hacernos partes. Santa Teresa de Jesús y la vida consagrada. M. Olga Mª del Redentor. 272 p. 1 DVD-MP3 (12 horas) 17,50 €

Hacia la Luz, el Amor y la Vida. Reflexiones para Cuaresma y Pascua. M. Olga Mª del Redentor. 258 p. 1 DVD-MP3 (12 horas) 17,50 €

Mi Cristo roto. Ramón Cué. Libro + 2 CD: 16 €

Ojos que vieron a Cristo. Ramón Cué. Nueve charlas sobre personajes del Evangelio. Libro + 2 CD: 12 €

Yo creo en la alegría. Ramón Cué. Ocho charlas de vida cristiana. Libro + 1 CD: 9 €

Buscando su rostro. Memorial de una vida. Ignacio Larrañaga. 15 horas de reflexiones espirituales. 14 CD: 68 €

Diálogos de Pasión. J.L. Martín Descalzo. Jesús habla con los diversos personajes de sus últimos momentos. Libro + 1 CD: 9 €

Amigos de Dios. J. Escrivá de Balaguer. 18 homilías. Libro (460 p.) + 9 CD: 49,50 €

Juan Pablo II, a los cristianos. Mensajes en español a la familia, jóvenes, sacerdotes y religiosos. 2 CD: 12,50 €

MÚSICA. CD. PARTITURAS. CANCIONEROS

POLIFÓNICA PROCESIONAL

Santo entierro magno. Sevilla. 2 CD+ DVD + Fotos: 23 €

PADRE, HIJO, ESPÍRITU SANTO

Al Dios de mi alabanza. A. Gutiérrez. CD: 12,50 €. Partituras: 28 p. 3,50 € **Dios, Padre bueno.** V. Muñoz. CD: 12,50 €. Partituras: 28 p. 3,50 €

En el nombre del Padre. Nuevos espirituales. E. Bastida. CD: 12,50 €. Partituras: 28 p. 3,50 €.

Manos de Dios. A. de Armas. CD: 12,50 €. Alabanza de gloria. V. Borragán CD: 12,50 €. Partituras: 32 p. 3,50 €

Ven, Señor Jesús. V. Borragán. CD: 12,50 €. Partituras: 36 p. 3,50 €. Cantos a Jesucristo: súplica y esperanza.

Hijo del Hombre. Abelardo de Armas. CD: 12,50 €.

La otra mejilla. CD: 12,50 €. Seminaristas de Getafe.

Seguir a Cristo. J. Sagüés (música), santa Genoveva Torres (letra). 2 CD: 21 €. Partituras: 52 p 3,50 €

Espíritu Santo ¡ven! V. Borragán. CD: 12,50 €. Partituras: 30 p. 3,50 €

EUCARISTÍA

Al partir el Pan. Cantos de Eucaristía. A. Gutiérrez. CD: 12,50 €. Partituras: 20 p. 3,50 €

Misa del tercer milenio. A. Gutiérrez. CD: 12,50 €. Partituras: 28 p. 3,50 €

Vendremos a él. Canciones de Trinidad y Eucaristía. J. M. Glez. Durán. CD: 12,50 €. Partituras: 36 p. 3,50 €.

Panis vivus. Cantata a la Ascensión. Triludios eucarísticos. L. Iruarrízaga. Escolanía del Valle de los Caídos. CD: 12,50 €. Venimos a tu mesa. M. Carchenilla. Canciones e instrumental. CD: 12,50 €. Partituras: 28 p. 3,50 €.

NAVIDAD

Gran orquesta de Navidad. Paul Mauriat. CD: 12,50 €.

A la lumbre del Portal II. Grupo Tahona. Villancicos. CD: 12,50 €.

En el Portal de Belén. 16 villancicos populares. CD: 6 €.

Los villancicos del Padre Soler (1729-1783). CD: 12,50 €.

Canciones de Navidad. Escolanía del Valle de los Caídos. 24 villancicos. CD: 12,50 €.

Navidad musical. Misa de Pastorela. Villancicos populares (Molina de Segura). CD: 12,50 €.

Oratorio de Navidad. F. Palazón. Cuatro piezas sinfónicas y un Oratorio. 12,50 €

Villancicos espirituales. F. Palazón, J. L. Martín Descalzo (Letra). 9 Villancicos y un himno a San Juan de la Cruz. 12,50 €.

Villancicos por rumbas 1, 2 y 3. Coros rocieros. Cada uno 2 CD: 16 €

MARÍA

Salve, Madre. Cantos marianos populares y polifónicos. CD: 12,50 €. Partituras: 34 p. 3,50 €.

Ofrenda musical a María. Coral "Tomás Luis de Vitoria". Salve Marinera, Salve cartagenera, cantigas, himnos marianos. CD: 12,50 €

María Madre del 2000. Canciones nuevas a Santa María. A. Gutiérrez. CD: 12,50 €. Partituras: 24 p. 3,50 €.

Flor escondida. A. de Armas. CD: 12,50 €. Cantos a la Virgen.

Salve rociera. Antología. 2 CD: 21 €. Al Rocío. Antología. 2 CD: 21 €.

FE Y VIDA

Cantos para el siglo nuevo. V. Muñoz. CD: 12,50 €. Partituras: 32 p. 3,50 €

Dominicos. Ochocientos años (1216-2016). V. Muñoz. CD: 12,50 €. Partituras: 26 p. 3,50 €

Ama. Es posible el amor. A. Di Mario, P. Tombolato. 12,50 €

Contagiando fe. T. Titos. Cantos juveniles. 12,50 €

Rosa del mundo. Teresa de Calcuta y su mensaje. R. Cabado. Canto a Madre Teresa. Canciones. 12,50 €

Palabras sagradas de Pablo Apóstol. Frei L. Turra. Canciones "estilo Taizé" con textos de san Pablo. 12,50 €

Ignacio de Loyola. Tras el rastro de Jesús. W. Hewett. Oratorio musical para coro, solista, orquesta, órgano y narrador. CD: 12,50 €. Partituras: 48 p. 3,50 €

Vamos a Javier. Javierada musical. J. Sagüés. Himnos y cantos a san Francisco Javier. CD: 12,50 €. Partituras y catequesis: 28 p. 4,50 €

Camino de Santiago. Canciones para la marcha y el encuentro. J.M. G. Durán y Recoletos. Partituras y catequesis: 54 p. 3,50 €

LA MÚSICA DE JUAN ANTONIO ESPINOSA

Las canciones de la asamblea. 49 canciones. 2 CD. 21 €. Partituras 83 canciones: 276 p. 11,75 €. 2 CD (instrumental) 21 €

Al Señor del nuevo siglo. CD: 12,50 €. Partituras: 36 p. 3,50 €

A los que ama el Señor. CD: 12,50 €. Partituras: 52 p. 3,50 €

Eres uno de los nuestros. CD: 12,50 €. Partituras: 36 p. 3,50 €

Cantares de libertad. La tierra grita. Cantares con ojos abiertos. Hombres sin tierra. 2 CD: 21 €

Testigos de Jesús. 41 canciones. 2 CD: 21 €. Partituras: 140 p. 9,50 €

El Senyor es la meva força. CD: 12,50 €

COLECCIÓN CANCIONES DEL PADRE JOSICO

Nº 1. **Por la Cuaresma a la Pascua /De Ramos a Pascua.** CD: 21 €. Partituras: 64 p. 6,40 €

Nº 2. **Nuevas Cantigas a María /Gracias, María.** CD: 21 €. Partituras: 84 p. 7,25 €

Nº 3. **Celebramos tus fiestas, Señor /Los niños cantan a Dios.** CD: 21 €. Partituras: 68 p. 6,40 €

Nº 4. **Mensajero de tu paz / En tus manos, Señor.** CD: 21 €. Partituras: 52 p. 5,50 €

CANCIONEROS

Himnos de la Liturgia de las Horas. Mª C. Villar. 288 p. Cancionero con partituras: 12,50 €.

Maravillas, nombre y vida. Himnos y canciones a Santa Maravillas de Jesús. AA.VV. 222 p. 43 Partituras. 7,75 €

Mira a Jesucristo (4ª ed.). Himnos, cantos y elementos comunes de las celebraciones. R. Mª Riera. 200 p. 85 Partituras 6,25 €

PELÍCULAS Y DOCUMENTALES

La Biblia. Personajes y episodios (13 DVD). Episodios de 50 min. en dibujos animados. 1. El jardín del Edén. 2. José y la túnica sagrada. 3. La historia de Moisés. 4. Josué y la batalla de Jericó. 5. Sansón y Dalila. 6. Sodoma y Gomorra. 7. Daniel y la guarida del león. 8. David y Goliat. 9. Jonás y la ballena. 10. La Natividad. 11. Los milagros de Jesús. 12. Los Apóstoles. 13. La pasión. 64,50 €

Historias de la Biblia. Los grandes acontecimientos del Antiguo Testamento. 5 DVD. 26 capítulos de 30 min. Dibujos animados. 39,50 €.

Los misterios de la Biblia. 150 min. Reportaje de Discovery Channel que intenta una explicación de algunos temas bíblicos. DVD 1 (El Éxodo. Los evangelios perdidos) DVD 2 (Sodoma y Gomorra). 21 €.

Los Diez Mandamientos. 222 min. Dir.: C.B. de Mille. Int.: Ch. Heston, Y. Brynner. 16 €.

El Principio. 189 min. Dir.: Kevin Connor. Int.: Martin Landau, Jaqueline Bisset. Recreación histórica de los relatos bíblicos desde Abraham a Moisés. 16 €. Sansón y Dalila. 12 €. 95 min. Dir.: L. Philips.

El rey de Israel (Moisés). 135 min. Dir.: G. de Bosio. Int.: B. Lancaster. 12 €.

NUEVO TESTAMENTO. JESUCRISTO

Reportajes

Jesús. La verdadera historia. 180 min. Discovery Channel presenta a Jesús desde diversos enfoques. 2 DVD: 21 €.

El Sudario de Cristo. 12 €. 55 min.

La Sábana Santa. La evidencia científica de la Pasión. 45 min. Dir.: D. Rolfe. 12 €

El Santo Grial. Leyenda y realidad del Cáliz de la Última Cena. 40 min. 12 €

Los Reyes Magos. ¿Leyenda o realidad? 40 min. Reportaje sobre todo lo relaciona-do con los personajes. 12 €

Los 40 días ignorados de Jesús. 88 min. Documental. 16 €

Películas sobre Jesucristo

Rey de reyes. 154 min. 16 €. Dir.: N. Ray. Quo Vadis. 170 min. 16 €. Dir.: M. LeRoy. La túnica sagrada. 135 min. 16 €. Dir.: H. Koster.

Jesús de Nazaret. 400 min. 2 DVD: 21 €. Dir.: F. Zeffirelli.

Un niño llamado Jesús. 110 min. 16 €. Dir.: F. Rossi

Los años perdidos de Jesús. 60 min. 12 €. Dir.: T. Jennings. La vida de Jesús entre los 12 y 30 años.

Películas sobre personajes del NT

Tomás. 96 min. 12 €. Dir.: R. Mertes. El apóstol incrédulo.

Judas. 91 min. 12 €. Dir.: R. Mertes. El apóstol traidor.

El beso de Judas. 90 min. 12 €. Dir.: R. Gil. María Magdalena. 98 min. 12 €. Dir.: R. Mertes.

Otras películas relacionadas

Cuentos para Navidad. 260 min. 2 DVD: 19 €. Dir.: Burbank. Animación.

Mi Cristo roto. 83 min. 12 €. R. Cué

MARÍA

Reportajes

De Fátima a Medjugorje. 60 min. 12 €. Dir.: G. Frascarolo. Documental.

El Rocío es compartir. 55 min. 16 €. Dir.: F. Campos. Documental sobre la popular y tradicional romería.

Películas

La Señora de Fátima. 90 min. 12 €. Dir.: R. Gil.

Aquella joven de blanco (Lourdes). 95 min. 12 €. Dir.: L. Klimovsky.

La Virgen de Guadalupe. 82 min. 12 €. Dir.: A. Salazar.

María de Nazaret (Serie Tv). 205 min. 2 DVD 21 €

SANTOS Y BEATOS

Fray Escoba. 98 min. 16 €. Dir.: R. Torrado. Vida de san Martín de Porres.

San Agustín. 199 min. 16 €. Dir.: Ch. Duguay.

Francesco. San Francisco de Asís. 127 min. 16 €. Dir.: M. Soavi.

San Ignacio de Loyola (El capitán Loyola). 100 min. 16 €. Dir.: J. Díaz. Isidro el Labrador. 100 min. 16 €. Dir.: R.l J. Salvia.

Juana de Arco. 145 min. 16 €. Dir.: V. Fleming.

El cielo sobre el pantano (Santa María Goretti). 105 min. 16 €. Dir.: A. Genina.

Maximilian Kolbe. 91 min. 16 €. Dir.: K. Zanussi

Padre Pío. 206 min. 16 €. Dir.: C. Carlei. Rosa de Lima. 97 min. 16 €. Dir.: J. Mª Elorrieta

Thérèse. 94 min. 16 €. Dir.: A. Cavalier. Becket. 107 min. 16 €. Dir.: P. Glenville. Un hombre para la eternidad (Tomás Moro). 115 min. 16 €. Dir.: F. Zinnemann.

Monsieur Vincent (San Vicente de Paúl). 111 min. 16 €. Dir: M. Cloche. Teresa de Calcuta. 111 min. 16 €. Dir.: F. Costa.

San Pedro Claver. Esclavo de los esclavos. 24 min. 9 €. Dir.: C. Portabella. Documental.

Scoto, el defensor de la Inmaculada (Beato Duns Scoto). 95 min. 19 €. Dir.: F. Muraca.

Francisco, juglar de Dios. 83 min. Dir.: R. Rossellini. 19 €

Santa Bárbara. 115 min. Dir.: C. Elia. 19 € María Goretti. 95 min. 19 €. Dir.: G. Base.

Bajo un manto de estrellas. 88 min. 16 €. Dir.: Óscar Parra. Vida, persecución y martirio de los dominicos de Almagro.

COLECCIÓN HÉROES DE LA FE

Colección de relatos de vidas de santos pensadas para presentar los santos a los niños de hoy. Películas realizadas en dibujos anima-dos de gran calidad. Producidas por Mondo TV Group. 12 € cada título

El Padre Karol, Juan Pablo II. 90 min.

San Josemaría Escrivá de B. Infancia y juventud. 65 min.

Madre Teresa de Calcuta. 90 min.

San Antonio de Padua. Doctor de la Iglesia. 90 min.

Padre Pío. 92 min.

Santa Catalina de Siena. Maestra de oración. 30 min.

Santa Juana de Arco. 100 min.

Santas Perpetua y Felicidad. 30 min.

TESTIMONIOS Y VALORES

El credo. La fe de la Iglesia. 75 min. 19 €. 15 vídeos de 5 minutos para explicar el credo y la fe de la Iglesia.

Érase una fe. 84 min. 19 €. Documental. Dir.: P. Barnérias. Los cristianos olvidados y perseguidos.

El camino de la vida. 172 min. 16 €. Dir.: B. Riveiro. El Camino de Santiago.

Alexia. 70 min. 16 €. Dir.: P. Delgado. Vida de Alexia González-Barros, adolescente en proceso de beatificación por su forma ejemplar de afrontar la enfermedad.

Cartas a Dios. 155 min. 16 €. Dir.: E. Emmanuel. Un niño habla a Dios en su enfermedad.

Intocable. 108 min. 19 €. Dir.: E. Toledano. Comedia basada en hechos reales. Un aristócrata tetrapléjico recupera las ganas de vivir animado por su joven cuidador.

Bella. 115 min. 16 €. Dir.: A. Gómez. El aborto y la adopción.

PAPAS

Las sandalias del pescador. 155 min. 16 €. Dir. M. Anderson

Juan XXIII, el Papa de la paz. 180 min. 16 €. Dir.: G. Capitani.

Juan Pablo II. En España y en el mundo. 98 min. 12 €. Reportaje

Karol / I. El hombre que se convirtió en Papa. 187 min. 16 €. Dir.: G. Battiato. Vida de Juan Pablo II.

Karol / II. El Papa, el hombre. 183 min. 16 €. Segunda parte. Dir: G. Battiato.

Juan Pablo II, el amigo de toda la humanidad. 60 min. 9 €. Dir.: J. L. López-Guardia. Biografía en dibujos animados y documental temático doctrinal de sus viajes.

Benedicto XVI, el Papa alemán. 50 min. 9 €. Dir.: C. Singer. Documental biográfico hasta ser elegido Papa.

SACERDOTES

Diario de un cura rural. 120 min. 16 €. Dir.: R. Bresson. Basada en la novela de G. Bernanos.

Balarrasa. 90 min. 16 €. Dir.: J. A. Nieves Conde.

Elefante blanco. 103 min. 19 €. Dir.: P. Trapero. Dos sacerdotes en una barriada de Buenos Aires.

La última cima. 80 min. 16 €. Dir.: J. Ml. Cotelo. Documental sobre la vida del sacerdote Pablo Domínguez.

Las campanas de Santa María. 125 min. 12 €. Dir.: L. McCarey. El P. O'Malley en un barrio de Nueva York.

La guerra de Dios. 96 min. 16 €. Dir.: R. Gil. Un sacerdote lucha por los derechos de los trabajadores.

El noveno día. 98 min. 16 €. Dir.: V. Schlöndorff. El P. Kremer se negó a aceptar las leyes racistas nazis.

El Padrecito. 128 min. 19 €. Dir.: M. M. Delgado. Int.: Cantinflas.

La mies es mucha. 142 min.: 15 € Dir.: J.L. Sáenz de Heredia. Int.: Fernando Fernán Gómez.

Forja de hombres - La ciudad de los muchachos. 90 y 102 min.: 16 € Dir.: N. Taurog. Int.: S. Tracy, M. Rooney.

RELIGIOSOS

Diálogo de carmelitas. 107 min. 16 €. Dir.: Ph. Agostini. Vida y martirio de 16 monjas en 1794.

El gran silencio. 164 min. 16 €. Dir.: Ph. Gröning. La vida cotidiana en un monasterio cartujo.

La Misión. 120 min. 16 €. Dir.: R. Joffé. Marcelino Pan y Vino. 87 min. 16 €. Dir.: L. Vajda.

RELIGIOSAS

Un día perdido. 82 min. 19 €. Dir.: J. Mª Forqué. Tres monjas y un taxista tratan de localizar a los padres de un niño por Madrid.

Canción de cuna. 93 min. 15 €. Dir.: J. Mª Elorrieta. Historia de una niña y su adopción en un convento de monjas en el siglo XIX.

Narciso negro. 96 min. 15 €. Dir.: M. Powell. Unas monjas anglicanas viven el choque de dos culturas.

Bendito paladar. 9 horas, 56 min. 4 DVD. 30 €. 22 programas de TVE sobre cocina de tres monjas.

Sister Act 1. Una monja de cuidado. 96 min. 16 €. Dir. E. Ardolino. Int.: Whoopi Goldberg.

Sister Act 2. De vuelta al convento. 107 min. 16 €. Dir. B. Duke. Int.: Whoopi Goldberg.

EDUCACIÓN

Profesor Lazhar. 91 min. 19 €. Dir.: Ph. Falardeau. Un maestro de primaria de origen argelino entra en contacto con un grupo de adolescentes de Montreal obsesionados por el misterio de la muerte.

Solo es el principio. 98 min. 19 €. Dir.: J. Pierre Barougier. Idioma: francés con subtítulos en español. Una lección de humanidad, calidez, educación, tolerancia y sentido común. El despertar del pensamiento crítico.

También están disponibles hasta agotar stock, a 16 € cada una:
- El club de los poetas muertos.
- El pequeño salvaje.
- Los cuatrocientos golpes.
- Rebelión en las aulas

HISTORIA

El Cid. 172 min. 16 €. Dir.: A. Mann.

La caída del Imperio Romano. 173 min. 16 €. Dir.: A. Mann.

Constantino el Grande. 127 min. 16 €. Dir.: L. de Felice

Jerusalén. La creación de una ciudad santa. 173 min. 16 €. Documental de la BBC

Las Cruzadas. Una guerra de 200 años. 150 min. 16 €. Dir.: Documental de la BBC

LOS CUENTOS DE LOS HERMANOS GRIMM

Cuentos inmortales de los Hermanos Grimm en dibujos animados de gran calidad. Una producción de Greenlight Media Film. Duración aproximada de cada cuento 30 min., una hora cada DVD. PVP de cada DVD 7 €

Blancanieves / Rumpelstiltskin
La bella durmiente / Los dos hermanos
Cenicienta / Las dos princesas
Pulgarcito / Los músicos de Bremen
Hansel y Gretel / Rapunzel
Juan sin miedo / El rey rana
El rey pico de loro / El maestro ladrón
Los tres pelos de oro del diablo / Los seis criados
Mesita Ponte / Juan el fiel
La luz azul / Los seis cisnes
La doncella de los gansos / Bola de cristal

Pier Giorgio Frassati
Arturo José Otero García

«El hombre de las bienaventuranzas», como le llamó Juan Pablo II, se dedicó a encarnar las enseñanzas de las bienaventuranzas en su vida cotidiana, uno de los elementos formales de la santidad. Su historia es un recordatorio inspirador de que la santidad no es un ideal inalcanzable, sino un camino accesible para aquellos que buscan vivir con autenticidad y compasión en un mundo necesitado de modelos ejemplares.

16,00 €

BOLETÍN DE PEDIDO

Nombre y apellidos ....
Calle ....
Población ....
Código Postal .... Provincia ....
Teléfono .... Móvil ....
CIF/DNI .... email ....

Les ruego que envíen contra reembolso las siguientes obras:

Cantidad	Título	Importe
	EVANGELIO 2026 (Bolsillo)	
	EVANGELIO 2026 (Letra grande)	
	EL AÑO DOMINICANO (1.408 pág.)	75 €
	NUEVO AÑO CRISTIANO. 12 Tomos (7.160 pág.) (OFERTA) ¡SOLO 179 €! 198 € cartoné	

Recorte o fotocopie esta hoja y envíela a:
EDIBESA. C/Juan de Urbieta, 51. 28007 Madrid
Tlf.: 91 345 19 92 • pedidos@edibesa.com (Los precios no incluyen gastos de envío)